CCLR

China Construction Law Review

中国建设工程法律评论

第十一辑

于健龙　王红松　冯小光　孙　巍　主编
最高人民法院民事审判第一庭　审定

法律出版社
LAW PRESS · CHINA

《中国建设工程法律评论》
编委会
Editors of the China Construction Law Review

王书宝 中国电力建设集团有限公司　总法律顾问	**WANG Shubao** *General Legal Counsel,* *Power Construction Corporation of China*
王天喜 广州仲裁委员会　副主任	**WANG Tianxi** *Vice Chair, Guangzhou Arbitration Commission*
王唯骏 上海国际经济贸易仲裁委员会（上海国际仲裁中心） 副秘书长	**WANG Weijun** *Deputy Secretary-General,* *Shanghai International Economic and Trade Arbitration Commission* *Shanghai International Arbitration Center*
张光宏 宁波仲裁委员会　副主任、秘书长	**ZHANG Guanghong** *Vice Chair and Secretary-General, Ningbo Arbitration Commission*
张水波 天津大学　教授	**ZHANG Shuibo** *Professor, Tianjin University*

合作伙伴
Partners

中国国际经济贸易仲裁委员会
China International Economic and Trade Arbitration Commission

北京仲裁委员会/北京国际仲裁中心
Beijing Arbitration Commission/Beijing International Arbitration Centre

上海仲裁委员会
Shanghai Arbitration Commission

上海国际仲裁中心
Shanghai International Arbitration Center

深圳国际仲裁院（深圳仲裁委员会）
Shenzhen Court of International Arbitration (Shenzhen Arbitration Commission)

广州仲裁委员会
Guangzhou Arbitration Commission

石家庄仲裁委员会
Shijiazhuang Arbitration Commission

宁波仲裁委员会
Ningbo Arbitration Commission

北大法律信息网
Chinalawinfo

序　一

时间飞逝，一转眼，《中国建设工程法律评论》（以下简称《评论》）已经走过十年了。感慨《评论》历届编委会、作者和支持者皆笃行有道士也。他们持之以恒地努力实现《评论》出版的初衷：将理论与实务相结合，将国内与国际建设工程法律相结合，为建设工程法律发展作出贡献。

《评论》走过的十年，正是中国建设工程企业在海外发力布局，实现量、质齐升的十年。在这期间，中国提出“一带一路”倡议，带动周边国家共同繁荣发展，为中资海外承揽工程创造了广阔机遇，提供了有利支持。中资建工企业的角色逐渐由分包商进阶为总包甚至投资者，项目规模不断扩大，业务模式更为复杂，工程与投融资结合成为常态。与此同时，中资企业面临的法律技术问题日渐凸显：如何合法合规地开展业务，如何预见并有效防范法律风险，如何妥善解决法律纠纷、保护自身合法权益。另外，中国建设工程企业在海外拓展的大环境并不总是风和日丽。贸易保护主义和逆全球化日渐抬头，企业在东道国的政策和合规风险陡增。特定区域的安全形势时有恶化，部分东道国的政治对抗或军事冲突升级，对中资建工企业员工安全和项目实施构成实质性威胁。也有东道国利用主权优势，对中资企业进行间接征收而又拒绝给予合理补偿。这一系列问题不仅将直接影响中国企业海外项目的成败，更将对国家宏大战略的推进产生重要影响。专注国际工程的中国法律人遇到了前所未有的挑战和机遇。

《评论》也因应这一新形势顺势而为。如其出版初衷，《评论》努力将国内与国际建设工程法律相结合，为中国工程法律界搭建平台，促进交流。《评论》始终高度关注中外建设工程领域纷繁频出的热点、难点和前沿问题，并致力于将理论与最新实践相结合，提出最具前瞻性和实操性的解决方案。编委会成员不乏国际知名法官、律师和学者，也因此给编委会带来更多视角的观点和更有针对性的建言。此外，《评论》每年都以中资建工企业海外经营风险等热点问题为题开展征文比赛，鼓励业内人士积极总结、思考和开展深入研究,最终服务于实践。征文的评奖者由司法、建设工程等领域专家组成,确保评选出的每一篇论文都是精品文章。经过十年的发展,《评论》的身后已经聚集起一群致力于国际工程法律领域研究的专业作者,更获得了无数忠实的读者。在国际交流方面,《评论》与英国《Construction Law Journal》合作,将优秀的文章翻译后在英国发表;《评论》的编委积极参加 IBA、ICC 和 FIDIC 等机构组织的重要国际会议并发言。《评论》也正致力于在国际工程法律与国际公法、能源法等交叉领域做专门研究,以期更好地服务于中资企业。可以说,《评论》已经成为中国工程法律人的一张名片、一面旗帜,是相关领域国际交流的一个平台、一个舞台。

以十周年为时点,再回看《评论》,那不是一个或者几个人的一时心血来潮,而是中国工程法律人群体自发的努力,是以专业、奉献和分享精神燃起的不灭的熊熊烈火,它照耀着中国建设工程法律事业不断前进。这里,引用孙巍律师在《评论》面世时的"篇首语"中的一句作为序言的结尾:"光荣与梦想之路充满艰辛。但奋斗之路越长,舞台就越大,朋友就越广,快乐就越多,成功也越精彩!"

于健龙

《中国建设工程法律评论》主编

中国国际商会秘书长

2020 年 4 月 20 日

序　二

《中国建设工程法律评论》(以下简称《评论》)到现在已走过十个年头。十年前,我在北仲任秘书长,《评论》的孙巍主编找到我,希望北仲做《评论》的合作单位。他谈出版《评论》的想法源于他对英国建设工程法律服务体系的学习和体会,英国众多高质量的建设工程法律读物,高水平的建设工程法律研究和服务机构,使得“英国建设工程师、建设工程专业律师,在国际上一直享有极高的声誉”,这激发他“立志出版中国第一本非营利的中英文双语的建设工程法律专业性读物”,“打造一个学习交流平台”,推动中外建设工程法律领域的发展。他的志向和热忱打动了我。况且,建设工程仲裁也是北仲的核心业务(那时北仲建设工程案件占案件总数的20%,占案件总标的金额的41%)。北仲有一支高素质的建设工程仲裁员队伍,研究业务、交流经验的仲裁员沙龙活动也十分活跃。与《评论》合作,既符合北仲业务发展的需求,也利于推动建筑工程仲裁和建设工程业的发展,这种利国利民的好事,北仲自然乐促其成,大力支持。尽管如此,我内心还是有一些疑虑,且不说其中的付出和艰辛,在这样一个信息爆炸、人心浮躁的年代,有多少人还能静下心来读书。那些有财政拨款、实力雄厚,曾在全国范围内深受广大读者喜爱的文学读物,都面临难以为继的局面。《评论》作为非营利性、中英文双语的专业性读物,一个阳春白雪、相对“小众”的连续出版物,到底能走多远?

岁月如梭,十年过去了,《评论》不仅坚持下来,而且越来越好。《评论》连续出版十一辑,收录专业文章127篇,《评论》的网站、微信公众号因其专业和高水准,在业内具有较高知名度,与《评论》相关的“中国建设工程法律争议解决年度高峰论坛”每年如期举办,论坛嘉宾高手云集,参加者众多。从2014年起,《评论》举办年度征文活动,该活动越办越火。《评论》已不是一本单纯的专业图书,而是集图书、微信公众号、论坛、征文活动于一体的多元化平台,一个《评论》团队所希望的“汇集业界精英,将中国建设工程领域法律与工程相结合、学术与实务相结合、中国内地建设工程与国际建设工程相结合”的“交流与学习的平台”。

《评论》的成功既令人欣喜又令人深思。总结其经验,有几点引人关注:一是志存高远。孙巍主编在“篇首语”写明出版《评论》的目的是“推动中国法治进程”,“像18世纪苏格兰启蒙运动那样成就当代中国伟大的建设工程法律俊才”,这种宏大志向不仅是推动《评论》各项工作卓有成效开展的心理基础,也是凝聚业界精英的核心价值。二是精英团队。《评论》的作者、翻译团队,是一个由自愿参加者组成的自治、开放、充满活力的群体,虽然团队成员有进有出,但大家理念一致,志趣相投,凭着对这项工作的热爱默默耕耘和奉献。尽管工作辛苦,尽管需要付出大量的时间和精力,但大家乐此不疲。认真、专注与严谨的工作态度,密切合作的良好氛围,保障了《评论》的质量。三是扎根实践。《评论》的作者多是来自实践一线有一定理论功底和兴趣、经验丰富的专业人士,凭借职业敏感,《评论》的选题多是业内带有普遍性、多发性和迫切需要解决的热点、难点问题,很多《评论》文章具有现实针对性和指导意义,引起业内人士的关注和兴趣,久而久之,形成一批忠实读者、作者,《评论》在业界的影响越来越大。四是国际视野。《评论》出版的初衷是将国际同行的先进经验引入国内,《评论》延揽了英国建设工程法律领域由大法官、资深律师、学者担任顾问,并与之保持经常交流的传统,这也使《评论》能够站在更高的起点,保持开阔的视野,追求更高的专业水准和学术品味。

总结上述经验,是希望《评论》越来越好,走向辉煌;更希望“一花引来万花开”,更多的有识、有志之士能像《评论》的作者团队那样,为行业发展做些实在而有意义的事,推动中国法治进程。

王红松
《中国建设工程法律评论》主编
北京仲裁委员会副主任
2020年4月18日

序　三

光阴荏苒，时光如梭。《中国建设工程法律评论》（以下简称《评论》）自出版以来，转眼已经走过了十年历程。我与《评论》的众多读者、作者一样，是一名工程建设法律实务工作者。先是长期在民事审判工作一线审理建设工程纠纷二审、再审审查案件，其间承办或参与了两部建设工程施工合同司法解释的起草工作；后转至民事检察岗位，以检察监督的全新视角对包含建设工程案件在内的民事案件实施法律监督，这同时也是最后一个环节的私权救济。十年来，我与《评论》的众多作者、读者、组织者、参与者一样，满怀喜悦地看着《评论》诞生、成长、壮大，成为业内有知名度、有影响力的工程建设法律交流平台；看着法官、检察官、律师、学者、公司法务等不同的工程建设法律群体，以其不同职业背景、不同教育背景、不同学术背景、不同法律理念等所带来的不同视角，在《评论》平台上就工程法律理论及实务的前沿问题进行平等交流和互动，借以扩大共识，减少分歧，形成共同的法律职业理念，引领、规范建筑市场的前期经营行为，给诚信经营者以稳定的预期，为打造诚实守信的建筑市场作出重要贡献。

十年前，受人尊敬的大姐王红松秘书长向我推荐《评论》，才俊孙巍大律师以及庭里同事推荐并赞赏《评论》的风格、境界等情境，我至今记忆深刻。此后，因当时任职的工作单位最高人民法院参与了中国国际贸易促进委员会等单位主办的中国建设工程法律与正义高峰论坛，我和同事有幸为《评论》参加评选的候选论文审核稿件。历年来，庭里负责审稿的同事都特别认真，并从中受益良多。很多文稿的题材来自工程实践的真实案例，很多法律适用问题也是法律实践中亟待解决的共性问题，我们从参评稿件中真切感受到众多参评文稿力求解决的是实务中的真问题，做的是真学问。十年来，《评论》联系建筑业及相关审判、检察、法律服务行业工作实际，弘扬主旋律，传递正能量，解决真问题，形成了 1+1>2 的组合效应，并得到大家认可。作为其中的一分子，我感到由衷的欣慰。

就各类民事纠纷案件的裁决质量而言,建设工程案件的司法裁量水准有待进一步提高。仅就传统民事案件而言,近一两年,全国法院每年受理建设工程纠纷案件在10万件左右,属收案数较小的案件类型,与侵权类案件中的医疗事故损害赔偿案件数量相当。而受案数量属较大、排在前几位的案件类型分别为婚姻家庭、民间借贷、买卖合同、房地产、交通事故损害赔偿、劳动争议、第三人撤销之诉等。在上述类型的传统民事案件中,多数案件经过一、二审后,当事人就服判息诉了;向最高人民法院申请再审的案件数量较多的案件类型集中在民间借贷、房地产、建设工程、第三人撤销之诉等领域;除建设工程外,其他几类案件一审收案的基数就大,申请再审的概率会高一些,这是符合规律的。然而经最高人民法院再审审查驳回再审申请后,当事人仍然不服,向最高人民检察院申请检察监督的前几类案件,却集中在民间借贷、买卖合同纠纷、劳动争议、建设工程等领域。两相比较可以看出,相当多的建设工程纠纷案件当事人并未服判息诉,而是维权至穷尽所有的司法程序。换言之,部分建设工程纠纷案件裁决结果与建筑行业公知公认的行业规则存在差距,当事人难以接受。

反观商事仲裁,相关情况则要好很多。仲裁机构就建设工程纠纷作出仲裁裁决后,当事人申请撤裁或申请不予执行的数量尚在正常值范围内。这在一定程度上说明,在建设工程案件中,商事仲裁裁决的质量高于司法裁决质量。司法裁决质量不高,主要是由建设工程案件涉及的专业性强、行业惯例多、市场不规范等诸多因素造成的。与建筑业专业精英组成的仲裁员队伍相比较而言,司法人员缺乏建设工程专业知识,对建筑业现实情况不了解,这是造成案件办理质量不高的主要原因,也是国际上的通病。从这一角度来讲,工程建设法律服务是需要终身学习的,需要培养一批专家,构建具有本土化特色的建设工程专业化审理机构;同时,塑造具有共同的法律思维方式、共同的执法理念、规则明确、界限清晰的工程建设法律职业共同体,这才是提升建设工程纠纷案件裁判质量的必由之路。对此,期待《评论》发挥更大的作用,为不同职业领域的建设工程法律服务工作人士交流、融合、创新,提供更多的机会,搭建更便捷的平台。

《评论》坚持十年做一件实事,还是一件具有公益性质的实事,本身就值得尊敬!我自己虽然在每年的年终总结中都为明年工作作出规划、安排,但很多并没有落实到位,或即使落实也打了折扣。而《评论》以及它的精英团队一路走来,十年不改初心,这说明团队具有坚实的法治信仰支撑。同时,《评论》作为多元化的交流平台,提供多元化的建设工程法律服务,符合建筑业法律服务市场的运行规律。“道阻且长，行则必至。”坚信《评论》会牢记初心，坚守公益本性，继续为广大建设工程法律人士提供高层次、多角度的交流学习平台。祝福《评论》，期待未来十年、二十年……走得更远、更坚实。

冯小光

《中国建设工程法律评论》主编

最高人民检察院第六检察厅厅长

2020年4月19日

目　　录

——————工程合同无效及其处理——————

——————工程索赔的逾期失权——————

——————工程款优先权放弃与限制——————

——海外工程特殊法律风险——

——工期责任——

——政府投资项目合同的特殊问题——

——常设中国建设工程法律论坛第七工作组成果——

——常设中国建设工程法律论坛第九工作组成果——

工程合同无效及其处理

工程合同无效中实际施工人的工程价款请求权

——基于对贵州省高级人民法院近三年裁判文书的考察

杨劭禹*

一、问题的提出

“实际施工人”这一概念是为保护农民工利益而创设于《最高人民法院关于审理建设工程施工合同纠纷案件适用法律问题的解释》(以下简称《建设工程施工合同司法解释一》),且《建设工程施工合同司法解释一》赋予了实际施工人参照合同价款主张工程价款的权利,而对于该请求权的性质也存有争议。此外,《最高人民法院关于审理建设工程施工合同纠纷案件适用法律问题的解释(二)》(以下简称《建设工程施工合同司法解释二》)对实际施工人突破合同相对性的进一步规定也导致法院裁判的无所适从。因此,如何认定实际施工人工程价款请求权的性质并据此对工程价款请求权的方式和范围作出裁判,是亟待解决之问题。

本文依托贵州省高级人民法院的案件管理系统对已结一审、二审案件裁判文书进行的统计分析,力图全面观察实际施工人请求权问题,从而保证本文研究结论的客观性、全面性。自2017年1月1日至2019年5月1日①,笔者以“建设工程”案由为关键词进行检索,共得到402个案例,占贵州省高级人民法院民事诉讼案件比例为30%。此外,以实际施工人作为诉讼主体(大多数为原告,少部分为被告、第三人)进一步筛选,得到99个案例,建设工程施工合同纠纷中实际施工人参加诉讼的比例为24.6%。对于获得的99个案例,筛选掉裁定结案的文书,并剔除与工程价款请求权无关的案例,共检索到37个案例,构成了本文的分析样本。

---

* 杨劭禹,西南政法大学法学硕士,贵州省高级人民法院民一庭法官助理。

① 本文写于2019年6月,相关数据统计自2017年1月1日起至2019年5月1日止。

二、工程价款请求权的学说辨析与商榷

(一)实际施工人请求权的学说分野

建设工程施工合同是主债务履行之对价为承包人进行工程建设、发包人支付价款的合同。前已述及,实际施工人的形式要件的结果为违反法律、法规的强制性规定导致合同无效,而《建设工程施工合同司法解释一》①明确即使合同无效,若工程经竣工验收合格,实际施工人可以请求参照合同约定支付工程价款。针对支付工程款请求权就出现了两个学说分野:“契约上的请求权”和“不当得利返还请求权”。

前者将无效合同中的结算条款与违约条款作有效化处理,认为一方面,合同罹于无效系国家行政主管部门对可能有损于建设工程质量风险的负面评价,只要建设工程质量合格,其应当享有报酬请求权;另一方面,除可以参照合同约定支付工程价款的规定以外,《建设工程施工合同司法解释二》②中明确未按照合同约定的质量标准、建设工期、工程价款支付时间等履约的,守约方可以主张参照合同约定确定损失。即实际施工人可以依据违约条款请求违约损害赔偿损失,该规定打破了此前合同无效违约条款亦无效的司法实践,以“李林森案”③为例,上诉人南方广达、兆磊房地产主张因实际施工人李林森工期延误而工程价款下浮3%,而法院认为“双方所约定因延期导致的工程总价下浮调整的条款系违约责任的表现形式,且该条款也约定于《内部承包合同》的第十六条违约处罚与违约责任中,故工期下浮3%条款性质为违约责任的赔偿损失。本案《内部承包合同》无效,其中的违约金条款亦自始无效。故南方广达所主张的工期下浮3%违约损失,缺乏法律依据,不予支持”。即使以《合同法》第98条为由,也难以将违约责任划入结算和清理条款的射程范围之内,所以该学说以契约上的请求权作为实际施工人的请求权基础,强调建设工程合同的质量重要性而非合同效力。

后者则采纳王泽鉴、史尚宽的合同无效下系不当得利请求权的观点。详言之,在我国法律体系之下,合同无效的后果主要规定于《合同法》第58条,“合同无效或者被撤销后,因该合同取得的财产,应当予以返还;不能返还或者没有必要返还的,应当折价补偿。有过错的一方应当赔偿对方因此所受到的损失,双方都有过错的,应当各自承担相应的责任”,即包括返还财产、折价补偿与赔偿损失。建设工程领域中实际施工人的投入成本已物化凝结于工程之中,返还财产无法适用,只能采用折价补偿的方式,但是《合同法》所确定的无效后果为当事人利益恢复原状乃至

---

① 《建设工程施工合同司法解释一》第1条、第2条。

② 《建设工程施工合同司法解释二》第3条。

③ (2018)黔民终586号民事判决书。

合同未实施的状态，具体到建设工程领域中，实际施工人投入成本应为据实结算，依据工程价值来认定价款数额。与之矛盾的是，《建设工程施工合同司法解释一》规定实际施工人可以选择参照合同条款结算，这就引起了法律适用的困境。当实际施工人以不当得利返还请求权主张据实结算时，法院是否应当支持，考虑到实际施工人与承包方之间合同约定的管理费用，无论是采取直接按照百分比或者定额下浮的方式收取，若支持据实结算，作为违法承包工程的实际施工人将因合同无效后据实结算工程价款而获得比合同有效更多的利益，这与最高人民法院预期达到规范建筑市场、促进建筑业持续健康发展并提供法律保障的初衷相悖。

（二）实际施工人请求权系不当得利返还请求权

笔者认为，以不当得利返还请求权作为实际施工人请求权之基础更为妥当。理由分为两方面：

一方面，对于契约上的请求权来说，契约上的请求权构成要件之一为契约有效[①]，《建设工程施工合同司法解释一》和《建设工程施工合同司法解释二》均采用"参照适用合同条款"的表述，而非《合同法》中承认清理和结算条款的效力，所以不可贸然认为合同部分条款有效，故并不满足契约上请求权的构成要件。甚者，之所以规定严格的合同无效就是为了克制层出不穷建设工程挂靠、转包等乱象，若支持契约上请求权则忽略了法院判决所产生的社会实效，尤其是抑制了公报案例、指导性案例为案件事实与法律适用之间归纳公因式的司法治理作用，那么，建设工程领域将越来越忽视资质行政管制，进而破坏国家干预。

另一方面，对于不当得利返还请求权来说，首先，根据《民法总则》第 122 条的规定，不当得利的构成要件为没有法律依据、取得不当利益、对方遭受损失。显而易见，实际施工人付出的成本在凝结于建设工程之后遭受损失而施工企业享有利益，且合同无效导致给付行为自始缺乏正当性法律依据，满足不当得利返还请求权的构成要件。其次，值得说明的是，《合同法》第 58 条关于合同无效的法律后果规定较为粗糙，应视为概括性规定[②]，论及何时或者何范围内需要限制具体请求权的问题，面临着司法制度供给不足的困境，故应具体衡量建设工程领域的价值，以不当得利返还请求权为逻辑起点对该条进行重构和填充。第一，就折价补偿而言，参照合同条款进行结算的规定直接原因为建设工程结算本身的复杂性，以当前《建设工程施工合同（示范文本）》为例，将工程价款分为预付款、进度款、结算款，而每部分又约定付款周期、付款比例及违约利息等，为具体的折价补偿提供了操作方法。该规定之根本原因为不当得利制度对违法合同利益清算的调整，基于不法原因的

① 王泽鉴：《民法思维请求权基础理论体系》，北京大学出版社 2009 年版，第 62 页。

② 茅少伟：《恶意串通、债权人撤销权及合同无效的法律后果——最高人民法院指导案例 33 号的实体法评释》，载《当代法学》2018 年第 2 期。

不当得利返还应当受限,我国民事法律中未区分给付的原因行为。我国台湾地区民事"法律"中规定:"给付,不得请求返还:因不法原因而为给付者。但不法之原因仅于受领人一方存在时,不在此限。"类似的规定也见于德国、瑞典的法律等。故以此理解,参照合同结算符合诚实信用原则,如果法院支持实际施工人在合同无效时获得的利益大于合同有效时,则产生愚弄法律之危险。导致合同无效的不法原因由双方造成,以"苏虹案"[①]为例,"自然人无相应的建筑资质不仅导致合同直接无效,更因没有完整的施工管理规范无法把控工程质量,雍氏公司作为专业的房开公司对此应当知悉。"实际施工人所主张的据实结算与参照合同结算之间的差价,属于不法原因为给付,应予以相应调整。第二,就赔偿损失而言,在建设工程领域,当事人因履行无效合同遭受经济损失的案例比比皆是,如何确定损失的大小,实际上除了需要鉴定事项以外,双方合同约定内容往往较为细致已虑及各种情况的违约金。甚至,即使无约定,法院仍可援引《合同法》中约定不明时按照国家、行业标准等方式判定,但上述情况仅针对有效合同。《建设工程施工合同司法解释二》规定的参照适用违约条款是否为契约上的请求权呢?实则不然,该解释所认定的违约行为造成的损失为合同无效后的过错赔偿责任,合同尽管嗣后被确认无效,在合同无效责任规定并不明确的情况下,仍然可以适用相关约定来确定当事人的过错程度及赔偿范围。综上,实际施工人的请求权基础系不当得利请求权,分为工程价款请求权与损害赔偿请求权,本文的研究视野仅聚焦于工程价款请求权。

三、工程价款请求权的主张方式

(一)实际施工人直接突破合同相对性的权利

工程价款请求权最早规定于《建设工程施工合同司法解释一》第26条,实际施工人可以向发包人、转包人和违法分包人主张权利,发包人只在欠付工程价款范围内承担责任。《建设工程施工合同司法解释二》第24条则进一步明确,若只起诉发包人的,人民法院应追加转包人和违法分包人为本案第三人,在查明发包人欠付建设工程价款的数额后,判决发包人承担责任。上述司法解释秉持保护实际施工人利益的原则,即使发包人与实际施工人未形成合同关系,实际施工人可以突破合同相对性主张工程价款,其方式具体包括只起诉承包人[②](转包人和违法分包人)、只起诉发包人、起诉发包人和承包人。诉中以何种方式主张权利由实际施工人自主选择,在承包人经营状况恶化、资金转移或者不足以偿付工程款之时,起诉发包人可以在执行程序上更易保护实际施工人的利益。

---

① (2019)黔民终1099号民事判决书。

② 本文所指的"承包人"为"转包人和违法分包人"。

在《建设工程施工合同司法解释二》施行以前，法院在未查明发包人与承包人之间的结算和支付情况之时，往往仅在判项中明确发包人在欠付工程款内承担责任，如"王清友案"①和"李林森案"②等，然而执行时却因为缺乏欠付金额的说明而无法明确发包人的具体责任。对出现该窘境的原因分析如下：首先，债权相对性的突破，在原本复杂的建设工程事实认定之外加大了审理难度，实际施工人未参与发包人与承包人之间的结算，对于发包人的支付情况通常处于不知情的状态，更难以达到举证至高度盖然性程度。其次，仅起诉发包人时，人民法院为了查清案情选择追加承包人，所以明确承包人的直接责任即可。事实上，《建设工程施工合同司法解释二》的草拟意见也并非一致，有意见认为应谨慎对待突破合同相对性，目前施工客观环境已不同于2006年，农民工工资保证金制度、劳动监察制度体现了多元化的农民工利益保障机制，该类意见最终未被采纳，突破合同相对性的规定在《建设工程施工合同司法解释二》中得以保留。而且最高人民法院显然已观察到司法实践中对于发包人责任一概而过仅判项提及的情况，故明确应"查明发包人欠付转包人或者违法分包人建设工程价款的数额"，从而维持突破合同相对性与案件具有实际执行可能的逻辑接洽性，当下如何理解和适用该规定是司法实践面临的新问题。

第一，关于发包人欠付工程款的举证责任承担的问题。实际施工人起诉发包人主张工程价款之时，发包人欠付承包人工程款的法律要件事实有利于原告，本应由原告承担对应的举证责任。此时，实际施工人不得不面对案件事实无法举证，该主张无法得到法院支持的后果。事实上，实际施工人意图举证该事实几近不可能，实际施工人没有渠道获得发包人与承包人之间的结算信息，乃至即便实际施工人已掌握进度款的支付情况，在实际施工人连本诉中所应获得的工程价款数额都模糊不清之时，肯定无法知晓承包人所应获得的工程价款以及发包人欠付金额。因此，法院的价值取向若立足保护实际施工人利益，就需要考量为查清发包人欠付工程款的要件事实是否发生举证责任倒置。通过对实际施工人的举证责任二次分配，而调整举证行为的合理性。具体而言：(1)欠付工程款的举证责任应在案件审理之初确立而不应在无法查明之时才由法院分配，这有利于维护诉讼的稳定性以及各方当事人在举证期限内准备的充分性，最重要的是，明确了实体法上的败诉后果承担。这与学者关于举证责任倒置的意义相契合，"举证责任倒置就只是实体法上的'特殊'情形而不能归为程序意义上的'例外'了。即其不是或不再是证明责任分配在方法论或分配标准上的区别，而只是对分配结果的事实性描述"③。

① (2018)黔民终304号民事判决书。

② (2018)黔民终586号民事判决书。

③ 胡学军：《我国民事证明责任分配理论重述》，载《法学》2016年第5期。

(2)欠付工程款系承包人应获得工程款与发包人已付工程款间的差额,对于前者应由实际施工人承担举证责任,对于后者由发包人承担举证责任。只有这样的举证责任分配才能让《建设工程施工合同司法解释二》第 24 条的规定不再流于形式。(3)即便如此,也不得不忽视这样的举证责任倒置所裹挟的巨大隐患:其一,违背了不告不理原则。根据债权的相对性原理,发包人与承包人、承包人与实际施工人为两对民事法律关系,而在实际施工人之案中处理另一对法律关系,违背了承包人对自己权利义务关系进行处分的原则。其二,这无疑成倍增加了法院工作量,建设工程合同纠纷时常涉及工程量及工程价款的鉴定而拖延审理时限,这与《最高人民法院关于严格规范民商事案件延长审限和延期开庭问题的规定》的精神不符。其三,造成虚假诉讼、恶意诉讼风险。根据《民事诉讼法》的相关规定,当事人无须举证证明已为人民法院发生法律效力的裁判所确认的事实。在本案中明确欠付工程款数额之后,承包人可能另行起诉发包人主张工程价款,而导致另案法院碍于生效判决无从对案件进行实体审理的风险。

第二,关于承包人肢解分包的问题。承包人系违法分包时,即施工总承包单位或专业承包单位将其承包的全部工程肢解以后,以分包的名义分别转给其他单位或个人施工的。该情形下是否仍应由发包人承担责任存在两个矛盾:实际施工人应获得的工程价款远远小于承包人应获得的工程价款;发包人与承包人之间尚未具备结算条件。以“李云清案”①为例,“本案平坝区政府与警通公司之间的债权债务关系涉及工程价款、土地使用权出让金等多笔款项,双方至今未进行结算,警通公司收到平坝区政府《平坝县人民政府关于解除合同的通知》近五年的时间内亦未向平坝区政府报送结算资料,本案尚不具备查清平坝区政府欠付警通公司款项数额的条件,但平坝区政府在防止国有资产流失的基础上,在能确定的最低欠款范围内应当积极履行前述付款义务。”简言之,倘若总承包人仅将案涉工程的一小部分如土石方工程分包给实际施工人,完成分包工程并不意味着案涉工程整体达到竣工结算条件,甚至主体结构尚未搭建。此时发包人理应享有先履行抗辩权,待承包人履行主要义务后支付工程款对价,而《建设工程施工合同司法解释二》的规定迫使发包人无法向实际施工人主张先履行抗辩权。两个矛盾引发的悖论为实际施工人主张工程价款是否具有无因性?作为合同相对方,守约方发包人依据抗辩权可以拒绝向承包人支付工程款。但是,只要实际施工人完成的分包部分建设工程竣工验收合格,发包人仍应在欠付工程款内承担责任。欲解释这一悖论仍应回溯至实际施工人请求权基础——不当得利返还请求权。发包人支付工程价款不可援引对承包人的抗辩权,既然承包人与实际施工人之间为不当得利返还关系,则实际施

---

① (2018)黔民初 6 号民事判决书。

工人主张价款并非来自合同所赋之权利，而为修建工程之事实，进一步而言，司法解释所规定的突破合同相对性相当于从属于主债权的次债权，也是基于不当得利返还的性质，故发包人作为建设工程利益的最终享有人，支付工程价款的依据为法律事实而非契约关系，自然无法援引《合同法》中的抗辩权。综上，笔者认为，在发包人支付承包人工程价款的合同条件尚未成就，或者肢解分包工程款远小于总工程款的情况，发包人无法援引针对承包人的抗辩权而应当径直向实际施工人支付工程款。

（二）实际施工人的代位权

《建设工程施工合同司法解释二》第25条规定："实际施工人根据合同法第七十三条规定，以转包人或者违法分包人怠于向发包人行使到期债权，对其造成损害为由，提起代位权诉讼的，人民法院应予支持。"该条赋予了实际施工人主张工程价款的另一个渠道——代位权，转包人或者违法分包人怠于行使到期债权对实际施工人造成损害，有保全债权的必要时由实际施工人行使代位权。其中，《合同法》的相关司法解释限缩"怠于行使到期债权"的条件为诉讼和仲裁，值得思考的是，建设工程领域中采用外部可识别的、严格的司法或者准司法程序作为判定要件是否妥当？实际上，建设工程供大于求为主流趋势，施工企业僧多粥少，合同履约过程中发包人往往处于强势地位，拖欠工程款的情形比比皆是，施工企业通过司法程序来解决纠纷的占比较低，更切实也更直接的方式是双方协商达成新的结算协议，房开商资金匮乏的时候还会签订"以房抵债"协议，发包人用施工企业已经修建的部分工程抵偿工程款。与《合同法》规定矛盾的是，虽然站在实际施工人的角度，承包人请求工程价款的方式并不适当，甚至承诺了削弱债权的条件，但是施工企业确已采用一定方式行使到期债权而非"怠于行使"，可是实际施工人仍享有代位权。

因《建设工程施工合同司法解释二》施行时间较短[①]，况且实际施工人可以突破合同相对性主张权利，故暂无实际施工人以代位权起诉的案例，倘若司法裁判适用《合同法》中"诉讼"或者"仲裁"方式来判定实际施工人是否为适格原告，会引发负面效果：第一，加剧发包人与承包人之间的紧张矛盾局势。承包人本可秉持诚实信用原则与发包人协商，协商不成之后再采用诉讼或者仲裁的方式，而如今实际施工人的代位权可能剥夺原来双方的协商自由，迫使承包人必须起诉或者仲裁，可想而知，法院受理的案件数量将大幅增长。第二，不符合成本与收益原则。承包人采用意思自治方式主张权利并不一定损害实际施工人利益，建设工程合同纠纷本身审理周期长，再若历经多层级审判程序，承包人在原本微薄的利润率（通常为

---

① 自2019年2月1日至2019年5月1日，《建设工程施工合同司法解释二》施行后贵州省高级人民法院立案的一审建设工程合同纠纷案件，尚未审结；二审案件若以代位权上诉，则将视为变更诉讼请求，法院予以驳回。

3% ~5%)基础上更可能要承受亏损的结果。所以承包人往往为了资金高流转而放弃一定的利益转而与发包人快速解决争议,强制的诉讼或仲裁要求是经济上的不效率。

有鉴于此,应该区分实际施工人《建设工程施工合同司法解释二》第 24 条的突破合同相对性直接向发包人主张工程价款以及第 25 条的代位权的适用情形,代位权的主张权利范围应是不当得利返还请求权的全部,除工程价款请求权以外还包括损害赔偿请求权,与之相区别,直接突破合同相对性则限缩为工程价款请求权及相应利息。这种划分之后,司法裁判需要解决代位权中"怠于行使"的认定问题,不应将承包人与发包人私下直接协商一律认定为不当的债权行使方式,即在立法价值上直接推定承包人为恶意或者具有过失值得商榷,在承包人与发包人已经达成结算协议之后,应分配"有保全债权的必要"的举证责任为实际施工人,由实际施工人证明承包人的责任财产或者新结算协议有损害债权之虞。总之,通过区分适用情形而在代位权与直接起诉发包人的双行轨道上设置不同门槛,可以避免司法适用混乱以及实际施工人主张权利困难的窘境。

四、工程价款请求权的主张范围

目前《建设工程施工合同司法解释一》和《建设工程施工合同司法解释二》仍未明确实际施工人主张工程价款的范围,本部分旨在梳理建设工程案件中关于工程价款范围的裁判要旨和争议点,试图归纳判定工程价款归属的逻辑。

(一)工程价款的构成范围

住建部和财政部联合印发的《建筑安装工程费用项目组成》规定,"按费用构成要素组成划分为人工费、材料费、施工机具使用费、企业管理费、利润、规费和税金"。如果想用更简洁的划分方法,可以采用"李林森案"以费用发生阶段为标准,"建设工程施工合同无效情况下的折价补偿范围应为建设工程的整体价值,即建设工程的完整造价,应包括直接费、间接费、税金和利润。建筑安装工程税金包括营业税、城市维护建设税及教育费附加。直接费和间接费是工程造价里面的成本,由于间接费是施工企业为工程所支出的实际费用,并不能因为合同无效而由发包方承担本应由实际施工人承担的成本"。简言之,工程价款包括直接费、间接费、税金和利润四个部分,直接费用判定归属于实际施工人在司法实践中并无争议,直接费用在实际施工人的人工、机械等成本投资已物化于建设工程,故必然属于不当得利请求权的折价补偿范围。对于其余三个部分,分析情况见下文论述。

(二)工程价款的归属逻辑

1. 工程价款归属实际施工人的构成要件

判定工程价款的归属为实际施工人应满足以下几个要件:一是实际施工人确

实投入相应成本。“谁主张,谁举证”的规则要求实际施工人必须为完成案涉工程建设的资金投入而举证,对于工程量而言,实际施工人可以出示签证文件、工作联络单、工程量清单、施工现场记录、竣工图等;对于资金成本而言,可以举证对外签订的合同和对应支付凭证、农民工工资明细表与银行流水。二是实际施工人主张的利润限于参照合同结算。前文已述及,对于不法原因之给付,法院判决不应当支持实际施工人因合同无效获得的利益大于合同有效时。应注意的是,该种情况的应限定为工程量未变更以及工程已完工。三是特殊情况下的实际施工人工程价款归属应具体分析。施工过程中有关工程质量、施工范围、施工工期、人工和材料价格变化、外来因素、不可抗力、设计变更等多种情况均有可能导致工程价款发生变化。当然这种变化可能是正向变化也可能是负向变化,故需要结合原合同条款以及补充协议等方式调整。另外,对未完工程而言,通常出现施工合同被提前终止,而终止的原因归责也将对工程价款的认定产生影响。

2. 工程价款归属实际施工人的案例分析

(1)实际施工人确实投入相应成本

投入相应成本的理解划分为两方面:一方面意味着实际施工人投入了资金成本。司法审判中时常遇到的问题是结算双方即使对诉讼过程中形成的司法鉴定意见或者诉前共同委托的第三方机构出具的审计报告作为工程价款结算依据并无异议,但通常会在二审过程中对鉴定、审计报告的间接费、税金、提出异议。例如,在“李林森案”中,兆磊房开公司与南方广达上诉称“一审判决未扣除上诉人为兆磊房地产开具工程款发票所应交纳的税费 3,719,583.75 元”,“苏虹案”雍氏公司上诉称“依法纳税 90 余万元,是被上诉人依法纳税的法定义务,也是双方合同约定的义务”。处理此类争议的关键点为实际施工人是否投入相应成本,以税金为例,税金是指“国家税法规定的应计入建筑安装工程造价内的营业税、城市维护建设税、教育费附加以及地方教育附加”。[①] 在实际缴纳过程中,除挂靠人为企业外,大部分实际施工人系自然人,并无缴纳税金的资质,故纳税义务由承包人代实际施工人履行,因此若承包人能够提供缴纳税金的证据,如纳税发票、银行转账记录则可以证明其承担了本应由实际施工人缴纳的税费,所以应当在总工程价款中扣减税费。另一方面意味着实际施工人投入了劳动成本。在承包人非法分包的情况下,承包人并非将案涉整体工程转包给实际施工人,而是分包给不同施工班组,乃至承包人自身也参与了工程建设,极易出现工程混同的情况。例如,在“喻忠祥案”[②]中,根据双方内部承包合同约定,土石方挖运工程与道路、挡墙工程均应由喻忠祥完成,

---

① 因目前税法改革,营业税已经改为增值税。

② (2018)黔民终 1174 号民事判决书。

一审法院认定“审核报告中土石方开挖工程中除挖运土方、石方部分外的其他部分,被告没有有效的证据证明系他人或者是其自己施工,亦应当认定为属于原告施工”,一审法院仅凭合同约定施工范围包括“道路、挡墙工程”就直接认定该部分工程由实际施工人完工,不满足“投入成本”的构成要件。该部分工程由实际施工人完成的初步举证责任应该由实际施工人承担,二审法院另查明,“审核报告所载明的工程除土石方开挖工程以外,其余的道路工程、挡土墙工程、抢险损失部分、变压器安装均由案外人施工完成,双方在庭审中均对该事实确认无异议”。该案在事实查明过程中,运用了投入成本要件才能最大程度地还原客观事实真相。

(2)实际施工人主张的利润限于参照合同结算

实际施工人主张的利益限于参照合同结算,该构成要件是针对不法原因之给付的回应。例如,在“曾艳彪案”中,双方协议约定了15%的管理费,曾艳彪主张因合同无效不应扣除管理费,法院认为,“曾艳彪所主张工程价款中,应扣除协议中约定的15%管理费。一方面,曾艳彪与伟业公司约定15%的管理费虽因违反法律的禁止性规定而无效,但曾艳彪系协议的缔约方,对非法转包行为亦应承担责任。任何人均不得因其非法行为而获利,曾艳彪也不得因非法承揽工程获得超过缔约时所期待的利益”。双方在缔约之初时其预设的利润已经囊括在85%的总工程价款之中,若支持了实际施工人多余的利益则与规范建筑市场秩序的立法价值相悖。

(3)特殊情况下的工程价款归属分析

首先,未完工工程的价款确认。建设工期较长,加上法律和政治风险,不少建设项目处于半路停工状态,即俗称的烂尾楼。该类情况下的工程价款结算有所不同。但是,无论工程是否竣工,工程价款结算的必要条件始终为已完工的工程内容质量合格,至于工程质量应满足国家标准还是合同约定标准,根据实际施工人请求权基础为不当得利请求权而非契约上请求权,此时双方合同的特定目的之实现不受法律保护,合同约定的质量标准条款归于无效,实际施工人的工作成果满足法定标准即可,况且双方约定的工程质量标准由于指标众多,各指标的影响权重不同,法院在判定工程质量是否合格时应当允许合理误差。工程质量合格之后,工程价款应具体考量以下因素:其一,双方约定的工程计价方式因素。若约定固定总价合同,可以通过鉴定或者比例的方式计算出未完工工程价值并将之在总工程价款中扣除,从而确定实际施工人应得的工程价款。其二,工程未竣工的原因与责任归属因素。因实际施工人停工给发包人、承包人带来实际损失的,应考虑停工界面对工程续建可能增加的费用部分。

其次,工程量变更的价款确认。以主体进行划分,导致工程变更的原因可分为实际施工人与承包人,对于承包人单方面要求、政府部门规划变化、设计修改等都应由承包人承担,对于实际施工人施工出现纰漏、疏忽导致的工程量增加,由实际施工人自行承担。一般而言,工程签证单是作为工程变更价款的重要依据,其是对原合同的补充修改,根据工程签证情形来确定工程价款:其一,工程签证确定工程变更事实发生原因,也对发生的变更的费用予以确认,则按签证中约定的工程价款进行结算。其二,仅对变更的事实予以定性,而缺乏定量的工程价款依据。此时,可以参照当地工程行政主管部门发布的定额计价依据以及工程造价鉴定等方式定量。其三,同时缺乏定性与定量签证单,但是确实存在工程量变更的事实的,承包人应当举证证明工程量变更的原因系承包人导致的,否则就属于其自身超设计图纸施工或者多次返工造成的工程量增加,在解决定性问题之后可以参照第二种情况定量。总之,建设工程施工合同的履行有诸多不可估量因素,故并不存在适用一切情况的工程价款判定方式,应充分考量双方过错责任、不可抗力等因素来弥补当事人损失。

五、结语

关于实际施工人的请求权性质认定,部分支持"契约上请求权"的观点,体现了法官或者学者追求个案正义的美好愿景;然而,法律解释论上,应严格遵循传统民法中对于合同有效、效力待定、无效的区分,将其请求权定性为"不当得利返还请求权"更为恰当。在此背景下,法院裁判应发挥对《合同法》概括性条款的解构和填补的功能,构建直接突破合同相对性与代位权并行的双轨起诉机制,最终正确认定工程价款的支付范围与义务人。

合同无效后“管理费”处理规则的司法重构

——以“不法原因给付制度”为视角

陈晓波*

一、问题的提出

虽然《合同法》《建筑法》等法律、行政法规明文规定了施工企业不得将工程转包、违法分包或出借资质给他人承揽工程,但在实践中,这些违法行为却是大行其道,已经成为建筑行业的常见现象。《最高人民法院关于审理建设工程施工合同纠纷案件适用法律问题的解释》(以下简称《建设工程施工合同司法解释一》)更是规定了无效合同参照有效合同结算、实际施工人突破合同相对性向发包人主张工程款等规则,使实际施工人非但不会因其违法行为遭受处罚,反而使其工程款请求权获得更多的保障,甚至能获得比合法承包更多的利益。虽然其中有保护农民工工资权益等政策考量的因素,但不可否认的是,实践中,实际施工人制度的滥用导致建筑行业转包、违法分包及挂靠的现象非但没有得到遏制,反而更加普遍。

但实际施工人多是规模较小的施工企业,甚至是个人,面对标的额巨大、施工周期长、专业性强的工程项目,往往力有不逮,导致本来应该盈利的工程项目因为管理不善而亏损,从而引发纠纷。这也进一步导致建设工程施工合同纠纷的案件数量呈现逐年快速上涨的态势①。同时,凡是在涉及实际施工人的案件中,几乎都

---

* 陈晓波,浙江京衡律师事务所高级合伙人。

① 2012 年,全国法院审理一审建设工程施工合同纠纷案件为 49,000 件,2013 年为 55,500 件,2014 年为 65,989 件,2015 年为 88,919 件,2016 年为 97,379 件,2017 年近 10 万件,2018 年 1 ~ 11 月,全国法院审理一审建设工程施工合同纠纷案件 11.17 万件。参见冯小光在最高人民法院第五巡回法庭巡回区大讲坛《建设工程施工合同纠纷案件法律适用问题》以及《最高人民法院建设工程施工合同司法解释(二)理解与适用》前言部分。

会牵扯到管理费的支付问题。虽然《建设工程施工合同司法解释一》第4条[①]规定法院可以根据《民法通则》第134条的规定对已经取得的非法所得予以收缴，但司法实践中法院收缴管理费的案例寥寥无几。而面对承包人要求实际施工人支付管理费、实际施工人要求承包人返还已经支付的管理费的诉讼请求，不同法院甚至同一法院的不同法官作出的裁判文书中，都存在不同甚至完全相反的观点。本文拟对实际施工人管理费的认定和处理问题进行梳理，提出自己的意见，以期对相关从业人员有所助益。

二、承包人主张实际施工人支付管理费的处理

从目前司法实践中的观点来看，法院多是以承包人是否参与了工程管理来判定实际施工人是否应当支付管理费。

（一）司法裁判中的三个主要观点

1. 实际施工人认可或承包人能够证明其实际参与管理的，有权主张管理费

（1）判决参照合同约定支付管理费的，如最高人民法院在（2017）最高法民申2153号裁定书中认为："经查，双方签订的《内部承包协议书》第四条第二项约定许成庄向开滦建设公司缴纳工程总造价的13%作为管理费。虽然《内部承包协议书》因许成庄不具备建筑施工企业资质而无效，但无效的原因在于主体不适格而非意思表示瑕疵，且在许成庄施工期间，开滦建设公司实施了对账、代付材料款、协调发放工人工资等管理行为。在《内部承包协议书》无效但建设工程已投入使用的情形下，参照合同约定处理双方纠纷，能最大限度平衡各方当事人利益，具有公平与合理性。一、二审判令许成庄参照协议约定向开滦建设公司支付管理费，并无明显不当。"

（2）法院酌情下调管理费比例的，如最高人民法院在（2017）最高法民申5013号裁定书中认为："本案中，开建公司中标之后，将案涉工程全部转包给三和公司施工。依照《中华人民共和国合同法》第五十二条的规定，开建公司与三和公司之间的转包行为，因违反法律的强制性规定而无效。现开建公司主张其与三和公司之间的口头协议有效，应按此约定扣除工程款3%作为管理费，无法律依据。二审法院支持其1.5%的管理费，系基于开建公司为合同履行做了一定工作，已充分维护了其利益。"

2. 承包人未能证明实际参与管理或实际支出费用，无权主张管理费

（1）承包人未能举证证明实际参与管理的，对其管理费主张不予支持。如最高

---

① 该条规定，承包人非法转包、违法分包建设工程或者没有资质的实际施工人借用有资质的建筑施工企业名义与他人签订建设工程施工合同的行为无效。人民法院可以根据《民法通则》第134条的规定，收缴当事人已经取得的违法所得。

人民法院在(2017)最高法民再395号判决书中认为:"广州富利建筑安装工程有限公司与胡水根及保利(江西)房地产开发有限公司建设工程施工合同纠纷案中,最高院认为:富利公司作为有资质的建筑施工企业,在明知胡水根无相应建筑施工资质的情形下仍向其违法转包,存在明显过错,且不能举证证明其实际参与了工程建设的相关管理,胡水根作为案涉工程的实际施工人,其实际承担了工程项目的管理工作,二审法院对富利公司的管理费的主张不予支持并无不当。"

(2)承包人未能举证证明实际支出的企业管理费数额的,扣除管理费的主张没有依据。如最高人民法院在(2017)最高法民申2372号裁定书中认为:"经查,管理费用是实际施工人组织施工生产和经营管理的必须费用,与其有无资质并无直接关联。中成公司并未举证在案涉工程的施工过程中管理费实际支出的具体数额,而仅以实际施工人无资质为由主张扣除管理费,据理不足。"

3. 管理费的性质属于违法利益,承包人不得要求实际施工人支付

如最高人民法院在(2018)最高法民申4381号裁定书中认为:"案涉工程系非法转包,《劳务施工合同》约定的9%总包管理费实质是转包案涉工程的违法所得,原判决对该部分管理费用未予扣减,亦无不当。"又如最高人民法院在(2018)最高法民终185号判决书中认为,一审判决认定刘昌洋与江西四建签订的《内部承包协议》为无效合同,却依据该协议在工程造价中扣除3%管理费,依据亦不充分,发回重审。

(二)法院应当对"管理费"进行区分

在工程实务中,并没有单独的"管理费"的概念。通常我们所说的"管理费"包括属于建安费用的"企业管理费"(国际工程中称"总部管理费"①),以及基于转包或挂靠产生的"管理费"。不同的"管理费"其法律性质、所适用的法律及产生的法律效果完全不同。"企业管理费"作为建筑安装工程费即工程款的一部分,其合法性自无异议,权利人当得主张;但转包或挂靠产生的管理费,则属于《民法通则》第134条所指的"非法所得",按规定应予收缴。

在涉管理费的案件中,通常承包人主张要求实际施工人支付挂靠或转包协议中约定的管理费,或在应向实际施工人支付的工程款中扣除管理费部分,并不会区分所谓的"管理费"是企业管理费,还是转包或挂靠管理费。故法院在审理涉及实际施工人管理费的案件中,应当首先对诉请中的管理费性质作出区分和认定,必要时向当事人作出释明,要求当事人明确所主张的是企业管理费,还是转包、挂靠管

① "总部管理费是指承包商整体业务运营的一种附带费用,包括不能直接分摊到生产中的间接费用,与可以直接用于生产的直接费用相对应。总部管理费包括:租金、日常费用、董事工资、养老基金缴费、审计费用等。"参见英国工程法学会:《工期延误与干扰索赔分析准则》,张水波、吕文学译,北京交通大学出版社2012年版,第68页。

理费，否则会使法律关系纠缠不清，难以作出令人信服的裁判。

1. 承包人可以主张“企业管理费”

企业管理费是指施工单位为组织施工生产和经营管理所发生的费用。[①] 住建部和财政部印发的《建筑安装工程费用项目组成（按费用构成要素划分）》（建标〔2013〕44号）中规定建筑安装工程费按照费用构成要素划分，由人工费、材料（包含工程设备）费、施工机具使用费、企业管理费、利润、规费和税金组成。其中，企业管理费是指建筑安装企业组织施工生产和经营管理所需的费用，内容包括：管理人员工资、办公费、差旅交通费、固定资产使用费、工具用具使用费、劳动保险和职工福利费、劳动保护费、检验试验费、工会经费、职工教育经费、财产保险费、财务费、税金及其他。企业管理费是基于工程的承包人在工程施工过程中所支出的经营管理费用，是发包人支付给承包人的工程款的组成部分。在承包人将工程转包或存在挂靠施工的情况下，如承包人实际参与了工程管理并为此支出了相应费用的情况下，应该来说其有权向实际施工人主张相应的企业管理费。

《合同法》第58条规定，合同无效或被撤销后，因该合同取得的财产，应当予以返还；不能返还或者没有必要返还的，应当折价补偿。在转包或挂靠协议被认定无效后，管理费条款亦无效，承包人不能再依据协议要求实际施工人支付管理费，也不能依据协议从工程款中扣减管理费。但是如承包人能够证明其实际参与了工程管理，如提供账户走账、代付材料款、派遣管理人员等，应当认为承包人履行无效合同的行为使实际施工人获得了利益，在转包或挂靠协议被认定无效后，实际施工人应当将获得的该部分利益返还给承包人，但因该利益无法返还，实际施工人应当折价补偿给承包人。

2. 承包人不得主张转包或挂靠管理费

如承包人在承揽工程后将工程转包，或出借资质由他人以自己的名义承揽工程的，其与实际施工人所签订的转包协议或挂靠协议中，通常会约定由实际施工人向承包人支付工程款一定比例的“管理费”，或承包人在向实际施工人转付发包人支付的工程款时，有权从中扣除一定比例的“管理费”。有些合同中表达得较为含蓄，以“让利”或“下浮率”等名目出现，实务中对此多以广义的“管理费”统称之。但在挂靠协议中约定的“管理费”并非作为建筑安装工程费的“企业管理费”，而是被挂靠企业出借资质所欲谋取的违法利益。如果实际施工人已将管理费支付给承包人或承包人在向实际施工人转付工程款时已预先扣除相应管理费的，则这部分管理费属于《民法通则》第134条所规定的“非法所得”，《建设工程施工合同司法解释一》也规定人民法院可以对管理费予以收缴。

---

① 参见住建部和国家质检总局联合发布的《工程造价术语标准》（GB/T 50875－2013）。

从民法理论上来说,非法利益是任何人均不得主张权利的。如果承包人无法证明其实际参与了工程管理,仅依据转包或挂靠协议主张实际施工人支付管理费的,法院应当不予支持。首先,挂靠协议因违反法律的强制性规定而无效,协议中约定的挂靠管理费条款亦无效,被挂靠企业主张管理费没有合同依据;其次,被挂靠企业出借资质给挂靠人承揽工程系违反法律强制性规定的行为,协议中约定的管理费属于违法利益,被挂靠企业主张管理费没有法律依据。江苏省高级人民法院2018年的《关于审理建设工程施工合同纠纷案件若干问题的解答》第6条规定:"出借资质的一方或者转包人要求按照合同约定支付管理费的,根据《建设工程司法解释》第4条的规定,不予支持。"

(三)管理费条款不能参照适用

在很多案例中,法院都会参照转包或挂靠协议的约定认定实际施工人应当支付的管理费数额。但笔者认为,即使在承包人举证证明了其实际参与了工程管理的情况下,法院也不能参照转包或挂靠协议中关于管理费的约定支持其请求,而是应当由其继续举证因管理投入而实际发生的费用,无法举证证明具体数额的,法院可以按照市场价格或工程惯例予以确定。理由如下:

虽然《建设工程施工合同司法解释一》第2条规定,建设工程施工合同无效,但建设工程经竣工验收合格,承包人请求参照合同约定支付工程价款的,应予支持,但这仅仅是为了平衡当事人之间的利益关系、便于法院审理案件而确立的一种折价补偿方式,而非无效合同按有效处理,更非价格条款单独有效。最高人民法院亦指出,在合同无效的情况下,参照合同约定支付工程价款,与法理和现行法律有关无效合同的处理原则明显相悖①,因而要严格谨慎适用该条规定,不能任意扩大其适用范围。同时,该条规定中的"合同"是指承包人与发包人签订的建设工程施工合同,因而不适用于承包人与实际施工人签订的转包或挂靠协议。

有观点认为,虽然合同无效但管理费有效的约定是当事人在合同签订时的真实意思表示,参照适用并无不妥,但"合同无效,仅系不按当事人合意的内容赋予效力,并非不发生任何效力;合同无效场合得依法律规定(而非当事人的意思),发生返还财产、折价补偿、损失赔偿等法律效果。"②笔者认为,合同被认定无效并非否定当事人订立合同的真实意思,而是无效的合同自成立时起即不发生当事人所欲发生的效力。如果在合同无效的情况下仍然参照适用,使当事人的意思发生法律效力,则使得其与有效合同并无二致,法律关于无效合同的规定势必将成为一纸空文。

---

① 最高人民法院民事审判第一庭编著:《最高人民法院建设工程施工合同司法解释的理解与适用》,人民法院出版社2015年版,第33页。

② 王泽鉴:《民法总则》,北京大学出版社2009年版,第459页。

因此,在诉讼中承包人向实际施工人主张管理费时法院应当向其释明,要求其明确主张的是企业管理费还是转包或挂靠的管理费。如承包人主张的是企业管理费,则应当举证证明其实际存在管理行为和为此支出的具体费用;如其主张的是转包或挂靠的管理费,则会因缺乏法律及合同依据而得不到法院支持。同时,即使被挂靠企业能够证明其实际参与了管理,法院亦应当严格按照《合同法》第58条的规定,由主张者举证证明实际损失或根据行业惯例、市场价格来确定具体数额,而不能直接参照转包或挂靠协议的约定予以裁判。

三、实际施工人主张承包人返还已支付管理费的处理

(一)司法裁判观点

在转包或挂靠协议被认定无效后,一些实际施工人认为承包人收取管理费的行为缺乏依据,因而主张承包人返还已支付的管理费,对此,司法实践存在两种导致裁判结果截然相反的观点:

一种观点认为,合同无效管理费条款亦无效,被挂靠企业通过违法行为谋取的管理费应当返还给挂靠人。该观点的理论基础是不当得利,在挂靠合同被认定无效后,被挂靠企业便丧失了获取管理费的合同基础,因此获得的不当利益应当予以返还。如在(2016)最高法民申2762号中国化学工程第七建设有限公司与重庆市亚龙防腐保温工程有限公司及武汉钢铁集团鄂城钢铁有限责任公司建设工程施工合同纠纷案中,法院认为,中化七建公司与亚龙公司签订的《建设工程施工专业分包合同》因违反法律和司法解释的规定属无效合同,其中关于中化七建公司收取管理费的约定亦无效,故中化七建公司通过转包行为谋取的管理费应返还给亚龙公司。

另一种观点认为,管理费属于违法所得,但挂靠人亦不能从违法行为中获益,对挂靠人的返还请求不予支持。该观点是基于"任何人不得从其违法行为中获利"这一民法原则,因挂靠行为是挂靠人和被挂靠企业共同完成的,挂靠人同样存在违法行为,如挂靠人可以请求被挂靠企业返还已经支付的管理费,导致挂靠人因此而获利,与该原则相违背。如在(2018)最高法民申5532号贾渊亭与河南亚星置业集团有限公司、河南亚星建筑安装工程有限公司建设工程施工合同纠纷案中,最高人民法院认为,原审查明,贾渊亭借用亚星建筑公司的资质,对案涉工程进行施工,该行为违反了相关法律法规,亚星建筑公司收取的管理费属违法所得,但贾渊亭亦不能从其违法行为中获得利益。故原判决未支持贾渊亭提出的亚星建筑公司应将管理费向其返还的主张,适用法律并无不当。

(二)实际施工人不得主张返还已支付的管理费

笔者认同第二种观点,但认为其仅以"不能从其违法行为中获得利益"为由,从

而否定挂靠人返还管理费的主张,未免显得过于单薄。

1. 不法原因给付制度

就此问题,笔者认为,可以借鉴大陆法系其他国家的"不法原因给付"制度来解决。不法原因给付是指基于违反强行法规或公序良俗的原因而为的给付,[①]给付的一方无权通过诉讼要求受领的一方返还。不法原因给付制度源于罗马法,"当实行给付或允诺是为了他人不实施不道德的和不合法的行为时,可提起'因受讹诈的要求返还之诉'。如果该债因的可耻性不仅与接受给付方有关,而且同给付方也有关,则不能提起这种要求给付之诉。在这种情况下,被给付标的的占有者获胜",[②]如果给付方或双方均有不道德行为,就不属于不当得利[③],给付方无权要求受领方返还。英美法系的不法约定制度与此几乎一致,即基于不法原因的给付或基于不法约定而转移的金钱、动产与不动产均不得要求返还,除非不法原因仅存在于受领人一方。[④] 拉丁法中亦有"不道德原因不生诉权"及"双方不道德时,占有人占优势"的说法。

《德国民法典》第 817 条规定,给付的目的约定为受益人因受领而违反法律的禁止规定或者善良风俗的,受益人应负返还义务。如果给付人对此种违反行为也应负责任时,不得要求返还,但给付系承担债务而履行的除外;为清偿此种债务而履行的给付不得要求返还。《瑞士债务法》第 66 条规定,以产生违法或者违反善良风俗的后果为目的的交付,不得返还。《日本民法典》第 708 条规定,因不法原因实行给付者,不得请求返还。但是,不法原因仅存在于受益人一方时,不在此限。我国台湾地区"民法"第 180 条规定,因不法之原因而为给付者不得请求返还,但不法之原因仅于受领人一方存在时,不在此限。

对于违反法律规定或公序良俗的合同,"如果当事人已经履行了合同,法庭则可能不允许当事人要求对方返还财产"[⑤],这作为一种消极的制裁方式,旨在惩罚违反法律或道德的给付人,但也并非是保护受领人。如果受领人的行为违反了行政法律或触犯了刑事法律,则受领人可能会被课以行政责任,甚至刑事责任。"当不允许实施可耻行为的当事人请求返还财产的原则被适用时,其结果是违反道德和社会利益的。但这一原则之所以明确地被人们所接受,就一般意义而言,正是为了使实际生活中不存在适用这一原则地场合,让那些家伙自作自受吧。"[⑥]

---

① 谭启平:《不法原因给付及其制度构建》,载《现代法学》2004 年第 26 卷第 3 期。

② [意]彼得罗·彭梵得:《罗马法教科书》,黄风译,中国政法大学出版社 1992 年版,第 399 页。

③ 周枏:《罗马法原论》,商务印书馆 1994 年版,第 833 页。

④ 谭启平:《不法原因给付及其制度构建》,载《现代法学》2004 年第 26 卷第 3 期。

⑤ 尹田:《法国现代合同法》,法律出版社 1995 年版,第 228 页。

⑥ 尹田:《法国现代合同法》,法律出版社 1995 年版,第 152 页。

2. 我国法律对不法原因给付亦有所体现

我国现行法律没有不法原因给付制度,但在司法实践中对此仍多有体现。如赌博、毒品交易、性交易等违法行为产生的利益,当事人不得要求支付或返还;又如《最高人民法院关于审理民间借贷案件适用法律若干问题的规定》第26条规定了民间借贷利率不得超过24%,但超过24%未超过36%的部分,已经支付的,债务人不得要求返还,亦是体现了不法原因给付不得要求返还的法律观念。

如北京市第三中级人民法院在(2017)京03民终4032号①判决书中认为:本案中,王某与杨某长期保持不正当关系,双方共同出资买房并生育一子王某1。在此情况下,难免在双方业务合作之外,王某给付杨某部分款项。但这种给付出于不法原因,该原因违反社会公德和善良风俗。如果允许返还,则会激起当事人从事不法原因给付的"热情",明知自己有配偶仍与他人发生不正当关系的"出轨者"的违法成本太低,"人财两得"的结果将会导致婚外情增加,实际上并不能弘扬社会公德和善良风俗,却起到了对不法原因给付当事人的客观保护作用,于理于法都难谓合适。

又如在重庆市第一中级人民法院在(2018)渝01民终7898号②判决书中认为,伍某明知张某为其儿子办理上军校事宜系违法行为而依然为张某提供借款,且双方本意上并非系借款而系伍某之子找关系读军事院校的费用,系不法原因给付,因其给付之目的具有不法性,违反法律强制性规定和公序良俗,以不得请求返还为原则,故伍某和张某之间并非系民间借贷关系,也不应适用合同无效的法律后果。

3. 管理费系不法原因给付,不得要求返还

我国《建筑法》第26条明确规定禁止施工企业出借资质,因而挂靠承揽工程属于违法行为,挂靠人基于此向被挂靠企业支付的管理费亦系违反法律强制性规定而为的给付,属于不法原因给付。"在不当得利中,受损人要求返还的利益必须是有合法基础的,如果损害是由受损人的违法行为造成的,法律将不对此种损害提供救济。"③因此,基于"任何人不得以其恶行主张权利",被挂靠企业不得向法院主张要求挂靠人继续支付剩余管理费,挂靠人亦不得主张返还已支付的管理费。

四、收缴行为与法院定位不符

《建设工程施工合同司法解释一》第4条规定了人民法院可以根据《民法通

① 参见北京市第三中级人民法院:张某与杨某、王某确认合同无效纠纷案二审民事判决书。

② 参见重庆市第一中级人民法院:伍某与张某民间借贷纠纷案二审民事判决书。

③ 王利明:《债法总则研究》,中国人民大学出版社2015年版,第420页。

则》第134条规定,收缴当事人已经取得的违法所得。《民法通则》第134条第3款规定,人民法院审理民事案件,可以予以训诫、责令具结悔过,收缴进行非法活动的财物和非法所得,并可以依照法律规定处以罚款、拘留。但在司法实践中,法院对管理费予以收缴的案例却是屈指可数。

从笔者检索的最高人民法院2017—2019年的170份裁判文书中来看,仅有一例,而且该案并非最高人民法院主动收缴管理费,而是对下级法院收缴管理费判决的认可,在(2018)最高法民申5206号案件中,最高人民法院认为:“关于张小占申请再审提出的不应扣减12%工程管理费及税金的问题,孙琪与华辰公司补签合同中的上述约定是通过合同形式为不参与工程实际管理及施工的华辰公司谋取不正当利益,是国家严令禁止的非法行为,一、二审法院根据《最高人民法院关于审理建设工程施工合同纠纷案件适用法律问题的解释》第四条及《中华人民共和国民法通则》第一百三十四条的规定没收该非法所得,符合法律规定。”

对此,笔者认为,法院应当谨慎收缴管理费。首先,法院作为中立的司法裁判者,奉行不告不理原则,法院主动收缴管理费与这一原则相悖。且,法院在主动收缴非法所得时,首先需要对“非法所得”作出认定,既当控告者又当裁判者,与程序正当的司法理念亦相悖。其次,《民法总则》中删除了法院可以收缴非法所得的规定,如果今后《民法通则》失效,法院收缴管理费将缺乏法律依据。最后,人民法院应当参照刑事犯罪线索移送侦查机关的做法,将施工企业的违法行为向行政机关发送司法建议,由行政机关根据《建筑法》的相关规定对施工单位作出处罚,[①]而不能对平等的民事法律关系进行过多的干涉。

五、结语

目前的建筑市场中名为内部承包实为转包或挂靠的现象十分普遍,甚至很多施工企业没有自己建设的项目,全部是通过转包和挂靠来收取管理费以获得经营利润,这也导致大多数工程存在转包或挂靠的情况。而建筑行业属于薄利行业,实际施工人在交纳巨额管理费的情况下,想要再获取利润,往往通过降低工程质量标准、建筑材料以次充好等方式减少施工承担,危及工程质量和施工安全。现实中发生的安全事故也绝大多数与转包、挂靠有直接的关系。

在涉及实际施工人的案件中,在多数情况下,管理费问题必然成为争议的焦点。然而,很多法院仍然参照违法的转包或挂靠协议支持了承包人的管理费请求,使未实际施工的承包人通过诉讼这一途径获取违法的利益。违法行为未受制裁,违法之利益反而为国家权利所保护,这实则变相地鼓励承包人的转包、挂靠行为。

---

① 吴学文:《转包合同无效后管理费的收取》,载《人民司法(案例)》2018年第5期。

法律秩序应拒绝给违法的、不道德的行为提供履行强制①，在管理费的司法处理中，应当借鉴“不法原因给付制度”，避免当事人通过法院来获取违法行为所产生的利益。

① [德]迪特尔·梅迪库斯:《德国民法总论》，邵建东译，法律出版社2001年版，第511页。

无效施工合同的损失赔偿责任研究

熊　昭[*]　王　辉[**]

一、引言

因建设工程的专业性和复杂性，为了保证建筑工程的质量和安全，多部法律、行政法规对建设工程施工进行了规制，包括大量的强制性规定。这些规定主要集中在两个方面：一方面是保障建设工程质量的规范；另一方面是维护建筑市场公平竞争秩序的规范。当事人签订的施工合同如果违反这些强制性规定将导致合同无效的法律后果。

施工合同无效后，并非不产生任何法律后果，只是不产生当事人希望的法律后果。尤其是建设工程已进行建设，甚至是竣工验收的情况下，如何对已完工程进行结算，如何对工程建设中承发包双方遭受的损失进行赔偿，在损失无法确定时如何进行确定赔偿金额等，这一系列问题困扰着法官，也关系着当事人的权利。

针对前述问题，笔者拟通过系统性的思维方式，并兼顾理论和实务的研究成果，对施工合同无效后的损失赔偿问题，作出论述，希望对理解现行立法、检讨裁判案例、解决实际问题有所裨益。

二、立法规定及评析

（一）现行立法规定

针对施工合同无效后的损失赔偿问题，现行立法系规定在《最高人民法院关于审理建设工程施工合同纠纷案件适用法律问题的解释（二）》（以下简称《建设工程施工合同司法解释二》）第3条、《合同法》第58条。

《合同法》第58条规定，合同无效或者被撤销后，因该合同取得的财产，应当予以返还；不能返还或者没有必要返还的，应当折价补偿。有过错的一方应当赔偿对

---

* 熊昭，国浩律师（重庆）事务所高级合伙人。

** 王辉，国浩律师（重庆）事务所专职律师。

方因此所受到的损失，双方都有过错的，应当各自承担相应的责任。

《建设工程施工合同司法解释二》第3条规定，建设工程施工合同无效，一方当事人请求对方赔偿损失的，应当就对方过错、损失大小、过错与损失之间的因果关系承担举证责任。

损失大小无法确定，一方当事人请求参照合同约定的质量标准、建设工期、工程价款支付时间等内容确定损失大小的，人民法院可以结合双方过错程度、过错与损失之间的因果关系等因素作出裁判。

（二）立法评析

《建设工程施工合同司法解释二》第3条相比较《合同法》第58条，具有如下优越性：

1.《建设工程施工合同司法解释二》第3条是对《合同法》第58条的具体化，即《建设工程施工合同司法解释二》第3条以《合同法》第58条为前提，《建设工程施工合同司法解释二》第3条优先适用。

2.《建设工程施工合同司法解释二》第3条对于损失赔偿的构成要件、法律后果进行了细化，其中过错、损失、因果关系属于构成要件，损失及损失的确定因素属于法律后果。对于法官进行裁判、当事人进行举证提供了指引。

3.《建设工程施工合同司法解释二》第3条对于损失无法确定情况下，当事人可以请求参照合同约定确定损失，属于较为特别的规定。该规定与《最高人民法院关于审理建设工程施工合同纠纷案件适用法律问题的解释》（以下简称《建设工程施工合同司法解释一》）第2条①一脉相承。这两条规定均肯定施工合同约定本身在一定条件下可以作为当事人计算工程价款及确定损失的依据。

（三）对《建设工程施工合同司法解释二》第3条的疑问

虽然《建设工程施工合同司法解释二》第3条在法律适用方面具有较大的优越性，但仍有如下疑问：

1.《建设工程施工合同司法解释二》第3条的损失赔偿，到底是什么样性质的赔偿，是违约责任，还是其他责任？

2.《建设工程施工合同司法解释二》第3条规定的“过错”，到底是签订合同时的过错，还是履行施工合同时的过错？

3.《建设工程施工合同司法解释二》第3条规定的“损失”，是否仅限于实际损失，还是包括可得利益损失？

4.《建设工程施工合同司法解释二》第3条规定的“损失”，具体包括哪些损

---

① 《建设工程施工合同司法解释一》第2条规定：“建设工程施工合同无效，但建设工程经竣工验收合格，承包人请求参照合同约定支付工程价款的，应予支持。”

失,如工期延误损失、质量损失、停工损失、逾期支付工程款损失等是否包含在内?

5.《建设工程施工合同司法解释二》第3条规定的"因果关系"是指导致合同无效的过错与损失的因果关系吗,还是指其他?

6.《建设工程施工合同司法解释二》第3条第2款规定的损失大小无法确定,如何理解?该款的规定是否会将第1款的规定架空,反客为主?

以上问题,均需要通过解释,通过对现行理论、司法裁判案例的综合论述来阐明。以下,笔者将尽可能地逐一阐明。

三、损失赔偿的性质

针对施工合同无效情况下损失赔偿的性质,应当与《合同法》第58条的解释一致,这是法律规定的体系化和逻辑一致性的基本要求。

(一)通说认为,《合同法》第58条规定的损失赔偿系属于缔约过失责任

在理论界,学者普遍认为,合同无效或者被撤销后,无过错的一方请求有过错的一方承担赔偿责任的基础是缔约过失责任[①],即因合同无效产生的赔偿损失法律责任,在法律上属于缔约过失责任,而非违约责任或者侵权责任。

根据韩世远教授对缔约过失的分类,本文讨论的责任属于合同自始无效型的缔约过错责任[②]。

(二)司法实践亦肯定通说观点

最高人民法院民事审判第一庭认为,因合同无效产生的赔偿损失法律责任,在法律性质上属于缔约过失责任,而非违约责任或者侵权责任[③]。

贵州省高级人民法院在(2014)黔高民初字第21号判决中认为:"根据《中华人民共和国民事诉讼法》第一百六十八条的规定,综合双方诉辩主张,本案争议焦点为:本案争议焦点为:1. 本案是否超过诉讼时效期间;2. 国际会议中心应否承担缔约过失损害赔偿责任;3. 中建四局所主张的待工损失、项目部费用、可得利益如何认定。"

重庆市第五中级人民法院在(2019)渝05民终2403号判决中认为:"本案刘宗成与农业公司签订的涉案《桃花山庄修建工程油漆工承包协议》因违反法律、法规效力性强制性规定而无效,故上诉人刘宗成可另案向农业公司以缔约过失责任为

---

① 王利明:《合同法研究》(第一卷)(第三版),中国人民大学出版社2015年版,第659页;崔建远:《合同法总论》(上卷)(第二版),中国人民大学出版社2011年版,第445页;韩世远:《合同法总论》(第四版),法律出版社2018年版,第165页;李永军:《合同法》(第三版),法律出版社2010年版,第355页。

② 韩世远:《合同法总论》(第三版),法律出版社2011年版,第128页。

③ 最高人民法院民事审判第一庭编著:《最高人民法院建设工程施工合同司法解释(二)理解与适用》,人民法院出版社2019年版,第77页。

由主张赔偿其损失。”

四、损失赔偿的构成

无论从立法规定，还是从举证责任角度来看，当事人要主张本条规定的损失，需要就对方过错、损失大小、因果关系进行举证。故我们现行讨论本条损失赔偿的构造。

（一）过错

1. 导致合同无效的过错

按照前面的论述，既然本条规定的系施工合同无效情形下的损失赔偿，则首先想到的是，这里的过错应当是导致施工合同无效的过错，需要根据导致施工合同无效的原因来进行判断。具体而言，如法律规定必须招标的建设工程未进行招投标或者未办理规划审批手续，导致施工合同无效，则发包人是过错方；如无资质或者超越资质承揽建设工程，导致施工合同无效，则承包人是过错方。

事实上，在具体的建设工程施工合同案件中，更多是双方过错情形。如在法律规定必须招标的建设工程未进行招投标或者未办理规划审批手续，导致施工合同无效情形下，承包人未能尽到合理注意义务识别建设工程是否属于必须招投标，未对建设工程的规划审批手续进行查看，存在次要的过错。在无资质或者超越资质承揽建设工程，导致施工合同无效情形下，发包人为对资质进行审查，对工程没有及时跟进监督。

2. 合同成立后的信赖过错

需要注意的是，在无效施工合同情形下，除了发生合同订立时对合同无效的过错之外，还有一种过错，这种过错就是在合同成立后，双方基于合同约定产生的信赖违反。如一方在合同履行阶段，违反合同中载明的工期、质量、工程价款、停工等条款，给对方造成损失时存在的过错。

与合同无效时的过错相比，这种过错在现实中更为重要。因为现在发生争议的建设工程施工合同无效案件中，大多数的损失赔偿是发生在施工合同成立后，当事人在履行过程中对合同约定的违反。

而以往的理论研究，往往将过错限定在订立合同中，忽略了此种类型过错[①]。在司法实践中，法院在认定损失赔偿时，也存在两种不同的观点：一种观点认为，这里的过错是指对合同无效的过错，如最高人民法院民一庭意见：合同无效后，若一方当事人对合同无效存在过错，且对方当事人因此遭受损失的，过错方应基于缔约

---

① 崔建远：《合同法总论》（上卷）（第二版），中国人民大学出版社2011年版，第442页。这里的过错是对形成合同无效的原因的过错。

过失行为向对方当事人承担赔偿损失的法律责任,所赔偿的损失限于信赖利益损失(包括直接损失和间接损失),不包括在合同有效情形下通过履行可以获得的利益①。另一种观点认为,这里的过错不仅包括导致合同无效的过错,还包括合同履行中的过错。如最高人民法院民一庭倾向性意见:建设工程施工合同被确认无效后,发包方与第三人签订的《房屋买卖合同》因逾期交房发生的违约损失,如果承包人在签订合同时或履行合同中已经知道或应当知道该损失发生,且该损失与承包人的过错有因果关系,可以纳入无效合同过错责任赔偿范围。根据承包方订立合同、履行合同中的过错责任程度及违反诚实信用原则的程度,依据《合同法》第58条规定判令其承担相应的责任②。

实际上,不论采用何种观点,在法院确定损失时,只要当事人的施工合同已经实际履行,就不可能不考虑履行中的过错。毕竟,在大量的施工合同案件中,当事人的损失更多的是发生在履行中,而非订立时。

(二)损失

根据缔约过失责任理论,合同无效后的损失属于信赖利益的损失,而不包括尚未实现的利益。

《合同法》第58条中的"损失"也应当作出同样的解释,即本条的损失应属于当事人一方相信施工合同有效而实际产生的损失。其可能包括两个时间段的损失:

第一个时段,订立合同过程中的损失。主要包括:办理招投标手续支出的费用、合同备案支出的费用、订立合同支出的费用、准备或者实际履行合同支出的费用等实际支出损失。该部分损失属于《最高人民法院关于适用〈中华人民共和国合同法〉若干问题的解释(二)》(以下简称《合同法司法解释二》)第8条后段规定的缔约费用、准备履行所支出的费用。

第二个时段,履行合同过程中的损失。该部分损失系发生在合同订立后,实际履行过程中发生的损失③。主要表现在如停工及窝工损失、工期损失、工程质量损失、人身及财产损失等。

针对第一个时段的损失,有通说理论的支撑和法律的明确规定,没有疑义。但针对第二个时段的损失,现有的理论很少进行论述,且法律规定也尚不明确,而且该部分损失与违约责任损失,极为相似,故有必要进行讨论。

1. 该损失的理论基础仍然在于缔约过失理论。根据缔约过失的要义,从事合

---

① 最高人民法院民事审判第一庭:《无效合同损失赔偿范围的界定》,载最高人民法院民事审判第一庭编:《民事审判指导与参考》(总第40集),法律出版社2010年版,第128页。

② 最高人民法院民事审判第一庭:《建设工程施工合同被确认无效后的过错赔偿责任》,载最高人民法院民事审判第一庭编:《民事审判指导与参考》(总第53辑),人民法院出版社2013年版,第146~151页。

③ 王利明:《合同法研究》(第一卷)(第三版),中国人民大学出版社2015年版,第730页。

同缔结的当事人，从合同外的消极义务范畴，进入了合同上的积极义务范畴；其因此而承担的首要义务，是缔约时须善尽必要的注意。法律所保护的，并非仅仅是一个业已存在的合同关系，正在发展中合同关系亦应包括在内；否则合同交易将暴露在外，不受保护，使缔约一方当事人成为他方疏忽或不注意的牺牲品。合同的缔结产生了一种履行义务，若此种效力因法律上的障碍而被排出时，则会产生损害赔偿责任。所谓合同不成立、无效者，仅指不发生履行效力，并不是不发生任何效力。简单来说，当事人因自己过失导致合同不成立或无效者，对信赖合同有效成立的相对人，应赔偿因此信赖所产生的损害①。

在施工合同无效场合，其不仅发生了缔约阶段的信赖，也发生了履约阶段的信赖。在履约阶段的信赖，正是属于发展中的合同动态关系。若法律不对其进行保护，则因为履行中对方过失造成的损失，将无法得到救济，导致该方当事人变成了牺牲品。过错方不承担任何责任，这种情形，显然不符合法律的公平原则和诚实信用原则。故当事人发生争议，法院认定或者当事人主张合同无效时，肯定和保护当事人因为信赖合同有效，在履行阶段产生的实际损失，是缔约过失制度的应有之义。

而且，目前理论界正在反思将缔约过失的损失范围限于因缔约而支出的费用②，从鼓励交易和诚实信用原则出发，对于缔约过失的损失范围应当以对方的缔约过失造成的实际损失为准③。

2. 该损失的请求权基础仍是《合同法》第42条。第一，《合同法》第42条规定的损失，并没有排除履行中的损失。第二，《合同法》第42条除了列举了两种具体的缔约过失情形，还设定了一个兜底性条款。故施工合同无效的履行损失可以纳入其他违背诚实信用原则的行为造成的损失当中。

3. 该损失与违约损失，存在区别。第一，该损失的前提是施工合同无效，合同约定的质量、工期、工程价款支付等条款均不能直接作为损失的确定和计算依据；而违约损失的前提是施工合同有效，合同约定的质量、工期、工程价款支付等条款则可以直接作为损失的确定和计算依据。第二，该损失限于实际损失，不包括可得利益损失；而违约损失不仅包括实际损失，还包括可得利益损失④。第三，该损失以当事人对施工合同无效存在过错为前提；而违约损失，属于严格责任，不要求当事人存在过错。

---

① 王泽鉴：《债法原理》，北京大学出版社2009年版，第233页。

② 崔建远、吴光荣：《中国法语境下的合同效力：理论与实践》，载《法律适用》2012年第7期。

③ 沈德咏、奚晓明主编：《最高人民法院关于合同法司法解释（二）理解与适用》，人民法院出版社2009年版，第77页。

④ 《合同法》第113条第1款规定，当事人一方不履行合同义务或者履行合同义务不符合约定，给对方造成损失的，损失赔偿额应当相当于因违约所造成的损失，包括合同履行后可以获得的利益，但不得超过违反合同一方订立合同时预见到或者应当预见到的因违反合同可能造成的损失。

(三)因果关系

在确定损失是否应当赔偿时,还需要考虑过错与损失之间是否具有因果。若具有,则应当赔偿;若不具有,即使当事人有过错或者有损失,也不应当赔偿。根据传统民法理论,因果关系的判断,通常采用相当因果关系理论,认为应当以行为人的行为所造成的客观存在事实为观察的基础,并依据该客观事实,依据我们知识经验判断,通常均会发生同样损害结果,那么,该行为与损害之间就具备因果关系①。

在无效施工合同中,过错与损失赔偿的因果关系方面,宜采用同种判断。值得注意的是,在无效施工合同中,存在两组过错、两组损失,需要分辨清楚各自因果关系。具体情形如表1:

表1　无效施工合同中的两组过错、两组损失

过错 / 损失	合同无效的过错	合同履行的信赖过错
订立合同中的损失	有因果关系(1)	无因果关系(2)
履行合同中的损失	无因果关系(3)	有因果关系(4)

在表1中,在(1)、(4)的情形下,过错与损失才具有因果关系,当事人可以请求赔偿;在(2)、(3)的情形下,则属于张冠李戴,不宜肯定过错与损失之间存在因果关系。

五、损失赔偿的责任

(一)赔偿范围

在施工合同无效情形,当事人的赔偿范围,需要讨论如下三个问题:

1. 当事人请求赔偿的,是否可以请求可得利益②

根据《合同法》第113条的规定,在一方当事人不履行合同义务或者履行合同

① 王泽鉴:《侵权行为法》,北京大学出版社2009年版,第182页。

② 笔者之前对可得利益的赔偿问题,进行了相应检索,得出如下裁判规则:(1)通过目前检索,可得利益损失赔偿的第一个前提是合同有效,若合同无效,则可得利益损失没有法律和事实基础。(2)可得利益损失赔偿的第二个前提是合同约定的主要义务没有履行完毕,若合同主要义务已经履行完毕,即使还剩余部分次要合同义务,也不可以主张可得利益损失赔偿。(3)可得利益损失赔偿需要按照施工合同约定的索赔规定,及时向违约方提出,否则,可能得不到法院的支持。(4)可得利益损失赔偿应当坚持可预见性规定、扣除因为守约方产生的损失扩大部分,另外需要考虑工程停工前守约方投入的人力、物力、财力的具体支出,且需要提供较为充分的证据。(5)可得利益损失具体金额无法确定时,可以向人民法院申请鉴定,鉴定机构一般为造价投资类的咨询公司,法院一般会按照鉴定意见裁判。但若实际鉴定结论突破可预见规则、项目具体利润,法院也会酌情调整。(6)可得利益损失的具体裁判金额相对较低,这与法院坚持违约损失赔偿的补偿性原则相关。

义务不符合约定,给对方造成损失的,损失赔偿额应当相当于因违约所造成的损失,包括合同履行后可以获得的利益。在当事人违约的情形下,损失赔偿包括可得利益的赔偿。这种利益在施工合同中通常表现为承包人正常履行合同后的预期利益。

如在最高人民法院(2016)最高法民终497号判决中,法院认为,国际会议中心应承担可得利益损失损害赔偿金1,684,450.38元。理由如下:首先,该项损失系中建四局的预期利益,属法律规定的损害赔偿范围。中建四局主张的可得利益损失,系其顺利履行合同的预期利益,符合《合同法》第113条"当事人一方不履行合同义务或者履行合同义务不符合约定,给对方造成损失的,损失赔偿额应当相当于因违约所造成的损失,包括合同履行后可以获得的利益,但不得超过违反合同一方订立合同时预见到或者应当预见到的因违反合同可能造成的损失"的规定和双方《建设工程施工合同》的约定,于法有据、依约应得,一审法院予以支持。其次,根据鉴定结论,可以确定该项损失的具体金额。经中建四局申请,一审法院依法委托鉴定机构对可得利益损失进行了鉴定,结论为:根据2002年6月7日《建设工程施工合同》,如果顺利履行该合同,中建四局可获得利益为1,684,450.38元。

若施工合同无效,则通说和司法实践,均持否定意见。因为可得利益,需要以合同有效作为前提,若合同无效,则当事人缺乏要求对方当事人继续履行的依据,何来未来可能的收益。

如在最高人民法院(2014)民一终字第311号判决中,法院认为,关于一建公司主张的可得利益损失280万元的问题。可得利益是合同履行后可以获得的利益,其成立的前提条件为合同有效成立。从本案的情况来看,因当事人签订的协议为无效协议,故一建公司主张的可得利益损失缺乏事实依据和法律依据,法院不予支持。

2. 当事人请求赔偿的,是否可以超过履行利益

针对合同无效后的赔偿,通说认为,赔偿范围限于信赖利益损失,即当事人可以请求的赔偿,是恢复到合同缔结前没有加害行为时所处的状态。该赔偿不得超过履行利益,即不得超过合同有效成立时当事人因合同履行所能取得利益①。其背后的原理是,合同即使有效,当事人可以请求的也是履行利益,合同无效时,当事人请求的也不得超过该利益,符合民法上的公平合理原则②。

最高人民法院民一庭也认为,合同无效后,若一方当事人对合同无效存在过错,且对方当事人因此遭受损失的,过错方应基于缔约过失行为向对方当事人承担

① 王洪亮:《债法总论》,北京大学出版社2016年版,第81页。

② 孙森焱:《民法债编总论》(下册),法律出版社2006年版,第572页。

赔偿损失的法律责任,所赔偿的损失限于信赖利益损失(包括直接损失和间接损失),不包括在合同有效情形下通过履行可以获得的利益。认定损失赔偿数额时,应根据案件具体情形判断各项损失应否全额赔偿;若受害人也存在过错的,受害人应根据自己的过错程度承担相应的责任[①]。

3. 若施工合同已经成立,并实际履行,订立合同过程中的损失可否请求赔偿

针对合同无效后的缔约过失赔偿范围,当事人可以主张的损失,包括缔约费用、准备费用、订约机会损失等[②]。

在施工合同纠纷案件中,若当事人之间已经签订了施工合同,并进入实际履行,笔者主张,即使后来的施工合同无效,当事人也不得再行主张订立合同时的缔约费用、准备费用、订约机会损失等赔偿[③]。具体理由如下:

(1)前述费用,均是为了订立合同而产生,既然合同已经成立,则前述费用目的已经达到,不存在损失发生的可能性。

(2)在合同无效场合,并不当然否定合同成立,不否定前述费用的目的。

(3)在施工合同中,合同无效多是基于行业性行政规范,与当事人意思表示关联性不大,很难说当事人对前述费用的发生,存在过错。

(4)施工合同成立后,当事人双方按照该合同去履行。在其后履行中,若再支持当事人的前述费用损失,可能有违诚信原则。

(二)损失计算

在施工合同无效情形下,损失计算主要分为两种情形:

1. 实际损失确定

根据民法上"有损失即有救济"的基本原则,若当事人遭受的实际损失确定,则过错方赔偿的损失也是确定的。施工合同无效场合下,当事人造成的实际损失相对确定的场合,如因施工方施工质量存在问题,发包方另行委托其他施工单位施工、整改等支出的合理费用;因发包方原因停工,施工方在停工期间遭受的人工、租赁器械等支出的合理费用。

在此种情形下,需要注意的是,主张损失赔偿的当事人是否对损失的发生也存在过错、对损失的扩大是否存在责任、对损失的主张是否超过诉讼时效等限制权利主张的规则。

---

① 最高人民法院民事审判第一庭:《无效合同损失赔偿范围的界定》,载最高人民法院民事审判第一庭编:《民事审判指导与参考》(总第40集),法律出版社2010年版,第128页。

② 王洪亮:《债法总论》,北京大学出版社2016年版,第81页。

③ 针对该问题,王利明教授持有不同观点,其认为:这样的做法显然不利于充分保护受害人的利益和制裁不法行为。王利明:《合同法研究》(第一卷)(第三版),中国人民大学出版社2015年版,第730页。

2. 实际损失无法确定

当事人遭受的损失,在很多情形下是无法确定的。在这种情形下,《建设工程施工合同司法解释二》第3条第2款规定,法院可以根据当事人的请求,参照合同约定的质量标准、建设工期、工程价款支付时间等内容确定损失大小。

其立法理由是:虽然施工合同无效,当事人可以主张损失,但在实际损失难以举证,若严格遵守举证归责,则对遭受损失一方不公平,容易导致利益失衡。故根据《民法总则》《合同法》的公平原则,从平衡双方利益角度出发,规定该款。

针对这一立法理由,笔者深感赞同。因为,在施工合同正式履行后,双方之间的约定作为双方信赖的基础,虽然不能发生合同正常履行的法律后果,但在处理双方损失赔偿时,应当处于优先的地位。这符合诚信原则,也有利于纠纷处理。

在具体的司法实践中,需要总结出,人民法院在认定每一种损失时,是如何参照的,具有十分重要的意义。对此,笔者经过大数据检索,得出裁判规则:

1. 逾期付款损失问题

(1)起算时间参照合同约定的应付款时间,具体计算依据不再参照合同约定,按照同期同类贷款利率计算。如西藏自治区高级人民法院在(2019)藏民终4号民事判决中认为,无论罗成和潘照仁是否有权代表贵州晨宇公司和重庆黄浦公司签订该补充协议,皆因重庆黄浦公司与贵州晨宇公司之间转包案涉工程行为系无效而将该补充协议也归于无效。因此,双方按3%月利率支付资金占用利息的约定亦系无效。因工程款资金占用费属于无效合同给贵州晨宇公司受到的损失,而逾期支付工程款的过错责任完全在于重庆黄浦公司,故结合贵州晨宇公司一审中就欠付工程款资金占用费方面的诉请,依照《合同法》第58条及《建设工程施工合同司法解释二》第3条第1款"建设工程施工合同无效,一方当事人请求对方赔偿损失的,应当就对方过错、损失大小、过错与损失之间的因果关系承担举证责任"之规定,重庆黄浦公司应当按照中国人民银行发布的同期同类贷款利率向贵州晨宇公司支付欠付工程款资金占用费,即欠付工程款2,098,970.10元中扣除工程质保金404,151.7元后1,694,818.4元的资金占用费,应当自占用此款的2015年12月27日起至此款付清日止;工程质保金404,151.7元的资金占用费,应当自占用此款的2017年12月8日起至此款付清日止。一审判决按2%月利率支持工程款资金占用费,于法无据,应予纠正。

(2)起算时间参照合同约定的应付款时间,具体计算依据也参照合同约定。如江西省高级人民法院在(2019)赣民终76号民事判决中认为,本案中,天成公司未依照合同约定的工程款(进度款)的支付时间节点按时支付工程款,对于剩余工程款的结算在该工程2017年6月27日的竣工验收备案文件完备后3个月及2017年9月27日也未完成结算终审。依照合同约定天成公司应当承担逾期支付结算款的逾期付款责任。本案一审法院参照合同约定,结合双方的过错程度确定逾期付款按月息2%计算逾期付款利息并无不当,予以维持。天成公司上诉主张一审法院认定涉案建设工程合同无效,又违反法律规定,把无效合同中违约金条款当作有效条款来履行错误的理由不能成立。

(3)拖欠工程款造成的利息损失属于法定孳息,与合同效力无关,不适用过错赔偿责任。如河南省濮阳市中级人民法院在(2019)豫09民终939号判决中认为,关于是否应支付工程款利息问题,《建设工程施工合同司法解释二》第3条规定的关于合同无效损失赔偿的认定,该条所述的实际损失不包括工程欠款利息,承包人向发包人请求支付拖欠工程价款的利息在性质上属于法定孳息,与工程价款具有附随性,与合同效力无关,合同被确认无效后,承包人依据上述解释第2条规定,有权请求发包人参照合同约定支付工程款,自然有权请求发包人支付工程价款的利息,这既是承包人履行建设工程施工合同后应得的利益,也是发包人拖欠工程价款应当支付的对价,既然利息属于法定孳息,不属于损失赔偿范围,则不适用过错赔偿责任。利息的计付标准有约定从约定,无约定按照中国人民银行发布的同期贷款利率计息。在本案中,一审以涉案合同无效认定郭克仁存在过错,并适用《合同法》第58条过错赔偿责任原则,未支持工程款利息不当,法院予以纠正。

(4)评述

针对逾期付款损失问题,法院均肯定:损失应当赔偿;逾期的起算时间,应当参照合同约定。但针对损失的计算问题,却存在不同的观点。对此,笔者赞同第一种观点。具体理由为:逾期付款本身作为一种违反信赖义务的行为,实际造成了当事人应得的工程款被对方占用的事实,存在实际损失。在合同无效情况下,需要依据法律规定来计算该损失,根据《建设工程施工合同司法解释一》第17条的规定,此种情况应当等同于当事人对逾期付款的损失标准没有约定,按照中国人民银行同期同类贷款利率计算损失。至于这里的损失,属于法定孳息,与合同效力无关的结论,反而有点结果倒推原因的嫌疑。

2. 工期延误损失问题

(1)工期延误确定参照合同约定,工期损失计算标准参照合同约定。如江苏省徐州市中级人民法院在(2018)苏03民终3983号民事判决中认为,涉案工程经招投标监管部门合法招投标程序确定的工期为270天,双方签订的施工合同亦约定工期为270天。十五局第四工程公司主张亿博公司压缩合理工期,本院不予采信。十五局第四工程公司未能提供充分证据证明其存在合法的工期顺延理由。故一审法院根据开工日期及工程竣工验收日期,认定十五局第四工程公司实际延误工期357天,并无不当。双方当事人签订的《补充协议2》对《补充协议》中“每提前一天甲方奖给乙方2万元,若推迟一天甲方罚乙方2万元”的约定进行了变更,故《补充协议2》中“每提前一天,甲方奖励乙方五万元整,每推迟一天,罚乙方五万元”的约定系双方当事人的真实意思表示。涉案工程系经营性用房,因十五局第四工程公司逾期竣工导致亿博公司延期使用,亿博公司的实际损失已客观存在。在亿博公司损失确实存在又难以举证的情形下,一审法院参照无效合同中约定的逾期竣工违约金责任条款确定亿博公司的损失,并结合双方过错责任确定损失责任分担,更符合公平及诚实信用原则。综上几点,一审法院认定十五局第四工程公司应赔偿亿博公司延期完工损失1071万元,有事实与法律依据,并无不当。

(2)逾期竣工损失限于实际损失,不包括可得利益损失。损失无法确定时,可以参照逾期竣工违约责任条款。如山东省济宁市中级人民法院在(2018)鲁08民终5515号判决中认为,因双方签订的建设工程施工合同无效,济宁海润公司主张逾期竣工的损失应限于实际损失,不包括可得利益损失,一审法院委托评估的商铺、商场、办公楼的租金损失,并非济宁海润公司的实际损失,一审法院以该租金损失作为赔偿依据不当。济宁海润公司投资进行房地产开发建设,因逾期竣工会导致开发的商品房不能按时向购房人交付而违约以及商场和办公楼延期使用,济宁海润公司的实际损失确已发生,只是对实际损失的数额难以界定和举证,在因济南四建公司的原因导致逾期竣工的情况下,如因对损失举证不能而不支持济宁海润公司的诉讼请求,显然会导致利益失衡,有违公平原则。当事人在合同中约定的逾期竣工违约责任条款往往更符合双方对可预见损失的心理价值预期,也更契合双方的真实意思表示。本案中,双方在合同中约定“拖延工程工期每天按相应的单体工程总造价万分之三处罚,发包方可以从承包方工程款中扣除,另外拖欠工期30天之内,再按相应的单体工程每天每平方米0.9元;拖延31天以上按相应的单体工程每天每平方米1.8元处罚”。该院认为,由济南四建公司按照单体工程造价的日万分之三赔偿因其施工延误给济宁海润公司造成的损失,较为合理。

(3)逾期时间参照合同约定,逾期损失计算参照合同约定。如江苏省泰州市中级人民法院在(2019)苏12民终899号判决中认为,首先,关于本案工程的工期问题。在本案中,建设工程施工合同明确约定工程内容为奔驰4S店内外装修工程,同和公司应当知道所承包的工程系永驰公司用于经营奔驰4S店,理应按约施工,按期交付工程。经查,合同约定的开工时间2014年9月28日与实际开工日期相吻合,故同和公司应当在合同约定的工程竣工时间2014年11月23日前竣工交付,但同和公司实际于2016年6月底才完成返工交付工程,显然同和公司未在合理期限内完工。由此可见,一审参照合同约定的工期确定本案工程合理履行的期限,并无不当。虽然同和公司主张本案合同约定的工期不合理、永驰公司存在强行阻止施工、故意拖延工期等情形,但未能提供充分证据予以证实,且其作为工程施工单位应当负有积极施工且确保工程质量合格的义务,而同和公司却在实际施工过程中存在未按照要求选购材料、施工不合格返工等情况,工程又未在合理期限内交付,客观上致永驰公司延迟开业造成损失,故同和公司应当赔偿相应的损失。其次,关于永驰公司因同和公司工期延误造成的损失金额如何认定的问题。永驰公司虽然主张工期延误产生的经营损失还包括土地成本,但案涉土地使用权证并非登记在永驰公司名下,同时一审在考虑永驰公司开业后一段时间内的汽车销售利润、永驰公司用于经营汽车4S店主体房屋工程款审定价等因素,并根据会计准则固定资产折旧的计算方式,酌定永驰公司每月经营损失为39,000元,较为合理,并无不当。通过双方所举工程联系单、往来函件等证据材料可知,在实际施工中,永驰公司与同和公司发生矛盾纠纷后未能妥善处理,其对同和公司停止施工导致工期延误也负有一定的责任,故一审认定永驰公司对自身所受损失应承担次要责任,符合事实和法律规定。结合延误开业的期限为2014年12月至2016年6月共计19个月,每月经营损失为39,000元,一审最终确定同和公司应赔偿永驰公司因延误开业造成的损失合计592,800元,并无不当。再如,广东省汕尾市中级人民法院在(2019)粤15民终57号判决中认为,本案涉及的建设施工合同因刘平不具备建筑资质而无效,但东信公司明知刘平不具备建筑资质仍发包给刘平承建,且在施工过程中存在变更工程量等情形,亦存在过错,故参照合同约定,整个工程建设工期比双方约定及补充约定的工期延期75天,即工期延期损失款额为75天×20,000元=1,500,000元,应由双方各承担50%,即刘平应赔偿东信公司1,500,000元×50%=750,000元。

(4)施工合同无效,工期延误损失不能参照合同约定的工期延误违约金条款。如福建省漳州市中级人民法院在(2019)闽06民终192号判决中认为,案涉《内部施工承包合同》无效,双方关于工期延误逾期违约金的约定不能作为延误工期损失的计算标准,聚雄公司提出"应当以合同约定的工期延误责任作为约定的工期延误损失赔偿的计价约定范畴"的主张,于法不符,法院不予采纳。聚雄公司所举证据亦不能证明其存在666万元的损失。因此,对其该项主张,法院不予支持。

(5)施工合同无效,逾期竣工损失参照相邻地段同等条件的房屋租金指导价。如广东省佛山市中级人民法院在(2018)粤06民终11372号判决中认为,虽然《建筑施工合同》无效,但张某对合同约定的竣工日期产生信赖利益,工期延误确实会对其造成损失。在该损失无法确定的情况下,一审法院参照相邻地段同等条件的房屋租金指导价酌定按照10元/平方米计算张某的租金损失为50,445元,并无不当。但是,因张某将涉案房屋发包给不具有建筑施工资质的黎某施工导致《建筑施工合同》无效,双方对此均负有过错,依照《建设工程施工合同法解释二》第3条关于"建设工程施工合同无效,一方当事人请求对方赔偿损失的,应当就对方过错、损失大小、过错与损失之间的因果关系承担举证责任。损失大小无法确定,一方当事人请求参照合同约定的质量标准、建设工期、工程价款支付时间等内容确定损失大小的,人民法院可以结合双方过错程度、过错与损失之间的因果关系等因素作出裁判”之规定,法院根据涉案房屋的工程造价、工期及双方的过错程度酌定黎某向张某赔偿25,000元。

(6)评述

通过前述梳理,法院对于逾期竣工损失的赔偿,均持肯定意见。但在损失无法确定时,如何进行计算,却存在不同意见。这些不同意见的主要分歧在于合同约定的工期延误违约责任条款,能否参照适用。对此,笔者认为,在损失实际产生,且法律确定的情况下,应当持有肯定观点,具体理由如下:

第一,工期延期的损失,若不参照合同约定计算,存在实践中大多数损失无法确定,进而举证不能的情况。从减轻举证责任和司法裁判角度来讲,合同约定的损失计算条款,在处理争议时,具有天然的便利性。

第二,现行《建设工程施工合同司法解释二》第3条第2款并未排除不得参照该约定,存在进一步司法解释的空间。将工期延误违约的条款,理解为建设工期条款的一部分,即可解决该问题。

第三,福建省漳州市中级人民法院(2019)闽06民终192号判决以工期延误违约条款,因合同无效,不能参照适用,进而认定当事人举证不能,实际上并未达到真正解决纠纷的目的。广东省佛山市中级人民法院(2018)粤06民终11372号判决参照租金计算工期延误损失,存在一定的瑕疵,即所建工程不具备租赁性能,或者所建工程的租金标准无法确定,反而会将问题复杂化。这两种观点都不具备普遍的适用性。

第四,这里的工期延误违约责任条款,不得属于违约金条款。即在合同中,没有违约金的表述,而应当是赔偿损失的表示。否则,该条款,将属于法律上的违约金条款,不得参照适用。

3. 工程质量损失问题

工程质量标准参照合同约定,损失按照评估报告确定。如湖南省益阳市中级人民法院在(2018)湘09民终1669号判决中认为,在本案中,龚伍洲与黄光辉签订的《龚伍洲新建别墅协议书》系无效合同,龚伍洲在工程发包时明知黄光辉不具备相应资质而将工程发包给黄光辉施工,黄光辉在明知无相应质证的情况下承包工程,双方对造成本案合同无效均存在过错。龚伍洲与黄光辉约定在房屋第三层屋面上加高度80cm的通风层,虽然黄光辉在对涉案房屋进行施工的过程中未按约定在屋面修建通风层,但在房屋施工过程中龚伍洲对黄光辉的该行为已知晓并未提出异议,且双方在涉案房屋的主体工程及装修工程施工过程中进行过多次协商并签订了多份补充合同,在明知通风层未修建的情况下,均未提出对通风层项目的施工进行整改或者变更,在诉讼过程中龚伍洲并未提供证据证明其已要求黄光辉就未修建通风层的行为采取措施进行整改,黄光辉亦未提供证据证明未修建通风层已经过龚伍洲同意,现涉案房屋主体已施工完毕,对未建设通风层需要拆除重建造成的损失龚伍洲与黄光辉均存在过错,根据本案查明的事实以及双方的过错程度,该损失应由龚伍洲与黄光辉各承担50%的责任,一审法院认定未建设通风层需要拆除重建造成的损失由黄光辉承担60%的责任欠妥,二审法院依法予以纠正。长沙天时价格评估事务所有限公司作出的长天时价评益字(2017)第250号价格评估结论书就涉案工程土建合同部分的项目需要拆除重建的工程项目价格评估为569,925.20元,黄光辉虽对价格该评估结论书提出异议,但并未申请重新鉴定,亦未提出相关证据予以反驳,一审法院据此认定该价格为涉案工程需拆除重建的费用并无不当,二审法院依法予以维持。根据双方应承担的责任比例及本案损失大小,黄光辉应赔偿龚伍洲损失284,962.6元。

除了鉴定损失情况之外,还存在损失已经实际产生,当事人对金额无法达成一致的情况下。笔者认为,针对这种情况,只是需要对损失金额的合理性进行审查,必要时可以通过鉴定方式确定其合理性。

4. 停工损失问题

停工期间的损失、费用,按照鉴定结论确定。如湖南省郴州市中级人民法院在(2017)湘10民初63号民事判决中认为,关于请求判令郴州美世界公司、美世界集团共同赔偿因工程进度款延期支付造成的资金占用损失12,425,000元,因工程垫资造成的资金占用损失8,437,675.84元,因停工、窝工、倒运、材料和构件积压、水电等损失和实际费用8,267,859.11元问题。依据湖南华信求是工程造价咨询有限公司出具的(湘信造鉴字2019第215号)《工程造价鉴定意见书》,段一中的相关损失额认定为:(1)延期支付工程进度款损失12,425,000元(其中,7#栋及裙楼延期支付工程进度款损失7,375,500元,8#栋延期支付工程进度款损失5,049,500元);(2)停工期间的损失、费用3,802,800元;(3)退场时移交的建筑材料费500,000元。《合同法》第284条规定:"因发包人的原因致使工程中途停建、缓建的,发包人应当采取措施弥补或者减少损失,赔偿承包人因此造成的停工、窝工、倒运、机械设备调迁、材料和构件积压等损失和实际费用。"《建设工程施工合同司法解释二》第3条规定:"建设工程施工合同无效,一方当事人请求对方赔偿损失的,应当就对方过错、损失大小、过错与损失之间的因果关系承担责任。"据此规定,段一中关于延期支付工程进度款的赔偿请求和停工、窝工等损失的请求,应予支持;其损失额应以鉴定结论为依据。

除了鉴定损失情况之外,还存在损失已经实际产生,当事人对金额无法达成一致的情况下。笔者认为,针对这种情况,只是需要对损失金额的合理性进行审查,必要时可以通过鉴定方式确定其合理性。

5. 违约金约定不能参照适用，但可以作为当事人主张损失的依据；若违约金条款系独立于施工合同，则可以直接适用

在施工合同中，当事人往往会约定违约金，作为工期延误、停工损失、逾期付款、质量问题等的赔偿依据。在施工合同无效之后，当事人之间违约金条款无效，则无法直接作为计算依据。

对此，经过案件检索，最高人民法院确定了如下规则：

（1）违约金条款不能参照适用，人民法院应当向当事人释明变更诉讼请求。如最高人民法院在（2019）最高法民终564号民事判决中认为："一审中，海天公司原始诉讼请求包括请求家美公司给付延期支付工程款违约金及迟延退场费违约金，该两项诉请是建立在《建设工程施工合同》有效的前提下。一审法院在审理过程中，基于对效力审查职责，向海天公司释明《建设工程施工合同》存在无效的可能性，海天公司对合同无效可能性作出了将主张违约金变更为主张损失的预备性诉讼请求，且计算方法与数额均不变。因此，一审法院最终确定利息损失的判项，符合《最高人民法院关于民事诉讼证据的若干规定》第三十五条关于'诉讼过程中，当事人主张的法律关系的性质或者民事行为的效力与人民法院根据案件事实作出的认定不一致的，不受本规定第三十四条规定的限制，人民法院应当告知当事人可以变更诉讼请求'的规定，并无不当。家美公司关于一审法院违反法定程序自行变更海天公司诉讼请求的主张，不能成立。"

（2）当事人依据合同约定主张违约金，可以视为主张损失，但损失金额不能依照合同约定的违约金标准计算。如最高人民法院在（2019）最高法民申1312号判决中认为，澳睿公司与黄埔公司签订的《建设工程施工补充协议书》应认定为无效。《合同法》第57条规定："合同无效、被撤销或者终止的，不影响合同中独立存在的有关解决争议方法的条款的效力。"违约金条款并不是合同中独立存在的有关解决争议方法的条款，涉案合同因无效自始不具有法律约束力，则违约金条款也自始不具有法律约束力。虽然涉案合同无效，澳睿公司不能依据双方签订的合同请求黄埔公司承担违约金。但澳睿公司主张黄埔公司按照涉案合同约定即"每延期竣工一天需向澳睿公司支付五万元的罚金"承担延期交工违约责任，可视为向黄埔公司主张延误工期损失赔偿。因涉案合同无效，澳睿公司扣除黄埔公司的300万元保证金应当返还给黄埔公司。二审法院考虑黄埔公司虽存在逾期完工、假冒电线等工程质量问题，黄埔公司工期拖延与澳睿公司逾期付款有一定关系，因澳睿公司对保证金300万元已经扣除，在双方均存在违约的情况下，二审法院不再另行判决黄埔公司支付400万元违约金并无不当。

（3）当事人就无效合同问题的解决，约定的违约金条款，可以视为该协议是独

立存在的,违约金条款,自然有效。如最高人民法院在(2016)最高法民申2384号裁定中认为,《提前退场协议书》是刘军臣将项目转让给他人导致《建设工程施工合同》及《补充协议》终止履行的情况下与王翔就争议问题的解决达成的协议,该协议虽与《建设工程施工合同》及《补充协议》在客观事实上存在一定关联性,但其系独立存在的一份协议,是双方真实意思表示,不违反相关法律规定,一、二审判决依法认定该协议有效且对当事人具有约束力是正确的。违约金的实质是违约方对守约方造成损失的赔偿。一、二审判决认为《提前退场协议书》中约定的违约金是对王翔因刘军臣转让案涉工程提前退场而遭受损失的补偿,判令刘军臣按照《提前退场协议书》的约定向王翔支付300万元损失赔偿款有相应的事实和法律依据,并无不当。刘军臣关于原判决认定的事实缺乏证据证明、适用法律错误的再审申请理由不能成立。

综上所述,施工合同中的违约金条款系依附于合同效力而存在,若合同无效了,则无效合同中的违约金条款也自始无效。根据该条款,应给付违约金的行为失去了约定支撑,只能要求造成合同无效一方承担缔约过失责任或损害赔偿责任,但法院并不否定当事人为解决合同无效损失赔偿问题,而另行达成的违约金条款的效力。

六、结论

建设工程施工合同作为一种具有长期性、承揽性质的合同,当事人在达成合同约定之后,往往已经进入履行阶段。在发生争议时,不仅需要观察当事人签订合同时的状况,还需要关注当事人履行合同时的情况。在合同无效、无法适用《合同法》规定的原物返还的情况下,如何妥当解决当事人之间的工程款问题、无效合同的损失赔偿问题至关重要。

经过本文的分析,笔者提出,无效施工合同的损失赔偿需要放在缔约过失责任的背景下予以解决,需要对缔约过失责任的传统理论进行再解释,尤其是传统理论将缔约过失责任发生、过错、损失、因果关系限定在缔约过程中。

实际上,在无效施工合同的缔约过失责任制度中,缔约过失责任系发生在施工合同签订、施工合同履行两个阶段。相应地,过错也存在导致合同无效的过错、违反当事人信赖的过错两种类型;损失包括订约时的损失和履行中的损失;因果关系包括两组:导致合同无效的过错与订约损失的因果关系、履行中违反信赖的过错与履行中损失的因果关系。

在确定无效施工合同的缔约过失损失时,要关注损失范围和损失计算问题。损失的范围限于信赖利益损失,在法律上表现为实际损失,不包含可得利益。损失的计算,尤其是损失存在但无法确定的情况下,要善于选取可参照的合同约定条款

(如工程款支付条款、工期条款、工程质量条款),同时排除不能适用的合同条款(如违约金条款)。在特定情况下(如工程质量损失、工程停工损失),谨慎启动鉴定程序,确定损失。

当然,法院在确定损失时,根据《建设工程施工合同司法解释二》第 3 条的约定,存在一定的裁量空间,不可不查。

工程索赔的逾期失权

请求权视域下索赔期限的法律性质及制度正当性

——兼评《建设工程施工合同司法解释二》第6条

孙宁连*

一、索赔及索赔期限概述

工程索赔,是指“一方根据条件条文的任何条款、与合同或工程实施有关的相关事项,向另一方提出的获得权利或救济的主张”①。简言之,索赔是在一方当事人实体权利遭受损害时,向对方当事人提出补偿要求的行为。工程索赔的实体权利客体,主要为费用(利润)和/或工期。

一方当事人认为自己有权得到额外的费用和/或工期的,应按约定的程序提起索赔。《2017版施工合同(示范文本)》通用合同条款第19条约定,“承包人认为有权得到追加付款和/或延长工期的,应按以下程序向发包人提出索赔:承包人应在知道或应当知道索赔事件发生后28天内,向监理人递交索赔意向通知书……承包人未在前述28天内发出索赔意向通知书的,丧失要求追加付款和/或延长工期的权利”,该28天的时间要求即为索赔期限。

在工程实务中,承包人经常忽略索赔期限的约定,不及时提起索赔,导致大量纠纷产生;在司法实务中,人民法院出于公平原则及保护施工人的考虑,在裁判文书中普遍无视施工合同的上述约定②。《最高人民法院关于审理建设工程施工合同纠纷案件适用法律问题的解释(二)》(以下简称《建设工程施工合同司法解释

---

* 孙宁连,上海市建纬(南京)律师事务所副主任、南京市律协建工委主任、江苏省法学会工程法学研究会副会长,多地仲裁委仲裁员。

① 见2017年版FIDIC建设工程合同条件第1.1.6条对“Claim”条文的定义。

② 我国台湾地区的法院在审判中也经常性无视约定的索赔期限条款。陈自强:《FIDIC工程契约条款在契约法源之地位》,载陈自强:《整合中之契约法》,台北,元照出版有限公司2011年版,第284页。

二》)出台后,该解释第6条一定程度上认可了索赔期限的规则①,但该条解释仍有不合理及应进一步明确的地方,在适法过程中难免产生司法龃龉。鉴于此,本文从索赔的请求权基础入手,通过厘清索赔期限的法律性质、定义索赔期限的制度价值,论证索赔期限的正当性;并在此基础上评价《建设工程施工合同司法解释二》第6条规定,对司法上适用索赔期限提出建议。

二、索赔期限法律性质之辨

(一)索赔期限法律性质的观点呈现及评价

关于施工合同示范文本约定的"28天"索赔期限的法律性质,理论界有三种不同的声音:(1)诉讼时效说,认为索赔期限本质上是诉讼时效,索赔期满后,当事人丧失索赔权②;(2)除斥期间说,认为与诉讼时效相比,索赔期限在立法目的、起算时点、使用条件等几方面均和除斥期间更为相似,故应属于除斥期间③;(3)特殊时效说,认为索赔期限是不同于诉讼时效和除斥期间的特殊时效,是工程领域特有的制度,法律后果是逾期索赔失权④。

笔者认为,索赔期限既不是诉讼时效,也不是除斥期间,索赔期限是当事人约定的权利行使期间及其法律后果,不同于法律直接规定的诉讼时效及除斥期间。首先,虽然索赔期限外观和诉讼时效或除斥期间相近,但并不能改变其非法定的属性;其次,从制度效果看,诉讼时效经过后,当事人丧失司法上的胜诉权;除斥期间届满,当事人丧失实体权利。但索赔期限届满,当事人并不当然丧失胜诉权或者实体权利。因此,索赔期限既非诉讼时效,亦非除斥期间。

此外,索赔期限更不是所谓的"特殊时效",特殊时效说缺乏足够的法理基础。时效是刚性制度,《最高人民法院关于审理民事案件适用诉讼时效制度若干问题的规定》第2条规定,"当事人违反法律规定,约定延长或者缩短诉讼时效期间、预先放弃诉讼时效利益的,人民法院不予认可",明确排斥了当事人自由约定时效,将约定的索赔期限视为"特殊时效"没有任何依据,且与司法解释及法理通说冲突。

(二)索赔期限不是权利失效或失权条款

近年来,在理论上常见以权利失效理论来解释既定的法律或惯例所呈现出的

---

① 《建设工程施工合同司法解释二》第6条规定,当事人约定顺延工期应当经发包人或者监理人签证等方式确认,承包人虽未取得工期顺延的确认,但能够证明在合同约定的期限内向发包人或者监理人申请过工期顺延且顺延事由符合合同约定,承包人以此为由主张工期顺延的,人民法院应予支持。当事人约定承包人未在约定期限内提出工期顺延申请视为工期不顺延的,按照约定处理,但发包人在约定期限后同意工期顺延或者承包人提出合理抗辩的除外。

② 楼英瑞、郑翔:《建设工程施工合同索赔时效若干问题研究》,载《建筑经济》2003年第7期。

③ 王玉法:《索赔期限与诉讼时效期间问题浅探》,载《山东法学》1994年第4期。

④ 林镥海、沈琼华:《建设工程施工合同示范文本签证和索赔期限问题探讨》,载《政治与法律》2005年第4期。

诉讼时效、除斥期间之外的期间现象[①]。因索赔期限与权力失效在权利结构、法律效果等方面有一定相似性，最高人民法院民一庭在论证《建设工程施工合同司法解释二》第6条立法的法理依据时，即援引权利失效理论实现立法正当性的证成[②]。

权利失效，存在于下述情形："权利人较长时期内怠于行使权利，尤其当权利人对原来客观存在的本可以保护自己不受到损害的处置措施置之不理时，令权利相对方合理相信权利人不再行使权利，这种权利就可能失效"[③]。权利失效制度始于德国理论，并逐渐渗透于德国司法实践中，但未见诸规范立法活动[④]。我国台湾地区通过"最高法院"裁判案例的形式[⑤]，确认了失权条款原则在司法实务中的适用。我国大陆地区目前并未见相关立法例及司法案例对权利失权有详尽规定及适用。

权利失效理论的依据是诚实信用原则，是"权利人于一定期间内置权力于闲置状态，致义务人合理信任权利人不欲使其履行义务时，依诚实信用原则，权利人不得再为主张权利"[⑥]。在该权利失效制度原理下，支持者认为，索赔期限的基础也是诚实信用原则，即当事人已约定索赔权利人应在索赔事件发生后一定期限内，按一定程序行使相关索赔权利，权利人（承包人）在法定期限内不行使的，义务人（发包人）正当确信无须继续履行该义务，且基于该确信重新安排调整了义务人（发包人）的相应行为[⑦]，此时权利人（承包人）继续请求索赔的，因违反诚实信用原则而不得支持。

上述逻辑的漏洞是：（1）权利失效理论的制度目的无法匹配我国3年时效框架下特定的28天索赔期间；（2）索赔期限并不当然契合权利失效所需的严格要件。

首先，德国的诉讼时效为30年，甚至法律对某些特别的形成权和抗辩权根本无时间限制，造成权利滥用，产生不公平现象。为解决立法造成的该问题，基于诚实信用原则，理论上展开了权利失效的探索，旨在赋予法官根据实际情况对法律规定作出校正的权利，以实现法律根本上的正义[⑧]。在德国司法上，对于权利行使的合理时间认定，以权利类型和具体情况而定[⑨]。我国诉讼时效为3年，并无权利失效理论适用的土壤，生搬硬套权利失效理论以解释仅有28天的索赔期间，较为

① 如有学者以权利失效理论来论证注册商标三年不使用即撤销的理论正当性。张玉敏：《注册商标三年不使用撤销制度体系化解读》，载《中国法学》2015年第1期。

② 最高人民法院民事审判第一庭编著：《最高人民法院建设工程施工合同司法解释（二）理解与适用》，人民法院出版社2019年版，第140～141页。

③ ［德］卡尔·拉伦茨：《德国民法通论》（上册），王晓晔等译，法律出版社2003年版，第310页。

④ 施瓦布：《民法导论》，郑冲译，法律出版社2006年版，第182页。

⑤ 王泽鉴：《民法学说与判例研究》（第一册），北京大学出版社2009年版，第156页。

⑥ 王泽鉴：《民法总则》，中国政法大学出版社2001年版，第560页。

⑦ 王利明：《民法总则研究》，中国人民大学出版社2012年版，第459页。

⑧ ［德］梅迪库斯：《德国民法总论》，邵建东译，法律出版社2013年版，第115页。

⑨ ［德］施瓦布：《民法导论》，郑冲译，法律出版社2006年版，第182页。

牵强。

其次,权利失效有着严格的适用条件。一般而言,只要时效未过,债务人就要考虑债权人主张债权的可能性,并作出相应行为安排。要使“权利失效”合法,除权利人在一定期间内不作为以外①,相对人还应相信权利人不再行使其权利的信赖,并基于该信赖作出了自己的行为安排(如消灭了对自己有利的证据),故依诚实信用原则法律应给予相对人特殊的保护②。因此,即使承包人满足对索赔行为的“怠惰”③,也无法推断在工程索赔实务上,发包人仅因28天期间经过,即完全作出了不利于自己的行为安排而需要特殊保护。即使客观上确实大量存在此情况,但从严谨角度也无法排他性地得出发包人此时需要援用“权利失效”制度对其进行特殊保护的结论。

因此,权利失效并非索赔期限的法律性质,应探寻其他合理解释。

(三)索赔期限的法律性质是或有期间

1. 或有期间制度的运行范式及本体范式

或有期间是学者王轶在解释保证期间(《担保法》第26条)及买卖关系中的买受人异议期间(《合同法》第158条)性质类属时提出的概念④。王轶教授提出该概念后,中国民法学会在我国民法典专家意见稿草案中一度将或有期间制度与权利失效制度作为与除斥期间、诉讼时效并行的制度规定于“第八章时效”章⑤,但理论界也有反对的声音⑥。

后王轶教授又将或有期间制度的规制客体扩张为请求权、形成权⑦。从字面上看,“或有”本就意味着权利的不确定性,权利是否最终取得取决于当事人在法定或约定期间内的行为。或有期间制度的运行规则是:权利人只有依据法律或者当事人之间约定在一定期间内为一定行为,才能取得特定的请求权,否则不能获取该请求权⑧。

或有期间的上述运行范式已完全区别于民法中期限制度对权利的规制模式及效力。民事法律中的期限异于生活中的常提及的期限,法律上的期限是对期间的

① [德]卡尔·拉伦茨:《德国民法通论》(上册),王晓晔等译,法律出版社2003年版,第311页。

② [德]梅迪库斯:《德国民法总论》,邵建东译,法律出版社2013年版,第116页。

③ 王洪平:《论权利失效规则及其法典化》,载《法学论坛》2015年第2期。

④ 王轶:《诉讼时效制度三论》,载《法律适用》2008年第11期。

⑤ 《中华人民共和国民法典民法总则专家建议稿(征求意见稿)》,载中国民商法律网:http://www.civillaw.com.cn/zt/t/?id=29169,最后访问日期:2019年10月30日。

⑥ 朱庆育:《民法总论》,北京大学出版社2013年版,第533页;耿林:《论除斥期间》,载《中外法学》2016年第3期。学者们反对的理由并不是针对或有期间的制度条件及适用规则,主要认为以现有民法理论已可解释保证期间及异议期间,无须再为此专门创设新制度。

⑦ 王轶:《民法总则之期间立法研究》,载《法学家》2016年第5期。

⑧ 或有期间的详细制度设置建议,参见夏沁:《或有期间三论》,载《北方法学》2017年第11期。

经过从而影响权利产生的制度的统称[①]，如用益物权历经一定期限后的权利灭失制度，诉讼时效制度、除斥期间制度等。可见，处于期限内权利人的权利状态具体、明确。但期间不同于期限，当事人在期间内，其权利状态处于不确定[②]或者权利未触发状态，如保证期间。学界定义的或有期间，即为当事人取得权利、固定权利、触发权利产生条件等的期间，可由法律规定，也可由当事人约定。

2. 索赔期间与或有期间条件及法律效果的耦合

根据《2017版施工合同（示范文本）》通用合同条款的约定，索赔事件大致可归纳为发包人责任事件（如1.6.1发包人未提供图纸等）、维护公共利益事件（如1.9文物保护）、法律变化及不可抗力事件[③]（11.2、17.3），10.4.2[④]承包人对工程变更的估价也可认为是广义的索赔。前三类索赔事件中，不管承包人索赔的是费用还是工期，从请求权角度看，均可归结为损失赔偿请求权。工程变更中承包人的请求权，虽有理论认为发包人指示变更属于强制缔约过程[⑤]，即发包人指示变更、承包人提出对价的双方磋商过程是新的要约、承诺过程。但本文认为，发包人的变更、承包人提出对价请求是基于已生效的合同，因此不宜将其认定为新的合同缔约或者是债的更新。笔者认为，发包人的单方变更权，是单方给付确定过程[⑥]，即在合同授权范围内[⑦]，发包人仅凭单方意思表示即可决定合同给付内容，发包人调整给付内容给承包人造成损失的，承包人有价款调整或工期调整请求权。因此，在工程变更中，承包人请求加减价款及工期，也是基于损失赔偿请求权。

索赔权的本质是承包人向发包人主张的损失赔偿请求权，发包人赔偿的因由是违约（发包人责任、单方变更权）、公平（法律变化或不可抗力出现后损失的分担），但索赔期限限制着该请求权的取得。若承包人未在索赔期限内提出索赔意向通知书，则发承包双方并不因索赔事件发生现实的债权债务，承包人的损失赔偿请求权、发包人的赔偿义务不发生。承包人在约定的28天内向发包人提出索赔请

---

① 房绍坤：《民法》，中国人民大学出版社2009年版，第92页。

② 夏沁：《或有期间三论》，载《北方法学》2017年第11期。

③ 不可抗力事件有特殊的适用提示，详见本文最后一部分。

④ 通用条款第10.4.2条规定：承包人应在收到变更指示后14天内，向监理人提交变更估价申请。监理人应在收到承包人提交的变更估价申请后7天内审查完毕并报送发包人，监理人对变更估价申请有异议，通知承包人修改后重新提交。发包人应在承包人提交变更估价申请后14天内审批完毕。发包人逾期未完成审批或未提出异议的，视为认可承包人提交的变更估价申请。

⑤ 黄喆：《建设工程合同发包人单方变更权的合理限度》，载《政治与法律》2012年第11期。我国台湾地区学者黄立也认为发包人变更、承包人提出调价的过程是契约过程。参见黄立：《检视德国债编各论新修正工程合同规定的定作人变更权》，载《北京航空航天大学学报》（社会科学版）2019年第5期。

⑥ 黄喆：《建设工程合同发包人单方变更权的合理限度》，载《政治与法律》2012年第11期。

⑦ 《2017版施工合同（示范文本）》第10.1条规定，发包人可变更的范围有：（1）增加或减少合同中任何工作，或追加额外的工作；（2）取消合同中任何工作，但转由他人实施的工作除外；（3）改变合同中任何工作的质量标准或其他特性；（4）改变工程的基线、标高、位置和尺寸；（5）改变工程的时间安排或实施顺序。

求,或以争议解决方式提出请求,则承包人现实取得赔偿损失请求权。因此,索赔期限作为或有期间,是通过时间的流逝间接影响承包人索赔请求权的取得与实现,这区别于诉讼时效直接限制权利人权利的行使、除斥期间直接剥夺权利人权利。

综上,索赔期限的法律性质并非诉讼时效、除斥期间,亦非权利失效条款,而是或有期间。承包人只有在约定的索赔期限内为一定行为(提交索赔意向书、提出索赔主张、诉讼、仲裁等),才能取得损失赔偿请求权。

三、索赔期限制度的正当性

作为期间制度的一类,或有期间有一般期限或期间制度相似的制度目的,如敦促当事人及时主张权力、减轻权利长期处于不确定的状态、方便双方举证、提高司法资源利用效率等①,此为索赔期限正当性基础的组成部分。此外,索赔期限还有其特有的制度价值。

首先,28 天索赔期限已充分考量了处于不利地位一方的利益,也能保证发承包双方处于衡平状态。作为或有期间,保证双方利益、实现最终公平是其制度目的,但该制度倾向保护不利地位的当事人的制度效果,必须是该当事人有迫切被保护的需求。索赔事件发生后,不利地位的当事人的负担应在短期内得到响应,否则影响其建设活动的进一步安排,如承包人可索赔工期的,承包人不及时主张将影响发包人对项目整体进度的组织安排、影响发包人的筹资活动等。基于诚实信用原则,发包人在 28 天内未收到承包人工期索赔的请求,且基于此进行了其他建设活动,则发包人的利益应特别受保护。

其次,从效率角度看,28 天内完成索赔权的行使也洵属必要②。索赔事项发生后,双方应在短时间内对事件的责任界限做好划分,如责任长期得不到分配,将影响施工合同的履行及工程建设的效率。索赔事项涉及的利益一般占施工合同标的的比例较低,比例原则下索赔的权利客体也不该对抗整个工程合同的顺利履行,因此,有必要从速完成索赔。

最后,28 天索赔期限对发承包双方平等适用,能实现公平价值。不仅承包人索赔需遵守 28 天的索赔期限,发包人对承包人索赔的答复,也应遵守该期间,否则视为发包人同意承包人的索赔。

四、《建设工程施工合同司法解释二》第 6 条的评价及适用

《建设工程施工合同司法解释二》第 6 条第 1 款规定,“当事人约定顺延工期应

---

① 梁慧星:《民法总论》,法律出版社 2004 年版,第 238 页。

② 黄立:《检视德国债编各论新修正工程合同规定的定作人变更权》,载《北京航空航天大学学报》(社会科学版)2019 年第 5 期。

当经发包人或者监理人签证等方式确认,承包人虽未取得工期顺延的确认,但能够证明在合同约定的期限内向发包人或者监理人申请过工期顺延且顺延事由符合合同约定,承包人以此为由主张工期顺延的,人民法院应予支持";第2款规定,"当事人约定承包人未在约定期限内提出工期顺延申请视为工期不顺延的,按照约定处理,但发包人在约定期限后同意工期顺延或者承包人提出合理抗辩的除外"。该条解释有值得肯定的地方,但也有缺陷。

(一)《建设工程施工合同司法解释二》第6条的评价

对"承包人在约定期限内申请了工期顺延但未取得发包人签证的"如何处理,第6条第1款规定与《2017版施工合同(示范文本)》通用合同条款19.3"发包人逾期答复的,则视为认可承包人的索赔要求"大相径庭。依第1款规定,承包人没有取得发包人签证的,承包人需要证明其在约定期限内提过工期索赔且索赔事由符合合同约定,才支持承包人顺延工期的主张。与示范文本相比较,在发包人未答复承包人在约定的期限内提出的工期索赔的情形下,承包人还需要证明其索赔事由符合合同约定,才支持承包人的工期顺延主张。我们认为,该规定明显加重了承包人的举证责任,弱化了工程惯例在司法裁判中的适用。

第6条第2款又规定,承包人只要提出合理抗辩,即使其未按约定的期限申请索赔,工期顺延也可以得到支持。而所谓的"合理抗辩",按照最高人民法院民一庭的观点[①],似乎承包人只要能够证明其未在约定的期限内提出工程顺延申请不影响工期责任的事实认定且其工期顺延事由符合合同约定,就可以支持承包人工期顺延主张。显然该规定不妥。本文认为,法律不保护躺在权利上睡觉的人,承包人逾期索赔失权及发包人逾期答复视为认可承包人索赔要求,是工程惯例的既有规则,也是本条司法解释肯定索赔期限的应然要求。好的裁判规则应当引导市场主体遵循规则,本条第1款、第2款的两个但书规定,破坏了工程惯例的既有规则,是对公平原则的错误适用。

(二)《建设工程施工合同司法解释二》第6条的适用

在适用上,本条解释应注意以下问题:

1. 仅在施工合同通用合同条款中约定"逾期索赔失权"及"逾期答复视为认可",在专用合同条款未有约定的,难以得到司法支持

虽然通用合同条款是施工合同的组成部分,其在合同文件中的解释顺序紧随专用合同条款之后,排在技术标准和要求、图纸、已标价工程量清单或预算书、其他合同文件之前,且按工程惯例,专用合同条款没有特别约定的,即适用通用合同条

---

① 最高人民法院民事审判第一庭编著:《最高人民法院建设工程施工合同司法解释(二)理解与适用》,人民法院出版社2019年版,第144页。

款约定。此外,《2017版施工合同(示范文本)》通用合同条款约定已为工程参与方所熟知和接受,属于行业惯例[①],法院应当认可通用合同条款对当事人的约束力。但是,司法实务中,主流观点认为,应当从严认定逾期索赔失权及逾期答复视为认可的效力,仅在通用合同条款作相关约定的,法院一般不予支持[②]。

因此,对通用合同条款的"承包人逾期索赔失权""发包人逾期答复视为认可承包人索赔要求"规则,本条解释均在但书规定中已经排除适用。

2. 仅约定提出工期索赔期限,未明确"未在约定期限内索赔即丧失要求延长工期的权利"的,逾期索赔不产生失权的后果

最高人民法院民一庭在其主编《最高人民法院建设工程施工合同司法解释(二)理解与适用》一书中认为,"双方只约定承包人提出工期顺延的期限,但没明确约定'未在约定时间内提起索赔的,视为工期不顺延',则不能当然认定承包人未申请顺延工期后果为放弃主张顺延权利"[③],此观点颇具合理性。在适用上,确应从严审查索赔期限的相关要件,以"避免产生软化权利之效能"[④]。

3. "不可抗力"情形下,承包人逾期索赔工期不存在失权

"不可抗力"是承包人可以索赔工期的约定事由,也是法定的免责事由。因此,我们认为,即使承包人未在约定期限内提出工期索赔,依据《民法总则》第180条"因不可抗力不能履行民事义务的,不承担民事责任"及《合同法》第117条"因不可抗力不能履行合同的,根据不可抗力的影响,部分或者全部免除责任"的规定,承包人也可以免除工期延误责任,但承包人未在约定期限内提出工期及费用索赔的,承包人仅可以主张免除工期延误责任,不可以再索赔费用。

---

① 目前,建设工程类执业资格考试均将示范文本规定的索赔程序当作培训、考试要点,可见该制度作为工程惯例的地位已较为明确。如全国一级建造师执业资格考试用书编写组:《建设工程项目管理》,中国建筑工业出版社2018年版,第326页。

② 如《江苏省高级人民法院关于审理建设工程施工合同纠纷案件若干问题的解答》([2018]3号)第9点即规定,发包人逾期审核视为承包人报送的结算价条款的适用前提,是专用合同条款明确有约定,否则,当事人以通用条款为请求依据的,不予支持。

③ 最高人民法院民事审判第一庭编著:《最高人民法院建设工程施工合同司法解释(二)理解与适用》,人民法院出版社2019年版,第143页。

④ 王泽鉴:《民法学说与判例研究》(第一册),北京大学出版社2009年版,第157页。

逾期索赔失权条款法律适用分析

钱宇弘[*] 邓小芹[**]

工程领域中被广泛应用的逾期索赔失权条款来源于FIDIC合同文本。该文本1999年版及2017年版均载有“如果承包商未能在28天内发出索赔通知,则竣工时间不得延长,承包商无权获得追加付款,雇主被免除与该索赔有关的全部责任”的内容。我国2013年版和2017年版《建设工程施工合同(示范文本)》(以下简称《示范文本》)通用条款第19条对承包人和发包人逾期索赔失权均约定“承包人应在知道或应当知道索赔事件发生后28天内,发出索赔意向通知书,否则丧失要求追加付款和(或)延长工期的权利;发包人应在知道或应当知道索赔事件发生后28天内提出索赔意向通知书,否则丧失要求赔付金额和(或)延长缺陷责任期的权利”。

《最高人民法院关于审理建设工程施工合同纠纷案件适用法律问题的解释(二)》(以下简称《建设工程施工合同司法解释二》)第6条第2款首次在司法解释层面确立了工期索赔逾期失权制度,规定:“当事人约定承包人未在约定期限内提出工期顺延申请视为工期不顺延的,按照约定处理,但发包人在约定期限后同意工期顺延或者承包人提出合理抗辩的除外。”

逾期索赔失权条款的适用关系到当事人实体权利的处分,对当事人利益影响很大;而目前工程领域普遍情况是施工管理水平不高,当事人索赔意识不强,当事人各方与相关行业主管部门以及法院对该条款的适用条件、法律定性在观念上存在较大差异,不同法院裁判观点也有诸多不同。

综合考虑上述情况,我们认为:基于当事人意思自治原则,逾期索赔失权条款应当具有相应的法律效力,但索赔方丧失的仅为请求法院对其主张予以支持的权

---

* 钱宇弘,江苏路漫律师事务所主任,路漫律师品牌机构联合创始人,江苏省律协建设工程与房地产领域专家讲师。

** 邓小芹,江苏路漫律师事务所合伙人,专职律师。

利，其实体权利并不丧失。若被索赔方并未以“索赔期限已过”作为抗辩理由，则法院不应主动审查。

一、关于逾期索赔失权条款的不同裁判观点

（一）认为索赔权属于请求权，权利是否失效应当适用民事诉讼时效的规定，施工合同约定的逾期索赔失权条款不具有法律效力

案例1：（2016）青民再13号案①

关于皓宁公司是否有权提出反诉主张违约金，青海省高级人民法院认为，涉案建设施工合同中的逾期完工违约金请求权是基于合同约定而设立的权利，该请求权仍属债权请求权范畴，应适用诉讼时效的规定，当权利人怠于行使，超过期限就会丧失胜诉权。《民法通则》第137条规定，诉讼时效从知道或者应当知道权利被侵害开始起算……皓宁公司依合同约定可向六冶公司主张逾期竣工违约责任。

（二）认为索赔期限应当适用诉讼时效的法律规定，如对方当事人未在诉讼程序中提出时效抗辩的，则当事人仍可主张权利

案例2：（2018）藏民终67号案②

上诉人民生公司认为根据《建设工程施工合同》通用合同条款19（3）的约定，华庭公司提起的违约索赔诉讼，早已超过合同约定的期限，其诉讼请求应予驳回。对此，西藏自治区高级人民法院认为：根据《民法总则》第199条规定，适用除斥期间的权利为撤销权、解除权等形成权。本案中索赔权属于损害赔偿请求权，不属于除斥期间。因此，本案中，华庭公司请求人民法院保护其民事权利属于诉讼时效期间。根据《民法总则》第197条第2款规定，当事人对诉讼时效利益的预先放弃无效。《最高人民法院关于审理民事案件适用诉讼时效制度若干问题的规定》第4条规定，当事人在一审期间未提出诉讼时效抗辩，在二审期间提出的，人民法院不予支持。民生公司在一审中并未提出时效抗辩，对于民生公司的该项上诉请求本院不予支持。

（三）认为索赔期限属于除斥期间，当事人未在期限内主张权利的，则丧失请求赔偿的权利

案例3：（2017）辽民终766号案③

辽宁省高级人民法院认为：……本案中，双方约定的28天索赔期间，系除斥期

---

① 青海省高级人民法院：中国有色金属工业第六冶金建设有限公司与西宁皓宁房地产开发有限公司建设工程施工合同纠纷案再审民事判决书。

② 西藏自治区高级人民法院：山东民生建设有限公司与林芝华庭房地产开发有限责任公司建设工程施工合同纠纷二审民事判决书。

③ 辽宁省高级人民法院：中国人民解放军31697部队、湖北远大建设集团有限公司建设工程施工合同纠纷二审民事判决书。

间，属于形成权，若合同当事人约定索赔请求权的除斥期间已过，索赔请求权实体权利消失，被上诉人提请的索赔请求就不能予以支持。本案中，被上诉人未在双方约定的28天内发出索赔意向通知书来主张自己的索赔权，也没有在合同约定的28天内提供索赔的相关依据材料，则其丧失了要求赔付金额的权利。

（四）认为索赔期限条款系“当事人对于解决纠纷的程序性约定”，即便逾期未提出索赔，但索赔权利并不丧失

案例4：（2017）最高法民申1182号案①

法院认为，双方当事人虽在合同中约定……承包人应在知道或应当知道索赔事件发生后28天内，向监理递交索赔意向通知书，并说明发生索赔事件的事由。承包人未在前述28天内发出索赔意向通知书，丧失要求追加付款和（或）延长工期的权利……但上述约定系当事人对于解决纠纷的程序性约定，并非权利的存续期间，雅眉乐公司关于攀路公司未按合同约定在28天内主张即丧失索赔权的观点不能成立，原判决适用法律并无错误。

（五）逾期索赔条款属于默示条款，当事人逾期未提出索赔的，视为放弃索赔权利

案例5：（2017）皖01民终8183号案②

法院认为：关于汇日公司上诉主张的工期延误的违约金问题。根据双方合同第36.3款规定，承包人未能按合同约定履行自己的各项义务或发生错误，给发包人造成经济损失，发包人可按第36.2款确定的时限向承包人提出索赔。第36.2款规定索赔事件发生后28天内，向工程师发出索赔意向通知，但汇日公司未能提交相关索赔证据。故汇日公司依据合同约定向凌云公司主张违约金依据不足。

（六）逾期索赔条款系双方真实意思表示，具有法律效力

案例6：（2018）最高法民终827号案③

法院认为，窝工索赔的时间限制和相关要求是窝工索赔事实能够被准确确认的前提，也是判断合同当事人处理实际施工问题真实意思表示的依据，对控制施工成本和进行施工管理均具有重要意义，具有一定的时效性和程序性限制。中铁二十二局未及时主张土石方及桥涵工程施工期间的停、窝工损失，应承担相应的不利后果。据此，本院对中铁二十二局有关土石方、桥涵停、窝工损失及相应的管理费

---

① 最高人民法院：四川雅眉乐高速公路有限责任公司与攀枝花公路建设有限公司建设工程施工合同纠纷案再审审查与审判监督民事裁定书。

② 安徽省合肥市中级人民法院：合肥凌云建设工程有限责任公司、安徽汇日环保能源科技有限公司建设工程施工合同纠纷二审民事判决书。

③ 最高人民法院：中铁二十二局集团有限公司、宁夏宝塔能源化工有限公司建设工程施工合同纠纷二审民事判决书。

损失的上诉请求,不予支持。

二、索赔期限的法律性质

逾期索赔失权条款的适用之所以在实践中产生诸多不同的裁判观点或倾向,源于对索赔期限的法律性质存在不同的认识。目前法学理论界对于索赔期限的观点主要有诉讼时效说、除斥期间说和权利失效说。

(一)诉讼时效说

该观点认为索赔时效可作为有效的抗辩理由,期限届满索赔的胜诉权消灭,符合诉讼时效概念的特征。[①]

我们认为,施工合同约定的索赔期限与现行法律关于诉讼时效的规定不吻合。根据《民法总则》第197条[②]、《最高人民法院关于审理民事案件适用诉讼时效制度若干问题的规定》第2条[③],诉讼时效由法律规定,当事人无权自行约定诉讼时效期间。如上述案例1中,法院即持该种观点。

(二)除斥期间说

该观点认为索赔期限属于不变期间,不得中止、中断及延长,且期间届满,实体权利即灭失,因此属于除斥期间。[④] 如上述案例3。

《民法总则》第199条规定,法律规定或者当事人约定的撤销权、解除权等权利的存续期间,除法律另有规定外,自权利人知道或者应当知道权利产生之日起计算,不适用诉讼时效中止、中断和延长的规定。据此,我们认为,适用于除斥期间的只能是形成权。而施工合同中的工期和费用索赔权是基于双方合同约定产生的请求权,显然不能以"除斥期间"来解释。

(三)权利失效说

王泽鉴先生认为,权利失效原则是指权利人在相当期间内不行使其权利,依特别情事足以使义务人正当信任债权人不欲使其履行义务时,则基于诚信原则不得再为主张。[⑤]

该观点在《最高人民法院建设工程施工合同司法解释(二)理解与适用》(以下简称《理解与适用》)一书第141页中有所反映,其原文表述为"索赔期限与权利失

---

① 楼英瑞、郑翔:《建设工程施工合同索赔时效若干问题研究》,载《建筑经济》2003年第7期。

② 《民事诉讼法》第197条规定,诉讼时效的期间、计算方法以及中止、中断的事由由法律规定,当事人约定无效。当事人对诉讼时效利益的预先放弃无效。

③ 《最高人民法院关于审理民事案件适用诉讼时效制度若干问题的规定》第2条规定,当事人违反法律规定,约定延长或者缩短诉讼时效期间、预先放弃诉讼时效利益的,人民法院不予认可。

④ 蔡祥、纪晓晨:《〈建设工程施工合同(示范文本)〉(2013版)解读之六施工企业如何应对"28天逾期索赔条款"》,载《中国建筑装饰装修》2013年第9期。

⑤ 王泽鉴:《民法总则》,中国政法大学出版社2001年版,第560页。

效制度的法律后果相似”，但却未明确说明“逾期失权”属于权利失效制度，加之目前我国法律并无权利失效制度，因此，不可简单地将索赔期限纳入权利失效制度的框架。

我们认为，在我国现行法律制度下，索赔期限既不能归为诉讼时效或者除斥期间，也不属于权利失效期间。逾期索赔失权条款源于FIDIC合同，其本身并非我国法律创设的制度，实质乃是基于施工合同索赔的专业性及伴随的索赔发生的常态性、证据难以固定性以及易灭失性。为防止索赔过分延迟导致事实无法查清或引发争议影响工程正常施工而形成的一种交易习惯，当事人施工过程中是否遵循逾期索赔失权条款设定的索赔程序履行以及是否产生逾期失权的后果，都是基于双方意思自治而非法律规定，实质系一种对民事权利的自由处分行为。

三、逾期索赔失权的法律效力

从已决案件的裁判倾向来看，逾期索赔失权条款的法律效力有如下几种情形。

（一）无效说

逾期索赔失权条款实际上是双方通过合同约定改变诉讼时效的法律规定，因此该条款违背我国现行法律①，属于无效条款。

从目前司法实践来看，在不支持当事人以“逾期索赔失权”作为抗辩理由的案例中，该观点系主流观点。

（二）程序效力说

该观点认为逾期索赔条款仅具有程序效力，但不影响索赔权实体权利，逾期未索赔的，当事人仍可再主张实体权利。对此我们认为，如果当事人明确约定逾期索赔“丧失要求追加付款和（或）延长工期的权利”的，将该条款仅认定为具有程序性价值显然过于武断，既缺乏法律依据和合同依据，亦无相应的法理支撑。此外，该观点亦没有明确程序性价值会对逾期索赔方产生何种不利法律后果，所谓“程序性价值”基本等同于“无价值”。

（三）有效说

该观点认为逾期索赔失权条款的约定系双方意思自治行为，应具有法律效力；并有观点进一步认为：逾期索赔失权条款属于默示条款，我国《民法总则》第140条②及《最高人民法院关于贯彻执行〈中华人民共和国民法通则〉若干问题的意见

---

① 李继中、李继江：《2013版施工合同规定的索赔期限与现行法律相悖》，载《建筑》2014年第4期。

② 《民法总则》第140条规定：行为人可以明示或者默示作出意思表示。沉默只有在有法律规定、当事人约定或者符合当事人之间的交易习惯时，才可以视为意思表示。

(试行)》第66条[①]明确认可了默示条款的法律效力;因此承认逾期索赔失权条款法律效力既有法律依据亦有合同依据。我们赞同这一观点。

关于逾期未索赔的法律后果,如前所述,最高人民法院在《理解与适用》一书第141页指出"索赔期限与权利失效制度的法律后果相似,即承包人在约定时间内未申请工期顺延,则丧失申请工期顺延的权利,在适用时可参照权利失效制度的第三个要件进行衡量,承包人不申请工期顺延是否足以使承包人不再主张权利,如果承包人事后还主张工期顺延是否有违诚信原则……"由此可见,逾期索赔的法律后果为"丧失请求索赔的权利";同时该书在第144页又指出,"在处理工期顺延争议时,应该明确当事人对申请工期顺延期限进行约定的目的主要是防止纠纷发生时事实真伪不明。如果承包人有充分的证据证明工期应予以顺延,法院对承包人的抗辩应予以审查"。因此,逾期索赔失权指向的仅是索赔意向通知书证明索赔事实发生的证据效力,如果有其他证据证明工期应予以顺延的,则法院仍应予以审查。

综上,我们认为,索赔权不是形成权,而是一方在合同履行过程中非因己方原因造成损失有权要求对方赔偿的权利,本质上属于合同法的债权请求权,因此逾期未提出索赔并不丧失实体权利。被索赔方可以"索赔方未在约定期限内提出索赔"作为其索赔权丧失的抗辩理由,如果被索赔方未提出抗辩的,法院不得主动进行审查;如果索赔方就其未在合理期限内提出索赔具有合理抗辩理由的,则被索赔方主张其索赔权丧失不应得到法院支持。

四、逾期索赔失权条款的适用

(一)仅规定索赔期限,未规定逾期丧失索赔权的

《示范文本》1999年版第36.2款仅对提出索赔期限进行了约定,但并未对逾期发出索赔通知将丧失"要求追加付款和(或)延长工期的权利"进行约定。对于施工合同只约定"索赔期限、索赔程序",但未约定"逾期索赔丧失索赔权"的,当事人逾期未提出索赔是否丧失要求索赔的权利,实践中存在不同观点。

第一种观点认为,双方合同对于索赔程序有明确约定的,若索赔方未按合同约定提出索赔,其在诉讼中主张索赔不符合合同约定,对其索赔主张应不予支持。如在(2018)最高法民终827号案[②]中,法院认为,《施工合同》通用条款第36条规定,

---

① 《最高人民法院关于贯彻执行〈中华人民共和国民法通则〉若干问题的意见(试行)》第66条规定,一方当事人向对方当事人提出民事权利的要求,对方未用语言或者文字明确表示意见,但其行为表明已接受的,可以认定为默示。不作为的默示只有在法律有规定或者当事人双方有约定的情况下,才可以视为意思表示。

② 安徽省合肥市中级人民法院:在中铁二十二局集团有限公司与宁夏宝塔能源化工有限公司建设工程施工合同纠纷案二审民事判决书。

一方向另一方索赔，要有正当的索赔理由，且需提供索赔发生的有效证据；因工期延误等情形造成经济损失时，需在索赔事件发生后28天内向工程师发出索赔意向通知……本院认为，窝工索赔的时间限制和相关要求是窝工索赔事实能够被准确确认的前提，也是判断合同当事人处理实际施工问题真实意思表示的依据，对控制施工成本和进行施工管理均具有重要意义，具有一定的时效性和程序性限制。中铁二十二局未及时主张土石方及桥涵工程施工期间的停、窝工损失，应承担相应的不利后果。据此，本院对中铁二十二局有关土石方、桥涵停、窝工损失及相应的管理费损失的上诉请求，不予支持。

第二种观点则认为，施工合同未明确约定未按合同约定发出索赔通知则丧失索赔权利的，对方当事人主张索赔方丧失索赔权没有法律依据。如在（2014）民一终字第310号案①中，最高人民法院认为，根据建设工程合同通用条款第13条及第36条，双方虽对工期顺延及索赔程序进行了约定，但并未明确承包人未提出工期顺延或未按约定程序索赔或不及时索赔的法律后果。据此，超华公司认为中建公司在工程交工后予以索赔不应支持的合同根据不足，本院不予采信。

我们赞同第二种观点。原因在于，逾期索赔失权条款的效力基于双方合同约定而非法律规定，如果双方当事人仅约定索赔期限、索赔程序而未约定丧失要求顺延工期及索赔费用请求权的情形，则应当尊重双方当事人的意思自治。

值得注意的是，索赔期限条款并非没有任何效力，在证据灭失情形下，依约发出索赔通知可以作为索赔实际发生甚至是确定索赔金额的重要证据，如未提出索赔或无证据证明索赔事实及损失的，则由索赔方承担举证不利的法律后果。

（二）逾期索赔失权条款的效力是否及于费用索赔

根据《建设工程施工合同司法解释二》第6条的规定，"逾期失权"适用于承包人工期索赔，对于是否适用于费用索赔则未提及。因此有观点认为逾期索赔失权不适用于费用索赔。

我们认为，逾期索赔失权条款的效力源于意思自治，而非法律或司法解释的规定。在《建设工程施工合同司法解释二》生效之前，工程领域的逾期索赔失权条款已在司法实践中被广泛适用。《建设工程施工合同司法解释二》仅对工期顺延索赔进行规定，是基于工期具有动态性和证据难以固定性，且工程施工都是多个工序交叉进行，难以判断某一事件发生时是否需要顺延工期及顺延多少工期，因此工期索赔相比费用索赔更难被查清，双方当事人争议更为剧烈的现实。在《示范文本》2013年版与2017年版中，对于逾期未发出索赔意向通知的，就承包人丧失的索赔

① 最高人民法院：中国建筑股份有限公司与昆山市超华投资发展有限公司建设工程施工合同纠纷二审民事判决书。

权约定了“追加付款”和“延长工期”两项,就发包人丧失的索赔权约定了“赔付金额”和“延长缺陷责任期”两项。因此,如施工合同约定逾期索赔丧失费用请求权的,则逾期索赔失权条款效力应根据双方合同约定确定。

(三)如何理解“合理抗辩”

逾期索赔失权条款的约定在适用中仍应遵循基本的诚实信用原则,允许索赔方对逾期索赔提出抗辩,防止产生实质不公平。在 FIDIC 于 2008 年发布的 DBO 合同中,对于逾期索赔失效条款的效力也有所软化,不再坚持严格的时限。其第 20 条规定,若索赔方认为存在紧急情况使得索赔的迟延提交具有正当性,则该索赔方可以向争议评判委员会(DAB)申请时效豁免。如果 DAB 在综合考虑后,认为接收迟延提交是公平合理的,DAB 有权否决有关 28 天限制,同时相应地通知各方当事人。

《建设工程施工合同司法解释二》第 6 条第 2 款规定,当事人约定承包人未在约定期限内提出工期顺延申请视为工期不顺延的,按照约定处理,但发包人在约定期限后同意工期顺延或者承包人提出合理抗辩的除外。

对该条“合理抗辩”的理解,《理解与适用》第 141 页指出“……在适用时,可参照权利失效制度的第三个要件进行衡量,承包人不申请工期顺延是否足以使发包人相信承包人不再主张权利,如果承包人事后还主张工期顺延是否有违诚信原则。如果发包人的行为表明在约定期限后仍同意工期顺延或者承包人提出合理抗辩的,则说明承包人申请工期顺延并不违反诚实信用原则,不宜认定承包人失去工期顺延的权利”;第 144 页则指出“如果承包人有充分证据证明工期应予以顺延的,法院对承包人的抗辩应予以审查”。

上述两种表述实际代表了如何理解合理抗辩的两种观点。

第一种观点认为,合理抗辩应当依据诚实信用原则确定,即索赔方逾期索赔足以使对方确信不再主张该权利以及迟延提出索赔有合理的理由①;第二种观点则认为,合理抗辩仅需达到不妨碍事实查明的程度,由于该逾期行使权利行为并未妨碍法院查明事实,可判断索赔方的抗辩成立,权利失权规则不予适用。

我们认为:首先,逾期索赔失权条款形成于交易习惯,起源于 FIDIC 合同,从 FIDIC 于 2008 年发布的 DBO 合同来看,“合理抗辩”显然系指迟延提出索赔的正当理由;其次,如施工合同明确约定逾期索赔丧失索赔请求权的,将“合理抗辩”界定为“逾期索赔不妨碍事实查清”显然也不符合施工合同的原意。

据此,我们认为可以构成合理抗辩的理由包括:

---

① 鲁宏、高露超:《工期索赔时效的法律适用》,载天达共和律师事务所:http://www.east-concord.com/zygd/Article/20198/ArticleContent_1345.html,最后访问日期:2020 年 1 月 1 日。

1. 被索赔方在索赔期限超出后明确认可索赔的

即被索赔方已经明确放弃了以索赔期限作为抗辩理由，由于逾期索赔法律后果并非实体权利丧失，索赔方仍有权主张索赔权利。

2. 索赔方在其他文件中提出了索赔请求，被索赔方提出的“相信索赔方不再主张权利”理由不成立的

如索赔方虽然未提出索赔意向通知书，但其在会议纪要、签证单、现场施工日志、洽商记录、邮件往来等文件中明确提出过索赔请求的，则足以判断索赔方并没有放弃主张权利，被索赔方不得适用默示条款主张“索赔方已经通过其不作为行为放弃了索赔权利”。如在（2011）浙舟民初字第16号案①中，法院认为：反诉被告以联系单形式提出因进度款拖欠工期顺延的意见，应当认定为合同约定的索赔意向通知，虽然反诉被告并没有递交索赔通知书，但是合同仅规定承包人没有按照规定发出索赔意向通知丧失索赔权利，而没有规定未发出索赔通知书的法律后果。

3. 索赔意向通知送达不能

即非索赔方原因导致无法在合同约定期限内将索赔意向通知送达被索赔方的，如不可抗力原因，或被索赔方拒绝签收索赔意向通知书，被索赔方下落不明或送达地址及收件人发生变更未及时告知索赔方等情形，索赔方得合理抗辩。

4. 具有持续影响的索赔事件

《示范文本》2017年版约定，在具有持续影响的索赔事件中，承包人应在知道或应当知道索赔事件发生后提交索赔通知，否则失权。但若承包人未在该28天内提出索赔，“具有持续影响的索赔事件”本身能否作为不失权的“合理抗辩”之理由？我们认为，持续性的索赔事件在未彻底结束前，承包人即使不行使索赔权，发包人基于事件的状态亦不能产生承包人不欲再向其行使权利的自信。故此种情形下承包人得“合理抗辩”。

五、变更引起的工期、费用调整不适用逾期索赔失权条款

索赔是指在工程合同履行过程中，合同当事人一方因非己方原因而遭受损失，按合同约定或法律法规规定，应由对方承担责任，从而向对方提出补偿的要求②。

而变更与索赔不同，变更是指在施工合同履行过程中，合同内容发生变更，如增加或减少工程量、取消合同工作、改变质量标准、改变工程技术细节、改变工程时间安排以及其他双方另有约定的内容。关于变更引起的价格调整及工期调整，《示

---

① 浙江省舟山市中级人民法院：中国化学工程第十四建设有限公司与浙江建桥能源发展有限公司建设工程施工合同纠纷一审民事判决书。

② 《建设工程工程量清单计价规范》（GB 50500－2013）第2.0.23款。

范文本》2013 年版与 2017 年版分别在第 10.4 款①和第 10.6 款②进行了规定。

建设工程施工合同系特殊的承揽合同,因此工程变更往往由发包人发起,承包人予以接受。由于合同变更系双方真实意思表示,因合同变更引起的费用增减或工期调整,应当属于双方变更协议的应有内容。因此,变更引起的价格调整及工期调整不适用逾期失权条款。

---

① 《建设工程施工合同(示范文本)》(GF－2017－0201)10.4.1 变更估价原则:除专用合同条款另有约定外,变更估价按照本款约定处理:(1)已标价工程量清单或预算书有相同项目的,按照相同项目单价认定;(2)已标价工程量清单或预算书中无相同项目,但有类似项目的,参照类似项目的单价认定;(3)变更导致实际完成的变更工程量与已标价工程量清单或预算书中列明的该项目工程量的变化幅度超过 15% 的,或已标价工程量清单或预算书中无相同项目及类似项目单价的,按照合理的成本与利润构成的原则,由合同当事人按照第 4.4 款〔商定或确定〕确定变更工作的单价。

② 《建设工程施工合同(示范文本)》(GF－2017－0201)10.6 变更引起的工期调整:因变更引起工期变化的,合同当事人均可要求调整合同工期,由合同当事人按照第 4.4 款〔商定或确定〕并参考工程所在地的工期定额标准确定增减工期天数。

工程款优先权放弃与限制

承包人放弃建设工程价款优先受偿权的效力判定及应对新思路

——以农民工工资专户制度为背景

杨洪军　张仕磬*

一、问题提出

1999年《合同法》正式实施，该法第286条首次规定了承包人享有建设工程价款优先受偿权。2002年，最高人民法院在回复上海市高级人民法院的《最高人民法院关于建设工程价款优先受偿权问题的批复》中明确承包人享有的建设工程价款优先受偿权优于抵押权和其他债权；但并未明确建设工程价款优先受偿权的法律性质，也未明确承包人能否放弃优先受偿权。

实践中，基于最高人民法院上述批复中关于建设工程价款优先受偿权与抵押权的效力排序规定，银行为了保障自身权利，在向发包人提供贷款时往往会要求发包人提供承包人已放弃其建设工程价款优先受偿权的承诺。部分项目中，发包人在招标或议标选择承包人时，更是直接将承包人放弃建设工程价款优先受偿权作为投标条件之一。而处于弱势地位的承包人，为了承接工程，为了尽快拿到工程款往往会被迫同意放弃优先权。至此，承包人能否放弃优先受偿权问题成了各利益方的博弈焦点，理论界及实务界对于承包人能否放弃优先受偿权问题开始了长达十年的争论，主要的观点包括：有效说、无效说、部分有效说。有效说认为放弃优先受偿权并未被法律禁止，应遵循当事人意思自治，因此放弃优先受偿权的行为有效。无效说从优先受偿权的制度目的角度出发，认为放弃优先受偿权的行为将侵害承包人背后建筑工人的利益，且在建设工程中，承包人往往处于劣势，认定放弃优先受偿权行为有效将有违实质公平正义。部分有效说则认为在符合一定条件的

---

* 作者单位：浙江导司律师事务所。

前提下,放弃优先受偿权的行为有效,而"一定条件"多指能够使承包人和建筑工人利益得到保障的替代性措施。

《最高人民法院关于审理建设工程施工合同纠纷案件适用法律问题的解释(二)》(以下简称《建设工程施工合同司法解释二》)出台后,前述问题随即定分止争。该解释第23条明确了承包人放弃工程款优先受偿权的行为原则上有效,但该放弃行为损害建筑工人利益的除外。《建设工程施工合同司法解释二》如此规定平息了原对于该权利是否可以放弃的争论,在符合民法法理的同时又保护了承包人和建筑工人合法权益,不失为一种妥善、折中的处理方案。然该解释对"承包人放弃优先权,将不会损害建筑工人利益"的承诺效力未做明确说明,对何为"损害建筑工人利益"亦未有明确界定标准,因此仍无法解决实践中界定承包人放弃工程款优先受偿权是否损害了建筑工人利益的问题,进而如何判定承包人该项放弃行为的效力依旧存疑。

2016年,国务院办公厅专门下发了《关于全面治理拖欠农民工工资问题的意见》(国办发〔2016〕1号),要求建设单位应按照工程承包合同约定的比例或施工总承包企业提供的人工费用数额,将应付工程款中的人工费单独拨付到施工总承包企业开设的农民工工资(劳务费)专用账户。在该意见出台后,全国各地都陆续出台了相应的实施规定。例如,宁波市出台了《宁波市房屋建筑和市政基础设施工程工资专用账户管理实施细则(试行)》,该文件要求承包企业分解工程价款中的人工费用并开设务工人员工资专用账户,建设单位应按照一定比例将应付工程款中的人工费单独拨付到工资专用账户。该文件进一步规定了建设单位与承包企业应明确约定拨付工资款时间及比例(金额)、拨付方式和未按期拨付的违约责任等事项作为施工合同实质性内容的组成部分。上海市《关于进一步加强本市工程建设领域用工管理的若干意见(试行)》以及无锡市住房和城乡建设局《关于切实做好2019年春节前房屋建筑和市政工程建设领域农民工工资支付工作的通知》等文件中均有类似规定。

在此背景下,尝试结合农民工工资专户制度对承包人在放弃优先受偿权时作出的"未损害建筑工人利益"承诺效力问题以及"损害建筑工人利益"判定标准问题进行了浅显的分析,并对承包人如何应对优先权放弃问题提出了些许建议。

二、承包人"放弃优先权不会损害建筑工人利益"的承诺效力

《建设工程施工合同司法解释二》出台后,为规避承包人作出的放弃行使优先受偿权的意思表示因"损害建筑工人利益"而无效,发包人或发包人的债权人可能要求承包人同时作出"放弃本项目工程款优先受偿权未损害建筑工人利益"的承诺,并在涉及工程款优先受偿权的诉讼中以该承诺对抗承包人请求法院认定放弃

行使优先受偿权行为无效的主张。

对于此类承诺,有观点认为应当肯定其承诺效力,主要原因有二:首先,承包人在签署此类承诺时承包人对承诺可能给自身权益及其他分包人、农民工权益带来的影响可明确预估,基于该项承诺,即便出现农民工利益受损的情况,也应由承包人自行承担由此产生的相关责任。[①] 其次,放弃优先权在招投标过程中往往成为影响发包人决定中标人的因素之一,换言之,承包人通过放弃优先受偿权以提升投标时的竞争力,是承包人的真实意思表示,如果否定此类承诺的效力,将给发包人造成错误的预期,违背诚实信用原则。[②]

本文认为,承包人作出的此项承诺应归于无效,对承包人放弃工程款优先受偿权行为效力的认定不受承包人另行作出的"未损害建筑工人利益"承诺的影响。

衡量法律行为是否有效应依据法律、行政法规的效力性强制规定,依据最高人民法院有关效力性强制性规范的识别观点,如果法律或行政法规明确规定了违反某一规范的后果必将导致合同无效,则可以确定该规范为效力性强制性规范,[③]"损害建筑工人利益"是放弃优先权的法定无效条件,因此,该条件是否成就不以承包人的意思表示而改变,亦不得由当事人之间约定排除适用。从此类承诺可能产生的后果来看,如认定为有效,则在发包人欠付工程款时,即便建筑工人的利益实际遭受损害,也不能否定放弃优先权行为的效力,最终将导致《建设工程施工合同司法解释二》第23条保护建筑工人利益的目的落空。因此承包人作出的"未损害建筑工人利益"的承诺无效,是否损害建筑工人利益的问题仍不能避开对"损害建筑工人利益"标准的认定。

三、"损害建筑工人利益"的认定标准

(一)对现有"损害建筑工人利益"认定标准的评析

最高人民法院在对《建设工程施工合同司法解释二》第23条进行解读时[④],指出承包人放弃建设工程价款优先受偿权的行为影响企业整体的清偿能力时即可认为该放弃行为损害了建筑工人的利益,而判断承包人整体的清偿能力则要综合考虑承包人整体资产负债情况以及现金流是否因此恶化到影响建筑工人工资支付的程度。以承包人的整体资产负债情况作为认定是否"损害建筑工人利益"的标准是当前的主流观点,该认定标准具有一定的合理性。在实际的工程建设中,建筑工人

---

① 张义:《最新建设工程施工合同法律实务与风险防范》,中国法制出版社2015年版,第84~85页。

② 王乾應:《建设工程法律疑难问题专题实务》,中国法制出版社2017年版,第347页。

③ 江必新主编:《审判监督指导》(2011年第4辑),人民法院出版社2012年版,第268页。

④ 最高人民法院民事审判第一庭编著:《最高人民法院建设工程施工合同司法解释(二)理解与适用》,人民法院出版社2019年版,第475页。

的利益直接表现为能否及时、足额获得劳动报酬,承包人对外支付劳动报酬的能力与其整体资产负债情况密切相关,且作为独立法人的承包人,判断其是否已经处于“资不抵债”的情况有法律和相关规定可遵循。但该项标准在实际诉讼中缺乏可行性,具体包括:

首先,依据《最高人民法院关于适用〈中华人民共和国企业破产法〉若干问题的规定(一)》(以下简称《破产法解释一》)第3条的规定,认定企业是否“资不抵债”可依据债务人的资产负债表、审计报告或者资产评估报告等可显示其全部资产不足以偿付全部负债的文件,但此类文件的作出往往需要耗费大量时间,甚至涉及企业破产程序,在建设工程案件审理过程需审查施工企业是否属于“资不抵债”显然是不现实的,且该审理结果很可能与施工企业破产案件的审理结果相矛盾,使优先受偿权制度保护建筑工人利益的目的落空。

其次,对于大型的施工企业而言,一般不会出现整体资产状况不良的情况,若以企业整体资产负债情况作为认定“损害建筑工人利益”的标准难以避免优先受偿权被不当放弃,最终将导致该条款变为保护建筑工人利益的“沉睡条款”。

(二)农民工工资专用账户制度设立后“损害建筑工人利益”的认定

鉴于现有主流观点认为的以承包人整体资产状况作为其放弃优先受偿权是否“损害建筑工人利益”的认定标准缺乏可行性,且实际上降低了放弃优先受偿权行为有效的前置条件要求,有违保护建筑工人利益的制度设置初衷,故宜重新确立认定“损害建筑工人利益”合理、可行标准。

本文认为,对“损害建筑工人利益”的认定仍需与承包人的资金状况结合,但应当限定于承包人在涉案工程项目中的资金状况。在通常情况下,承包人在某一具体工程项目中的资金状况可通过发包人的付款情况及承包人对外支付情况体现,承包人有关优先受偿权的主张往往是在诉请发包人支付欠付工程款的诉讼中一并提出,在此类承包人追索工程款的诉讼中,法院一般需查明涉案工程的工程款支付情况,可为承包人放弃优先受偿权的行为是否导致其在涉案工程项目中资金状况不良可能影响建筑工人劳动报酬的获得提供依据。

2016年,国务院在《关于全面治理拖欠农民工工资问题的意见》中明确指出:在工程建设领域,实行人工费用与其他工程款分账管理制度,推动农民工工资与工程材料款等相分离。施工总承包企业应分解工程价款中的人工费用,在工程项目所在地银行开设农民工工资(劳务费)专用账户,专项用于支付农民工工资。建设单位应按照工程承包合同约定的比例或施工总承包企业提供的人工费用数额,将应付工程款中的人工费单独拨付到施工总承包企业开设的农民工工资(劳务费)专用账户。农民工工资(劳务费)专用账户制度的设立将“建筑工人利益”可视化,建筑工人的利益是否受损可通过农民工工资(劳务费)专用账户中的金额是否足以体现建筑工人劳动报酬，在建设工程领域实行人工费用与其他工程款分账管理制度，能够将农民工工资从涉案工程款整体中分离出来。将对承包人资金状况的判断限定于涉案工程，结合农民工工资（劳务费）专用账户内的资金状况，即可认定承包人放弃优先受偿权的行为是否“损害建筑工人利益”，进而判断该行为的效力。具体可分为以下几种情形：

1. 如果农民工工资专用账户内的资金足以支付建筑工人的劳动报酬或者虽专用账户内的资金不足，但留存的工资支付保证金或其他担保措施足以保证建筑工人及时足额获得劳动报酬，则不论承包人是否放弃优先受偿权，均不影响建筑工人劳动报酬的获得，无关建筑工人利益，因此承包人放弃优先受偿权的行为有效。

2. 如果农民工工资专用账户内的资金不足以支付建筑工人的劳动报酬且欠付工程款中尚含未支付的工人劳动报酬，则承包人放弃优先受偿权的债权范围不包含工人劳动报酬，即承包人就欠付工程款中工人劳动报酬部分仍对涉案工程享有优先受偿权。

3. 如果发包人已经向农民工专用账户足额支付全部人工费用，但因承包人原因专户内资金仍不足以支付建筑工人的剩余劳动报酬。在这种情况下，由于发包人已经履行其支付人工费用的义务，建筑工人无法及时足额获得劳动报酬遭受不利益的局面系承包人未专款专用造成，此种情形下仍认定承包人放弃优先受偿权行为无效，将导致发包人和第三人信赖利益受损，有违诚实信用原则，故应认定放弃行为有效。建筑工人劳动报酬可通过其他途径予以保护，如要求承包人以涉案工程以外的企业自有资金及时支付，如果企业已经符合《企业破产法》及司法解释规定的“资不抵债”情形进入破产程序，建筑工人劳动报酬可获优先清偿。

四、承包人应对发包人要求放弃优先权的建议

建设工程价款优先受偿权的放弃不仅承包人将处于十分危险的境地，建筑工人的利益也将无法保障。特别是近几年，我国房地产市场波动较大，因发包人建设资金断裂而引发的建设工程施工合同纠纷案件日益增多，甚至出现部分开发商的破产重整、清算，承包人放弃建设工程价款优先受偿权将面临十分巨大的风险。本文结合自身的执业经验，认为承包人不应完全放弃优先受偿权，在发包人要求放弃工程款优先受偿权时，就承包人如何应对发包人放弃优先受偿权的要求提出如下建议：

（一）限定放弃优先受偿权的相对主体

承包人放弃优先受偿权产生的法律后果是承包人与其他债权人受偿顺序的变化，如果承包人并没有明确是为了特定的后顺位抵押权人利益的实现而放弃优先受偿权，其放弃优先受偿权的承诺有被认定为绝对放弃优先权的风险，将导致承包

人优先受偿权的消灭,轮后至一般债权人的同等清偿顺位。

故在发包人要求承包人作出放弃优先受偿权的承诺时,承包人宜向特定的主体作出此类承诺,承包人的工程款受偿权仍优先于除特定主体外的其他主体。此类限定放弃优先受权相对主体的做法在司法实践中已有判例支持。例如,在"湖北东升公司与湖北治力公司建设工程合同纠纷案"①中,法院认为,承包人对发包人的抵押权人作出的放弃承诺为有效承诺,因该承诺的相对人仅针对该抵押权人的特定债权,故工程承包人仅在其承诺放弃优先受偿权的部分项目工程款范围内不得优先于该抵押权人的抵押权。再如,"南通四建集团有限责任公司与南通润通置业有限公司及第三人江苏南通农村商业银行股份有限公司建设工程施工合同纠纷案"②,法院认为,承包人所作放弃工程款优先受偿权的承诺具有相对性,放弃该项权利的承诺效力仅涉及承诺所指相对方,在该特定相对方实现贷款本息之后,承包人仍可在发包人欠付工程款全额范围内主张优先受偿权。

(二)明确放弃优先受偿权的目的

已有司法判例认可承包人基于特定目的放弃优先受偿权的效力,例如,在"福建省惠三建设发展有限公司与三明盛隆汽车有限公司建设工程施工合同纠纷案"③中,法院认为承包人放弃优先受偿权的条件为发包人无力还清银行借款本金及利息,因该笔借款本金及利益发包人已还清,故承包人承诺放弃优先受偿权的条件未成就,其对诉争工程仍享有优先受偿权。在"浙江勒托新材料有限公司与浙江广扬建设集团有限公司建设工程施工合同纠纷案"④中,因承包人以发包人向银行借款且未能还清作为放弃优先受偿权行为生效的条件,故在发包人未发生借款行为时,法院判定承包人仍享有优先受偿权。

在放弃优先受偿权的承诺中表明放弃权利的目的,能够在一定程度上排除因其他原因所导致的承包人工程款受偿顺位滞后。实践中,银行等金融机构为了保障自身的权利,往往将承包人放弃工程款优先受偿权作为向发包人发放贷款的条件。⑤ 在此情形下放弃优先受偿权,能使发包人及时获得建设工程所需资金,对于承包人而言也有利于及时获得工程款,不失为发包人、承包人双方寻求合作、共赢的一种途径。在明确放弃优先受偿权目的的同时约定将发包人未按时向银行还款导致银行行使抵押权时承包人放弃优先受偿权的承诺才生效,作为放弃优先受偿

---

① 武汉市中级人民法院(2015)鄂武汉中民商初字第00801号民事判决书。

② 南通市中级人民法院(2013)通中民初字第0046号民事判决书。

③ 三明市中级人民法院(2013)三民初字第214号民事判决书。

④ 嘉兴市中级人民法院(2014)浙嘉民终字第127号民事判决书。

⑤ 最高人民法院民事审判第一庭编著:《最高人民法院建设工程施工合同司法解释(二)理解与适用》,人民法院出版社2019年版,第466页。

权设定与权利放弃目的相符的成就条件，有利于承包人作出放弃优先权承诺后的权益保护。

（三）确定放弃优先受偿权的具体范围

建设工程施工过程中，人工及物料价格上涨导致发包人所需建设资金增加、现有资金不足以支撑后续施工的情形时有发生，因此银行等债权人进入施工合同的履行阶段提供贷款有利于项目建设的继续进行，故承包人并非必然反对优先受偿权的放弃。银行担心承包人优先受偿权的存在导致自身债权清偿顺位滞后而不能得到有效保障，承包人担心放弃优先受偿权后工程款债权难以实现，为平衡各方利益，承包人在作出放弃优先受偿权的承诺时限定放弃的具体范围，不失为一种可行的做法，且在实践中已获司法判例支持。例如，在“常山县住宅建筑有限公司与浙江泰源铜业有限公司建设工程施工合同纠纷案”中，法院支持了承包人仅针对部分工程款放弃优先受偿权的抗辩。①

限定放弃优先受偿权的范围可以通过两种方式，限定放弃的具体金额或限定放弃建设工程的具体部分。就第一种方式而言，由于承包人在承诺中明确声明了在具体金额范围内放弃优先受偿权，故法院审理中便于认定，而采用第二种方式的情况下，法院需根据限定放弃部分建筑工程的造价、已付工程款等信息，综合考虑承包人放弃优先受偿权部分的具体金额。②

（四）要求发包人提供保护承包人权益的替代措施

承包人在放弃优先受偿权的同时，可要求发包人承诺将银行提供的贷款作为工程款专项支付给承包人，防止发包人将本工程贷款挪作他用。或者要求发包人或第三人提供相当于建设工程价款金额的担保，如发包人的支付担保制度。③ 即发包人通过银行保函、履约保证金、保险公司或者专业担保公司保证或者提供担保物（包括不动产抵押、股权质押、应收账款质押）等方式对承包人就建设工程享有的债权提供担保，以保证其按照建设工程施工合同的约定向承包人及时足额支付工程款。在发包人违约拖欠工程款时，由担保人代为履行支付工程款的义务，或者承包人可就担保物的变价优先受偿，如此，即便承包人放弃了工程款的优先受偿权，仍可通过发包人提供的担保保障工程款债权的实现。

（五）不得通过农民工工资专户“走账”

“走账”是指行为人为实现避税、套现等目的，虚构业务关系进行资金往来、财务收付等不规范财务处理的行为。“走账”行为在建设工程领域并不罕见，结合当前推行的农民工工资专户制度，“走账”可具体表现为，承包人协助发包人虚构农民

① 衢州市中级人民法院（2013）浙衢民终字第687号民事判决书。

② 朱树英主编：《法院审理建设工程案件观点集成》，中国法制出版社2015年版，第688页。

③ 宋宗宇：《建设工程合同风险管理》，同济大学出版社2007年版，第151页。

工工资银行账户,众多此类账户的实际控制人仍为发包人,发包人将人工费用按约定支付至农民工工资专用账户后,按照专户制度的具体管理规定,在银行监管下专用账户内的资金被支付至各虚构农民工银行账户中,最后由发包人实际获得该笔资金。从外观来看,发包人已经按时足额支付农民工工资,建筑工人的利益已获保障,因而承包人放弃优先受偿权的行为被认定为有效,但实际上该笔资金仍为发包人所有,在此情形下,承包人既未实际获得工程款,又放弃了工程款的优先受偿权,同时还面临支付农民工工资的压力。故在实践中,承包人应明确拒绝发包人利用农民工工资专用账户进行走账的请求,以规避上述风险。

五、结语

《建设工程施工合同司法解释二》出台后,认定承包人放弃优先受偿权行为是否有效的关键是该放弃行为是否"损害建筑工人利益",本文提出应以涉案工程范围内承包人的资金状况作为判断放弃优先受偿权行为是否"损害建筑工人利益"的原则标准,同时结合目前全国范围内正在推行的农民工工资专用账户制度区分具体情形论述承包人放弃优先受偿权行为的效力,以期为在实践中解决"损害建筑工人利益"认定困局提供有益思路。由于当前承包人在建设工程项目中处于相对弱势地位,放弃优先受偿权往往也是承包人不得已而为之,故本文结合审判实践提出若干应对措施,以供承包人参考,保障其工程款债权的实现。

放弃建设工程价款优先权的规范反思

——以《建设工程施工合同司法解释二》第23条为中心

朱启骞*

一、问题引出

《最高人民法院关于审理建设工程施工合同纠纷案件适用法律问题的解释(二)》(以下简称《建设工程施工合同司法解释二》)第23条规定:"发包人与承包人约定放弃或者限制建设工程价款优先受偿权,损害建筑工人利益,发包人根据该约定主张承包人不享有建设工程价款优先受偿权的,人民法院不予支持。"该规定表明建设工程价款优先受偿权(以下简称工程款优先权)可以放弃,但应受到限制。该规定源于司法解释制定时存在"对发包人和承包人权利处分意思自治的尊重和维护《合同法》第286条的立法目的"两种思路,①最高人民法院最终采取了兼顾两者的折中模式,即将损害建筑工人利益作为约定放弃建设工程价款优先受偿权的限制条件。

值得一提的是,前述规定模式也离不开此前各方对约定放弃工程款优先权效力的不同观点:一种观点认为,约定无效,主要理由是《合同法》第286条属于法律的强制性规定,工程款优先权属于法定权利,且为避免保护建筑工人工资的立法目的落空,不能认定工程款优先权约定放弃的效力;②国外就存在坚决否认优先权放弃的规定:"瑞士民法直接否定了一切预先放弃法定抵押权行为之效力,并未有例

---

* 朱启骞,江苏三法律师事务所律师,江苏省人大常委会立法助理。

① 最高人民法院民事审判第一庭编著:《最高人民法院建设工程施工合同司法解释(二)理解与适用》,人民法院出版社2019年版,第471~472页。

② 林镥海、郦煜超、袁晓波、洪玉霞:《放弃"建设工程价款优先受偿权"的效力》,载《中国律师》2015年第2期。

外情形。"①另一种观点认为,约定有效。建筑工人的合法利益可以通过其他方式解决,工程款优先权本身不具有人身属性,工程款权优先权的放弃属于当事人权利自由处分范畴,不违反法律的强制性规定。两种观点泾渭分明,长时间以来难以融合。而《建设工程施工合同司法解释二》第23条基本融合了两种观点,可谓突破性的规范技术。

但事物总是一分为二的,前述条款的问题也很明显。从立法技术看,《建设工程施工合同司法解释二》第23条仅明确法院对约定放弃工程款优先权且损害建筑工人利益这一行为支持与否的态度,未采用效力评价方式规定权利放弃的后果,这就引发了系列疑问:关于工程款优先权放弃的约定是否有效?权利处分限制是否有充分理据?如何认定构成"损害建筑工人利益"的行为?除了这一情形外,工程款优先权的放弃是否存在其他限制?这些问题都将影响司法解释的适用效果。为此,有必要对条款的规范技术进行考量。

二、法律解释视角的条款反思

司法解释源于实践,"其主要作用在于理清非明晰的法律规定可能带来的司法误差,或是将偏重于实体性的法律规定赋予其更富有操作性的程序性规定"。② 换言之,相对于立法而言,司法解释更具有实践操作的使命感,这也是其生命力所在。司法解释适用关键在于对条款的精确理解,但条款规范时所用的概括性技术决定了对条款内容作进一步解构的必要性,尤其是对条款隐含内容的挖掘、对条款目的和内容的逻辑检视。《建设工程施工合同司法解释二》第23条的实质内涵就隐含于其中。

(一)文义解释视角的条款隐含内容

从条款的字面含义出发并结合反推解释,《建设工程施工合同司法解释二》第23条的隐含内容包括:

1. 本条包含效力评价。前述条款明确这类放弃约定在损害建筑工人利益时将不被支持,反推可知除此以外的工程款优先权放弃约定将得到支持。既然效力问题系法院依职权判断的范畴,无效约定不可能得到支持,而《建设工程施工合同司法解释二》第23条支持约定放弃工程款优先权的行为,足以表明前述约定有效。

2.《合同法》第286条并非效力性强制规定。工程款优先权放弃的约定往往以单方允诺或合同形式出现,应受到《合同法》约束。根据《合同法》第52条及《最高

① 陈广华、王逸萍:《建设工程价款优先受偿权预先放弃之效力研究》,载《西部法学评论》2015年第4期。

② 赵万一、石娟:《后民法典时代司法解释对立法的因应及其制度完善》,载《现代法学》2018年第4期。

人民法院关于适用〈中华人民共和国合同法〉若干问题的解释(二)》第14条之规定,违反法律、法规强制性规定的合同无效。《合同法》第286条系属工程款优先权的法律依据,但最高人民法院却认可除损害建筑工人利益外的约定放弃工程款优先权的行为,表明《合同法》第286条并非法律、法规的强制性规定。

3. 工程款优先权约定放弃以权利成立且未丧失为前提。从权利放弃标的看,一般可以约定放弃的是存在且未丧失的权利。这一逻辑在司法实践中则表现为:审理工程款优先权前,法院一般先明确优先权是否存在,并围绕工程款优先权的期限进行审查。[①] 这和法院审理继续履行合同纠纷的思路是一致的,因为合同履行以合同有效为前提,合同效力审查已然包含在合同履行纠纷审理程序中,这是诉讼及其标的吸收关系带来的必然结果。

(二)目的解释视角的条款逻辑反思

上文已从文义上挖掘出《建设工程施工合同司法解释二》第23条的隐含内容,下一步工作就是以目的解释对条款逻辑进行反思。前述条款将"损害建筑工人利益"作为约定放弃工程款优先权的限制,缓和了权利法定性和自由意志之间的矛盾,充分体现了"法律自由是有限制的自由"这一精髓。但结合工程款优先权制度实施现状,条款问题就显现出来:

1. 与权益保障存在冲突

《最高人民法院关于建设工程价款优先受偿权问题的批复》已明确工程款优先权相对于抵押权和其他债权的优先序列,巩固了工程款优先权的法定优先地位。但工程款优先权系为保障承包方利益而拟制,[②]放弃该优先权本身即意味着对农民工权益的损害。《建设工程施工合同司法解释二》第23条将损害建筑工人利益作为权利放弃的限制,会出现两种后果:一是表明工程款优先权不能被放弃,这和规定本意不符;二是认为存在不会损害建筑工人利益的优先权放弃类型,这和工程款优先权制度设计不符。

2. 目的与内容存在冲突

《合同法》明确享有工程款优先权的主体是承包人,但实践中大量存在的承包人是总包人或施工组织者,承包人不完全等同于建筑工人,两者利益存在冲突,主体间隔导致承包人工程款优先权带来的红利无法向建筑工人传递。为进一步保障建筑工人利益,最高人民法院通过建设工程司法解释设置了"实际施工人"的概念,但并未解决主体间隔问题;司法实践对"实际施工人"的认定不统一也促使保障建筑工人利益的目的落空。

---

① 在泉州市泉港区人民法院(2015)港民初字第1279号民事判决中,法院就先审查工程款优先权期限以确定该优先权是否存在,再视情况决定是否审查关于优先权放弃的约定。

② 王建超:《保障承包人建设工程价款优先受偿权》,载《施工企业管理》2018年第12期。

简言之,工程款优先权制度难以切实保障建筑工人利益,[①]放弃这一优先权与损害建筑工人利益间的因果关系无法成立。因此,将“损害建筑工人利益”作为约定放弃工程款优先权的限制与条款目的本身存在一定矛盾。

3. 权利放弃效力考量不完善

从法律后果角度看,“损害建筑工人利益”是影响约定放弃工程款优先权效力的因素,这是将工程款优先权立法目的单独抽离作为权利限制,表明《建设工程施工合同司法解释二》第23条效力考量的实质是着眼于建设工程特殊性。弊端在于:

第一,权利放弃的约定效力失去稳定性。约定效力应是持续而稳定的,除了法定可补正的相对无效情形,一般效力及其评价不因时间流转而发生转变。《建设工程施工合同司法解释二》第23条中的效力评价突出了放弃的后果考量,但后果往往是事后的、不确定的;尤其是工程款优先权的预先抛弃,会随时间等因素在是否损害建筑工人利益方面发生质的变化,这就使工程款优先权放弃约定的效力具有更多不确定性,与效力及其评价机制发生背离。

第二,忽略效力影响的其他因素。《建设工程施工合同司法解释二》第23条规定“法院不予支持”的模式虽然具有简洁明了的优点,但也有“一刀切”之嫌,在一定程度上忽略了这类约定效力影响因素的多元性及效力后果的多样化:随着放弃主体、放弃形式、放弃情境等因素不同,工程款优先权放弃约定的效力可能出现部分有效、部分无效的情形,也可能出现相对无效、绝对无效的情形。此外,承包人与发包人之外的其他人做出约定也存在损害建筑工人利益的情形,前述条款将约定主体限于发包人和承包人,反而会鼓励当事人更换主体来规避条款适用。

第三,鼓励优先权放弃约定过程的非正当性。《建设工程施工合同司法解释二》第23条规定“损害建筑工人利益”主要是针对发包人工程款给付清偿能力的降低,尚不涉及其他方面。前述条款更强调放弃行为本身的后果,不排除这种规定方式会鼓励发包人和承包人达成意思表示程序的非正当性,如一方胁迫另一方作出放弃的意思表示。对于制度设计而言,除了自身的逻辑圆融性,更需要考虑制度实施效果。如果制度实施会带来负面效应,就需要考虑应对措施。

以上情况表明,关于工程款优先权放弃的法律制度设计存在“重实体、轻程序”的思维,也反映出我国工程款优先权制度设计与实施的不足。

三、工程款优先权放弃规范的完善

检视《建设工程施工合同司法解释二》第23条发现,条款仍存在规制不精准的

---

① 黄忠顺:《承包人行使建设工程价款优先受偿权研究》,载《北京仲裁》2018年第3期。

情况，难免“隔靴搔痒”，无法经现有折中模式实现制度设计时的利益预期。要解决这一问题，还是要从源头出发，即工程款优先权放弃的根源。建设工程领域之所以出现工程款优先权的放弃，根源在于发包人和承包人的融资需求，银行等债权人需要承包人放弃工程款优先权来恢复抵押权的优先性。一方面是建设工程的融资需求，另一方面是建筑工人的利益，两者既相互冲突又相互关联，衡平两者关系是工程款优先权放弃规范要解决的实质问题。

（一）司法实践启示

《建设工程施工合同司法解释二》出台前，司法实践对工程款优先权约定放弃的纠纷处理已形成一定规范审查模式。审查顺序方面，法院基本遵循“工程款优先权问题是否为本案争议焦点—工程款优先权是否成立—主张工程款优先权放弃的是否为本案当事人—放弃约定是否有证据证明—放弃约定是否有效”的进路，并借此减少了审查内容，提高了审查效率。同时，对于工程款优先权约定放弃的效力，法院根据意思表示的真实性、放弃意思的做出主体、放弃方式等不同情形分别作出处理，形成如下规则：

1. 按《合同法》审查约定放弃的效力。如意思表示规则的适用，对于承包人存在《合同法》第 54 条规定的被胁迫等情况下作出放弃工程款优先权的意思表示，法院将根据当事人的请求进而否定放弃约定的效力；再如无权代理规则的适用，如申请执行人中天建设集团有限公司与被执行人长沙汇丰置业有限公司建设工程施工合同纠纷案外人中国民生银行股份有限公司长沙分行不服案，法院认为：“本案建设工程施工合同的一方当事人为中天建设集团有限公司……案外人中国民生银行股份有限公司长沙分行没有提供证据证实中天建设集团有限公司授权中天建设集团有限公司湖南分公司向案外人中国民生银行股份有限公司长沙分行出具放弃建设工程价款优先受偿权的《承诺函》，中天建设集团有限公司湖南分公司出具放弃建设工程价款优先受偿权的《承诺函》的行为系无权代理行为，对中天建设集团有限公司不产生法律约束力。”①

2. 认可约定放弃效力的相对性。对于承包人向发包人主张工程款及其优先权的建设工程施工合同纠纷，即使承包人对案外人作出放弃工程款优先权的承诺，也不会在前述纠纷中被认定为放弃工程款优先权，“重庆市潼南第四建筑工程公司与重庆农村商业股份有限公司潼南支行等建设工程施工合同再审纠纷案”就采用这样的判决思路，实际是认可工程款优先权放弃的相对性。② 当然，虑及工程款优先权的权利本质、诚实信用原则，优先权放弃效力的相对性有待斟酌。

---

① 湖南省长沙市中级人民法院(2017)湘01 执异 9 号执行裁定书。

② 重庆市高级人民法院(2015)渝高法民抗字第 00024 号民事判决书。

这些规则都为工程款优先权约定放弃的规范提供了充分素材,关键是实践规则的分类、提炼和上升。

(二)规范技术调整

司法实践多样性的侧面是认知不统一,而2019年10月11日发布的《最高人民法院关于建立法律适用分歧解决机制的实施办法》已深入表明统一法律适用和裁判尺度的重要性。因此,在吸收司法实践基础上,仍需要完善工程款优先权放弃的基本规则。

1. 明确利益保障

法律具有规范和指引两方面的作用,司法解释条款更需要围绕"法益"这一条款的灵魂进行设置。对应工程款优先权约定放弃问题,其法益寻找路径在于从实践中放弃工程款优先权的危害着手开展调研,并以相应危害作为工程款优先权约定放弃的限制条件,也就避免了法益保障的空白地带。同时,这类条款具有防止权利被滥用的使命,滥用既包括放弃权利的滥用,也包括条款本身被滥用,如承包人通过对建筑工人恶意欠薪来恢复已承诺或约定放弃的工程款优先权,这就需要在条款规范技术上做分类和细化,并考量工程款给付方的资金偿付能力、主观意志,以及损害与工程款优先权放弃行为的因果关系。

2. 重视意思表示形式

鉴于工程款优先权的放弃可能存在单方承诺和双方约定,后者又存在于发包人和承包人、承包人和融资债权人、三方等不同主体之间,这些都直接影响约定放弃的效力。因此,针对工程款优先权约定放弃作规制时,可以考虑针对不同主体、形式作出类型化的规定,并以"禁止""不得"等规范技术来强调意思表示真实的重要性,避免程序不正义。

3. 增加其他保障

简单而言,建筑工人利益主要是工资。工程款优先权并非工资的唯一保障,重要的是给付工资主体的资金能力和稳定的资金来源。因此,可以鼓励承包人在放弃工程款优先权前可以附加条件,如设定放弃权利的起止期限或要求相对方提供担保,从而降低权利放弃的风险,增加工资给付能力的保障。

(三)工程款优先权制度改革

上文表明,工程款优先权能否放弃、如何放弃的问题解决之所以举步维艰,实质在于工程款优先权制度本身,从权利主体、行使期限到范围都存在不同程度的争议。目前,除了最高人民法院的司法解释,尚无其他法律、法规对工程款优先权的规制进行细化,以至于各地在工程款优先权同一问题上也存在不同认知并设置了不同规则,与"同案同判"的法律适用趋势相悖。从域外工程款优先权制度看,其经历的"从优先权到抵押权、从法定到登记、从最优先到一般优先、从一元保障到多元保障"[①]发展趋势表明优先权制度变革的可能性。至于这一制度改革的方向,则需要考虑我国发展现状、优先权制度实施效果、替代措施的监管成本等因素。

四、结语

相对于其他纠纷领域,建设工程施工合同纠纷审判肩负着更多弱者保护的使命,工程款优先权作为针对建筑工人等特殊群体的专项保护制度也因此得到了高度关注。自 1999 年《合同法》第 286 条确立工程款优先权制度,制度施行至今已 20 年,但总体施行效果并不理想。《建设工程施工合同司法解释二》认可工程款优先权约定放弃的权利,体现的是保护建筑工人弱势群体的底线坚守和公平正义的担当,在一定程度上也反映了我国工程款优先权保护的思路转变,意味着工程款优先权制度的变革。值《优化营商环境条例》发布之际,为市场主体提供良好法治保障的同时,如何落实特殊领域的弱势群体权益保护,如何让规范技术更加圆融,促使纸面之法成长为行为中"活的法律",还需要继续让目光在法律和事实之间逡巡。

---

① 顾长河、张婧:《比较法视野下的建筑工程优先权的发展趋势及其完善》,载《岭南学刊》2011 年第 5 期。

建设工程价款优先受偿权放弃的合理限制

廖鸣晓[*]　黄　晨[**]　詹勤艳[***]

建设工程价款优先受偿权(以下简称优先受偿权)最早在《合同法》中予以确立,是建设工程承包人享有的法定权利。由于优先受偿权的特殊性,其该权利行使一直是理论和实践中关注的焦点。优先受偿权的行使条件、行使期限、权利范围等问题,随着相关司法解释等规范性文件出台已得到逐步明晰,而有关优先受偿权放弃的效力问题,在理论和实践中争议较大,一直未能形成共识。直至2018年《最高人民法院关于审理建设工程施工合同纠纷案件适用法律问题的解释(二)》(以下简称《建设工程施工合同司法解释二》)第23条明确"发包人与承包人约定放弃或者限制建设工程价款优先受偿权,损害建筑工人利益,发包人根据该约定主张承包人不享有建设工程价款优先受偿权的,人民法院不予支持"。为这一争议命题划定了统一标准,结合司法实践与理论研究,准确理解对优先受偿权放弃的合理限制,实现各方利益平衡,仍是值得进一步探讨研究的问题。

一、优先受偿权规则体系的演进历程

自1999年《合同法》设立建设工程价款优先受偿权,至2018年《建设工程施工合同司法解释二》明确优先受偿权放弃行为的效力,在此20年期间,放弃优先受偿权的效力认定在规范层面处于空白。法律规范的从无到有,实际上是争议问题从众说纷纭到统一划定的过程,既反映出现有规则体系关于优先受偿权规定的相对模糊,也体现了建筑行业实践的复杂性。①

《合同法》第286条规定优先受偿权:"发包人未按照约定支付价款的,承包人

---

* 廖鸣晓,重庆市第一中级人民法院环资庭庭长。

** 黄晨,重庆市第一中级人民法院研究室副主任。

*** 詹勤艳,重庆市第一中级人民法院研究室法官助理。

① 王涛、俞悦:《建设工程价款优先受偿权放弃的法律效力》,载《人民司法》2016年第16期。

可以催告发包人在合理期限内支付价款。发包人逾期不支付的，除按照建设工程的性质不宜折价、拍卖的以外，承包人可以与发包人协议将该工程折价，也可以申请人民法院将该工程依法拍卖。建设工程的价款就该工程折价或者拍卖的价款优先受偿。”优先受偿权将承包人享有的工程价款债权从普通债权转变为有物权担保效力的债权，以回应建设工程领域工程款支付周期长、农民工工资支付难等现实，保障承包人债权实现和建筑工人工资支付，从而维护建筑市场稳定和秩序运行。但合同法对优先受偿权的规定较为原则，对优先受偿权的性质、适用范围等均未明确，导致实践中适用不多，被称为“休眠条款”。

2002 年，最高人民法院针对上海市高级人民法院的请示，出台了《最高人民法院关于建设工程价款优先受偿权问题的批复》(以下简称《批复》)，对优先受偿权的性质、权利行使期间、工程价款范围、与担保物权和普通债权之间的受偿顺序等实践中迫切需要解决的问题作出了细化规定。

自 2002 年《批复》以来，优先受偿权的法律地位在司法解释中逐步得到重视和凸显。2005 年颁布了《最高人民法院关于审理建设工程施工合同纠纷案件适用法律问题的解释》，虽然该解释没有直接涉及优先受偿权的规定，但规定了建设工程合同无效后工程款结算、实际施工人权利保护等条款，可作为保障优先受偿权行使的补充。①

由于建筑市场发包人与银行的强势地位，实践中承包人放弃优先受偿权的情况不可避免，但对放弃行为的效力判断一直未能形成共识。有的地方性法院也以规范性文件的形式，对优先受偿权放弃行为的效力认定进行了探索。2004 年《广东省高级人民法院关于审理建设工程施工合同纠纷案件若干问题的指导意见》第 15 条规定：“承包人在转让工程款债权前与发包人约定排除优先受偿权的，该约定对承包人以外的实际施工人不具有约束力。”②浙江省高级人民法院也于 2012 年颁布了《执行局执行中处理建设工程价款优先受偿权有关问题的解答》。③

以上规定虽在一定程度上有利于增强《合同法》第 286 条的可操作性，但对放弃优先受偿权的行为效力仍没有形成统一的认知标准。直至 2018 年最高人民法院出台《建设工程施工合同司法解释二》，首次在司法解释中对放弃优先受偿权的情况进行了明确限制，即“发包人与承包人约定放弃或者限制建设工程价款优先受偿权，损害建筑工人利益，发包人根据该约定主张承包人不享有建设工程价款优先受偿权的，人民法院不予支持”，为解决审判实践中的分歧与理论研究中的争议明

---

① 李后龙、潘军锋：《建设工程价款优先受偿权审判疑难问题研究》，载《法律适用》2016 年第 10 期。

② 林镥海、郦煜超、袁晓波、洪玉霞：《放弃“建设工程价款优先受偿权”的效力》，载《中国律师》2015 年第 2 期。

③ 王涛、俞悦：《建设工程价款优先受偿权放弃的法律效力》，载《人民司法》2016 年第 16 期。

晰了指引性的标准。

二、优先受偿权放弃效力认定的观点梳理

随着《建设工程施工合同司法解释二》的出台,优先受偿权放弃效力的认定由众说纷纭逐步走向共识。理论和实践中就该问题争议的焦点集中于优先受偿权可否视为一项普通的民事权利按照当事人意思自治予以处置,由此形成了放弃行为有效、放弃行为无效、合理限制放弃行为三种观点。为进一步还原理论与实践争议,本文随机抽取近年来司法审判中涉及优先受偿权效力认定的32个案件作为样本进行分析(见图1),①总结出如下特点:第一,审判实践中认定放弃行为有效系主流观点,认定放弃行为无效的比例较少。第二,部分案件在认定放弃行为效力时,会审查该行为是否损害其他主体利益,但案件中有关损害其他主体利益的证据举示并不充分,说理通常也较为简单。

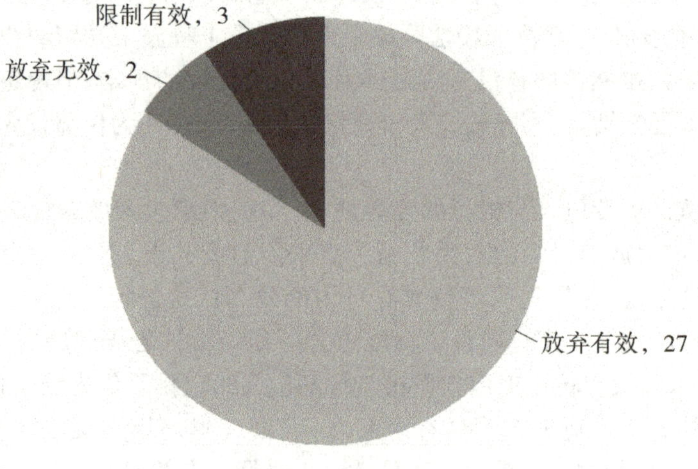

图1　效力认定比例图(案件总数:32件)

(一)放弃行为有效

认为放弃优先受偿权有效是样本案件中的倾向性结论,也是理论研究中的主要观点。有效说认为优先受偿权可基于当事人真实意思表示予以放弃,理由主要有四点:第一,符合意思自治原则。优先受偿权属于民事权利,可基于权利主体的真实意思表示予以处分,且建设工程领域属于商事活动,承包人作为理性的商事主

① 本文以"放弃优先受偿权"为关键词在中国裁判文书网进行检索,筛选建设工程施工合同纠纷案由相关案件,并从中抽取2011年以来的32件案件,其中最高人民法院8件,高级人民法院21件,中级人民法院1件,基层人民法院2件。因《建设工程施工合同司法解释二》施行时间不长,文书已公开的案件多为施行前审结,并未适用其第23条的规定。

体，对自己放弃和处分权利的行为及其后果应当有合理的判断能力，故应尊重契约约定而不宜轻易否定放弃行为效力。第二，从类比角度看，《物权法》第232条有关承揽合同的规定明确了承揽人与定作人可以通过约定排除留置权的适用，即承揽人可放弃法定担保物权，建设工程施工合同属于特殊的承揽合同，优先受偿权在本质上也属于法定担保物权，类比承揽合同规定，放弃建设工程款优先受偿权有其合理性。第三，建筑市场是资金密集型行业，通常存在资金流动紧张的情况，若认定放弃行为无效不仅不符合资金流动的市场规律，也不利于贷款推进项目建设，最终会损害承包人利益和农民工劳动报酬。第四，承包人即使放弃优先受偿权，承包人和农民工权利仍可通过其他途径救济。放弃优先受偿权只是失去了工程款债权受偿顺位的优势，债权本身依然存在，承包人工程款、材料商供货款、建筑工人工资可通过劳动合同法、合同法等法律寻求救济。①

【案例一】最高人民法院“大连安泰建设有限公司诉大连中裕嘉合房地产开发有限公司建设工程施工合同纠纷二审案”②

基本案情：施工单位安泰公司诉请确认其对涉案工程享有优先受偿权，建设单位嘉合公司同意诉请，第三人恒源公司辩称本案系安泰公司与嘉合公司合谋，试图利用安泰公司可能享有的优先受偿权，对抗恒源公司对嘉合公司涉案房产的强制执行。经查明，安泰公司向嘉合公司及案外人吉林银行大连分行、北京天地方中资产管理有限公司出具《承诺函》，承诺无论嘉合公司现在及以后是否欠付安泰公司在建工程的工程款，其自愿放弃涉案工程的优先受偿权，本承诺书一经签发不可撤销。

裁判理由：以《承诺书》放弃优先受偿权是安泰公司的真实意思表示，不违反法律规定，合法有效。承包人放弃优先受偿权并不必然侵害承包人或建筑工人的合法权益，承包人或建筑工人的合法权益还可通过其他途径的保障予以实现。

需注意的是，在认可放弃优先受偿权行为有效的裁判中，因承包人放弃承诺的对象不同，可能导致放弃效果的差异。如承包人向发包人承诺放弃优先受偿权，会导致承包人对发包人主张的工程价款变为普通债权；如承包人仅对银行等金融机构放弃优先受偿权，不会导致优先受偿权消灭，仅会产生清偿顺位的调整，此时承包人享有的优先受偿权顺位居于银行等金融机构的抵押权之后。

（二）放弃行为无效

《建设工程施工合同司法解释二》实施前，持无效说观点的案例数量较少，主要体现在学理探讨中。《建设工程施工合同司法解释二》施行后，无效说不再被适用，

---

① 建设工程价款优先受偿权的放弃，仅是放弃该款项受偿的优先顺位，而不是对建筑工程价款追偿权这一权利内容的放弃，因此放弃优先受偿权后，认可通过其他途径寻求救济。

② 最高人民法院（2016）最高法民终532号民事判决书。

但该类裁判的思路和学理探讨仍可为司法实践提供观点对比。

该观点认为,放弃优先受偿权即使是当事人真实意思表示,也不能产生权利放弃的后果,理由在于:第一,优先受偿权属于法律强制性规定,不能以约定的方式予以排除。尽管意思自治是民法基本原则,但应以不损害社会公共利益为前提,优先受偿权不仅关系承包人个体利益,还与建筑工人的劳动报酬权密切相关,建筑工人的劳动报酬是优先受偿权的一个组成部分,若可约定放弃,则该权利丧失了法定担保物权的效力,将有损建筑工人的生存利益。第二,从建筑市场实际和风险分担的角度考虑,承包人垫付资金施工是建筑行业常态,建筑工人劳动报酬也在承包人支付费用范围内,且建设工程领域拖欠工资的情况层出不穷。因此,承包人在建设工程市场中本就处于弱势地位,放弃优先受偿权实际是发包人或银行将本该自己承担的风险转嫁给了承包人,不符合实质正义的要求。

【案例二】新疆生产建设兵团第七师中级人民法院"内江市东兴建筑工程有限公司诉新疆万森房地产开发有限公司建设工程价款优先受偿权纠纷一审案"①

基本案情:原告东兴公司系涉案工程施工单位,曾在协议中明示放弃优先受偿权,后与其他当事人就优先受偿权产生争议,遂起诉请求法院确认其优先受偿权。

裁判理由:《合同法》第286条赋予建设工程承包人优先权的立法目的在于解决工程款拖欠问题,进而确保建设工人工资实现,以保障其基本的生存权,如果允许承包人凭其意思放弃建设工程优先权,将使得立法目的落空,因此,建设工程优先权原则上不得被放弃。可以放弃的特殊情况包括:发包人提供了切实可靠的担保;银行、发包人、承包人三方达成发包人以在建工程抵押给银行,银行将贷款直接支付给承包人;承包人已全额支付建设工人工资;实现建设工程优先权有悖公序良俗原则或损害社会公共利益,如对学校、医院等公益性工程实现优先权。本案中,各方当事人虽然达成协议放弃建设工程优先受偿权,但银行贷款并未直接支付给承包人以支付工人工资,而是用来偿还万森公司以前的贷款。因此,放弃应为无效。

(三)合理限制放弃行为有效

此种观点认为优先受偿权的放弃涉及保护民事主体意思自治与维护公共利益两种价值的平衡,故优先受偿权放弃应受到合理限制,即行为效力应区分不同情况予以认定:在意思自治与公共利益不发生冲突的情况下,意思自治应当受到尊重;在二者可能产生冲突时,应考虑保护公共利益,并对意思自治作出合理限制。具言之,判断优先权放弃是否有效,应考量是否有损社会公共利益:如权利放弃使建筑工人获取劳动报酬的权利得不到保障,则放弃行为应认定为无效,承包人对私权的

① 新疆生产建设兵团第七师中级人民法院(2018)兵07民初8号民事判决书。

处分应让位于弱势群体的保护。在权利放弃不会影响建筑工人获取劳动报酬的情况下，如承包人提供了担保，或承包人资金充裕，即使放弃优先受偿权，也不会导致建筑工人工资拖欠、损害建筑工人生存权益，此时应尊重承包人处分权利的真实意思。此种观点与《建设工程施工合同司法解释二》的精神相一致，即放弃优先受偿权行为必须附加不损害建筑工人合法权益的条件，方能认定有效。

《建设工程施工合同司法解释二》实施前，部分案件在认定放弃优先受偿权效力时，也会对放弃行为是否损害建筑工人利益进行审查，但审查并没有规范层面的明确依据，如案例三。司法解释实施后，不得损害建筑工人利益已经成为判断放弃行为效力的重要评判条件，也当然成为审判中的审查重点和认定行为效力的重要条件，如案例四。

【案例三】福建省高级人民法院“中国农业银行股份有限公司永安市支行诉福建龙腾建设有限公司、福建旺丰生态农业发展有限公司第三人撤销之诉二审案”①

基本案情：龙腾公司系施工单位，因建设单位旺丰公司需向银行抵押贷款，龙腾公司遂向银行出具《承诺函》放弃涉案工程中工程款的优先受偿权。后龙腾公司又通过诉讼方式与旺丰公司达成调解协议，约定龙腾公司对案涉抵押房产享有工程价款优先权。抵押权人永安农行认为调解书内容损害其的利益，故提起第三人撤销之诉。

裁判理由：施工单位龙腾公司对工程价款享有的优先权系当事人可自由处分的财产权，旺丰公司需向银行贷款用于支付工程进度款，龙腾公司为此出具的《承诺函》，系龙腾公司的真实意思表示，应认定有效。本案并无证据表明龙腾公司放弃优先受偿权损害了建筑工人的工资利益，故龙腾公司认为工程价款的优先受偿权涉及工程材料款以及工人工资的保障，所以不能放弃的理由，缺乏法律依据。

【案例四】最高人民法院“江门市中骏建筑装修工程有限公司诉广东旺朋建设集团有限公司、江门市蓬江区远禾发展有限公司第三人撤销之诉二审案”②

基本案情：建设单位远禾公司向杜阮农商支行借款，并将在建工程抵押给杜阮农商支行，施工单位旺朋公司向杜阮农商支行出具《放弃优先受偿权声明书》，放弃其享有的优先受偿权。后杜阮农商支行将其对远禾公司的债权和对应担保权益转让给中骏公司，并通知借款人远禾公司和担保人。在旺朋公司诉远禾公司建设工程施工合同纠纷另案中，法院生效判决确认旺朋公司对涉案工程的优先受偿权，中骏公司遂提起本案诉讼。

裁判理由：建设工程价款优先受偿权是法律赋予施工人的法定权利，属于具有

---

① 福建省高级人民法院(2017)闽民终761号民事判决书。

② 最高人民法院(2019)最高法民终588号民事判决书。

担保性质的民事财产权利,权利人可以自由选择是否行使或放弃,但不能损害建筑工人利益,否则应为无效。在本案中,《放弃优先受偿权声明书》是旺朋公司真实意思表示,不违反法律法规强制性规定,旺朋公司上诉称对远禾公司的财产进行拍卖并已分配,农民工的工资已进行发放,因此建筑工人的利益已经得到保障。旺朋公司再以损害建筑工人利益为由主张放弃无效,不予支持。

三、限制优先受偿权放弃的正当性考量

优先受偿权规定从立法到司法解释不断完善,表明优先受偿权法律地位日益凸显,同时也从侧面反映了建设工程领域优先受偿权适用的复杂性。关于放弃该行为的效力认定,在国内外实践和理论领域一直有较大争议,《建设工程施工合同司法解释二》征求意见稿对此问题亦持分歧。正式颁布的《建设工程施工合同司法解释二》对优先受偿权放弃所做的合理限定,是在契合建筑市场实际情况下,按照实质正义理念对意思自治与社会公共利益两种价值进行的平衡。

(一)社会基础:考虑建筑行业实际与特殊性

建筑行业在国民经济中占有重要地位,仅次于工业、农业和商业,排行第四,[①]对放弃优先受偿权效力的判断,应结合建筑行业的特点与实际情况综合评判。司法解释从保护建筑工人利益的角度,在规则层面对放弃优先受偿权进行限制,正是考虑到了建筑行业的实际情况。

1. 建筑工程资金需求大,银行贷款通常附加放弃优先受偿权条件

建筑市场是资金密集型行业,工程发包人在项目开发中,需要通过银行或其他金融机构的贷款作为外源性资金来源,维系工程项目的正常运营。银行或其他金融机构为规避放贷风险和实现预期贷款增益,通常会要求承包人出具放弃对抵押的在建工程建设工程价款优先受偿权,以保证在发包人还贷不能的情况下,可以通过折价、变卖、拍卖抵押物获得债权在先优先受偿的顺序,此方式可算是建设工程融资领域的商业惯例。[②] 而面对发包人的强势地位,承包人在市场中处于弱势,往往为获得工程不得不放弃优先受偿权,尽管放弃行为会带来农民工工资无法支付的不利后果。

2. 建筑行业属劳动密集型产业,农民工工资拖欠比例较高

在产业划分中,建筑行业是劳动密集型的低端产业,吸纳了30% ~50% 进城务工农民,农民工在建筑行业就业人数和比例相对其他产业较高,且建筑行业领域拖欠农民工工资问题也最为突出。据统计,建筑行业拖欠农民工工资占所有行业拖

---

① 冯小光:《建设工程施工合同纠纷案件法律适用的有关问题》,载最高人民法院民事审判第一庭编:《民事审判指导与参考》(总第75辑),人民法院出版社2018年版,第122~124页。

② 王涛、俞悦:《建设工程价款优先受偿权放弃的法律效力》,载《人民司法》2016年第16期。

欠比例的60% ~70%。[①]《国务院关于切实解决建设领域拖欠工程款问题的通知》以及《最高人民法院关于集中清理拖欠工程款和农民工工资案件的紧急通知》等文件均强调，建设领域拖欠工程款不仅严重影响了建筑市场良好秩序和健康发展，也进一步加剧了农民工工资拖欠问题，影响社会稳定。[②] 在承包人放弃优先受偿权的情况下，农民工劳动报酬可能无法得到保障，基本生存权也会受到侵害，有违国家解决农民工工资拖欠的政策导向。

（二）法理基础：遵循实质正义理念要求

优先受偿权本质上是法律权利，对放弃该权利行为效力的评判也应置于法律逻辑的视野中探讨。

1. 契合优先受偿权立法本意

从优先受偿权的创设看，优先受偿权作为一项民事权利，民事主体可以对其实施使用、转让、放弃等处分行为。但优先受偿权的特殊之处在于由法律直接创设规定，而不是民事主体意定产生。其原因在于优先受偿权虽为承包人享有，但并不仅限于承包人个体的利益，还关系到建筑工人的劳动报酬和基本生存权益。立法通过创设优先受偿权旨在对建工领域处于弱势地位的主体进行倾斜保护，这在一定程度上体现了公权对私权的限制与管理以实现实质正义的理念。与该权利所包含的社会价值相比较，建筑工人的生存权益保护应高于银行、发包人等主体的利益维护，有必要在法律规则中进行差别化调整，以实质平等取代形式平等，以矫正正义实现对建工领域弱势主体的保护。[③]

2. 符合民法保护公共利益的价值取向

从民法发展路径来看，近代民法在强调以"意思自治"为特征的个人本位、权利本位价值观的同时，也开始注重对社会弱势群体的保护，社会本位逐渐得到彰显，个体权利的实现也会受到公共利益的合理限制。从《合同法》规定优先受偿权，再到《建设工程施工合同司法解释二》对放弃优先受偿权的行为效力进行限制，体现了民法关注弱势群体、维护社会稳定、加重民事主体社会责任的发展趋势。[④] 由于建筑市场层次多样性，决定了不同主体地位之间的差异，对优先权权利放弃进行限制，是为了补救承包人的弱势地位，最终保障建筑工人的劳动报酬和生存权。优先

---

① 冯小光：《建设工程施工合同纠纷案件法律适用的有关问题》，载最高人民法院民事审判第一庭编：《民事审判指导与参考》（总第75辑），人民法院出版社2018年版，第122~124页。

② 林镥海、郦煜超、袁晓波、洪玉霞：《放弃"建设工程价款优先受偿权"的效力》，载《中国律师》2015年第2期。

③ 陈广华、王逸萍：《建设工程价款优先受偿权预先放弃之效力研究》，载《西部法治评论》2015年第4期。

④ 陈广华、王逸萍：《建设工程价款优先受偿权预先放弃之效力研究》，载《西部法治评论》2015年第4期。

受偿权体现了现代民法发展的理念转变,通过立法的形式表达以彰显以下理念:承包人的工程拍卖权优先于金融机构的贷款抵押权;建筑工人的生存权优先于承包人对个体权利的处分权。[①]

(三)价值冲突:意思自治与社会公共利益的衡平

放弃优先受偿权效力之争本质上是不同法律价值的取舍。如前所述,优先受偿权既是承包人享有的民事权利,也包含了建筑工人的生存利益,具有社会公共利益的属性。民法中意思自治应当受到尊重,要否定意思自治原则的适用,只能依据更高层级的价值,此种价值考量应当是社会公益。

对优先受偿权放弃的限制,体现了法律规则对不同价值的平衡,即承包人放弃该权利的效力不能一概而定,应结合权利行使的内容进行判断,重点在于实现意思自治与社会利益的平衡。尽管建设工程价款优先受偿权是为了保障承包人和建筑工人利益,但优先受偿权本质上属于民事权利,民事权利的行使应当遵循意思自治原则,只要权利放弃并不损害社会利益,应尊重民事主体对自身权利的处分,从事建筑行业的主体以商事主体身份出现,其对行为的判断较之普通民事主体更为理性和专业,尊重商事主体自主判断也是维护交易安全的需要;只有在权利放弃妨害建筑工人获取劳动报酬的情况下,才应对放弃行为进行否定性评价。毕竟在优先受偿权领域,否定放弃行为的效力是以牺牲和否定意思自治为代价的,其合理理由应当是维护社会公共利益,即保障农民工生存权为基础的社会秩序。

四、限制放弃优先受偿权的司法适用

《建设工程施工合同司法解释二》对优先受偿权行使主体的认定遵循了合同相对性原理,将权利双方限定为发包人及与其订立建工合同的承包人,[②]在对优先受偿权行使主体进行限缩的情况下,法院审查也应围绕承包人的放弃行为展开,如承包人再对工程进行层层转包、分包,转包人、分包人不享有优先受偿权,[③]也不属于优先权放弃效力判定审查的范围,其工程价款请求权为普通债权。具体到案件审判中,围绕司法解释规定对放弃行为进行审查,是准确适用司法解释、实现意思自治与社会公共利益两种价值平衡的关键。

---

① 张豪仁:《承包人事先放弃建设工程价款优先受偿权的效力探析》,载《法制博览》2016 年第 1 期。

② 详见《建设工程施工合同司法解释二》第 17 条,即与发包人订立建设工程施工合同的承包人,根据《合同法》第 286 条规定请求其承建工程的价款就工程折价或拍卖的价款优先受偿的,人民法院应予支持。

③ 分包人享有优先受偿权的特殊情形,可参见最高人民法院民事审判第一庭编著:《最高人民法院建设工程施工合同司法解释(二)理解与适用》,人民法院出版社 2019 年版,第 370 页,即发包人与承包人签订的施工合同中如果约定由发包人指定特定项目由第三人做分包人,且在履行中指定分包人完全代替承包人就特定工程项目履行了合同义务,承包人仅承担配合盖章等手续的义务,则在指定分包人与发包人之间形成了事实合同关系,在此种情形下,指定的分包人享有工程价款优先受偿权。

（一）放弃优先受偿权行为有效的条件

根据《建设工程施工合同司法解释二》第 23 条的规定，优先受偿权放弃有效需同时满足两个条件：放弃行为意思表示真实；没有损害建筑工人利益。

第一，发包人与承包人约定放弃优先受偿权的意思表示真实。放弃优先受偿权实际是承包人放弃了工程价款的优先受偿顺位。一般情况下，施工企业为承揽工程通常会以放弃优先受偿权作为获取承包工程的条件，此种放弃一定程度上也会增加承包人经营风险、损害其利益。因此需审查该放弃行为是否基于承包人真实意思作出。对于承包人自愿放弃，但事后又反悔的主张放弃无效的，因该行为违反诚信原则，对其主张不予支持。由于意思表示真实性举证存在难度，实践中多采用形式审查的标准，因此通常只要承包人在放弃优先受偿权的《承诺》或《协议》中签名或加盖公章，且承包人无证据证明其是受胁迫作出的放弃，即可认定放弃行为意思表示真实。

第二，没有损害建筑工人利益。在确认放弃意思表示真实的前提下，须进一步审查放弃行为是否损害建筑工人利益，充分体现了行为效力判断对意思自治与保护弱势群体利益的平衡。建筑工人利益集中体现为工资报酬，因此审查重点应限定为优先受偿权放弃行为是否会损害建筑工人劳动报酬的偿付，如该放弃行为会导致欠薪情况发生，则该放弃行为应认定为无效。相反地，若放弃行为没有损害建筑工人利益，则该放弃行为同时满足了有效的两个条件，应认定为有效。

（二）损害建筑工人利益的证据认定

是否损害建筑工人利益是确认优先受偿权放弃行为效力的关键，也是当事人举证、法院认定的难点。结合司法实践情况，笔者认为可参考以下因素认定是否侵犯建筑工人利益：

1. 雇佣建筑工人名单及劳务报酬支付情况

承包人首先应举示其承揽工程直接雇佣建筑工人的总体情况，包括建筑工人人数、分别约定应支付的工资标准或数额等；其次，还应举示按照工程进度建筑工人劳动报酬的支付情况，即举示诉讼时已支付和未支付建筑工人劳动报酬的情况，明确支付劳动报酬请求权的范围与金额。

在举示用工与支付报酬情况时，核查用工真实性与支付金额的具体数额往往是案件审查难点，审查中可结合承包人举示的用工清单、工资支付表、欠条等予以核对。证明建筑工人劳动报酬支付情况的证据包括：第一，发包人、承包人之间的约定；第二，人民法院生效判决书、仲裁委员会裁决书判令发包人向第三人支付工程价款的；第三，承包人欠付民工工资、材料款等，进而发生严重阻工等群体性事件,经政府主管部门协调并决定由发包人直接支付的。[①] 此外,发包人向承包人任命或承认的讼争工程项目负责人或者项目经理支付工程价款的,应当视为发包人对承包人的直接付款行为。

2. 承包人的负债情况

承包人的负债情况可从一个方面表明承包人支付劳动报酬的经济能力。建筑市场属于资金密集型行业,承包人负债施工等情况较为普遍,且建筑行业属于微利行业,据统计,整个建筑行业近十年平均利润率在3.5%左右。[②] 通过承揽工程获得的利润本就微薄,若承包人负债过重,则不利于其偿付劳动报酬。在承包人放弃优先受偿权的情况下,工程款优先受偿的顺位优势丧失,可能对建筑工人劳动报酬支付产生直接影响。为此,有必要审查承包人的负债情况确定其经营状况,从而判断是否会使建筑工人劳动报酬落空。

审查范围包括在建筑工程推进过程中承包人所有负债与欠款情况,如承包人在负债金额过多的情况下仍然放弃优先受偿权,则建筑工人劳动报酬支付难以得到保障。如承包人负债较少,或负债有担保的情况下,即使放弃优先受偿权,对支付建筑工人劳动报酬的影响相对较小。

实践中,审查的难点在于承包人负债数额真实性的核查。为明确承包人债权债务情况,可考虑在审判过程中通过委托鉴定的方式确定承包人负债情况,法院在参考鉴定结论基础上判断放弃优先受偿权是否会影响建筑工人劳动报酬支付。

3. 承包人的现金流转情况

法院可通过审查承包人财务账面的可支配资金,以判断承包人是否有足够的可支配资金支付劳动报酬。同时还可与承包人负债情况进行比对,进一步评判承包人放弃优先受偿权是否影响支付劳动报酬。

实践中,由于建筑行业资金需求量和流转量较大,工程承建主体款项支付不规范,财务管理不严格,承包人持有的相当部分可控制资金可能未体现在企业账簿中,或者是以企业对外债权的形式存在,由此导致账面反映的现金流转情况不全面,可支付资金总额较少,准确全面核查承包人现金流转情况难度较大。此外,实践中还存在指示他人代付建筑工人劳动报酬的情况,此种情况在企业账簿上也难以体现,更增加了准确核实承包人现金流转情况的难度。即便如此,法院在审理案件时也应在可查明的范围内掌握承包人现金流转情况,以综合判断承包人的工资

---

① 为保障建筑行业民工工资支付,有的地方政府通过制定规范性文件的方式,确立的建筑企业在新项目开工时提供担保或按一定比例缴纳民工工资支付保证金制度,在建筑企业拖欠工资时,地方政府相关部门可直接用企业预先缴纳的保证金支付农民工工资。

② 冯小光:《建设工程施工合同纠纷案件法律适用的有关问题》,载最高人民法院民事审判第一庭编:《民事审判指导与参考》(总第75辑),人民法院出版社2018年版,第122~124页。

支付能力。

4. 承包人提供担保的情况

在承包人放弃优先受偿权的情况下，如果承包人可在建筑工人工资支付范围内提供担保，无疑是解决欠薪的有效保障。但从审判实践中反映的情况来看，承包人在放弃优先受偿权同时提供担保的情况极其少，尽管如此，此类案件审查中仍应将其列为审查的内容之一。

（三）证据审查程度的合理界定

围绕优先权放弃的意思表示真实性以及是否损害建筑工人合法利益的举证，涉及范围较广，全面、完整收集证据的难度较大。除此之外，法院审查证据的难度也较大。因此，应从可操作性的角度出发，考虑审判阶段应采取何种证据审查标准，才能更好实现司法解释的规则目的。具体而言，按审查程度不同划分，证据审查标准分为形式审查与实质审查两种方式，一般情况下，实质审查对当事人的保障力度可能更大，但结合建筑行业欠薪情况突出的现实，以及优先受偿权保护建筑工人获得劳动报酬的立法目的，笔者倾向于形式审查的观点，理由在于：

1. 形式审查更符合立法目的和建筑行业现实情况。实质审查对证据的真实性、完整性要求较高，而当前建筑行业用工、报酬支付等问题尚存在不规范，如要求当事人必须对欠付建筑工人劳动报酬的情况进行充分举证，不仅对诉讼双方当事人的诉讼能力要求更高，对法院的审查要求也相应提高，而有关欠付劳动报酬的事实会因证据不充分而不予认定，导致建筑工人劳动报酬的请求得不到支持。从这一角度看，形式审查更符合保护建筑工人合法利益的立法目的，至于承包人可能因举证不能或举证不力承担相应责任，但也可以借此反向促进承包人完善资金管理等财务制度，促进建设工程资金流转的规范性。

2. 形式审查能够降低诉讼成本。建筑行业本身具有一定专业性，资金支付与工程进度、完工情况等密切相关，要求法官进行实质审查难以绕过专业性问题的认定，为确认工程进度等专业问题，需要委托鉴定机构进行鉴定，既可能增加当事人的诉讼成本，也会因鉴定而延长审理期限。形式审查对举示证据的要求相对更易达到，只需当事人举示证据能够帮助法官形成内心确认即可，以降低当事人参加诉讼的成本，更好地保障农民工合法权益。

海外工程特殊法律风险

国际工程中的十年责任制度及其对我国建设工程质量保证体系的启示

刘　强　杨晓鹏[*]

一、十年责任起源和发展

十年责任的现代起源是1804年《法国民法典》(《拿破仑法典》)第1792条的规定:

> *如按一定报酬完成的建筑物,因建筑工程或地基的瑕疵致建筑物全部或部分灭失时,建筑师及承揽人应于十年期间内负担赔偿责任。*

可以看出,十年责任系一种建设工程竣工后法定的质量缺陷责任制度,因其起源时责任期限为十年,故而得名。这一制度经过两百多年的发展,法国法对其责任主体、责任范围和责任认定的规定越来越具体。直至1978年通过《斯比那塔法》(Spinetta ACT),法国已经建立了较为全面的建设工程质量缺陷责任制度,主要涉及质量责任,以及相配套的法定保险、技术监督检查等内容。

继法国颁布《斯比那塔法》之后,西班牙、日本、芬兰等国家也纷纷借鉴法国的经验,同时得益于《法国民法典》在大陆法系国家的影响力,十年责任制度在世界范围内被广泛传播。如今,十年责任已被法国以外的其他许多国家所广泛接受,尤其是一些建筑市场较为发达的国家,主要集中在欧洲的部分国家、原法国殖民地国家和地区、南美部分国家以及东南亚部分国家。目前"十年责任"的具体期限在各个国家从五年到十五年不等,并非严格意义上的十年。

传统上,十年责任指自工程交付后十年内,如发生危及结构整体性的损坏,或损坏影响到部分构件或设备而使得结构无法满足预期的使用功能,则由项目承包

---

* 作者单位:中铁国际集团有限公司。

人、建筑师、工程师等参建方承担连带责任。合同当事人书面约定的责任期限可超过十年。除非是设计使用寿命不足十年的临时建(构)筑物,上述责任原则上适用。

十年责任在某种程度上是保护公共秩序的强制性法律规定,参建方不能与业主口头或书面约定排除,也不能限缩十年责任覆盖的范围。

如果建筑物结构性、功能性缺陷是由自然灾害等不可抗力或其他外部因素造成的,参建方不承担责任。虽然法律排除了不可抗力因素,但不可抗力的定义和解释具有不确定性,且证明不可抗力或其他外部因素导致建筑物结构性、功能性缺陷的举证责任由参建方承担。

十年责任起源于法国,且法国的配套制度相对比较成熟,因此,无论对于中国企业在具有类似制度的国家或地区从事工程承包,还是对于我国相关制度的建设,法国的十年责任均具有很好的指导意义。

二、法国的十年责任

经过两百多年的发展和演变,如今法国十年责任的内容相比于拿破仑时代发生了较大变化。同时,十年责任也在世界范围内广泛传播,为许多国家所采纳,并以立法的形式强制推行。在发展和传播的过程中,各国结合本国法律和工程实际,作了不同的法律规定。尽管不同国家的具体规定有所不同,但是十年责任的一般性原则和范围基本沿袭法国的制度。

1978 年,《斯比那塔法》修订了《法国民法典》,全面确立了建设工程质量缺陷责任制度。这些相关的法律条文包括第 1792 条、第 1792 -1 条至第 1792 -6 条、第 2270 条(最新修订版为第 1792 -4 -1 条)。事实上,现行法国建设工程质量责任缺陷制度包含了十年责任、良好运行保证和完全完工三个方面,下文将逐一介绍。

(一)责任范围

根据《法国民法典》第 1792 条的规定,十年责任主要涵盖危及结构整体性的缺陷,或通过影响某一结构构件或设备造成无法满足建筑的预期使用目的缺陷,甚至包括不良地质条件导致的缺陷。参建人对于这类缺陷均要对建筑所有者(包括后续所有者)承担严格的质量责任,此处的“参建人”是指与业主有合同关系的承包商、建筑师(设计人或监理)、供货商等。如前所述,如果参建人证明损害是由外部因素引起的,则不承担此类责任。

如果工程设备构成工程实体(如地基、框架、外墙、屋面)不可分割的组成部分,则《法国民法典》第 1792 条所规定的责任还扩大到影响这些工程设备的损害。至于是否构成工程实体不可分割的组成部分,主要看该设备的拆除和更换是否需要破坏工程实体本身[①]。

上述责任的期限为自工程交付后十年[②]。除此之外，法国的建设工程质量缺陷责任制度还包括以下两个方面的扩展责任：

第一，良好运行保证。根据《法国民法典》第1792－3条的规定，这一扩展责任主要适用于非构成工程实体组成部分的设备，自交付之日起至少两年内，参建人应保证设备处于良好运行状态。

第二，完全完工保证。完全完工是指承包商按规定要求或约定，完全履行自身职责，实现预期功能，且保证工程质量。根据《法国民法典》第1792－6条的规定，工程交付后一年内，除了正常损耗外，承包商对业主提出的所有质量缺陷承担修复义务。

可见，法国相关制度所提供的保障相对来说更为宽泛。十年责任、良好运行保证、完全完工保证在责任范围上有所侧重，为工程项目业主及后续所有者提供了较为完备的质量保证。

（二）责任主体

十年责任、良好运行保证、完全完工保证，除了在责任范围上有所不同，在责任主体上也有层次划分。

第一，《法国民法典》第1792－1条规定的需要承担十年责任的参建方主要包括以下三类：

（1）与业主有合同关系的建筑师、承包商、技术人员及其他人员；

（2）从事房屋销售的公司或个人；

（3）虽然以业主代理人身份行事，但履行与工程承揽人相似义务的任何人。

此外，根据《法国民法典》第1792－4条规定，下列两类主体也属于需要承担十年责任的参建方：

（1）从国外进口结构构件或设备的进口商；

（2）以其自己的商号、商标等明显标志标识工程的人。

根据《法国民法典》的规定，上述人员应当向业主或后续所有人承担连带责任。需要强调的是，良好运行保证责任的责任主体与十年责任是一致的。

第二，完全完工保证的责任主体主要是承包商。

第三，建筑师承担十年责任的具体情况取决于其所承担的工作内容。如果建筑师仅承担设计工作，则其仅对设计错误造成的有关缺陷承担十年责任。但是在法国，通常建筑师同时承担设计和监理职责，所以也需要就施工工艺造成的缺陷与承包商承担连带十年责任。

---

① 《法国民法典》第1792－2条。

② 《法国民法典》第1792－4－1条。

第四,通常认为,分包商与业主不具有直接合同关系,因此分包商不承担十年责任、良好运行保证、完全完工保证等。至于分包商的责任,承包商可以通过合同约定和追索。

(三)责任期限

如前所述,十年责任、良好运行保证、完全完工保证的责任期限分别为 10 年、2 年和 1 年,均自项目移交之日(无论是否含有保留项)起算。因此,移交日期的界定十分关键。移交日期一般以业主接受工程移交的日期为准,正常情况下双方会签署验收移交笔录,可能会附有保留项。否则,法院可以裁定是否达到移交标准,并确定移交日期。

毫无疑问,作为工程建设过程中的里程碑事件,工程移交宜明示约定,但在特殊情况下,也可推定发生,例如,业主以实际行为或证明有明显意图接受已完工程,可推定为工程移交已发生。

三、法国的十年责任险

(一)十年责任险

国际上,按法律强制性分类,十年责任险可分为两类:一类是强制性保险(如法国、西班牙、埃及等),另一类是非强制性保险(如阿联酋、比利时、日本等)。这其中以法国的建设工程强制保险制度最为特殊,也最成体系。

与建设工程质量缺陷责任制度相配套,法国也针对十年责任的担保范围建立了完善的建设工程强制保险制度,该制度被称为“双保险”,即由业主购买的强制性财产损失保险和由参建人购买的强制性责任保险,后者也就是我们通常所说的十年责任险。

同时,保险人也有提供保险产品的法定义务。如果保险人拒绝向被保险人提供保险服务,或就费率、免赔额、合同条款等事项产生纠纷时,在法国,当事人可向独立行政机构中央费率委员会(Bureau Central de Tarification,BCT)申诉,由该委员会决定费率、免赔额等事项。

最后,法律还规定了保险合同条款的最低要求。这一机制能够切实保障业主(或实际使用人)快速获得赔偿。在发生十年责任担保范围内的损坏后,业主或后续所有人可以首先通过财产损失保险快速获得赔偿,用于修复缺陷,避免情况恶化。此后,财产损失保险的保险人可以获得代位求偿权,向十年责任险的保险人索赔。下文主要讨论由承包商作为参建人购买的十年责任险。

(二)法国十年责任险

1. 法律一般性规定

根据《法国保险法》第 L241 - 1 条规定,任何自然人或法人实体必须按照《法国民法典》规定的责任范围购买十年责任保险。所签署的保险合同条款应能够覆盖投保人所应承担的十年责任的全部内容，违反规定可能会导致经济处罚甚至短期监禁。

2. 保险责任范围

十年责任险承保的责任范围即为前文所述的十年责任担保范围，主要涉及《法国民法典》第1792条、第1792－1条至第1792－6条等条文。概括来说，主要包括以下两个方面：(1)缺陷影响结构的稳固性；(2)缺陷使建筑无法满足预期使用功能。

3. 保险人的除外责任

法律规定的外部因素导致的损害是保险人的除外责任，主要包括不可抗力、业主(受益人)行为、第三人行为三个方面。除此之外，保险人不承担赔付的除外责任还应包括各参建方存在故意违背法律、规范、标准的行为。在工程实施中，各参建方应尽职尽责，履行合理技能与审慎的义务，在此前提下，十年责任险的保险人承担相应的保险责任。

4. 投保过程

(1)联系保险公司。在工程建设之初，投保人应与保险公司建立联系，提供工程相关信息、图纸等工程资料，协商保险事宜，确定保险单内容和保费，并预付保费；然后，保险公司与技术监督机构建立联系，协商并确定技术监督检查内容、程序和要求，并订立技术监督协议，技术监督机构对保险人负责，但通常由投保人承担技术监督费用，也可以由保险公司代为支付，再向投保人追索；最后，保险公司向投保人出具十年责任保险意向书，列明保险条件、双方权利义务、技术监督机构的职责。

(2)技术监督。通常情况下，十年责任保险必须有第三方技术监督机构介入工程实施全过程，技术监督费一般为合同额的1.3%～2%，随工程进度款按比例支付。同时，技术监督机构也会将检查意见告知业主及参建方。在临时验收前，技术监督机构出具全过程技术监督总结报告，列明项目整改情况，提示工程质量风险，提出相关建议等，对投保人拒绝整改或整改不到位之处，技术监督机构可出具限制性意见。最终验收时，技术监督机构再一次对工程整改情况进行检查，检查保留项的完成情况以及其他质量问题，并向保险人提交技术监督检查报告。

(3)保险合同生效。在工程交付后，投保人取得业主出具的移交证书后，保险人结合技术监督机构的总结报告情况，如果保险人认为工程符合相关保险要求，属于正常的潜在质量风险，则可以同意提供保险服务，保险合同将于工程交付后生效，否则保险人可拒绝承保，并给出合理理由。如果保险人拒绝提供保险服务，无须退还预付保费，投保人应支付剩余的技术监督检查费。

(4)理赔程序。在保险合同中,双方可以约定保险合同生效后第一年内,任何工程缺陷应由承包商负责修复,并承担费用。第二年至第十年,一旦出现影响主体结构或设备稳固性的,或影响主要使用功能的缺陷,由保险公司向业主(或其他受益人,如购买人或财产损失险的承包人)赔偿。

5. 保险合同的一般内容

保险合同的主要承保范围应覆盖保险法中的强制内容,不得协议排除,但可以合同约定更多质量责任。保险合同的主要内容应包括:责任范围,保险额,保险期限,免赔额,除外责任,失效日期等。

尽管部分国家以法律条文强制规定了十年责任,但法律强制购买十年责任险,且拥有发达的十年责任保险市场的国家并不多,这与十年责任险的特点有一定的关系,主要体现在以下三个方面:(1)投保时间限制严格,投保人需要在工程开工之前确定投保事宜,一旦错过,则很有可能无法投保;(2)过程监督严格,保险人会委托技术监督机构对工程施工全过程进行十分严格的监督和检查,一旦技术监督机构出具的总结报告中提示质量风险不可接受,则可能导致投保失败,且不退换已收取的技术监督费和预付保费;(3)保费高昂,一般工程保费高达2% ~3%。

总体而言,十年责任险的承保、核保、技术监督非常复杂,对保险公司的资质要求很高,同时也十分考验技术监督机构的权威性和公正性。

(三)与其他建设工程常见险种的区别与衔接

十年责任险较为复杂,保费高昂,无论是对保险人,还是被保险人,都有着非常高的资质和能力要求,与其他工程类保险有一定的区别,如职业责任险、工程质量潜在缺陷保险。

1. 职业责任险

在建设工程领域,职业责任险的投保人一般是建筑师或工程师(工程总承包模式下有所不同),十年责任险与职业责任险既有区别又有联系。

(1)保险性质相同。职业责任险和十年责任险在性质上都属于财产保险中的责任保险。职业责任险主要担保建设工程咨询顾问的专业责任,十年责任保险则担保承包商或建筑师的法定质量担保责任。

(2)责任标准不同。在职业责任险中,建筑师仅对工作过失负责,包括其所雇用分包商的过失、错误和疏忽。而十年责任属于严格责任,对于业主,无须证明承包商或建筑师存在过失,即可获得保险人的损害赔偿。

(3)缴费方式不同。十年责任险目前通行的做法是趸缴,即一次性缴纳全部保费,担保十年期的质量担保责任。相反,职业责任险则一般是由从事建设工程专业服务的公司按年缴纳。这一点不同会带来对业主保障程度上的不同。业主无须担心趸缴的十年责任险因未缴保费而失效。

(4)责任期限和责任范围上可能存在重叠。在责任期限上,业主可能在合同中要求承包商或建筑师将保单有效期维持到竣工后一定时间。在责任范围上,个别影响结构和设备稳固性的缺陷,可能同时也是承包商或建筑师存在职业过失导致的。因此,在项目保险方案筹划上,建议承包商咨询专业机构,避免重复保险。

2. 工程质量潜在缺陷保险

建设工程潜在缺陷保险(Inherent Defect Insurance,IDI),是指由业主投保的,在保险合同约定的保险范围和保险期间内出现的,由于设计错误、施工工艺或建筑材料引起的缺陷和竣工验收时未发现的工程质量潜在缺陷所造成的投保工程的损坏,保险公司承担赔偿保险金责任的保险。法国双重保险制度下业主购买的工程财产损失险,以及我国在部分城市试点的即是此类保险。IDI 的保险范围与十年责任险有很多重合和相似之处,但仍有如下不同:

(1)保险性质不同。实践中很多人将 IDI 和十年责任险混为一谈,导致了很多问题。从保险性质上来讲,IDI 属于财产保险中的财产损失险,而十年责任险属于责任保险。

(2)代位求偿权不同。工程质量潜在缺陷保险获益人为业主,保险人在对业主赔付后将获得代位求偿权,向承包商或咨询顾问追偿。而十年责任险有所不同,在满足十年责任险赔偿条件的缺陷发生后,保险人对业主赔付后没有代位求偿权,也不会向承包商或咨询顾问追偿。

(3)承保范围大小不同。IDI 的责任期限一般为 10 年或 12 年,期限上与十年责任基本相同。即使咨询顾问和承包商均为被保险人,且保险人放弃了代位求偿权,潜在缺陷险能覆盖的缺陷类型和起因也很有限。其覆盖范围较小,某些十年责任险承保范围内的项目不在 IDI 的承保之列,如十年责任险所覆盖的不良地质导致的损害则一般不在 IDI 的承保范围内。

四、案例分析

1983 年 3 月,原告,即房主,与开发商签订房屋买卖合同,合同额为 700,000 法郎,于同年 10 月交付房屋。开发商在工程竣工前已将房屋出售给原告。

原告从 Nord Stern 保险公司购得强制性损害险(dommage - ouvrage, D - O),承包商从 SMAbtp 保险公司出购得十年责任险,设计人从 GAN 保险公司购得十年责任险,开发商从 Nord Stern 保险公司购得十年责任险。

1989 年 9 月,原告发现,房屋承重墙及基础出现裂缝,出现结构渗漏水现象。造成此缺陷的原因有两个:一是基础埋深不够;二是土质较差,含水率不合格。

1989 年 9 月 25 日,原告向凡尔赛高等法院(TGI)起诉承包商及其保险人 SMAbtp、开发商及其保险人 Nord Stern,索赔工程修复费和精神损失费。同时,向自己的保险人 Nord Stern 理赔,Nord Stern 以缺陷原因系外部因素为由拒绝赔付。在法院调解不成后正式立案;

1989 年 9 月 28 日,法庭组建了专家组以出具技术报告,本案相关方均可查阅技术报告,专家费用由原告、承包商及开发商的保险人承担;

1990 年 6 月 26 日,TGI 判定 Nord Stern 和开发商承担的工程修复费分别为 712,000 法郎和 84,443 法郎,专家费 35,500 法郎,裁决费 100,000 法郎;

1990 年 7 月 12 日,TGI 披露 Nord Stern 已同意支出工程修复费,并获得代位求偿权;

1995 年 9 月 20 日,判决裁定参建人(承包商和设计人)及其保险人(SMAbtp and GAN)向 Nord Stern 支付工程修复费 1,139,637 法郎、利息 60,000 法郎和 10,000法郎法律费用。

由上述案例可知,原告在 9 个月后获得工程修复款,而原告保险人 Nord Stern 6 年之后才获得追偿款,通过购买损害险,原告可以较快获得赔偿款以尽早修复房屋缺陷,有利于保护房主的合法权益。

在审判顺序上,首先,TGI 判定原告保险人 Nord Stern 支付工程修复费;其次再判定参建人的保险人 SMAbtp 和 GAN 向原告保险人 Nord Stern 支付追偿款;最终由参建人的保险人承担缺陷的赔偿义务,因此,购买十年责任险能够有力地保护参建人。在责任分配上,承包商及其保险人 SMAbtp 承担一半责任,设计人及其保险人 GAN 承担另一半责任,由于此案件细节未对外公开,本文无法对责任分配进行评价。

五、十年责任(险)的国别差异

(一)阿联酋与法国

阿联酋民法体系受埃及法律制度的影响,而埃及深受法国的影响,归根结底,阿联酋十年责任一定程度上借鉴了法国的制度,两者具有以下相同或相似之处:

1. 因不良地质条件造成的缺陷、经业主同意的缺陷不属于十年责任的除外情形;

2. 不受参建方控制的外部条件导致的缺陷属于十年责任的除外情形;

3. 责任期限相同,均为十年;

4. 各参建方对业主承担连带责任;

5. 协议排除或限制十年责任无效。

与法国十年责任相比,阿联酋相关法律规定也有很多不同甚至不足之处:

1. 无过错责任的规定不全面。承包商和咨询顾问对业主承担的责任属于严格责任,也就是说,即使承包商没有任何过错或过失,咨询顾问的设计图纸毫无瑕疵,但发生了重大结构缺陷或未实现预期功能,承包商和咨询顾问也要承担责任。这样的规定源自法国，事实证明，实行严格责任更有利于保护业主、实际使用人和社会公共利益。在阿联酋十年责任相关规定中，缺乏无过错责任认定的详细规定。

2. 对分包商的责任规定不明。《法国民法典》第 1792 - 1 条对责任主体作了具体的规定，其中并不包括分包商。然而，阿联酋法律并未就排除分包商对业主的十年责任作出明示规定。但是，《阿联酋民法典》第 890 条第(2)点规定分包工程的相应责任由承包商承担，可以推断出分包商不承担十年责任，除非分包合同中有背靠背十年责任条款。

一般情况下，不宜将十年责任延伸至分包商，主要有两个理由：(1)分包商仅施工局部的分包工程，并对其质量负责，不掌握全部工程的施工和设计相关信息，由具备专业技术和管理能力的承包商监督和管理分包工程，全面管理整个工程的施工风险更为合适；(2)如果由分包商对分包工程承担十年责任，势必会抬高分包价格，不利于工程建设成本的控制。

如果某一分包工程特别重要，对工程整体有举足轻重的影响，则可考虑在合同中明确约定十年责任的相关内容。总之，在法律就分包商是否承担十年责任缺乏明确规定的情况下，应在分包合同中明确约定分包商是否需要对分包工程承担十年责任，有利于减少日后的纠纷。

3. 未设置分级责任。《法国民法典》除规定了十年责任外，还规定了两年期的可分离良好运行保证和一年期的完全完工保证两类扩展责任。阿联酋并无相似规定。

4. 十年责任保险不具有强制性。和法国不同，阿联酋没有强制购买十年责任险的法律规定。实践中，购买十年责任险通常是承包商或建筑师的一项合同义务。但是，由于当地十年责任险的市场并不成熟，且为了提高投标竞争力而不考虑这部分成本，很多承包商并未严格按照合同要求购买十年责任险。阿联酋的保险业监督机构正在考虑引入对十年责任险的强制性要求。

5. 缺乏对 DB 模式下承包商设计责任的明确规定。对于业主负责设计的项目十年责任，尽管阿联酋法律已经明确规定，咨询顾问和承包商对业主承担连带责任，但是并未就 DB 模式下承包商是否承担设计责任作出明确规定。可借鉴海湾地区其他国家法律规定，如卡塔尔、巴林岛、科威特，法律明确规定，如果建筑师由承包商委托，则承包商应对业主承担十年责任的范围包含设计缺陷责任。

综上所述，法国关于十年责任的法律规定更加清晰、具体，可操作性强，对损害的界定更明确、更权威。

（二）西班牙与法国

西班牙对于十年责任的规定也深受法国的影响，十年责任制度的基本框架十分类似，但也有如下西班牙特有的规定：

1. 责任年限。西班牙与法国均采用分级的方式对责任和保险作了类似的规定。在法国,完全履约保证期为1年,类似于我国的缺陷责任期,设备良好运行保证期为2年,无结构性重大缺陷保证期为10年。而西班牙对年限的规定相对更复杂一些,进一步区分了公共建筑和非公共建筑的不同年限,公共建筑的年限要求高于非公共建筑。对于非公共建筑,任何施工原因造成的缺陷保证期为1年,影响建筑可居住性的重大缺陷保证期为3年,包括环保、卫生、噪声、隔热、节能等方面,危及结构稳定性、承载力的缺陷保证期为10年;对于公共建筑,承包商对于危及结构稳定性、承载力的缺陷保证期为15年,而咨询顾问仅为10年。

2. 诉讼时效。十年责任属于民事范畴,法国的一般民事诉讼时效为5年,而西班牙法律规定的诉讼时效为2年。

3. 购买保险的强制性。购买十年责任险的法律强制性范围不同。法国强制要求购买十年责任险,包括1年期、2年期和10年期的保险。而在西班牙,仅对10年期保险作了强制购买保险的要求,1年期和3年期的保险均为自愿购买。

4. 担保形式。在法国,一般以购买十年责任保险作为规避质量缺陷风险的方式,而在西班牙,除了购买保险外,还可提供同等额度的财务担保。

5. 连带责任的适用条件。多数国家均采用承包人和咨询顾问对业主或实际使用人承担连带责任,包括法国和阿联酋。而西班牙的法律规定有所不同,承包商和咨询顾问以独立承担责任为原则,只有在无法分清各自责任时,才适用连带责任。

(三)法国、阿联酋和西班牙的十年责任对比(见表1)

表1 法国、阿联酋和西班牙的十年责任对比

国别 项目	法国	阿联酋	西班牙	备注
法律依据	1978年《斯比那塔法》	1985年《民法典》	1999年《建筑法》	
法定责任年限	完全履约保证期(质保期)——1年;设备良好运行保证期——2年;无结构性重大缺陷——10年	10年	非公共建筑:施工原因造成的任何缺陷损害险——1年(限承包商);影响居住性的缺陷损害险——3年;重大缺陷(地基、支撑结构、梁体、承重墙或其他结构存在重大缺陷,影响建筑的耐久性和稳定性)——10年。 公共建筑:15年(承包商),10年(咨询顾问)	

续表

项目＼国别	法国	阿联酋	西班牙	备注
诉讼时效	5 年	3 年	2 年	
适用工程	/	新建、改建、扩建工程	仅限住宅的新建工程、改建、翻新工程	
适用条件	任何缺陷导致的损害，包括不良地质条件的影响，危及建筑的稳固性，影响到全部或部分的结构或设备性能，无法满足建筑的预期使用功能	对工程相关的全部或部分结构性问题、涉及稳定性和安全性的缺陷，包括不利地质条件因素、业主接受的缺陷	影响结构、功能性的重大缺陷	
十年责任的强制性	强制规定	强制规定	强制规定	
保险的强制性	强制购买保险。自建房，海事、河道、道路、港口、机场、直升机停机坪、铁路、市政、工业、污水处理工程及相关设备、道路、停车场、各类管网、通信工程、既有工程等除外（保险法 L243－1－1）	自愿购买	10 年期责任险为强制购买，1 年期和 3 年期险为自愿购买	
连带责任	承包商和咨询顾问承担连带责任	承包商不负责设计的情况下，承包商和咨询顾问承担连带责任。DB 模式下，设计人由承包商雇佣的情形下，阿联酋法律未明确规定	独立承担责任。若无法分清各自责任，则承包商和咨询顾问承担连带责任	
除外责任	外部不受控制因素	外部不受控制因素	外部不受控制因素	

六、总结

通过对十年责任及保险的探究，对比不同险种、不同国别的具体内容，在研究和分析的过程中，提高对国际工程保险的认识，加深对十年责任的理解和运用，有利于国际承包商科学评估和有效管理国际工程承包风险，有利于我国建筑企业更好地“走出去”，尤其对于法语区、中东地区的国际工程承揽，更是有着十分重要的指导意义。

建立十年责任相关制度有利于提高建设工程质量水平,是一种非常实用的制度安排。在十年责任相关方面,法国的法律规定和体系比较系统、科学,对我国相关建设工程质量制度的建设具有良好的借鉴意义。一方面,以法律的形式强制规定十年责任相关内容;另一方面,强制配套十年责任险予以保障,培育发达的十年责任保险市场。只有这样,十年责任在我国"开花"的条件才可能具备,人民的生命财产安全才能得到进一步的保障。

工期责任

工程延期损失相关问题探析

张　炯* 　张文靖** 　孙　傲***

当工程因可归责于发包人的事件而延误时，承包人通常会主张工程延期损失。但是，关于哪些延期损失可以得到支持、延期损失的计算方法为何、工程变更与延期损失的关系等问题，虽然实践中争议较大，但国内的研究成果却较为匮乏。就前述问题，本文将结合《英国工程法协会延误与干扰准则》（以下简称《SCL 准则》）（第二版）以及我国台湾地区和大陆的立法司法情况，尝试在中国法的框架下作初步分析。①

一、工程延期损失的范围[《SCL 准则》（第二版）PART C]

（一）英美法系中延期索赔的范围

在英美法系中，承包人可提出的、与时间有关的费用索赔包括两类：（1）延期索赔（delay claim）；（2）干扰索赔（disruption claim）。两类索赔的区别在于：前者适用于雇主风险事件（Employer Risk Events）导致工期延误的情形；而后者虽然工期未发生延误，但承包人的工作因雇主风险事件受到干扰，如施工效率下降等。

关于延期索赔包括的费用范围，英美工程法领域的经典著作 *Keating on Construction Contracts*（8th Ed.）（以下简称 *Keating*）②，*Construction Delays: Extensions*

---

* 张炯，北京市中伦律师事务所合伙人律师。

** 张文靖，北京市中伦律师事务所合伙人律师。

*** 孙傲，北京市中伦律师事务所律师。

① 受篇幅所限，本文不对承包人因工程受到干扰而有权获得的降效费进行分析，也不涉及赶工费。同时，本文不讨论因承包人原因或因双方当事人以外原因（如因法律变化、不可抗力等）导致工程延期而引发的工程延期损失。

② Stephen Furst, Vivian Ramsey, Keating on Construction Contracts (8th Ed.), London, Sweet & Maxwell, 2006.

of Time and Prolongation Claims(以下简称 *Delays*)①和《SCL 准则》(第二版)均有所分析,现就主要类型列表如下:

<table>
<tr><th>序号</th><th>Keating</th><th>《SCL 准则》(第二版)</th><th>Delays</th></tr>
<tr><td>1</td><td>增加的开办项目费
increased preliminaries</td><td>现场管理费
Site overheads</td><td>现场管理费和设施费用
Site overheads and establishment</td></tr>
<tr><td>2</td><td>总部管理费 overheads</td><td rowspan="2">总部管理费和利润损失
Head office overheads and profit</td><td rowspan="2">总部管理费和利润损失
Head office overheads and profit</td></tr>
<tr><td>3</td><td>利润损失 loss of profit</td></tr>
<tr><td>4</td><td>未付款利息
interest for non – payment of money</td><td>利息
Interest</td><td rowspan="2">其他成本和费用
(主要指融资费用)
Other cost and charges
(financing cost)</td></tr>
<tr><td>5</td><td>因市场价格波动而增加的费用
increased costs resulting from inflation</td><td></td></tr>
</table>

由上可知,英美法系中的延期索赔主要包括以下四类:

1. 现场管理费

本处所指现场管理费并不限于延期期间增加的人员费用,还包括与临时设施、设备、机械等相关的开办项目费用,包括:

(1)人员费用

即工程驻场人员或虽未驻场但与项目相关的人员在延期期间内发生的费用,如承包人的项目经理、总工头、副工头、工料测量师、区域经理、采购人员等发生的费用。

(2)现场设施费用

即在延期期间,工程现场发生的办公室租赁费、水电费、脚手架、设备、机械、小型机具、安保费等。

现场管理费是最容易得到法院支持的费用。在《SCL 准则》(第二版)中,其第 20.1 款即提到,"对于业主风险事件导致的延期赔偿,主要包括承包人延长与时间相关的资源的使用期间的费用,尤其是现场管理费"。

① Roger Gibson, Construction Delays: Extensions of Time and Prolongation Claims, Taylor & Francis, 2008.

2. 总部管理费和利润损失

总部管理费,是指在延期期间,承包人总部投入在雇主延误事件上但无法在工程款或其他费用中进行分摊的费用。“总部”是相对于“现场”而言,指承包人的公司总部,而非指承包人所在企业集团的总部。

从费用性质上看,根据《SCL 准则》(第二版)PART C 第2.3款,总部管理费可以分为“专用管理费”(dedicated overheads)和“未分摊管理费”(unabsorbed overheads)。前者指通过详细的记录,可以证明专用于延误工程的费用,如通过计时记录可证明的、总部管理人员在停窝工期间为该工程所投入时间对应的费用,或者总部在停窝工期间为该工程花费的打印费、差旅费、通信费等;后者则是难以证明专用于某工程的总部管理费(如总部办公室的租金等)。

总部管理费和利润损失通常一并索赔。承包人的利润损失,是指因为在延期期间,承包人与时间有关的资源被占用,从而导致其无法获得其本应能获得的利润而受到的损失。

在英美法系中,对于“专用管理费”,如果承包人能证明其用于延误的工程,则可能会得到支持。对于“未分摊管理费”和“利润”,承包人必须证明,如果不是因为工程停窝工,承包人本可承揽其他工程,而“未分摊管理费”和“利润”可在这些工程中分摊和取得。而就“未分摊管理费”和“利润”的具体金额,可通过 Hudson 公式、Emden 公式或 Eichleay 公式计算而得。

3. 融资费用

Delays 提出,因工程延期而增加的融资费用应属于延期损失的范围。而在确定具体金额时,须注意:(1)融资费用应当是承包人实际支付的利息(除非不合理);(2)融资费用应当根据承包人贷款银行的同期费率和复利计算;(3)如果承包人是自我融资或通过其企业集团内部拆借时,融资费用应以承包人或其企业集团能够获得的存款利息为基础计算。①

4. 因市场价格波动而增加的费用

Keating 提出,工程延期期间人工和材料价格设备上涨的费用属于延期损失的范围。并且,即使当合同中已有价格调整的条款时,如果承包人能够证明实际上涨的费用大于其根据合同可获得的费用,承包人仍有权主张差额部分。②

(二)我国台湾地区工期展延费用的范围

就大陆法系而言,鉴于能找到的德国、法国及日本关于建设工程法律方面的文献非常有限,本文暂不论述。考虑到我国台湾地区也属于大陆法系,其亦可作为参

---

① See *Delays*, p. 231.

② See *Keating*, p. 298.

考。在我国台湾地区,通常使用的概念为"工期展延费用",主要包括以下类型[①]:

序号	费用性质	费用内容
1	直接工程费	机具摊提折旧及闲置费用
		机具维修、保养费用
		人力/材料及机具延长工作时间费用
		人工待命/限制之费用
		各项保险费用
		直接工程费中"一式计价"之项目费用
		物价涨跌
2	间接工程费(工程管理费)	总公司管理费、人事费用(行政/间接人力)、工地工务所之租金、办公事务费、家具租费或折旧费、电费、邮电费、印刷费、摄影费、制图费、证照费、鉴定费(直接工程计价项目中未编列者)、检验费(直接工程计价项目中未编列者)、工程车辆之费用、工程协调费、法律顾问费、工程所需各项担保之手续费及利息等
3	其他衍生费用(损失赔偿)	财务损失(估验计价迟延之利息损失)
		分包的索赔

与英美法系中的延期索赔相比,我国台湾地区工期展延费用涵盖的类型有如下异同:

1."直接工程费"加上"间接管理费"中除"总公司管理费"之外的费用,大体相当于英美法系中的"现场管理费"加上"因市场价格波动而增加的费用",但范围更广(如包括增加的担保手续费等),列举的项目更细致。

2."总公司管理费"基本对应英美法系中的"总部管理费"。

3."财务损失"对应英美法系中的"融资费用"。但是,从我国台湾地区的仲裁实践来看,虽然有仲裁庭认为,因为工期展延影响工程进度,进而导致进度款支付延迟,承包人应可主张因此产生的额外利息;但是,大多数仲裁庭仍认为,虽然承包人延迟取得进度款,但有关的施工成本也延迟支出,因而不支持承包人索赔该部分利息。[②]

但是,英美法系中的"利润损失"和"索赔准备费用"并不属于我国台湾地区工

① 王伯俭:《工程契约法律实务》,台北,元照出版有限公司 2018 年版,第 216 ~ 223 页;蓝秉强:《有关工期展延费用补偿的重要议题》(中),载《营建知讯》2017 年第 414 期。

② 黄泰锋、陈丽嘉:《工期展延补偿争议争点试析》,载《工程仲裁》第 79 期。

期展延费用通常可支持的类型。

(三)我国大陆停窝工损失的范围

1. 关于停窝工损失的性质

就与工程延期相关的损失,我国大陆使用的概念为“停窝工损失”。根据《合同法》和最高人民法院《第八次全国法院民事商事审判工作会议(民事部分)纪要》(法〔2016〕399号,以下简称《八民会纪要》),承包人可在以下两种情形下向发包人主张停窝工损失:

序号	适用情形	条款编号
1	发包人未按照约定提供原材料、设备、场地、资金、技术资料的,隐蔽工程在隐蔽之前,承包人已通知发包人检查,发包人未及时检查等原因致使工程中途停、缓建	《八民会纪要》第32条①;《合同法》第278条②、第283条③和第284条④
2	发包人不履行告知变更后的施工方案、施工技术交底、完善施工条件等协作义务,致使承包人停(窝)工,以至难以完成工程项目建设的,承包人催告在合理期限内履行,发包人逾期仍不履行的	《八民会纪要》第33条⑤

无论是根据《合同法》还是《八民会纪要》,凡提及承包人可以主张停窝工损失的情形,均是发包人出现违约行为时(如未按约定付款、未履行协作义务等)。由此可知,停窝工损失在法律性质上应属于承包人因发包人违约导致工程停窝工而遭受的损失,应适用《合同法》中与违约损害赔偿相关的规定。

2. 关于停窝工期间的现场费用

关于停窝工损失的范围,我国大陆主要关注的是停窝工期间承包人发生的现

---

① 《八民会纪要》第32条规定:“因发包人未按照约定提供原材料、设备、场地、资金、技术资料的,隐蔽工程在隐蔽之前,承包人已通知发包人检查,发包人未及时检查等原因致使工程中途停、缓建,发包人应当赔偿因此给承包人造成的停(窝)工损失,包括停(窝)工人员人工费、机械设备窝工费和因窝工造成设备租赁费用等停(窝)工损失。”

② 《合同法》第278条规定:“隐蔽工程在隐蔽以前,承包人应当通知发包人检查。发包人没有及时检查的,承包人可以顺延工程日期,并有权要求赔偿停工、窝工等损失。”

③ 《合同法》第283条规定:“发包人未按照约定的时间和要求提供原材料、设备、场地、资金、技术资料的,承包人可以顺延工程日期,并有权要求赔偿停工、窝工等损失。”

④ 《合同法》第284条规定:“因发包人的原因致使工程中途停建、缓建的,发包人应当采取措施弥补或者减少损失,赔偿承包人因此造成的停工、窝工、倒运、机械设备调迁、材料和构件积压等损失和实际费用。”

⑤ 《八民会纪要》第33条规定:“发包人不履行告知变更后的施工方案、施工技术交底、完善施工条件等协作义务,致使承包人停(窝)工,以至难以完成工程项目建设的,承包人催告在合理期限内履行,发包人逾期仍不履行的,人民法院视违约情节,可以依据合同法第二百五十九条、第二百八十三条规定裁判顺延工期,并有权要求赔偿停(窝)工损失。”

场费用。就停窝工期间的现场费用，既包括承包人在施工现场发生的人工、材料设备和机械等直接费用，也包括现场管理费，其范围大致对应英美法系中的现场管理费、我国台湾地区的直接工程费和间接工程费（总部管理费除外）。

根据《八民会纪要》第32条，停窝工损失包括"停（窝）工人员人工费、机械设备窝工费和因窝工造成设备租赁费用等停（窝）工损失"。又根据《建设工程造价鉴定规范》（GB/T 51262－2017）第5.8.3项，停工损失包括"对已完工程进行保护的费用、运至现场的材料和设备的保管费、施工机具租赁费、现场生产工人与管理工人工资、承包人为复工所需的准备费用等"。①

在司法实践层面，关于停窝工期间承包人在施工现场发生的直接费用，较容易得到最高人民法院的支持。如"人工费损失"[（2014）民一终字第310号、（2017）最高法民终402号、（2018）最高法民终373号]、"材料设备机械的租赁费或停滞补偿"[（2014）民一终字第310号、（2015）民申字第3649号、（2017）最高法民终402号、（2018）最高法民终373号、（2018）最高法民终475号]、"未完工程的安全防护、文明施工费"[（2015）民申字第3649号]等。

就停窝工期间的现场管理费用（包括管理人员的工资、办公费、电费等），如果承包人能够提供相关证明资料，亦有相当可能得到法院的支持，最高人民法院已支持的费用包括："现场管理人员的工资"[（2017）最高法民终19号、（2018）最高法民终74号、（2018）最高法民终373号]、"活动房租赁费"[（2014）民一终字第310号]、"办公车辆租赁费"[（2018）最高法民终373号]、"施工现场的电费"[（2018）最高法民终96号]等。

3. 关于停窝工期间的价差损失

除现场费用外，当停窝工责任在于发包人时，承包人亦可主张停窝工期间人工材料设备机械价格上涨的费用。《北京市高级人民法院关于审理建设工程施工合同纠纷案件若干疑难问题的解答》（京高法发〔2012〕245号）第12条第3款规定："因一方当事人原因导致工期延误或建筑材料供应时间延误的，在此期间的建材差价部分工程款，由过错方予以承担。"《四川省高级人民法院审理建设工程施工合同纠纷案件若干疑难问题的解答》（川高法民一〔2015〕3号）第24条也有类似规定。

在司法实践层面，价差损失也较容易得到法院的支持。在"上海电气临港重型机械装备有限公司等诉龙元建设集团股份有限公司建设工程施工合同纠纷案[（2015）民申字第695号]"中，最高人民法院即认为"按照工程惯例，即使是约定

---

① 与之相关的细致规定还可见《江苏省高级人民法院民一庭建设工程施工合同纠纷案件司法鉴定操作规程》、河南省建设厅《建设工程中途停工损失补偿办法（试行）》（豫建设标〔2003〕89号）、《陕西省建设工程工程量清单计价费率》（2009）等文件。

了综合单价闭口包干，因为工期超过合同约定期限，导致材料、人工价格上涨时，施工方仍可以要求按照新的价格主张材料和人工上涨的费用”。在“中铁二十二局集团第四工程有限公司与安徽瑞讯交通开发有限公司、安徽省高速公路控股集团有限公司建设工程施工合同纠纷案[(2014)民一终字第56号]”中，最高人民法院也支持“瑞讯公司赔偿2004年至2005年3月停工所产生的原材料及油料价差损失”。

并且，根据《合同法》中据实赔偿的原则[①]，并类比违约金上调的规则[②]，即使当合同中已有价格调整的条款时，如果承包人能够证明实际上涨的费用大于其根据合同可获得的费用，承包人也应有权主张差额部分。

4. 关于停窝工期间的总部管理费、利润损失和融资费用

在《SCL准则》(第二版)中，除停窝工期间的现场费用和价差损失外，承包人还可主张总部管理费、利润损失和融资费用。

(1)总部管理费

在我国大陆的工程中，较少见到承包人因工程停窝工而主张总部管理费的情形。但从法理上看，如果因为停窝工导致承包人公司总部的管理费用增加，则增加的费用应属于停窝工损失的范围。因此，对于前述提及的英美法系中的“专用管理费”，如果承包人能够举证证明其公司总部在工程停窝工期间就该工程投入的费用，则应得到支持。但是，该类费用的证明难度较大，需要承包人内部有比较完善的工作计时制度、档案资料管理制度等。

根据《合同法》中的违约损害赔偿原则，损害赔偿与违约行为之间应具有因果关系。对于承包人未能证明的“专用管理费”和从性质上难以证明的“未分摊管理费”，因为承包人未能证明该部分费用与工程停窝工之间的因果关系，且考虑到法官对“总部管理费”的概念及计算公式较为陌生，很难得到法院的支持。

(2)利润损失

就利润损失，我们尚未检索到最高人民法院有相关支持的案例，而在(2015)民申字第3649号中，最高人民法院以“无事实和法律依据”为由，驳回了承包人关于利润的诉讼请求。

在英美法系中，承包人主张利润损失的逻辑是，因为公司的相关资源在停窝工期间被占用，导致其无法获得本应能获得的利润。

关于利润损失在国内法下能否得到支持，关键看其能否被认定为《合同法》第

---

① 《合同法》第113条第1款规定：“当事人一方不履行合同义务或者履行合同义务不符合约定，给对方造成损失的，损失赔偿额应当相当于因违约所造成的损失，包括合同履行后可以获得的利益，但不得超过违反合同一方订立合同时预见到或者应当预见到的因违反合同可能造成的损失。”

② 《合同法》第114条规定：“……约定的违约金低于造成的损失的，当事人可以请求人民法院或者仲裁机构予以增加……”

113 条中的"可得利益"。根据全国人大法工委对该条的释义[①],可得利益主要有两个特征:①可能性,即可得利益是非违约方在合同履行后可能获得的利益;②确定性,即如果没有违约方的违约行为,非违约方在通常情形下能够获得该利益。

停窝工期间的利润损失无疑符合可能性的要求,但在其是否具有确定性的问题上,法院可能会持较为保守的态度。即使是当因发包人违约导致施工合同解除时,法院也可能会因工程施工利润不具有确定性为由,不支持承包人按照定额或企业平均利润率主张的利润损失[②]。但实际上,前述情形下"利润"的"确定性"已经远高于停窝工情形:因发包人违约解除合同时,施工合同已经签订并履行,仅是利润不确定;在停窝工情形下,承包人能否在停窝工期间内签订合同尚不确定,利润就更不确定了。举重以明轻,便可推知法院对停窝工情形下利润损失的态度。

(3)融资费用

融资费用,是指因工程停窝工导致合同原定的付款时间推迟,进而导致承包人增加的资金成本。就融资费用,我们尚未检索到最高人民法院有相关支持的案例,在(2018)最高法民终 96 号和(2018)最高法民终 1164 号中,最高人民法院均以承包人未能证明相关损失为由,驳回承包人的起诉。

但是,从法理上看,当工程出现停窝工时,如果已付工程款未完全覆盖已完产值,则承包人主张融资费用确有一定的合理性。

如果工程为按产值付款,且工程款未按已完产值的 100% 支付(如按 90% 的比例),则就尚未支付的产值部分,在经济实质上可被认为是承包人垫付的资金。因为工程停窝工,导致该部分垫付资金收回的时间推后,进而可能增加了承包人的资金成本。

如果工程为按节点付款,且合同约定的付款节点、付款比例与已完产值比例并不匹配,也可能存在类似情形。

如果承包人希望主张停窝工损失在停窝工期间的利息,则实际是主张违约责

---

① 在全国人大法工委对《合同法》第 113 条的官方释义中,提到"可得利益的求偿需坚持客观确定性,即预期取得的利益不仅主观上是可能的,客观上还需要确定的。因违约行为的发生,使此利益丧失,若无违约行为,这种利益按通常情形是必得的"。

② 在(2017)苏 05 民终 756 号中,二审法院(苏州中院)即认为:……首先,华冶薄板公司没有按照合同的约定支付预付款,的确构成违约。但即使工程全部完工,可得利益是否能产生预期的利润,还要受企业的生产状况、原材料、时间、工艺、管理人员等因素的影响和制约,而建设工程施工过程中会存在诸多市场不确定因素影响工程利润,工程施工利润并不是当事人在订立合同时预见到或者应当预见到的,即使企业的生产状况、原材料、时间、工艺、管理人员等因素相同,也不能得出企业必然获得同等利润。企业的实际利润除受企业自身因素影响外,更受到宏观经济环境、市场销售状况、原材料价格等多重外部因素影响,实际上,可得利益是否能产生预期的收益实际上属于不确定的状态。(2016)最高法民申 945 号、(2014)民申字第 927 号、(2018)皖民终 66 号、(2017)黔民申 633 号、(2015)辽民一终字第 00033 号等案件中法官也持类似观点。

任的利息,也很难得到法院的支持。在(2018)最高法民终121号中,最高人民法院即认为"腾虎公司、腾虎平潭公司主张31,615,610元停工损失亦应计算逾期付款违约金,缺乏法律依据,该院均不予支持"。

5. 承包人对停窝工损失的减损义务

在确定停窝工损失的范围时,需要关注承包人有没有尽到减损义务。就因承包人未尽到减损义务而扩大的损失,不应属于停窝工损失的范围。根据《合同法》第119条,即使停窝工是因为发包人原因造成的,承包人也"应当采取适当措施防止损失的扩大;没有采取适当措施致使损失扩大的,不得就扩大的损失要求赔偿"。①

在"芜湖新马投资有限公司、中国葛洲坝集团第六工程有限公司建设工程施工合同纠纷二审民事判决书[(2018)皖民终369号]"中,安徽省高级人民法院即认为:"鉴于涉案工程自通知暂缓施工到正式通知停建,期间有三年之久,对此停窝工期间发生的施工机械停滞费、现场工人工资以及周转性材料的维护和摊销费等损失,新马投资公司作为发包方,应负主要责任,然葛洲坝工程公司亦有采取措施防止损失扩大的止损义务。本案中,葛洲坝工程公司未能举证证明其采取了适当措施防止了诸如机械停滞、企业管理等损失的扩大,故对上述违约损失亦应承担部分责任。"

二、工程延期损失的计算方法[《SCL准则》(第二版)PART B 20、21]

(一)英美法系中延期索赔的计算方法

就工程延期损失,承包人通常会采用两种方式主张:(1)实际费用法,即举证证明费用的发生,如提供相关的合同、付款凭证等。(2)清单折算法,即以工程量清单中的措施项目费用为基础,乘以延误期间占合同工期的比例,计算延期损失。

但是,无论 *Keating* 还是《SCL准则》(第二版),均倾向于第一种方式。在 *Keating* 中,即指出,"对于损害的计算,应当限于实际增加的费用。就开办项目费清单所列金额,最多只能算合同签订前的预估,且该预估在实践中经常或多或少具有任意性……承包人实际增加的费用应当是被知晓的、记录的,且应能被证明"。②

《SCL准则》(第二版)第20条的原则即为:"除非合同另有明确约定,延期费用赔偿仅限于承包人实际完成的工作、实际消耗的时间、实际遭受的损失和/或开支……"第21条原则规定:"当评估因违约所造成的干扰和延期费用,或其他需要

---

① 《合同法》第119条规定:"当事人一方违约后,对方应当采取适当措施防止损失的扩大;没有采取适当措施致使损失扩大的,不得就扩大的损失要求赔偿。当事人因防止损失扩大而支出的合理费用,由违约方承担。"

② See *Keating*, p. 295.

评估额外费用的情形时,投标报价与该评估仅有有限的相关性。"第21.1款更明确地指出:"对于根据实际费用、损失和/或开支而确定的工程延期或干扰赔偿,投标报价没有相关性,因为承包人仅有权就其因工程延期或干扰而遭受的实际损失而获偿。"

但是,上述原则对承包人也并非一概不利。根据《SCL准则》(第二版)第21.3款,如果承包人在投标报价中没有就现场管理费进行报价或报价并不充分,雇主并不能将该报价用于限制或剥夺承包人主张工期延期或干扰费用的权利,承包人可以主张的费用仍以其证明的实际损失为准。

即使对于总部管理费和利润损失,《SCL准则》(第二版)也要求承包人尽一切合理的努力,通过相关的资料证明其主张的费用。只有当承包人能够证明总部管理费和利润损失确实存在,但仅是无法证明"未分摊管理费"和利润损失的具体金额时,才可以采用公式的方式进行计算。在司法实践中,如果承包人可以举证具体的损失而使用公式不进行举证,公式计算的方式可能不被认可。① 如果在自由心证的过程中法官认为损失确实存在,且承包人已尽力量化损失,则公式计算的方式很可能会被接受。②

(二)我国台湾地区工期展延费用的计算方法

关于工期展延费用的计算方法,我国台湾地区也有"比例法"和"实际费用法"两种。但是,不同于*Keating*和《SCL准则》(第二版)反对按比例折算的方式,我国台湾地区的司法实务界倾向于"比例法"(尤其是针对"管理费"部分)。有学者即提出,"实际费用法"的弊端在于:

其一,若采用实际费用法,费用发生期间很难有公平的认定。不同施工阶段的管理费有高峰和低谷之别,如果计取高峰阶段的管理费,对雇主不利,如果计取低谷阶段的管理费,对承包人不公平。

其二,实际费用法不利于承包人提高管理效率。若采用比例法,如果承包人高效管理,则相比合同比例节省的管理费则成为其利润;如果承包人低效管理,则超出合同比例的管理费应由其承担。但如果采用实际费用法,则无论管理费多少都由雇主承担,且难以判断承包人花费的管理费的合理性。

其三,实际费用法单据的审查较为烦琐。③

在我国台湾地区的部分政府采购合同范本中,也预置了采用"比例法"的条款。《"内政部营建署"暨所属各机关工程采购契约范本》第13条第5项即约定:"除契约变更增减数量或新增项目所致之展延履约期限不得再请求外,因甲方因素所造

① *Tute & Lyle v. GLC* (1982) 1 WLR 149.

② See *Keating*, p. 297.

③ 黄泰锋、陈丽嘉:《工期展延补偿争议争点试析》,载《工程仲裁》第79期。

成之迟延,经甲方同意展延工期,乙方得向甲方请求按原契约总价2.5%除以原契约工期所得金额,再乘以展延日数之工程管理费,但以不超过契约总价5%为限。本项工程管理费已包含营业税,且工期展延所延伸之契约工项外之直接间接费用不得请求甲方再予以补偿。如因不可归责于双方之事由者,乙方得申请之工程管理费用应予减半。"①

但是,如果合同明确约定"按实补偿或调整"时,我国台湾地区的司法机关也会尊重合同的约定,要求承包人提出详细的单据资料以作为求偿金额的佐证。②

（三）我国大陆工程延期损失的计算方法

关于停窝工损失的计算,从近几年的最高人民法院的案例来看,和《SCL准则》(第二版)的原则基本一致,法院通常支持方式一(实际费用法),即要求承包人举证实际损失③,如果举证不足,即便通过造价鉴定确定了损失,法院可能也不会支持。④

方式二(清单折算法)的问题在于,工程量清单中的措施项目费用仅是承包人在报价时的预估,其并不能代表承包人在停窝工期间实际发生的费用,不符合合同法中据实赔偿的原则。

虽然承包人提供的证据不充分,但如果法院认为相关损失确实发生,也可能会酌定支持部分费用,例如,在(2018)最高法民终74号中,最高人民法院即认为,"对于万嘉公司主张的管理人员工资2,934,750元,万嘉公司不能有效证明其发放的工资和工程延期之间具有完全对应性,即不能有效证明上述工资都是因为工程延期而额外增加的费用,但工程施工延期确会增加万嘉公司管理人员工资方面的支出,考量施工延期时间等因素,本院对万嘉公司主张的上述人员工资损失酌定支持50万元"。

如果在合同或此前文件中有关于停窝工损失的计算标准或期限有所限制,也可能会成为法院的重要参考依据。例如,在"江苏省第一建筑安装集团股份有限公司与唐山市昌隆房地产开发有限公司建设工程施工合同纠纷案[(2017)最高法民终175号]"中,河北省高级人民法院即认为,"鉴于此前双方在施工过程中也曾发生过8天停窝工,双方协商的补偿数额为7万元,基本可以反映出停窝工给江苏一

---

① 刘嘉怡:《浅谈常见工期展延费用计算公式》,载《营建知讯》2017年第411期。

② 王伯俭:《工程契约法律实务》,台北,元照出版有限公司2018年版,第223页。

③ 在"宏胜建设有限公司、兴义市威鲁公路投资建设有限责任公司建设工程施工合同纠纷二审民事判决书[(2018)最高法民终373号]"中,贵州省高级人民法院即依据《租赁材料入库单》、《租赁材料对账单》和《架料租赁合同》,支持了承包人主张的材料租赁费用,最高人民法院对此也予认可。

④ 在"西安市临潼区建筑工程公司与陕西恒升房地产开发有限公司建设工程施工合同纠纷案[(2007)民一终字第74号]"中,最高人民法院即认为,"由于二审中临潼公司也没有提供相关证据支持其主张,故对临潼公司上诉要求恒升公司按鉴定报告计算的346,421.84元支付停、窝工损失,本院亦不予支持"。

建造成的损失程度,在此基础之上,可以酌定该81天停窝工损失为70万元"。最高人民法院对此也予以认可。在"宁中天建设(集团)有限公司、阜新中地信房地产开发有限公司建设工程施工合同纠纷二审民事判决书[(2018)最高法民终392号]"中,因为合同中约定"如因甲方原因造成停工10天以内,工期相应顺延,甲方不承担责任",所以虽然工程停工12天,但辽宁省高级人民法院仅支持了2天的停工损失。最高人民法院也对此认可。

三、工程变更与工程延期损失[《SCL准则》(第二版)PART B 19]

(一)英美法系中的工程变更和延期索赔

在英美法系中,相比因其他雇主风险事件导致的延期,因工程变更导致的延期存在特殊性:

其一,关于总部管理费和利润,根据《SCL准则》(第二版)Part C第2.1款,如果变更估价依据的工程量清单或计价表中已包含了总部管理费和利润,则承包人不应再另行主张。

其二,关于现场管理费等费用,虽然《SCL准则》(第二版)、*Keating*和*Delays*明确反对以报价清单折算的方式,但对于因变更导致的延期索赔,从《SCL准则》(第二版)第21.3款来看,报价单中的价格和费率可以作为评估该类损失的依据。《SCL准则》(第二版)第19条"变更估价"亦规定:"若切实可行,雇主(合同管理人)应与承包人提前商定变更可能造成的总体影响,最好能确定一个固定的变更价格。该价格不仅包括直接费用(人工、设备和材料),也包括与时间相关的费用和干扰费用,并考虑双方商定的工期顺延以及对进度计划的必要修改。"

(二)我国台湾地区变更价款与因变更导致的工期展延费用的关系

在我国台湾地区,关于变更价款与工期展延费用的关系,有学者提出,承包人在投标报价时,关于管理费等间接费用的估算,考量的因素有两个:(1)工程规模(即工作量多寡);(2)工期长短。在确定变更价款时,双方仅就工程实体变更设计部分,确定工程直接费的增减额,然后再以该直接费为基础,按比例计取一式计价项目和管理费,因此仅考虑了工程规模因素,但未将工期展延所可能增加的费用考虑在内。故在变更价款之外,承包人应可另行主张变更导致工期展延而增加的费用。①

也有学者提出,承包人在确定变更价款时,应当注明该价款中仅包含直接工、料费,而不包括延长工期所造成之间接费用,以免在嗣后主张工期展延费用时雇主

---

① 黄泰锋、陈丽嘉:《工期展延补偿争议争点试析》,载《工程仲裁》第79期。

主张该变更价款中已考虑了变更对工期的影响。[①]

（三）我国大陆变更价款与因变更导致的工程延期损失的关系

如前所述，我国大陆通常使用的概念为“停窝工损失”。但是，“停窝工损失”不能涵盖全部的工程延期损失。当工程因变更而延期且未发生停窝工时，并不存在停窝工损失，但发包人仍需要向承包人支付工程延期费用。

1.因变更本身而增加的费用和因变更导致的工程延期费用

当工程延期但未发生停窝工时，承包人因为变更而增加的费用包括两部分：（1）因变更本身而增加的费用，如因变更新增的分部分项工程和措施项目对应的人工费、机械费、材料费、管理费和利润等；（2）因变更导致工程延期而增加的费用，即变更导致的工程延期费用。

不同于停窝工损失，工程延期费用并非承包人因发包人违约而遭受的损害。其一，就建设工程合同而言，发包人享有变更的权利，当发包人发出变更指示时，其仅是在行使其合同权利，而非违约。其二，合同中通常也会约定变更估价原则。承包人对工程可能发生变更是有预期的，合同中约定的变更估价原则，即是双方就变更工作预先谈定的价格。因此，从本质上看，无论是因变更本身而增加的费用，还是因变更导致工程延期而增加的费用，均是变更导致承包人增加的费用，其并不属于承包人遭受的违约损害。

合同中约定的变更估价原则，往往仅针对因变更本身而增加的费用。如根据《建设工程工程量清单计价规范》（GB 50500－2013）（以下简称《清单计价规范》）第9.3.1款和住建部《建设工程施工合同（示范文本）》（GF－2017－0201）第10.4款，当因工程变更引起工程量清单项目或工程数量发生变化时，如果工程量清单中有相同或类似项目的，应按照或参照清单中相应项目的单价确定变更价款；无相同或类似项目的，由双方协商确定。

2.因变更导致的工程延期费用的范围

关于变更导致的工程延期费用，合同中通常缺少相应的变更估价原则。那么，变更导致的工程延期费用与停窝工损失的范围有哪些异同？

如前所述，停窝工损失的范围包括：现场费用、总部管理费、利润损失、融资费用和价差损失。但是，就总部管理费和利润损失，因为我国大陆的工程大多适用《清单计价规范》，而根据《清单计价规范》，总部管理费和利润已经包含在合同单价中，所以该部分费用已被因变更本身而增加的费用所涵盖，承包人不得重复主张。而因为工程并未停窝工，工程产值仍在不断增加，所以通常也不存在因付款时间推迟而产生的融资费用。因此，因变更导致的工程延期费用主要是工程延期期

---

① 王伯俭：《工程契约法律实务》，台北，元照出版有限公司2018年版，第215页。

间的价差损失和现场费用。

就延期期间人工材料设备机械价格上涨而给承包人造成的价差损失,无疑属于工程延期费用的范围。但是,就延期期间发生的现场费用,并非全在工程延期费用的范围之内。其中,就延期期间在施工现场发生的人工、材料设备和机械等包含在合同单价中的直接费用,已被因变更本身而增加的费用所涵盖,承包人不得在工程延期费用中主张。承包人可以主张的,仅为未包含在合同单价中的、不能被因变更本身而增加的费用所涵盖的现场费用,即因延期增加的总价措施项目费用(如现场办公室的租金、保函保险的续期费等)。

在确定该部分费用的金额时,基于工程延期损失的性质并非违约损害,其可在一定程度上突破"据实赔偿"的违约赔偿原则,即可以工程量清单中与延期相关的总价措施项目费用为基础,结合工程延期时间进行折算。

四、小结

(一)工程延期损失的范围

就工程延期损失,英美法系国家、我国台湾地区和我国大陆经常使用的概念分别为"延期索赔"、"工期展延费用"和"停窝工损失"。但是,"停窝工损失"不能涵盖全部的工程延期损失。当工程因变更而延期且未发生停窝工时,并不存在停窝工损失,但发包人仍需要向承包人支付工程延期费用。

在我国大陆,停窝工费用的性质应为违约损害赔偿。就停窝工期间发生的现场直接费用、现场管理费和价差损失,通常属于停窝工损失的范围。关于《SCL 准则》(第二版)中提到的总部管理费,从法理上看,如果承包人能证明有专用于停窝工工程的总部管理费,则也应得到支持。就融资费用,当工程停窝工时,如果已付工程款未完全覆盖产值,则承包人主张融资费用也有一定的合理性。但是,就停窝工期间的利润损失,得到法院支持的可能性很小。

同时,在确定停窝工损失的范围时,还需要关注承包人有没有尽到减损义务。就因承包人未尽到减损义务而扩大的损失,不应属于停窝工损失的范围。

(二)工程延期损失的计算方法

关于停窝工损失的计算方法,最高人民法院和《SCL 准则》(第二版)的立场基本一致,即要求承包人举证证明其实际发生的费用,而非采用在工程量清单基础上按比例折算的方式。

虽然承包人提供的证据不充分,但如果法院认为相关损失确实发生,可能会酌定支持部分费用。同时,如果在合同或此前文件中有关于停窝工损失的计算标准或期限有所限制,也可能会成为法院的重要参考依据。

(三)工程变更与工程延期损失

当工程延期但未发生停窝工时,承包人因为变更而增加的费用包括两部分:

(1)因变更本身而增加的费用,如因变更新增的分部分项工程和措施项目对应的人工费、机械费、材料费、管理费和利润等;(2)因变更导致工程延期而增加的费用。合同中约定的变更估价原则,往往仅针对因变更本身而增加的费用。

就变更导致的工程延期费用,其应包括因延期增加的总价措施项目费用(如现场办公室的租金、保函保险的续期费等)和价差费用,不包括总部管理费、利润损失、融资费用、现场直接费用等已包含在合同单价中的费用。在确定因延期增加的总价措施项目费用时,基于工程延期损失的性质并非违约损害,其可在一定程度上突破"据实赔偿"的违约赔偿原则,即可以工程量清单中与延期相关的总价措施项目费用为基础,结合工程延期时间进行折算。

证明责任视角下的工期责任认定

项　平*

民事诉讼中，案件事实是通过当事人提出诉讼请求或抗辩理由引入诉讼中的，法院所审理的事实是当事人向法院主张的事实。对当事人有利的事实，其负有主张的责任。若当事人不主张，则其承担由此导致的不利后果。先有主张，方有举证，主张是举证的前提。在工期诉讼中，存在发包人导致的工期延误事件，但承包人未向法院主张，法院亦无从知晓该事件的存在，未就此作出裁判，该责任由承包人承担。若承包人将该事件向法院主张要求顺延工期或工期延误损失赔偿，而发包人不予认可，则承包人需要就该事实提出证据予以证明。若在法院作出判决前，承包人未能提供证据或者证据不足以证明该事实主张的，承包人顺延工期或者工期延误损失赔偿的主张将得不到法院支持。

在工期延误责任诉讼中，通常是由发包人请求承包人承担工期违约责任，而承包人则此进行否认、抗辩或反诉。否认是指承包人对发包人主张的工期违约事实不予认可；抗辩是指承包人主张虽然工期确实存在延误，但存在工期顺延的事实可以部分或全部覆盖工期延误天数；反诉是指承包人主张工期延误是由发包人原因导致，请求发包人赔偿其因工期延误导致的施工成本损失。

依据《最高人民法院关于适用〈中华人民共和国民事诉讼法〉的解释》第 91 条就举证证明责任的分配作出的规定，我国民事诉讼中的举证证明责任是根据事实与法律效果的关系来分配的，即当事人对有利于自己的实体法条文的要件所对应的事实负举证证明责任。在民事诉讼中，每一方当事人都要求法院适用对其有利的实体法规定，但只有当事人主张和证明该实体法规定的条件所对应的事实，方可胜诉。否则负担证明责任的一方在所主张的事实仍真伪不明的情况下，将承担不利法律后果。本文拟就工期责任纠纷中发包人和承包人的主张和举证进行梳理和分析，以期对此类案件的办理有所助益。

---

* 作者单位：浙江京衡律师事务所。

一、发包人主张工期延误的应承担举证责任

发包人主张承包人向其承担工期延误的违约损害赔偿责任所依据的实体法规定包括《合同法》第 107 条、第 113 条或第 114 条。发包人应当就该三条规定的要件所对应的事实负举证证明责任，包括：(1)承包人工期违约的事实；(2)承包人工期违约给发包人造成损失的事实或施工合同中约定了违约金条款的事实。具体而言，发包人向承包人主张工期延误的违约损害赔偿责任，首先，需要证明工期延误事实的存在，如提出施工合同及竣工验收文件进行对照以证明实际工期天数、开工日期或竣工日期与施工合同约定不一致，即可证明承包人存在工期违约行为；其次，若合同中约定了工期延误的违约金条款，发包人只需将合同提交给法院即可证明，但若合同无效导致工期延误违约金条款无效或发包人主张违约金过低不足以弥补其损失的，发包人仍要提出证据以证明损失的具体数额（包括实际损失和逾期可得利益损失）。

发包人的举证相对承包人而言，更为便利，仅承担初步的举证责任即可。但是发包人若未能完成初步举证，法院会直接驳回发包人的请求，承包人亦不用再进行举证。

案例：河北昌泰纸业有限公司与中天建设集团浙江安装工程有限公司、唐山国泰纸业有限公司建设工程施工合同纠纷案[(2016)最高法民终 360 号]

裁判观点：《最高人民法院关于适用〈中华人民共和国民事诉讼法〉的解释》第 90 条规定：当事人对自己提出的诉讼请求所依据的事实或者反驳对方诉讼请求所依据的事实，应当提供证据加以证明，但法律另有规定的除外。在作出判决前，当事人未能提供证据或者证据不足以证明其事实主张的，由负有举证证明责任的当事人承担不利后果。昌泰公司提出因中天集团浙江公司原因导致工期延误，中天集团浙江公司应承担工期延误的违约责任，但昌泰公司并未提供证据支持其主张，本院对其该项主张不予支持。

(一)合同无效后主张与举证

合同被认定为无效，工期条款、违约条款等均为无效，但这并不意味着承包人不再承担工期延误责任。实践中，对于合同无效，通常发包人和承包人均存在过错，如果因合同无效而使得承包人免除了工期延误赔偿责任，将导致发包人和承包人之间的利益失衡。

实践中有一种观点，即根据《最高人民法院关于审理建设工程施工合同纠纷案件适用法律问题的解释》第 2 条的精神，在工程延误的情况下，参照合同约定的工期违约责任条款，确定因承包人工期延误给发包人造成的损失。如《广东省高级人民法院关于审理建设工程施工合同纠纷案件若干问题的意见》（粤高法发〔2006〕

37 号)第 3 条规定:“建设工程施工合同无效,但按照《解释》第二条的规定可参照合同约定计算工程价款的,如承包人存在延期完工或者发包人存在延期支付工程款的情形,当事人应参照合同约定赔偿对方因此造成的损失。”但是,司法解释起草者针对第 2 条认为在合同无效的情况下,参照合同约定支付工程款,与法理和现行法律有关无效合同的处理原则明显相悖,但这种处理方式有利于保障工程质量。且这种方式利于案件的审理,平衡当事人之间的利益关系,得到良好的社会效果。[①] 因此,除非法律或司法解释有明确规定,否则无效合同是不能够按有效处理的。无效合同参照合同约定的工期违约责任条款确定损失的观点,是缺乏理论依据和法律基础的。

另一种观点认为,合同无效后,虽然发包人不能依据违约条款请求承包人承担违约责任,但是可以依据《合同法》第 58 条请求承包人就其损失承担过错赔偿责任。这实际上是以无效合同的缔约过失责任来解决工期延误的责任承担问题。在合同因标的自始客观不能而无效的情况下,当事人于订约时,知其不能或可得而知者,对于非因过失而信其合同为有效致受损害的对方当事人,负赔偿责任。[②] 因此,缔约过失责任中的过错,指的是造成合同无效的过错(合同订立过程中),损失也是指因合同无效造成的损失,主要指信赖利益损失。建设工程施工合同中,造成合同无效的原因有多种,但这些原因与工期延误并无必然联系。工期延误责任中的过错指的当事人在合同履行过程中的过错,损失也指的是发包人因工期延误导致的固有财产利益损失、所得利益减少及对第三人违约造成的损失,与合同效力并无必然关联。因此,以《合同法》第 58 条的过错赔偿责任来解决无效合同工期延误责任甚为不妥。[③]

笔者认为,在合同无效的情况下,发包人或承包人主张工期延误损失,应当基于公平原则和诚实信用原则,对发包人主张的工期延误损失进行补偿,补偿的范围仅包括实际发生的损失,对于未尚未确定或发生的损失,法院通常判令发包人在损失确定或发生后再另行主张。

(二)发包人指定分包下的主张与举证

若存在发包人指定分包或另行发包的情形,对于工期延误原因的举证,司法实践中存在不同的观点,第一种是认为由发包人举证,第二种是认为由承包人举证。

第一种观点认为,发包人对项目的部分工程进行指定分包,指定分包工程施工导致的后果当然不能由承包人承受,发包人对此应当负责。特别在指定分包工程

---

① 最高人民法院民事审判第一庭编著:《最高人民法院建设工程施工合同司法解释的理解与适用》,人民法院出版社 2015 年版,第 33 页。

② 韩世远:《合同法总论》,法律出版社 2018 年版,第 165 页。

③ 高印立:《论无效建设工程合同工期延误的责任承担》,载《建筑经济》2014 年第 5 期(总第 379 期)。

施工和承包人施工存在交叉的情况下,发包人若想追究承包人的工期延误责任,除了证明工期确实存在延误以外,还应当证明工期延误是承包人导致的,或承包人和指定分包人共同导致的。

案例:浙江祥华房地产有限公司与衢州金泰建筑工程有限公司建设工程施工合同纠纷案[(2009)浙民终字第61号]

裁判观点:双方在合同中约定合同工期为210天,案涉工程实际开工时间为2003年12月1日,于2005年4月6日经整体竣工验收,工期延误的事实存在。但由于金泰公司仅对案涉工程中的土建部分工程进行施工,其余工程由祥华公司另行发包或指定发包,施工过程中存在各施工单位交叉施工事项,对施工工期有一定的影响;同时,工程设计变更增加了基础工程量,相应增加了施工工期。祥华公司不能举证证明工程工期延误的责任在于金泰公司,本院对祥华公司上诉提出的由金泰公司承担工期延误违约金的请求不予支持。

第二种观点认为,发包人只需要完成初步举证,证明工期确实存在延误即可。至于工期延误的具体原因,应当由承包人承担举证证明责任。即使存在发包人指定分包的情形,承包人也需要证明自己施工的部分没有逾期或存在工期顺延情形,以及是指定分包人的因素导致的工期延误。

案例:连云港市新电建筑安装工程公司与连云港阳光海湾置业发展有限公司建设工程施工合同纠纷案[(2016)苏民终1053号]

裁判观点:新电公司虽提交了主体分部工程质量验收报告以及阳光公司分包工程的相关合同及施工情况等证据,但新电公司施工和案外人施工分包工程在工期上是互相影响和交叉的,新电公司未提交证据证明讼争工程竣工迟延系因分包工程延误造成。综上,新电公司所提交证据不足以证明工期延误责任在阳光公司。

笔者认为,依据《最高人民法院关于民事诉讼证据的若干规定》(2019年10月14日修改前)第7条的规定,在法律没有具体规定,依本规定及其他司法解释无法确定举证责任承担时,人民法院可以根据公平原则和诚实信用原则,综合当事人举证能力等因素确定举证责任的承担。该条规定了法院根据案件情况自由裁量分配举证责任的情形,但适用前提是法律或司法解释都没有规定,因此,若实体法的规定对证明责任已经作出了分配,则该条不能适用。而依据"公平原则、诚实信用原则、当事人举证能力"等确定的举证证明责任分配的主要考虑因素包括当事人距离证据的远近、举证的难易程度、事件发生的概率等。在工期诉讼中,若依据法律或司法解释都无法确定工期延误事件及其对工期的影响程度举证证明责任的承担时,依据公平原则、诚实信用原则以及当事人的举证能力,因建设工程在施工阶段一直处于承包人的控制之下,无论是距离证据的远近还是举证的难易程度,承包人都具有一定的举证优势,应当由承包人负担此举证证明责任。

二、承包人主张工期顺延的应承担举证责任

承包人对发包人的主张进行否认、抗辩或反诉所依据的实体法规定包括:《合同法》第107条、第113条、第117条、第278条、第283条、第284条。承包人应当就上述法律规定的要件所对应的事实负举证责任,包括:(1)工期并未延误的事实;(2)工期延误由非承包人原因所致的事实;(3)工期可顺延具体天数的事实(计算依据);(4)工期延误事实与工期实际延误天数的因果关系;(5)承包人因发包人原因导致工期延误遭受损失的事实。

常见工期顺延情形的举证如下:

(一)发包人未按照约定的时间和要求提供图纸、开工条件、原材料、设备、场地、技术资料

依据《合同法》第283条的规定,发包人未按照约定的时间和要求提供原材料、设备、场地、资金、技术资料的,承包人可以顺延工程日期,并有权要求赔偿停工、窝工等损失。同时,《建设工程施工合同》(示范文本)(GF-2017-0201)通用条款第7.5.1条中规定,在合同履行过程中,因下列情况导致工期延误和(或)费用增加的,由发包人承担由此延误的工期和(或)增加的费用,且发包人应支付承包人合理的利润:(1)发包人未能按合同约定提供图纸或所提供图纸不符合合同约定的;(2)发包人未能按合同约定提供施工现场、施工条件、基础资料、许可、批准等开工条件的。

在承包人向法院主张上述事实的情况下,除顺延工期外,还可以请求发包人赔偿因此导致的损失,但承包人应当同时承担相应的举证责任。承包人需要举证证明的事实包括:(1)发包人违约的事实;(2)可顺延工期的天数及计算方式;(3)因发包人违约导致工期延误致使承包人遭受的损失及具体数额。

案例:滨州龙腾置业有限公司(以下简称龙腾公司)与山东黄河建工有限公司(以下简称黄河公司)建设工程施工合同纠纷案[(2014)滨中民四终字第80号]

裁判观点:关于龙腾公司是否存在违约问题。黄河公司主张涉案工程未能按期竣工是因黄河公司违约导致。黄河公司主张龙腾公司未及时履行三通一平义务、迟延供水一个月、中途改变设计影响工期、不按合同约定支付工程款、未能及时处理相邻关系,导致工期拖延。法院认为,工期延误的举证责任,依照法律规定,应由施工方承担。二审诉讼中,黄河公司针对其该项上诉主张未能提交证据予以证实,本院对其该上诉主张不予支持。

(二)发包人进行设计变更或增加工程量的

工程建设的过程包括很多工序,并不是所有工序上的延误都对总工期产生影响。按照工期延误事件发生的时间分布,工期延误可分为关键线路延误和非关键

线路延误。关键线路是指在控制施工进度计划网络图中,总时差最小的关键工作相连并保证相邻两项工作的时间间隔全部为零的线路。由于在关键线路上全部工序的总持续时间即为总工期,因而任何工序的延误都会造成总工期的延误;而非关键线路有一定的浮动时间,只要延误时间少于该浮动时间,就不会对总工期产生影响。如果非关键线路上的延误时间超过了浮动时间的范围,非关键线路就会转化为关键线路,此时延误事件会对总工期产生影响。在工程存在设计变更或者工程量增加,但双方当事人在工程施工过程中并未形成有关工期签证、会议纪要等材料的情况下,判断工期是否能够进行顺延,必须判断是否属于关键线路上的设计变更或者工程量增加。同时,设计变更并非一定延长工期,如果是优化变更,有可能会缩短工期,因此,能否延长工期要看设计变更和工期延长之间是否存在因果关系。

承包人主张因发包人设计变更或增加工程量而顺延工期或赔偿损失的,除证明存在设计变更或增加工程量的事实以外,还需证明以下事实:(1)发包人设计变更或增加工程量与工期延误之间存在因果关系(在设计变更或工程量增加是在关键线路上发生的);(2)承包人设计变更或工程量增加而额外支出的具体费用。

案例:东保达电子(惠州)有限公司(以下简称东保达公司)与江苏三兴建工集团有限公司(以下简称三兴公司)建设工程施工合同纠纷案[(2017)粤13民终1689号]

裁判观点:对于三兴公司认为工程设计变更导致工期延误的抗辩问题。三兴公司对于其提出的工程设计变更问题,应当承担因设计变更工程导致工期延误的举证责任。而本案中,三兴公司未提交充分证据证明哪些工程进行了变更以及该变更导致了工期延长,应承担举证不能的诉讼后果。相反,东保达公司编制的《工程结算书》结算汇总表有"安装变更减少"的项目,可以确认存在工程量减少情形。据此,即使有工程的变更,不一定延长工程的工期,也有可能因变更缩短工期。

案例:广东省装饰有限公司四川分公司(以下简称广东装饰四川分公司)与垫江县佳艺美庭家居装饰有限公司(以下简称佳艺美庭公司)、陈志红建设工程施工合同纠纷案[(2017)最高法民申2815号]

裁判观点:广东装饰四川分公司认为工期延误系案涉工程变更、增加以及佳艺美庭公司未及时付款造成的。首先,依据广东装饰四川分公司在原审中举示的证据证明,案涉工程存在增加工程及设计变更的情形,但工程量增加及设计变更并不必然导致工期延长,广东装饰四川分公司也未在施工期间据此提出顺延工期的请求,应视为其同意按原约定工期执行。其次,广东装饰四川分公司提交的工程款支付申请表只能证明其要求支付工程款的请求,但不能证明其符合双方合同约定的付款条件,也不能证明在符合付款条件的情况下,佳艺美庭公司拒绝支付工程款导致工期延误。

(三)发包人未能按约定支付工程进度款、预付款致使施工不能正常进行的

一般来说,当事人在施工合同中会约定发包人按工程进度支付工程进度款,若发包人未按期支付工程进度款,承包人有权停工,因此发生的工期延误责任由发包人承担。《建设工程施工合同》(示范文本)(GF-2017-0201)通用条款第7.5.1条中规定,在合同履行过程中,因下列情况导致工期延误和(或)费用增加的,由发包人承担由此延误的工期和(或)增加的费用,且发包人应支付承包人合理的利润:(5)发包人未按合同约定日期支付工程预付款、进度款或竣工结算款的;司法实践中,在发包人未能按合同约定支付工程进度款时,承包人只有在存在停工事实的情况下,才能向发包人主张工期顺延和停工损失赔偿。如果承包人未停工,通常视为发包人未按约定支付工程进度款并未给承包人的施工造成实质性不利影响,对于承包人提出的工期顺延和赔偿损失的主张,法院一般不予支持。但即使发包人未按照合同约定支付进度款、预付款,并且存在停工事实的,承包人并非必然可以顺延工期或要求发包人赔偿损失,还应当综合考虑以下因素:

1. 是否对承包人施工造成实际影响。施工合同中约定发包人不得以任何理由停工,且发包人在付款方面对承包人的施工不可能构成实际影响的,承包人以发包人未按约定支付工程进度款而停工的,应承担擅自停工的违约责任。

案例:中国对外建设有限公司(以下简称中外建公司)与鞍山万泰房屋开发有限公司(以下简称万泰公司)建设工程施工合同纠纷案[(2017)最高法民申1115号]

裁判观点:中外建公司在施工过程中擅自停工,将部分工程分包给丁某一后亦未尽到付款和管理义务,致使农民工上访。中外建公司主张其停工是因万泰公司未完全按约定拨付工程进度款,然而,从本案认定的中外建公司应计取的涉案工程总价款数额、组成部分及万泰公司付款情况分析,万泰公司在付款方面对中外建公司的停工并不可能构成实际影响。况且双方的合同已约定,承包方不得以任何理由停工和延误施工工期。

2. 承包人是否履行签证手续(合同有明确约定)。若合同中约定因非承包人原因造成工期延长,需要经过发包人签证确认方可延长工期的,若承包人未举证证明其延长工期经过发包人签证确认或同意的,承包人不能以发包人迟延支付工程进度款为由顺延工期。

案例:浙江万厦建设有限公司(以下简称万厦公司)与江山市旺祥房地产有限公司(以下简称旺祥公司)建设工程施工合同纠纷案[(2013)浙民提字第123号]

裁判观点:本案中,旺祥公司迟延支付部分工程进度款是事实,但对其迟延支付,万厦公司能否以此延长相应工期。根据双方签订的《建设工程施工合同》专用条款第13条对工期顺延的约定:非因承包人原因造成工期延误,发包人应予签证,

竣工日期应根据签证日期顺延。《补充协议》第 5 条又约定了工期延误的除外情形：由于甲方原因、不可抗力、停水停电等情况造成的延误，经甲方签证的除外，该约定表明因发包方原因，造成承包方延长工期，也需经发包方签证确认，方可延长工期，否则，视为违约。现万厦公司尚不能举证证明其延长工期已经旺祥公司签证确认或同意，故一、二审判决依双方合同约定，认定旺祥公司迟延支付工程进度款，不能相应延长工期，有相应的合同依据。

3. 承包人是否提交支付进度款申请。承包人未举证证明其在施工期间向发包人请求支付进度款，亦未提供相应的施工进度表或进度款支付申请等证据，承包人以发包人未按时支付进度款为由停工，进而主张工期顺延和停工损失的，法院不予支持。

案例：瑞安市×事×抗静电装备有限公司（以下简称装备公司）与瑞安市××建筑××工程有限公司（以下简称××建筑）建设工程施工合同纠纷案[（2008）浙民一终字第 264 号]

裁判观点：对于××建筑抗辩装备公司未按时支付工程款的问题。根据《施工合同》第三部分专用条款第 26 条工程款支付约定，装备公司应根据××建筑每月 25 日之前上报的进度表支付工程款，××建筑虽提供了施工日记和施工记录，但未举证证明其在施工期间系根据上述施工日记和施工记录向装备公司主张进度款，亦未提供相关的进度表或工程款支付申请。故其称因装备公司未按时支付工程款，导致其被迫停工，理由不能成立。

案例：连云港市新电建筑安装工程公司（以下简称新电公司）与连云港阳光海湾置业发展有限公司（以下简称阳光公司）建设工程施工合同纠纷案[（2016）苏民终 1053 号]

裁判观点：虽然新电公司提交了数份付款凭证以及 2008 年 3 月 4 日《关于中央华府Ⅱ标段钢材价差调整及工程进度款支付滞后影响工程进度的报告》，但根据合同约定，进度款支付是按工程进度支付的，现新电公司未提交每个付款节点的已完工程量等证据，故无法认定阳光公司欠付进度款。

综上，在发包人迟延支付工程进度款的情况下，如果承包人能够举证证明，其在合同约定的期限内提出了工期顺延申请，或者能够证明发包人迟延支付工程进度款情节严重，导致工期受到严重影响的，法院应当支持承包人工期顺延的请求；如果承包人未在合同约定的期间内提出工期顺延申请的，而发包人迟延支付进度款的情节较轻，如迟延时间短、金额比较小，则不宜认定承包人可以顺延工期。

因此，承包人除了需要提出证据证明发包人存在逾期付款的事实，还需要证明以下两点：（1）承包人向发包人提交了相关的工程进度表（每个付款节点的已完工程量)和工程款支付申请;(2)发包人未按约定支付工程进度款、预付款与工期延误之间的因果关系(发包人的违约行为足以导致承包人无法正常施工)。

案例:嘉兴市大业××开发有限公司(以下简称大业公司)与浙江宝业××集团有限公司(以下简称宝业公司)建设工程施工合同纠纷案[(2010)浙民终字第53号]

裁判观点:2007年12月3日,监理已经签复按1.3亿元计算该时段应付进度款406万元的意见,但大业公司置之不理,仅于次日支付50万元,明显存在拖欠行为。结合大业公司至今未履行调解已定的500万元付款义务的情节,足以认定大业公司支付进度款不及时、不足额的事实。因此,由于大业公司欠付工程款违约在先,宝业公司于2007年12月13日停止施工理由正当,原审判决对大业公司要求追究宝业公司工期延误违约金责任的请求不予支持,正确。

(四)发生不能合理预见的战争、异常气候、自然灾害等不可抗力事件或传染病、现场发现文物需要保护等不以施工人意志为转移的意外事件

《建设工程施工合同》(示范文本)(GF-2017-0201)通用条款第17.1条指出,不可抗力是指合同当事人在签订合同时不可预见,在合同履行过程中不可避免且不能克服的自然灾害和社会性突发事件,如地震、海啸、瘟疫、骚乱、戒严、暴动、战争和专用合同条款中约定的其他情形。第17.3.2条规定:……因不可抗力影响承包人履行合同约定的义务,已经引起或将引起工期延误的,应当顺延工期,由此导致承包人停工的费用损失由发包人和承包人合理分担,停工期间必须支付的工人工资由发包人承担。

承包人除了提出不可抗力事件或意外事件存在的证据外,还应当证明:(1)不可抗力事件或意外事件足以对工期发生严重影响;(2)承包人按合同约定的程序和时间履行了工期顺延签证手续。

案例:瑞安市×事×抗静电装备有限公司与瑞安市××建筑××工程有限公司(以下简称××建筑)建设工程施工合同纠纷案[(2008)浙民一终字第264号]

裁判观点:至于××建筑原审提交的"瑞安市气象台关于2003年、2004年台风与暴雨情况的说明",虽能证明在其施工期间有台风暴雨影响,但根据《施工合同》第三部分专用条款第13.1条、第二部分通用条款第13条的约定,工期顺延需经监理工程师确认。××建筑并未就台风与暴雨影响工期提出相关的工期顺延申请,受影响期间不予扣除。

三、承包人未提出工期顺延申请的不必然丧失顺延工期的权利

在承包人主张顺延工期或停工损失时,发包人通常以承包人未在合同约定的期间内,向其提交索赔意向通知书和索赔报告为由进行抗辩。《建设工程施工合

同》(示范文本)(GF-2017-0201)通用条款第19.1条规定了逾期索赔失权,即承包人未在知道或应当知道索赔事件发生后28天内,向监理人递交索赔意向通知书并说明发生索赔事件的事由的,丧失要求追加付款和(或)延长工期的权利。索赔期限制度从法律上讲属于除斥期间,当事人在一定期间内不行使权利,即丧失该权利。这样约定是为了当事人对索赔事件及时进行固定并对损失进行确认,避免因索赔事件的发生造成旷日持久的争议或纠纷,严重影响工程施工的进行①。

虽然在施工合同通用条款部分规定了逾期索赔失权,但是在司法实践中,对于承包人未在通用条款约定的时间内提出工期顺延申请的,法院通常并不会直接据此认定承包人丧失工期索赔权。

例如,《浙江省高级人民法院民一庭关于审理建设工程施工合同纠纷案件若干疑难问题的解答》第6条规定:发包人仅以承包人未在规定的时间内提出工期顺延申请而主张工期不能顺延的,该主张不能成立。但合同明确约定不在规定时间内提出工期顺延申请视为工期不顺延的,应遵从合同的约定。

《河北省高级人民法院建设工程施工合同案件审理指南》第47条规定:工期延误的责任应该由造成工期延误的过错一方承担,发包人仅以承包人未在合同约定的期限内提出工期顺延申请而主张工期不能顺延的,人民法院不予支持。

《广东省高级人民法院关于审理建设工程施工合同案件疑难问题的解答》第20条规定:发包人仅以承包人未在合同约定的期限内提出工期顺延申请而主张工期不能顺延的,不予支持,但合同明确约定承包人未依约提出顺延工期申请视为放弃权利的,按照约定处理。

笔者再综合各省高级人民法院的规定以及各级法院的相关判例后,认为对于承包人未按照施工合同通用条款规定的期间向发包人提交索赔报告,而在诉讼中主张工期顺延或停工损失赔偿(补偿)的,应当作如下处理:

1. 若施工合同中仅仅在通用条款部分规定了逾期索赔失权,但在专用条款部分未明确予以约定的,发包人仅以承包人未在通用条款规定的期限内提出工期顺延申请而主张工期不能顺延的,法院通常不予支持,承包人仍有权在诉讼中主张顺延工期。

案例:浙江省××集团××责任公司(以下简称建工××)与中国××技术集团有限公司(以下简称中建××)建设工程施工合同纠纷案[(2011)浙民终字第33号]

裁判观点:本案建工××是否存在逾期付款,中建××是否符合协议书约定的工期顺延条件,属于工程客观实际;而书面通知仅是中建××主张甲期顺延的形式

① 王勇:《建设工程施工合同纠纷实务解析》,法律出版社2017年版,第245页。

条件,且协议书并未限定中建××书面通知的时间,鉴于甲集团于工程乙过竣工验收将近6年后方起诉中建××主张工期延误赔偿,中建××于诉讼中提出工期顺延主张,可视为履行了协议书约定的通知义务,建工××的该上诉理由亦不能成立。在中建××工期顺延主张成立的情况下,本院对建工××因案涉工程工期延误所受损失不予审查。

2. 若当事人在施工合同专用条款中明确约定逾期索赔失权条款,即承包人在发生工期延误时间后的一定期限内,未向发包人提交工期顺延申请的,视为放弃工期索赔的,法院应当尊重当事人的意思自治,在承包人未按合同约定向发包人提交工期顺延申请的情况下,对于承包人在诉讼中关于顺延工期的主张不予支持。但是,如果专用条款中仅仅约定了承包人提交工期顺延申请的期限,未明确逾期的后果,则承包人仍然享有请求发包人顺延工期的权利。

案例:潘××与浙江××建设有限公司(以下简称建设公司)建设工程施工合同纠纷案[(2011)浙民提字第83号]

裁判观点:尽管进入冬季,雨雪天气的发生属于正常,但气象资料显示,连续低温雨雪冰冻天气为50年一遇,故该雨雪冰冻天气对施工的影响是毋庸置疑的,应属于不可抗力。关于不可抗力,双方在补充合同中也约定,若遇不可抗力造成工期延误的,由双方协商延长。虽然建设公司未向发包人潘××提出顺延工期的申请,但并不影响建设公司提出工期顺延的要求,且该要求亦属合理。故二审法院采纳建设公司提出的工期顺延的理由,并根据实际情况,酌情确定顺延工期20天,应为得当。

3. 除了看合同中约定的内容以外,还应该综合考虑发包人和承包人对工期延误的过错程度。如果发包人的过错较轻微,对工期影响不大,则承包人未在合同约定的期限内提出工期顺延申请,应当推定承包人认可发包人的该过错对工期未造成实质性影响;如工期延误的主要原因在发包人,且对工期影响较大,而承包人未按合同约定的期限提出工期顺延申请的,可以认定承包人存在过错以减轻发包人的责任,但承包人依然有权在诉讼中主张顺延工期。

案例:南通华荣建设集团有限公司(以下简称华荣公司)与吴江市龙盛纺织有限公司(以下简称龙盛公司)建设工程施工合同纠纷案[(2015)苏民终字第00092号]

裁判观点:根据双方合同约定,如因发包人原因导致工期顺延,承包人应向发包人提交工期顺延报告,本案中华荣公司未能提供有效证据证明其向龙盛公司提交过该报告,并且华荣公司的该上诉理由亦与双方合同关于华荣公司与现场其他施工单位交叉施工等情况造成的停工由华荣公司自行承担的约定不符,其所主张的基坑维护工期顺延的要求亦与基坑维护工程施工合同关于工期包含于总包合同300天工期内不再另算的约定不符。双方在结算工程款时明确约定涉案工程的工期罚款另行结算,而未提及因发包人原因导致承包人的停工损失问题,亦说明双方在结算时已经考虑到了工期延误的问题。综上,原审法院认定应由华荣公司承担工期延误责任,并无不当。

综上,承包人未在合同通用条款约定的期限内提出工期顺延申请的,并不必然丧失顺延工期的权利。在司法实践中,法院通常本着公平的原则并综合两点来考虑:一是合同专用条款是否明确约定逾期失权;二是非承包人原因导致的工期延误时间给对承包人施工的影响程度。

四、结语

工期延误一般都会对合同双方当事人造成损失。对于发包方而言,因工期延误不能及时接收并使用建设工程,不仅造成其工程管理费用、投资成本增加,而且还导致其不能按计划实现投资效果,失去盈利机会,损失市场利润。对于承包方而言,工期延误会增加工程成本,企业信誉受到影响,还可能对工期违约承担违约损害赔偿责任。如果发包方和承包方在施工过程中就费用补偿和工期延长等问题通过签证、会议纪要等达成一致的,自然没有争议。如果发包方和承包方在施工过程中未能就费用补偿和工期延长协商一致的,承包方对由于非承包方原因造成的损失可向发包方提出工期索赔,包括顺延工期、因停工造成的经济补偿以及工期延误期间的材料涨价费用。发包方对由于承包方原因造成的工程延误亦可提出工期索赔,但仅指工期延误违约损害赔偿责任或损失补偿。

政府投资项目合同的特殊问题

“以财政或审计审定为准”条款在实践中的适用与完善

李乐敏　丁林阳*

一、政府投资工程项目造价审定概述

（一）政府投资工程项目

我国的政府投资工程项目是指在中华人民共和国境内使用政府性资金进行的固定资产投资活动。这里的政府性资金是指由政府通过财产投资、发行国债或地方财政债券、利用外国政府赠款以及国家财政担保的国内外金融组织贷款等方式独资或合资来完成的。① 政府投资项目，顾名思义，是指部分或全额利用政府资金进行的股东资产投资项目，政府资金包括本级财政预算内资金、土地开发基金及其他财政性资金。被确定为政府投资的项目建设主要以满足公共需求、增加公共福利为根本目的。常见的政府投资项目有经营性项目包括港口、机场、水电厂以及煤气、公共交通等设施项目。

政府投资工程项目中，项目业主常与施工单位约定由财政部门评审或审计部门审计进行审定，并以审定金额作为确定项目投资总额、工程结算金额等款项的依据。

（二）财政评审

财政投资评审产生的大背景，是1994年财政部收回原委托中国人民建设银行代行基本建设资金监督职能后提出来的财政管理新概念，并于1999年5月由财政部正式成立的财政审核职能部门。根据《财政投资评审管理规定》，财政投资评审是财政部门通过对财政性资金投资项目预（概）算和竣工决（结）算进行评价与审查，对财政性资金投资项目资金、财政专项资金使用情况进行专项核查及追踪问效

---

* 作者单位：浙江振邦律师事务所。

① 张敏：《政府投资代建制工程造价控制研究》，郑州大学2011年硕士学位论文。

的制度。

(三)审计监督

审计机关的职责主要是行使审计监督权,包括对财政投资评审结论实施审计,监督纠错,保证结论的公平公正。财政评审过后,审计再行使监督职能。从两者的关系来说,财政是管理部门,审计是监督部门,财政评审是事前管理,内部监督,而审计是事后监督、外部监督。但是,当前为加强对政府投资项目的审计监督,有的地方政府发文要求"对政府投资项目审计实行全覆盖,坚持必审制度。财政部门负责评审预算,审计部门负责竣工结(决)算审计,审计结果作为办理工程结算和竣工决算的依据",使审计结论成为终审结论。

二、以"财政或审计审定为准"条款适用存在的问题

(一)问题的提出

在日常由政府投资的工程项目建设中,建设单位往往会与施工单位约定,工程造价的竣工结算以"财政或审计部门审定为准"。然而,因为财政评审、审计均是由政府部门主导进行,施工单位对财政评审或审计部门的结论、程序提出质疑的情形时有发生,尤其是财政或审计部门迟延出具竣工结算审定造价的情况下,争议就更为突出。审计时限不明确使审计结论难以作为结算的依据。《审计法》及其实施条例对建设项目审计的时限没有明确规定,《政府投资项目审计规定》第9条虽然规定"审计机关对列入年度审计计划的竣工决算审计项目,一般应当在审计通知书确定的审计实施日起3个月内出具审计报告",但通知书的下达时间并不明确。《浙江省审计条例》第27条第3款规定,建设单位应当在工程交工验收或者竣工验收后30日内向审计机关提请工程结算或者竣工决算审计。审计机关应当自收到完整的送审材料之日起90日内向建设单位和承接项目的单位出具审计报告;因特殊情况需要延长审计期限的,应当经审计机关负责人批准。显然,在审计时间没有明确规定或者可以由审计部门自行控制延长的情况下,现实中的审计时限往往很长。笔者介绍自己代理的两个案件。

案例一:2012年7月18日,江西某市投资有限责任公司与被告浙江某建设集团有限公司签订《建设工程施工合同》一份,将该市新区三项工程发包给建设集团有限公司,承包范围为:(1)安置房建设工程:土建安装及小区配套工程;(2)市政道路建设工程:道路、排水管道、污水管道、电力电讯、桥梁、绿化、路灯等工程施工;(3)公共活动中心工程:青少年文化活动中心和老年文化活动中心土建安装工程及相关配套工程。2012年11月26日,原告葛某与建设集团有限公司签订《工程项目经营目标责任书》一份,将三项工程中的老年青少年活动中心交由原告葛某施工,施工范围为框架、地下一层、地上五层,合同造价约为1亿元(最终以审定结算为

准）,由原告包工包料。合同签订后,原告自行组织人员、设备、材料进场施工。原告施工的工程于2015年8月30日竣工,于2015年11月18日经五方主体验收合格。原告葛某作为涉案工程的实际施工人,工程完工后经验收合格并交付使用,被告某建设集团有限公司应当向原告支付工程款。截至2017年12月,被告建设集团有限公司仅向原告葛某支付工程款53,504,950元,其余工程款尚未支付。

案例二:2013年11月,被告某建设集团有限责任公司与浙江某市城市建设投资集团有限公司签订《某市医院一期建设工程BT项目投融资建设合同协议书》及《建设工程施工合同》,约定由被告建设集团有限公司承建该市医院一期建设工程。2014年1月14日,被告建设集团有限公司与原告俞某签订《项目施工管理经济责任内部承包合同》,将该工程转包给俞某实际施工。合同签订后,俞某组织人力、物力、机械、设备进场施工。涉案工程项目已经于2017年9月23日通过竣工验收。经俞某初步测算,涉案工程造价为4.3亿元,而截至2017年12月31日,被告建设集团有限责任公司支付给俞某的工程款为2.8亿元,尚余1.5亿元未付。

两个案例原告以实际施工人身份起诉被告建设集团有限公司后,在庭审中被告建设集团有限公司均提出了同样的答辩理由:涉案工程为政府投资工程项目,建设集团有限公司与建设单位城投公司就涉案工程竣工结算造价均约定“以财政或审计部门审定为准”,进度款支付方式均约定“审计结论出具后付至审计造价的95%、余款5%为质保金”,原告与被告建设集团有限公司之间的内部承包合同就付款条件均约定参照建设集团与建设单位的《建设工程施工合同》的约定。现工程造价尚在审计之中,付款条件尚不成就,请求驳回原告的诉讼请求。案件审理过程中,法院均向建设单位城投公司进行了调查询问,得到的答复为“相关涉案工程造价正在相关部门审定之中,何时能够出具结论尚未不清楚”。然而,从工程竣工之日起算到本文写作之时,江西的活动中心工程已近4年,浙江的医院工程也已2年多,同样的时间里,工程施工都已经完成了,而造价审定工作却仍然遥遥无期,个中缘由恐怕只有政府部门自己知晓,目前两个案件均还在法院审理之中。

（二）司法实践中的处理方法

通过检索中国裁判文书网,笔者发现政府投资项目工程中,因为政府审计意见迟迟未能作出,导致施工单位、实际施工人或分包单位起诉建设单位、违法转包单位的案例不在少数,法院的处理方法,大致可以分为以下几类:

1. 以条件未成就,判决驳回施工单位的付款诉讼请求。在四川省乐山市中级人民法院审结的南京科安电子有限公司成都分公司与江西省弘毅建设集团有限公司建设工程施工合同纠纷二审裁判文书①中,一审法院认为:目前,乐山公交客运总站一期建设项目已送审计,审计工作尚在进行中,审计结果尚未得出,故一审法院现无法确定双方之间的工程结算款金额,科安成都分公司的诉讼请求缺乏事实依据,一审法院不予支持,驳回原告诉讼请求。二审法院认为:双方签订的《建设工程施工合同》约定"以弘毅公司送建设单位经财政审计的结算总价为依据,最终审计总价的90%作为科安成都分公司的工程结算款",因此,弱电工程价款的确定要以财政审计结算的结果为依据,不是以弘毅公司报送审计的金额为结算依据;弘毅公司对乐山公交客运总站一期建设项目已报送审计,政府审计部门仍未出具财政审计结果,科安成都分公司已完成的弱电工程价款具体金额现无法确定。因政府审计报告未作出,工程款无法进行结算,因此弘毅公司的付款条件暂不具备。(此案涉案工程于2015年9月竣工验收,二审判决作出之日为2018年6月20日)

2. 以施工单位的送审造价为准。在呼和浩特市中级人民法院审结的呼和浩特市人民政府与河南省豫兴建筑安装有限公司、呼和浩特市市政工程管理局等建设工程施工合同纠纷二审民事判决书②中,二审法院认为:关于工程价款问题,合同约定为1268万元,并约定于管道切割前支付500万元,其余款项待财政审计确认后,予以支付。豫兴公司于2015年7月向快速路指挥部及市建委提交工程结算,审定值为12,097,434元,该数额少于合同约定。一审判决认定该数额为本案争议工程价款,市政府认为应经审计确认,本院认为,各方于2014年6月24日签订施工合同,2014年10月15日工程投入使用,经当年运行检验工程合格,豫兴公司于2015年7月提交结算。豫兴公司依据合同约定全部履行施工义务,而相关部门对工程款的审计却一直未能完成,超出合理履行期限,故一审法院依据工程造价审计汇总表,扣除已付工程款并判决市政府向豫兴公司支付欠付工程款并无不当。(此案涉案工程于2014年10月15日投入使用,二审判决作出之日为2018年12月27日)

3. 允许建设单位委托其他造价咨询机构作出结论。辽宁省高级人民法院审结的上诉人沈阳市城市建设项目办公室与被上诉人辽宁金帝第二建筑工程有限公司建设工程施工合同纠纷二审民事判决书③中,二审法院认为:关于涉案工程价款的数额问题。经审查,双方签订的《建设工程施工合同》确实约定"本合同价款采用固定单价,最终以财政结算为准",但财政审计结算程序,显然应由作为具有支付涉

---

① 一审判决为四川省乐山市市中区人民法院(2017)川1102民初3678号民事判决;二审判决为乐山中级人民法院(2018)川11民终467号民事判决。

② 一审判决为呼和浩特市玉泉区人民法院(2017)内0104民初1882号民事判决;二审判决为呼和浩特市中级人民法院(2018)内01民终2693号民事判决。

③ 一审判决为沈阳市中级人民法院(2014)沈中民二初字第00027号民事判决;二审判决为辽宁省高级人民法院(2014)辽民一终字第00234号民事判决。

案工程价款义务的发包人城建办提请完成。现涉案工程经竣工验收并交付使用多年,尚无证据证明城建办已有效地将涉案工程价款问题提请财政审计结算,更无证据证明涉案工程价款问题能在一个合理期间内通过财政结算完毕,故在工程价款结算问题上,发包人城建办未能完全履行约定及法定义务。现涉案工程价款未能通过财政结算予以确定,在本案范围内的民事法律关系中,责任显然在于城建办。而经城建办申请,并经沈阳国际工程咨询中心委托,沈阳华业工程造价咨询事务所已对涉案工程造价做出鉴定结论,城建办对该工程造价鉴定所确定的工程款数额予以认可,这应该被视为城建办因涉案工程价款问题不能通过财政结算予以确定,而采取的补救措施。这完全符合《合同法》第107条的规定。在金帝二建、城建办对上述工程价款鉴定结论均予认可的情况下,一审法院以此确定涉案工程总价款数额和城建办尚欠的工程款数额,进而保护金帝二建取得涉案的剩余工程款的合同权利,具有事实根据和法律依据。(涉案工程于2009年7月15日竣工,二审判决作出之日为2014年9月26日,此前已经历过一审判决、发回重审、重审一审三次审理)

4. 启动司法鉴定,以司法鉴定结论为准。浙江省高级人民法院审理的支华与杭州恒泰建设工程有限公司、包头市国银投资有限责任公司等建设工程施工合同纠纷二审民事裁定书①中,二审法院认为:虽然《万水泉道路(二标)建设施工承包补充协议(合同)》约定工程造价在工程竣工验收后送审计部门审定,以权威部门审定为准,一审庭审中各方当事人亦明确此处的权威部门审定系指政府财政审计,但本案从支华起诉到原审法院作出一审判决的时间里,相关政府职能部门未就案涉工程造价作出财政审计结论,也无证据表明在一审诉讼期间,国银公司及高新管委会、滨河管委会敦促相关当事人提交审计所需资料并配合相关政府职能部门对案涉工程造价及时作出审计,迄今为止,政府相关职能部门还是未作出审计结论。且案涉工程造价业经法院根据支华的申请及其他当事人同意鉴定的情况下委托司法鉴定机构进行了鉴定。基于以上事实,原审法院以"案涉工程并未完成政府财政审计"等理由,认为支华请求支付工程款的条件未成就进而驳回支华的诉讼请求,本院认为有失妥当,本案应对支华主张的工程款诉请进行审理。(涉案工程于2009年完成,二审裁定作出之日为2018年1月8日)

5. 认定"财政或审计审定为准"条款对实际施工人、分包人不具有约束力。银川市中级人民法院审理的张若荣与被告宁夏永建建筑工程有限公司、银川世茂投资有限公司、银川市林业局、银川绿博园运营管理有限公司建设工程施工合同纠纷

① 一审判决为杭州市中级人民法院(2014)浙杭民初字第4号民事判决;二审裁定为浙江省高级人民法院(2017)浙民终426号民事裁定。

民事一审判决书[①]中，一审法院认为，永建公司与世茂公司之间工程款的支付应当依照双方约定的"经政府财政审计定案"办理，但原告张若荣在本案中系实际施工人，其施工的工程经竣工验收合格且交付使用，原告依照法律规定向相对方主张工程款不应受世茂公司与永建公司合同约定的"经政府财政审计定案"的约束。并且，涉案两项工程2015年9月18日完工后即投入使用，至今将近3年，世茂公司未组织进行审计，应视为怠于履行该项义务。本案诉讼后截至目前，法院亦未收到世茂公司关于本案市政管线工程组织审计的任何材料。(涉案工程于2015年9月18日完工投入使用，一审判决作出之日为2018年8月16日)

(三)上述处理办法的合理性分析

"以条件未成就，判决驳回施工单位的付款诉讼请求"当然符合合同的约定，但就具体案件而言，在工程已经于2015年9月通过竣工验收，法院仍然在2018年6月20日判决驳回施工单位要求支付工程款的请求，是否合理"见仁见智"。"以施工单位的送审造价为准"显然缺乏合理性，根据《最高人民法院关于审理建设工程施工合同纠纷案件适用法律问题的解释》在第20条作出了这样的规定："当事人约定，发包人收到竣工结算文件后，在约定期限内不予答复，视为认可竣工结算文件的，按照约定处理。承包人请求按照竣工结算文件结算工程价款的，应予支持。"即"以送审价为准"需要约定明确的审价期限，而往往以"财政或审计审定为准"的结算方式下，不会特别约定审价期限。因此，笔者认为，合理的做法应当是允许建设单位自行委托有资质的造价咨询机构进行鉴定，在施工单位对鉴定结论认可的情况下或由法院委托司法鉴定机构进行司法鉴定，来最终确认工程造价。

三、"以财政或审计审定为准"条款的立法与司法冲突

(一)相关立法规定

1. 条款的性质与效力分析

财政评审是财政性资金投资项目中，财政部门对项目资金使用情况进行行政监督、行使财政职能的行政行为[②]。根据《财政投资评审管理规定》第6条第7项、第7条第5项、第9条第4项的规定，财政部门审核批复(批转)财政投资评审机构报送的评审报告，并会同有关部门对评审意见作出处理决定。项目建设单位应当根据财政部门对评审报告的批复(批转)意见，及时进行整改。对拒不配合或阻挠财政评审工作的项目建设单位，财政部门有权暂缓下达项目财政性资金预算或暂停拨付财政性资金。第12条规定，财政部门对评审意见的批复和处理决定，是调

---

① 一审判决为银川市中级人民法院(2017)宁01民初689号民事判决。

② 李瑞升、王静元、周吉高:《约定以财政评审报告作为结算依据后，司法鉴定申请还会被准许吗?》，载《建筑时报》2019年8月19日，第4版。

整项目预算、掌握项目建设资金拨付进度、办理工程价款结算、竣工财务决算等事项的依据之一。审计则是对财政投资评审结论实施的审计。

因此，笔者理解，财政评审、审计的效力均主要表现在行政层面，从职能来看应当属于行政法意义上的管理、监督，其对于工程造价的结算也仅仅是依据之一，而非唯一或终局依据。尤其是在建设单位本身是政府的情况下，由与建设工程施工合同一方当事人有利害关系甚至是隶属关系的行政部门来担任“裁判员”并享有最终的“解释权”，显然不具有公信力。

2. 相关立法规定对条款持否定态度

(1)2017 年 2 月 22 日，全国人大法工委印发《关于对地方性法规中以审计结果作为政府投资建设项目竣工结算依据有关规定提出的审查建议的复函》，认为：“地方性法规中直接以审计结果作为竣工结算依据和应当在招标文件中载明或者在合同中约定以审计结果作为竣工结算依据的规定，限制了民事权利，超越了地方立法权限，应当予以纠正。”据此要求各省、自治区、直辖市人大常委会对所制定或者批准的与审计相关的地方性法规开展自查，对有关条款进行清理纠正。

目前，各地的修改方式有两种：一种是直接删除相关内容，如宁夏删除了《宁夏回族自治区审计监督条例》原第 24 条，“审计机关审定的建设项目竣工决算审计决定，有关部门应当作为办理竣工验收、工程结算以及固定资产移交的依据”；另一种则是将“应当”修改为“可以”，如 2017 年 9 月 22 日通过的《北京市人民代表大会常务委员会关于修改〈北京市审计条例〉的决定》将第 23 条修改为：“政府投资和以政府投资为主的建设项目纳入审计项目计划的，建设单位可以与承接项目的单位或者个人在合同中约定，双方配合接受审计，审计结论作为双方工程结算的依据；依法进行招标的，招标人可以在招标文件中载明上述内容。”2017 年 11 月 23 日通过的《上海市人民代表大会常务委员会关于修改本市地方性法规的决定》对《上海市审计条例》的修改，将第 14 条第 3 款修改为：“政府投资和以政府投资为主的建设项目，按照国家和本市规定应当经审计机关审计的，建设单位或者代建单位可以在招标文件以及与施工单位签订的合同中明确以审计结果作为工程竣工结算的依据。审计机关的审计涉及工程价款的，以招标投标文件和合同关于工程价款及调整的约定作为审计的基础。”后一种修改方式下，建设单位仍然会普遍在合同或者招标文件中要求，审计结论作为双方工程结算的依据①。

---

① 何红锋：《以审计为结算依据的规定应何去何从》，载 https://mp. weixin. qq. com/s? __biz = Mzg3NTE5MzI0Ng = = &mid = 2247483705&idx = 1&sn = fa7d465e1639973845af457dd66becad&chksm = cec477c8f9b3fede6c19505553ada11ced0df0d0e70e9aeaedf40367efe714fe5a91051e2a80&scene = 21#wechat_redirect，最后访问日期：2019 年 12 月 1 日。

(2)2019年9月30日,住房和城乡建设部办公厅发布征求《关于进一步加强房屋建筑和市政基础设施工程招标投标监管的指导意见(征求意见稿)》意见的函,其中,第2条优化评标方法第6点推动市场形成价格机制,有以下意见:"修改建设工程价款结算办法,提高工程进度款支付比例下限,政府和国有投资工程不得以审计结论作为结算依据"。

从以上全国人大法工委的复函、住房和城乡建设部的征求意见来看,立法机关及主管行政机关对于政府和国有投资工程以审计结论作为结算依据均持否定态度。

(二)最高人民法院相关规定

1. 2001年4月2日,最高人民法院在答复河南省高级人民法院的请示《关于建设工程承包合同案件中双方当事人已确认的工程决算价款与审计部门审计的工程决算价款与审计部门审计的工程决算价款不一致时如何适用法律问题的电话答复意见》(〔2001〕民一他字第2号),认为"审计是国家对建设单位的一种行政监督,不影响建设单位与承建单位的合同效力。建设工程承包合同案件应以当事人的约定作为法院判决的依据。只有在合同明确约定以审计结论作为结算依据或者合同约定不明确、合同约定无效的情况下,才能将审计结论作为判决的依据"。

2. 2008年5月16日,最高人民法院答复福建省高级人民法院的请示《审理建设工程施工合同纠纷案件中如何认定财政评审中心出具的审核结论问题的答复》(〔2008〕民一他字第4号),明确"财政部门对财政投资的评定审核是国家对建设单位基本建设资金的监督管理,不影响建设单位与承建单位的合同效力及履行。但是,建设合同中明确约定以财政投资的审核结论作为结算依据的,审核结论应当作为结算的依据"。

3. 2011年《全国民事审判工作会议纪要》(法办〔2011〕442号)第4条第1项认为,依法有效地建设工程施工合同,双方当事人均应依约履行。除合同另有约定,当事人请求以审计机关作出的审计报告、财政评审机构作出的评审结论作为工程价款结算依据的,一般不予支持。

显然,最高人民法院的前述三条规定对条款持肯定态度,如果建设工程施工合同的当事人在合同中明确约定以审计机关作出的审计报告、财政部门作出的评审结论作为工程价款结算依据的,该条款对各方当事人具有约束力,应当遵守该约定。

(三)《最高人民法院关于审理建设工程施工合同纠纷案件适用法律问题的解释(二)》第13条对条款的适用分析

自2019年2月1日起,《最高人民法院关于审理建设工程施工合同纠纷案件适用法律问题的解释(二)》开始施行,这应当视为最高司法机关对于有关建设工程领域法律适用疑难的最新意见。其中第13条规定:当事人在诉讼前共同委托有关机构、人员对建设工程造价出具咨询意见,诉讼中一方当事人不认可该咨询意见申请鉴定的,人民法院应予准许,但双方当事人明确表示受该咨询意见约束的除外。显然,如果在政府投资项目的建设工程施工合同中明确约定了工程结算造价以"财政或审计部门审定"为准,符合"当事人在诉讼前共同委托有关机构对建设工程造价出具咨询意见,并明确表示受该咨询意见约束"的规定。

对于约定以政府审计为结算依据的案件,"财政部门或审计部门对工程款的审核,是监控财政拨款与使用的行政措施,对民事合同当事人不具有法律约束力。但如果当事人明确约定以政府审核审计结果作为结算依据的,应尊重当事人意思自治,一方当事人又申请工程造价鉴定的,不应准许。"一般认为,下列情形无须进行造价鉴定:……合同约定以审计结论作为结算结果,审计结论已经出具,且审计结论不违反法律规定或合同约定的""但是……在审核审计长期没有结果的情形下,应当区分情况,如果查明政府部门确实无法进行审核审计的,应当允许通过司法鉴定的方式确定工程造价,解决当事人的纠纷。在审核审计结果与工程实际情况不符或者与合同约定不符的情形下,比如审计结果存在漏项的,或者采用了与合同约定不符的计价依据的,应当允许当事人就不符部分另行通过司法鉴定确定造价,但申请鉴定的一方当事人应当举证证明不符情形的存在"。①

四、建议

住房和城乡建设部办公厅发布征求《关于进一步加强房屋建筑和市政基础设施工程招标投标监管的指导意见(征求意见稿)》(以下简称《指导意见》)还在征求意见之中,接下去何时会发布正式的指导意见以及指导意见针对政府投资项目的结算会如何规定尚不得而知。即使《指导意见》明确规定"政府和国有投资工程不得以审计结论作为结算依据",在地方审计条例没有修改的情况下,将按照什么规定,存在巨大的不确定性。因此,笔者建议,在现行地方审计条例没有修改、"审计结论作为双方工程结算的依据"仍然会普遍出现在政府投资项目的合同或者招标文件中的情况下,从施工单位合法权益、减少纷争的角度出发,建议从以下两方面形成共识:

1. 在招标文件或合同中明确约定审计期限。在约定审计期限内,财政或审计部门未能形成审定结论的、损害施工方合法权益的情况下,应当允许施工单位提起

---

① 最高人民法院民事审判第一庭编著:《最高人民法院建设工程施工合同司法解释(二)理解与适用》,人民法院出版社2019年版,第339页。

司法鉴定,对涉案工程造价进行鉴定。

2. 在审计结论已经出具的情况下,如果施工单位举证证明该财政评审或审计审定结论明显依据不足的,或存在漏项的,或者采用了与合同约定不符的计价依据的,应当允许施工单位就漏项、不符部分另行通过司法鉴定确定造价。

常设中国建设工程法律论坛
第七工作组成果

利用互联网信息化技术
提高案件审判效率与透明度的可行性研究

2018 年 12 月 25 日

目　　录

(四)裁判文书公开与案件材料公开
(五)各个信息平台各自为战,信息整合较差,不利于当事人和律师查询案件信息
三、建议
(一)建设高度智能化的、统一的、富有效率的、与法院内部系统关联的案件信息公开系统
(二)多主体多方面汇集案件材料,形成电子案卷
(三)网络沟通的异常情况处理
四、进一步厘清电子送达的相关规则
(一)电子送达的顺位问题
(二)人民法院首次电子送达的规则设计
(三)诉讼当事人接受送达的权利义务及救济程序
附件:一份纽约州法院就 traverse hearing 程序的决定
第五章 互联网促进案件执行
一、概述
二、执行案件的网上立案
(一)执行案件网上立案的现状与问题
(二)仲裁裁决的网上执行立案现状与问题
(三)国外执行案件的相关经验
(四)存在的不足及改进建议
三、法院执行、诉讼共享当事人基本信息
四、申请人通过网络提供被执行人财产线索
五、被执行人财产的网络查询
(一)现状
(二)国外经验
(三)建议
六、被执行财产的网络拍卖
(一)引进第三方服务
(二)建立评估机构淘汰机制
(三)建立限价预警机制

序　言

常设中国建设工程法律论坛(以下简称常设论坛)于2017年12月成立了第七

工作组。该工作组的调研题目为“利用互联网信息化技术提高案件审判效率与透明度的可行性研究”。常设论坛第七工作组希冀对目前国内智慧法院及智慧仲裁的先试先行经验进行考察,并借鉴英、美两国互联网信息技术在诉讼案件管理中的应用实践,进一步倡导在诉讼、仲裁程序中有效利用互联网信息化技术,提高案件审判效率和透明度。本报告分为立案、送达、庭审、透明度和执行等五章。每章结构相同,均包括概述、现状、问题与建议这几部分。

受时间、调研手段和调研对象所限,本报告无法全面、充分体现国内、国际先试先行经验之全貌。我们在报告中所设想的一些互联网信息化技术应用也可能为时尚早。但我们相信,大胆的设想也是本报告的重要价值。

本报告由解学锋、王振中、李昱、陈敏光、孙巍五位主笔小组成员撰写初稿,由工作组全体成员讨论并完善。工作组召集人 Gerald Lebovits 法官带领美、英调研团队吴坚律师、邢成栋律师和 Duncan McCombe 出庭律师为本次调研提供了殊为宝贵的国际资料。

第七工作组成员慷慨无私地为这项有意义的调研奉献了大量时间和精力。我们对工作组成员表示最衷心和真诚的感谢!

第七工作组成员如下(按照姓氏拼音顺序):

召集人:

李　明　最高人民法院中国应用法学研究所研究员

Gerald Lebovits　美国纽约市 Supreme Court 法官

成　员:

蔡其南　深圳国际仲裁院(深圳仲裁委员会)首席信息官

陈敏光　最高人民法院中国应用法学研究所助理研究员(博士后)

丁建勇　北京仲裁委员会/北京国际仲裁中心副秘书长

Duncan McCombe　英国伦敦 Maitland Chambers 出庭律师

江　岚　中国南沙国际仲裁中心秘书长

李　昱　上海有安信息技术有限公司法务投资事业部总经理

沈宏豪　上海仲裁委员会立案部部长

孙　巍　北京市中伦律师事务所合伙人

王振中　三星(中国)投资有限公司副总法律顾问

吴　坚　美国纽约 Kobre & Kim 律师事务所律师

邢成栋　美国纽约 Zetlin & De Chiara 律师事务所律师

解学锋　北京市第三中级人民法院法官

在调研过程中,最高人民法院中国应用法学研究所、北京仲裁委员会、深圳国际仲裁院(深圳仲裁委员会)、广州仲裁委员会和上海仲裁委员会提供了有力的支持。美国纽约市 Supreme Court 的 Margaret Chan 法官、负责网上证据工作的 Jeffrey Carucci 律师及 Jeremy R. Feinberg 律师也对本次调研分享了宝贵的经验。常设论坛对此表示衷心的感谢!

第一章 网络立案

一、概述

自 2015 年 5 月 1 日始,中国法院全面改革案件受理制度,变立案审查制为立案登记制。法院在收案数量、工作机制等方面面临新的、日益加剧的压力。在仲裁领域,仲裁机构一直在进行提高立案效率的尝试。近些年,互联网商业模式(如互联网金融等)的迅猛发展催生了大批单案标的小、类型化明显的案件。这些案件的涌入对传统仲裁方式的效率提出更高要求,互联网仲裁应运而生。2017 年下半年开始,从事网络仲裁的撮合平台数量如雨后春笋不断涌现。同时,以网络仲裁形式对互联网金融借贷纠纷进行裁决的仲裁机构也从屈指可数发展到全国各地多家仲裁机构积极推进。使用网络仲裁的互联网金融机构数量也大幅增加,多个头部互联网金融机构均在使用网络仲裁进行贷后处置。在仲裁的立案环节,存在用互联网技术手段提高立案效率的动力和要求。充分运用互联网技术手段,对于适应新环境下的立案实务需求有着十分重要的意义。

二、网络立案的现状

(一)网络立案的制度基础

2015 年 5 月 1 日实施的《最高人民法院关于人民法院登记立案若干问题的规定》(以下简称《登记立案规定》)第 14 条规定:“为方便当事人行使诉权,人民法院提供网上立案、预约立案、巡回立案等诉讼服务。”这是第一次在规范性文件中明确网上立案,将其作为法院立案方式的一种。

2017 年 4 月 12 日,最高人民法院印发《最高人民法院关于加快建设智慧法院的意见》(以下简称《智慧法院意见》)提出,“建立完善网上立案系统,推广网上异地立案,与法官工作平台无缝对接”。该意见明确提出网上立案的发展和具体推广方向。

(二)中国法院在网络立案方面进行了良好的尝试

目前,地方各级法院纷纷推出了网络立案,但没有统一的标准。各地法院都按照自己的理解进行网络立案的试行工作。

1. 北京法院网络立案的先行先试经验

2014 年开始，北京法院推行网络预约立案。网络预约立案可通过审判信息网提交申请，但审核通过后当事人(参与人)或者代理人仍需亲自前往法院提交纸质材料办理立案手续。网络预约立案受理的案件类型包括一审民商事、知识产权案件、执行部分案由的一审案件，北京知识产权法院只开通了民事案件的预约立案。

2016 年 1 月 1 日起，北京法院又推出网络直接立案，并对外公布《北京法院网上直接立案工作办法(试行)》。该办法第 2 条规定，“网上直接立案是指代理律师通过北京法院网上直接立案平台提交立案申请，北京法院经审核通过后，直接予以登记立案，并要求代理律师在一定时限内寄送书面诉讼(申请)材料、交纳相关费用的工作机制”。这属于真正意义上的网络立案。但目前能够通过网络立案的申请主体还仅限于代理律师，有一定限制。另外，能够直接网络立案的案件类型也有限制。网上直接立案适用于北京高、中级法院管辖的一审民商事案件、知识产权案件和执行案件，但诉讼保全或特别程序案件除外。同时，对案件数量较大的一审买卖合同纠纷、借款合同纠纷、金融借款合同纠纷、承揽合同纠纷、委托合同纠纷的商事案件在包括基层法院在内的全市法院范围推行网上直接立案。北京知识产权法院也已开通了知产行政案件的网上直接立案，知产民事案件也将于近期开通网上直接立案。

2. 杭州互联网法院的先行先试经验

杭州互联网法院诉讼平台 www. netcourt. gov. cn(以下简称诉讼平台)是网上审理涉网纠纷的专门平台。目前，诉讼平台集中管辖杭州市辖区内基层人民法院有管辖权的涉互联网一审民事、行政案件。主要包括：互联网购物、服务、小额金融借款等合同纠纷；互联网著作权权属、侵权纠纷；利用互联网侵害他人人格权纠纷；互联网购物产品责任侵权纠纷；互联网域名纠纷；因互联网行政管理引发的行政纠纷。

当事人使用诉讼平台系统，首先需在诉讼平台完成实名认证。其后，选择起诉类型、案由，并将起诉状内容、证据名称及来源、身份证明文件、授权委托书等基本诉讼材料进行线上提交，纸质文本拍照或扫描上传。互联网平台可通过系统对接方式，向诉讼平台传输原始数据、资料作为起诉材料。诉讼平台的受理环节均是在线完成：在线审查、在线补充材料；对于不符合起诉条件的，经在线告知后，原告提出异议的，依法作出裁定不予受理；对属于不予受理范围的纠纷，经在线告知后，原告表示无异议的，作线上退回处理；对需要在线补正材料，未按给予的补正材料时间进行补正的，作线上退回处理；网上发出受理通知；在线缴费，原告可以通过支付宝、网银等直接进行交纳。由于该系统使用中国手机号进行注册，并通过支付宝进行认证，对于不在中国居住、不使用中国手机号或者支付宝的外国当事人尚不够方便。

从 2017 年 8 月 18 日正式挂牌至今，杭州互联网法院共受理涉网案件超过 11,600件，其中60% 的案件实现在线庭审、在线裁判。线上关联案件平均庭审用时 28

分钟,平均审理期限 38 天,相较传统审理模式分别节约用时 3/5 和 1/2。

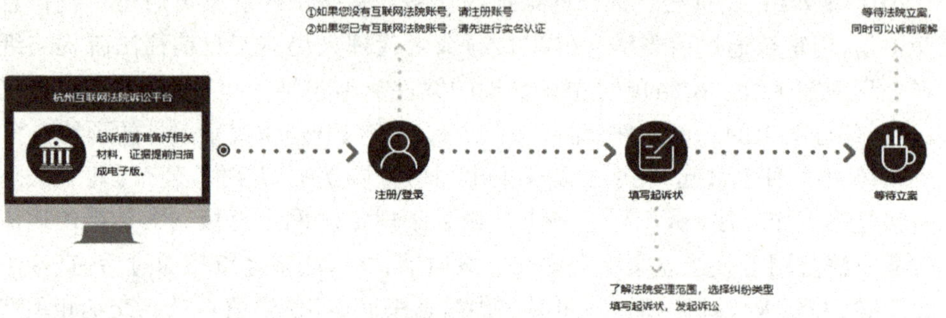

注:此图截于杭州互联网法院官网 www. netcourt. gov. cn,2018 年 11 月 30 日。

(三)外国法院创设了弥足借鉴的先进机制

纽约州网上立案系统名为 New York State Courts Electronic Filing System(NYSCEF)。用户可以在 NYSCEF 上下载有关该系统的如何使用的教学文件,里面详细记载了网上立案的一般流程。同时,NYSCEF 还有一个镜像教学系统,用户可以向法院申请一个学习者账号,以供初学者练习及熟悉网上立案。在纽约州,绝大多数案件可以网上立案。律师已经不需要亲自到法院提交案件资料办理立案手续。在非常有限的几个案件类型中(比如选举法有关的案件),律师仍须到法院提交纸质资料办理立案。截至 2017 年,纽约州法院系统已通过网上立案 160 万余件。

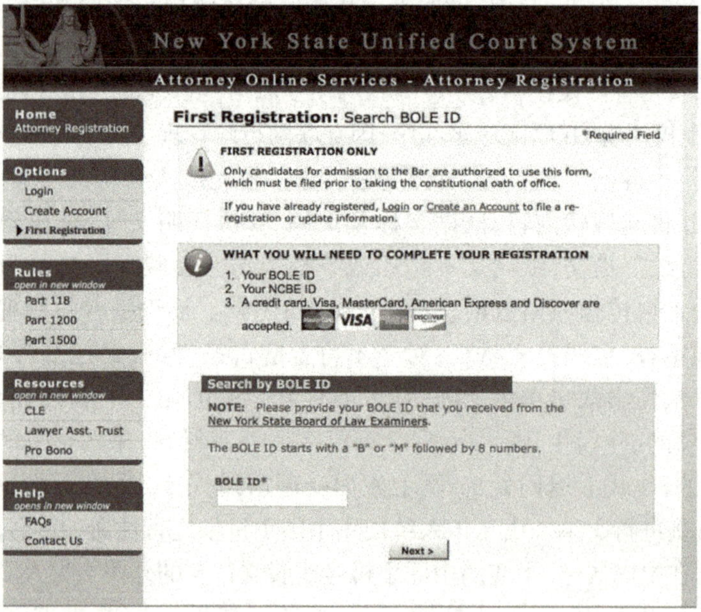

注:此图截于 NYSCEF 官网 https://iapps. courts. state. ny. us/nyscef/HomePage,2018 年 11 月 30 日。

在英格兰和威尔士，当事人可以通过郡县法院（county court）或高等法院（high court）提起民事诉讼。一般而言，标的额10万英镑以下的案件由郡县法院审理，之上的由高等法院审理。郡县法院和高等法院均可通过在线填写申请表申请立案，但系统略有不同。郡县法院的金钱给付案件可以通过“在线金钱索偿”（Money Claims Online）系统提出立案申请。在高等法院，当事人则可以通过一个名为“CE Filing”的网络系统提出立案申请。该系统最初只允许律师使用，但自2017年10月起向社会开放，对于有委托代理人的当事人则强制适用此系统。只要是可以通过网上立案的案件，当事人就不用再亲自去现场办理。

同时，英格兰和威尔士专门出台了针对在郡县法院提起“在线金钱索偿”的操作规范——Practice Direction 7E，以及针对“CE Filing”的Practice Direction51O。英格兰和威尔士法院系统还为用户提供网上立案系统的用户指南（User Guide）。

（四）中国仲裁机构的积极探索

目前，我国仲裁机构之中以北京、广州、上海、深圳仲裁委等为代表的一批仲裁机构在积极实践网络立案，并已取得了一定成果。

北京仲裁委员会于2016年建立网上立案系统，当事人通过手机号码即可注册，还可绑定微信账号，易用方便。立案人可通过系统成功预约后，立案秘书对基本信息进行初步审核，导入办案平台，方正式进入收案阶段。通过网上预约，当事人不但能够提前检查、确认材料信息，还能够缩短现场立案时间，提高效率。

广州仲裁委员会（以下简称广仲）在2012年就开始实施网上立案，2016年开始实施微信立案。《仲裁法》下可以受理的案件，都可网上立案。目前广仲的在线仲裁系统已经相对完善，当事人可以通过广仲官方系统以及与广仲系统对接的第三方系统提交立案文件。只要材料齐全，符合立案要求并缴纳完毕费用，即可立案，无须现场确认。

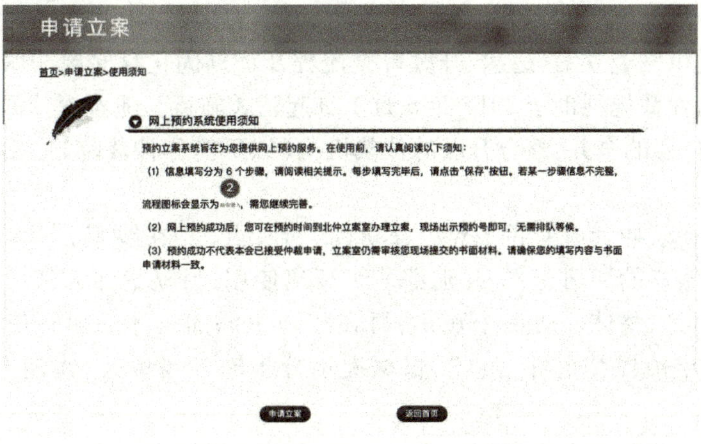

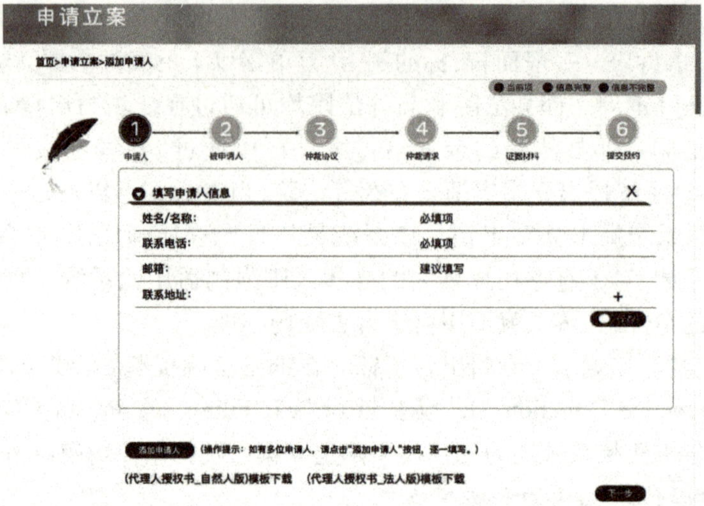

注:上述图均截于北京仲裁委员会官网 http://service. bjac. org. cn/webcase/case/index. do,2018 年 11 月 30 日。

2017 年 4 月 1 日,上海仲裁委员会(以下简称上仲)正式开通网上在线立案平台。仲裁申请人或其代理人可以通过上仲官方网站进行网上立案申请,填写和上传仲裁申请材料。上仲通过网络平台对仲裁申请材料是否齐备进行审核。如符合条件的,则电话或短信当事人进行预交费。当事人将仲裁费预缴至上仲银行账户后,上仲正式立案。上仲的网上立案系统无须当事人进行用户注册,可以直接进入系统进行立案操作。另外,不同于有些机构仅提供网上立案预约,上仲网上立案实现了立案流程全覆盖,当事人网上立案操作完成以后,经立案人员审查通过,即可凭手机短信缴费,完成全套立案程序。最后,立案操作的无痕化也切实保护当事人的合法权益,有效防范在网上立案过程中当事人的相关信息泄露。

2016 年 3 月 11 日,深圳仲裁委员会于广东省自贸区前海片区设立了深圳网上仲裁中心,提供网上立案、送达、开庭等全流程及证据固化存储等云服务。与之相应,深仲网络仲裁规则也于 2017 年 5 月 1 日起正式施行。随着深仲国际仲裁院与深圳仲裁委员会的合并,整合升级的仲裁机构(以下简称仲裁院)推出了更为优化的服务系统。

当事人登录仲裁院官网 www. sccietac. org,点击"在线服务"。首次登录需要完成个人账户的注册工作,注册账号可反复使用,另立案件无须再次注册。律师事务所还可以整体注册一个账户,再在账户里添加具体的律师信息。登录系统后,选择"申请提交案件信息",根据提示分步输入当事人、代理人、请求信息等案件信息。

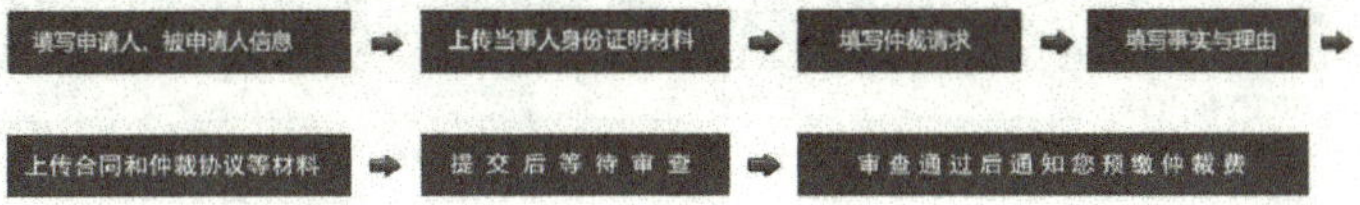

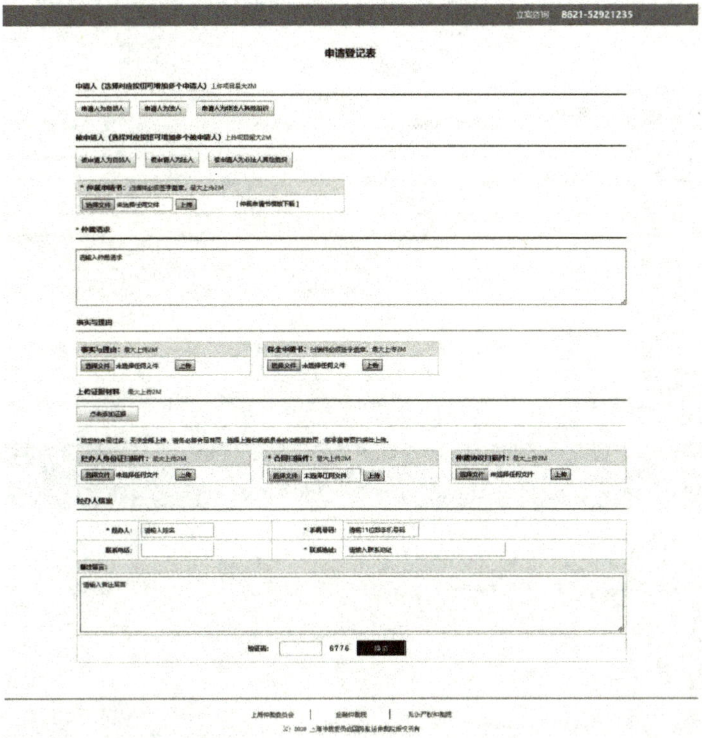

注：上述图均截于上海仲裁委员会官网 http://139.196.24.96/wsyla/jm4.asp，2018 年 11 月 30 日。

当事人输入并提交案件信息后，将立案所需纸质书面材料通递送仲裁院，即可立案。案件进行过程中，登录系统，可以进行上传案件材料附件、选择仲裁员、查看案件进度等操作。

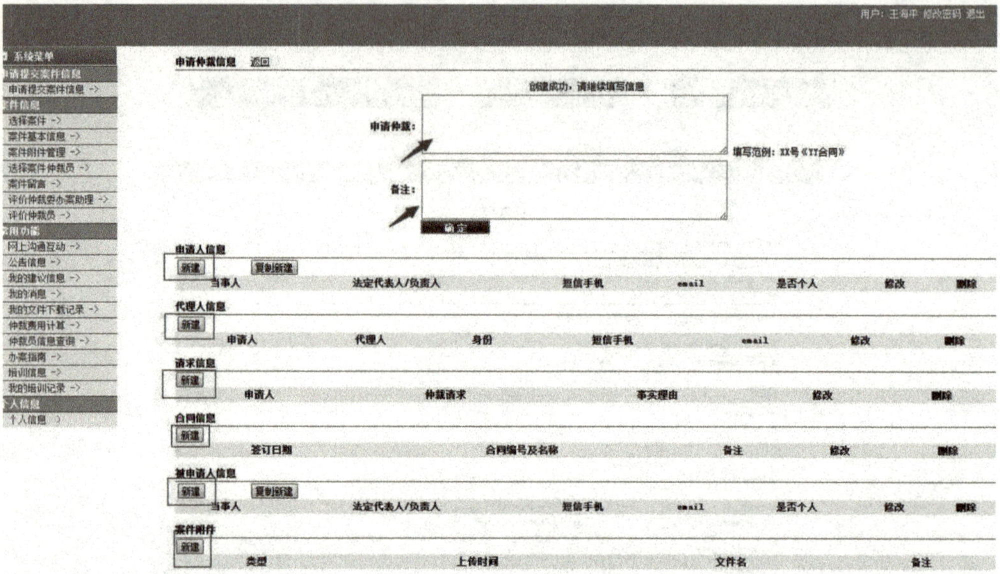

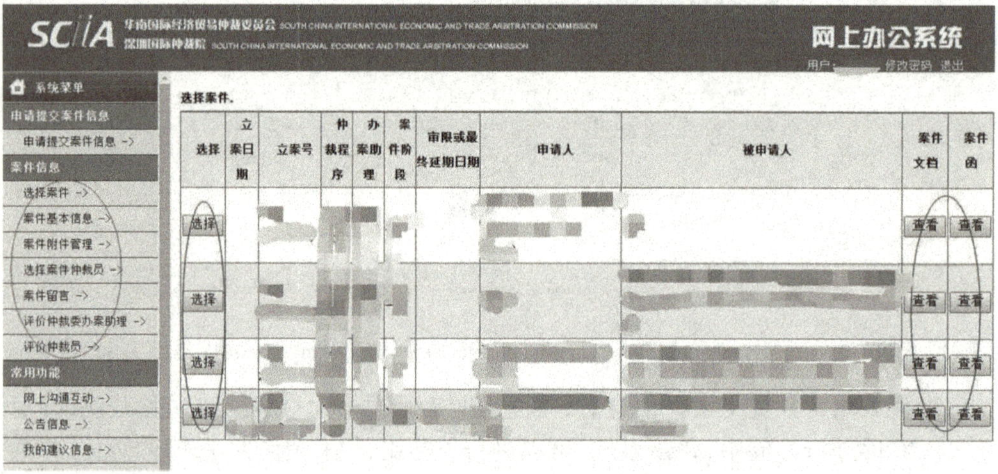

注：上述图均截于深圳国际仲裁院(深圳仲裁委员会)官网 http://www.sccietac.org/web/news/detail/1771.html,2018 年 11 月 30 日。

三、网络立案存在的问题

(一)立法层面缺乏明确具体的规定

《民事诉讼法》第十二章第一节“起诉和受理”规定了立案的条件和方式。第 120 条规定了起诉的方式,也即立案的方式,“递交起诉状”,“按照被告人数提出副本”,“书写困难的……记入笔录”。按照该条规定的受理条件,当事人只能向法院提供书面材料。《民事诉讼法》对立案的规定,还是基于提交书面材料的方式,对于网络立案提交电子材料的方式未予规定，因此网络立案在立法层面缺乏具体的法律规定。

（二）适用范围相对较窄

网络立案方式具有节约资源、省时、快捷的特点，但目前法院的立案方式仍以窗口提交材料立案和邮寄材料立案两种方式为主，网络立案方式还未列为法院立案必须提供的方式。最高人民法院的相关规定仅倡导各地法院提供网络立案方式，但未强制要求必须提供。因此，各地法院提供网络立案的情况参差不齐，经济发达地区提供网络立案相对比较早，而经济落后、偏远地区甚至仍未提供网络立案。

（三）网络立案仍流于形式，并未实现网络立案的实质内容

目前，大部分法院和仲裁机构提供的网络立案（网上立案）仅是通过网络向法院提交立案材料，预约立案；当事人通过网络提交的材料通过初步审查后，还需要当事人预约到相关机构窗口进行立案，并非真正意义上的网络立案。

（四）网络立案在具体操作上缺乏统一的流程

"非面对面"是网络立案的突出特点，由此在适用范围、身份确认、材料提交、审查流程等各个环节，存在与传统现场立案的重大区别，需要进行周密的程序设计。最高人民法院出台的相关司法解释和指导性文件，虽然涉及网络立案，但都是倡导性的原则性规定，集中突出"提供网络立案、方便当事人诉讼"。但对于如何进行网络立案、如何提交电子材料、电子材料的种类、形式和效力、网络立案流程等方面，未见具体规定。总的来说，有关网络立案的具体要求和流程方面的规定仍属空白，亟须出台相关规范和具体指引。

从各地法院开通网络立案系统后的实践情况来看，各地做法并不统一，形式多样。各法院提供的立案窗口不同，申请立案人，特别是代理律师在不同的法院立案，需要学习不同法院的立案系统才能按照相应的流程进行网络立案操作，而花费在学习立案流程上的时间其实也是一种浪费。如果立案系统的设置、流程、技术指标全国统一，律师只需要一次学习，就能在全国各法院实施网络立案，规范、省时、方便。

四、建议

（一）网络立案的基础准备

就网络立案系统软件，建议由最高人民法院规定统一的流程、技术标准，或由最高人民法院统一开发网络立案系统。

美国纽约州的 NYSCEF 系统可资借鉴。为确保网络立案人身份真实，在纽约州进行网上立案，首先需要在 NYSCEF 系统上注册一个账号，使用生日、社会保障

号等个人信息作为验证手段。

在英格兰和威尔士,当事人在线填写立案申请表需要提供的信息包括:原告的姓名/名称、通信地址;被告的姓名/名称、通信地址、案情及诉讼请求的简要陈述(通常不超过十行文字,更为详细的事实、诉讼请求需要在网络立案之日起14日内另行向法院提交)、经原告或其委托代理人签署的诚信承诺书("Ibelieve/The Claimant believes that the facts stated in this claim form are true.")。被告在提交答辩状时也需要作出相同的承诺("I believe/The Defendant believes thatthe facts stated in this defence are true.")。

由于网络立案即是互联网办案的基础与起点,一方面应当做好网络立案系统本身的系统准备;另一方面也应当明确,网络立案系统应当与办案系统、管理系统等相关系统做好衔接和匹配,应当在设计之初即做好系统的整体化方案准备。

(二)网络立案的适用范围

目前通过网络手段解决纠纷的主要模式包含以下三种:(1)网络手段解决部分程序问题但办案过程仍然线下化模式;(2)案件办理过程全部在线处理,但限于书面批量审理模式;(3)通过视频开庭与证据传输等手段的在线审理模式。

立案是上述三种模式里运作较为成熟的环节,完全具备全面推行的条件。建议对于法院受理的、适用网络立案的案件类型予以区分界定,分别明确必须适用、选择适用和不可适用的案件类型。同时,以必须适用为原则,以选择适用和不可适用为例外。必须适用,是指排除当事人的意愿,应当强制通过网络方式进行立案。选择适用,即该类型案件要适用网上立案,需要基于双方的同意。对于此类同意的意思表示载体,建议参考民事诉讼法上的管辖条款或管辖合意来判断。不可适用,是指根据法律的规定,不能通过网络方式进行立案。建议不可适用的案件类型:(1)涉及身份关系的案件;(2)部分特别程序案件。

(三)立案人身份信息核实与认证

《最高人民法院关于互联网法院审理案件若干问题的规定》中明确可以通过证件照比对、生物特征识别或者国家统一身份认证平台认证等在线方式对立案人身份信息予以核实与认证。

实践中,针对自然人的"证件比对、生物特征识别"和针对法人单位的"证照比对"身份认证方式已经普及。从各地网络立案对申请人的身份限制来看,网络立案全部直接对律师开放,对自然人开放的法院并不多。浙江法院的立案系统对自然人开放,但自然人在申请立案前的注册环节需要提交照片、并进行人脸扫描等步骤。对于自然人身份的真实性,浙江法院还采取了与"支付宝"合作的方式,通过调取申请人"支付宝"的相关信息,来确定申请人身份的真实性,以防他人冒名恶意立案。

综合以上，针对立案人身份信息核实与认证可以实施的具体措施：

1. 依托各类资源，规范和统一网络立案的身份认证标准

按照 2018 年 7 月 25 日印发的《国务院关于加快推进全国一体化在线政务服务平台建设的指导意见》，综合自然人身份信息、法人单位信息等国家认证资源的全国统一身份认证系统于 2019 年年底前建成，并依托国家政务服务平台运行。此外，最高人民法院正在建设全国律师信息库。该库可以为全国法院提供律师的相关数据，各地法院通过该库的接口核实网络申请立案的律师身份。我们设想，对于上述资源中的信息，可以开发与网络立案系统对接的技术通道，通过相应技术方法实现对立案人身份真实性的核查。

2. 明确网络立案身份认证的技术方法

建议要求立案人通过手机、人脸识别等方式在相关法院和仲裁机构网络争议解决平台进行实名注册。立案人需同时提交身份证件照片或扫描件正反面，法人或非法人组织需提交相应的营业执照与法定代表人（负责人）身份证明照片或扫描件；立案人委托律师代理立案的，律师的系统账号及密码可与其律师执业证号信息等联系，以此来核实其身份。前述全国统一身份认证系统和全国律师信息库建成后，则以相关系统中的信息为核实依据。相关法院和仲裁机构后台自动/人工方式完成材料审核和实名认证，并通过网络方式即时通知立案人。

（四）网络立案材料的形式要求

网络立案的便捷之一就是可以通过网络提交电子材料。而电子材料的处理，需要有一定的格式，如文字材料需要做成 WORD 文件或者 PDF 文件，图片需要 JPG 或其他格式。格式不明确或不统一，都会给申请人、法院、仲裁机构接下来的处理工作都带来不便。

纽约州法院对网络立案系统中上传文件有统一的格式要求，比如必须为 PDF－A格式的文件，200DPI 的最低分辨率要求，不得插入 Javascipt 等软件插件，不可使用安全措施加密，须隐去敏感信息等。不符合要求的文件将被系统检测而无法上传；敏感信息若遗漏未抹去，法院则将会用技术手段自动识别并涂抹隐去。

在英格兰与威尔士，当事人通过“在线金钱索偿系统”向郡县法院提交的立案申请表不得超过 1080 个字符（包括空格），通过 CE Filing 向高等法院提交的文件每份大小不得超过 50MB（超过需要拆分）。

就我国司法实践而言，对于申请人通过网络立案应提交哪些材料，目前未见相关规定，大多数法院还是依据《民事诉讼法》第 119 条立案的标准来把握，各自制定各地标准。如《北京法院网上直接立案工作办法（试行）》和《北京法院网上预约立案工作办法（试行）》中，对申请立案提供材料的要求并不统一，特别是预约立案中要提交材料的要求不具体，申请人的可操作性不强，也给法院立案受理增加了一定工作量。

综合以上,对网上立案材料的形式要求建议:

1. 统一各网络立案提交电子材料的格式。如应当附与书面材料内容一致的可编辑的起诉状、申请书 WORD 格式的电子文本,其他材料 PDF 格式的电子文本,并限制一定的文字数量。图片材料的提交,需要确定图片格式,如 JPG、BMP 等格式,并规定图片的大小。全国统一的格式,有利于律师或当事人按照要求制作电子材料,也有利于法院立案系统的运行,也方便法院对材料的审查工作。

2. 对各类材料需要做成何种格式的电子文本作出明确要求。如起诉书、答辩状、录音内容等当事人为起诉而制作的文字材料,必须提供 WORD 格式,不能是对书面材料进行拍摄后提供的图片文件。如证据材料必须提供证明材料的图片格式或 PDF 格式的电子文件;如证据所载文字不清时,可以附以 WORD 格式的文字材料用来说明。只有明确统一的格式要求,当事人或律师在制作材料时才能统一,也为之后的庭审中需要的电子材料做好对接。

3. 立案、审理、执行所需电子材料的格式应当统一。立案时所提供的电子材料,应当考虑到整个审判、执行所需材料衔接的问题,即立案所提供的电子材料,在审判、执行过程中都可以直接使用。因此,对于立案所提交电子材料的格式,应当与审判、执行中所需电子材料的格式一致,能保证各系统调用电子材料的便捷性和当事人提供材料的一次性,节约人力、物力、财力。

(五)网络立案的材料审查

立案阶段,申请人为提交材料的一方,法院对申请人提交的材料仅进行初步的审查,并不对材料内容的真实性进行实质审查,初步审查申请人提交的材料是否符合《民事诉讼法》第 119 条的规定,即以形式性审查为主。在立案阶段对方当事人并不参与立案程序,对申请提交材料内容的真实性要求不高,审查电子形式的材料已经可以满足立案的需要,所以可以不核实原件与电子材料是否一致。在英格兰和威尔士,当事人通过 CE Filing 向高等法院提出立案申请,以及立案之后利用该系统传递诉讼文件时,需要妥善保存提交文件的原件,以应对对方当事人或法院可能提出的检查要求。

基于网上立案文件审查的特点,我们建议:

1. 在立案时,要求网络立案申请人(原告)必须承诺并遵守《网络立案承诺书》,声明并承诺立案所属事实属实,请求有法律依据,并应逐项明确所提交证据是否有原件。如果声明有原件的,原件与网上立案提交的文件应一致,并确保保留原件备查。案件审理中,如果发现网上立案所提交材料实际无原件(而在立案时谎称有原件),或者所提交材料与原件不符的,应当受到惩戒。

2. 在立案阶段建议不核实电子材料与原件的一致性。通过上述声明、承诺与处罚的方式保证申请人所提交的电子材料与原件的一致性,也实现网络立案方便、节约、快捷的初衷。

3. 还应当倡导建立电子证据制作与存储的技术标准，探索通过区块链技术、加强应用分布式计算存储和信息加密技术等手段建立符合电子证据标准的信息存证固证方式，从而实现证据的电子化与证据的可溯源，从根本上解决证据真实性的核实问题。

（六）网络立案的受理

在纽约，当事人在 NYSCEF 系统中完成立案后，法官助理会审核并为案件分配一个案件号。立案生效的时点与诉讼时效直接相关，殊为重要。立案产生法律效果以成功网上提交案件及获得确认函为准，与分配到案件号的时间无关。如果起诉文件中有文件形式方面的错误，或者是误传的无关文件等明显失误，法官助理会要求更正或退回立案，但该退还不影响立案的法律生效时点。当更正或重新提交案件后，立案的法律生效时点适用第一次提交的时间。在英国，当事人在网上填写完立案申请表之后，法院发出立案申请，就视为发生立案效果。就中国大陆的法院立案受理，我们建议：

1. 建立立案受理自动审核系统

最高人民法院出台的《登记立案规定》给网络立案受理的基本条件提供了规范性依据。网络立案的受理条件，可以借鉴该规定第 4 条。该条明确了民事立案所需要的具体材料要求："民事起诉状应当记明以下事项：

（一）原告的姓名、性别、年龄、民族、职业、工作单位、住所、联系方式，法人或者其他组织的名称、住所和法定代表人或者主要负责人的姓名、职务、联系方式；

（二）被告的姓名、性别、工作单位、住所等信息，法人或者其他组织的名称、住所等信息；

（三）诉讼请求和所根据的事实与理由；

（四）证据和证据来源；

（五）有证人的，载明证人姓名和住所。

行政起诉状参照民事起诉状书写。"

建议在网络立案系统中，按照上述规定的要求，设置相应的网络页面，申请立案人按照要求填写完成相应页面，经系统自动审核，满足相应条件，即可完成网络立案的受理。如不符合相关要求，网络立案页面出现红色特别提醒，提醒申请人完善相关材料和要求。

系统自动审核而通过的网络立案材料，进入受理环节。这样既符合《登记立案规定》中登记立案受理的要求，也可以节省大量的人力、物力和财力。

2. 受理后分配受理号

《登记立案规定》第 2 条规定："对符合法律规定的起诉、自诉，人民法院应当当场予以登记立案。”该条要求当场立案的前提是符合法律规定的起诉,即符合《民事诉讼法》第 119 条规定的条件。是否符合规定,需要进行审查。因此,网络立案受理后,需要法院立案人员对材料实行审查,受理与决定立案之间需要一定期限。在法院审查是否符合条件期间,为方便法院对受理案件的管理,也方便当事人对法院受理后审查结果的查询,受理系统应当自动分配一个受理号(非正式立案的案号),作为立案受理的记录,类似于案号的作用和功能,只在受理后决定立案前使用。受理号可采用法院的现有编号,如北京朝阳法院的受理号可以编写为:“(2018)京 0105 民网受××××号”。

(七)网络立案的审查

纽约法院的法官助理在审核立案时不会审查案件的实质内容。如前所述,法官助理仅在非常有限的几种情形中会退回案件材料或拒绝立案,比如上传了其他案件的文件。仅作“形式审查”并非法官助理的偷懒或约定俗成的操作,而是法律的明文规定。纽约民事诉讼规则 CPLR 2012(c)规定了法官助理不能因除了明显形式错误或失误以外的原因退回或拒绝立案。

从我国法律规定来看,立案审查也主要是形式审查,审查内容为是否符合《民事诉讼法》第 119 条的要求。在网上立案审查过程中,建议不要将“案由”作为审查的内容。有个别法院在立案过程中要求申请人在诉状中写明“案由”,“案由”不对不给立案。从最高人民法院的《民事案件案由规定》来看,案由是法院内部对案件管理的分类,并非当事人的义务,法院不应要求当事人确定“案由”,更不应因为当事人确定的“案由”不对而不予立案。

《登记立案规定》第 8 条规定了审理期限,网上立案的审查期限也应遵守该规定的期限。期限的起算时间,根据在线办理的特点,建议以当事人提交的材料到达法院的相关系统之日为起算时间。

(八)网络立案的退回与材料补正

网络立案所提供的材料均电子材料。电子材料比实体书面材料的优势之一是不需要人工参与转递,节省人力、物力等资源。另外,电子材料不同于实体材料的优势是其数据存储的虚拟性,基本不需要物理空间,可以大量存储。满足一定结构化要求的数据,可以存储在相应的公共平台上,作为大数据分析、人工智能技术开发的重要资源。因此,对于网络立案中电子材料的退回与材料补正提出具体建议如下:

网络立案的电子材料,不需要设立退回程序,只设立通知当事人补充或重新提交的程序。理由如下:首先,材料退回当事人没有实际意义。电子材料不同于书面材料,书面材料退回当事人后,当事人可以保存,以备用;而电子材料当事人都存储有电子版,退回来多一份并无实际意义。其次,不退回还可以减少法院工作人员的操作,减少系统设备的运行,提高工作效率。最后,不退回的材料仍留存在系统中,当事人对法院要求补充或重新提交材料有异议时,可以备查。

（九）网络立案的不予受理

对于不符合立案条件的,建议在线告知立案人不予受理或不予立案的结果和理由。对于立案人存有异议的,建议以在线方式出具相关文书并在线送达立案人。鉴于不予受理的裁定属于法定的可以上诉的裁定书之一,从普通法院的角度出发,应当允许在送达方面突破“三书(判决书、调解书、裁定书)”不能电子送达的规定,将不予受理的裁定书以电子方式送达当事人。同时,针对不予受理的案件从技术上开发单独的操作渠道,形成独立的电子档案,协调上下级法院的流程。以便一旦当事人不服裁定而提出上诉的,同样可以通过在线方式提出上诉、电子方式送达上诉状、二审法院可以直接调取电子诉讼档案,二审法院可以在线审查并作出终审裁定。

（十）网络立案的异议救济

在英格兰和威尔士,任何由法院程序引起的争议,无论是在网上进行还是线下进行的程序,都可以通过“程序听证会”(procedural hearing)来解决。目前中国法院的《登记立案规定》第7条对于当事人提交材料不符合立案要求的“人民法院应当一次性书面告知在指定期限内补正”。现有的立案程序只给当事人在指定期限内一次补正的救济机会。

网络立案仍是立案的一种方式,对于立案的实质性要求,仍然采用《登记立案规定》的要求,即采用一次性告知、当事人在限定期限内一次补正的救济程序。另外,我们建议设立恶意立案惩戒制度。网络提交立案材料便捷、低成本,可能会出现当事人恶意滥诉、立案的情况。对于审查不能通过,而多次提交材料申请立案,材料的基本内容未有明显不同的当事人,建议给予惩戒,防止恶意立案,浪费社会资源。

（十一）网络立案的立案通知

现有的网络立案实践是法院和仲裁机构基本上通过发送短信的方式来通知。我们建议除短信送达外,还通过开设专门办案(诉讼/仲裁)平台系统内的通知及邮件通知。通知内容为当事人立案受理结果,并将“案号”一并发送至当事人(发送方式涉及送达,详见送达)。另外,通知中还应当明确费用的交纳方式、数额、期限、法律后果。

（十二）网络立案的费用缴纳

通过纽约州法院NYSCEF系统、英格兰与威尔士“在线金钱索偿系统”及CE Filing系统网上立案均可在线缴纳诉讼费用,不需要为使用网上立案支付额外的手续费。但在英格兰和威尔士高等法院存在例外情况,即在适用《破产规则》(Insolvency Rules)的案件中,某些费用的缴纳排除网络付款方式,如在解散公司请求中需要支付的保证金只能通过支票缴纳(the official receiver's deposit for awinding up petition)。

北京法院与农业银行合作,通过农业银行的网银可以实现网络交纳诉讼费,不需要当事人到法院窗口或银行柜台交纳。当事人交纳诉讼费的情况实时同步到法院案件系统中,方便、及时。但目前通过网络交纳诉讼费的方式,仅限于农业银行的网银,其他银行还未开通。对于没有农业银行网银的当事人还有一定的不便。

我们建议最高人民法院与银联商议,实现各银行都可以交纳案件受理费。同时还应配合采用在线缴费的方式,即原告可以通过支付宝、微信、网银等直接进行交纳。在原告完成缴费后,应当在线形成缴费凭证,并允许当事人和法院在线下载缴费凭证或将缴费凭证自动整合到案件的电子档案之中。

(十三)网络立案与后续程序的衔接

建议立案与审判系统的对接。将立案系统与审判系统对接,立案时所提交的电子材料,直接对接审判系统,作为审判系统的材料。从实际运转情况看,目前,几家先试先行的互联网法院已经初步实现"利用诉讼平台随案同步生成电子档案并以电子档案代替纸质档案进行案卷移送和归档"的操作。如果下一步在各类普通法院中也推行网络立案,则需要有权机关出台相关规定,统一规范网络立案中当事人电子材料的提交程序、标准和要求,完善电子材料向诉讼材料的转化流程,肯定电子材料的法律效力,让电子材料在案件审理中"名正言顺"。

建议下级法院与上级法院系统的对接。实现上下级法院系统的对接,免除案件移送过程的时间浪费和流程不透明。

建议网络立案与多元化纠纷解决机制的对接。当前,各地法院都在大力推进多元化纠纷解决机制。常见的做法是在立案环节,即将案件分流到相关的社会调解组织,并设置一定的调解期限。多元化纠纷解决机制,引入社会力量化解纠纷,还可以为法院工作提供缓冲,应予推广。建议在网络立案中,设计与各类调解组织在线对接的系统,鼓励开展案件的在线调解;尊重当事人的选择权,调解不成的,及时在线推动案件进入正常的审判程序。

(十四)网络立案中的保全

要大力推广网上立案,也应当允许当事人在线提交保全申请。这在技术上没有障碍。需要注意的是,《民事诉讼法》规定人民法院接受申请后,对情况紧急的,必须在48小时内作出裁定。网上立案时,如何界定法院接受申请的时间,存在疑问。如果以到达主义为标准,保全申请文件提交至法院相关系统之时起算48小时,这将给保全审查法官带来巨大工作压力。我们认为,财产保全关系重大,在便利当事人提交申请的同时,应当加强法官对申请的审查;需要通过听证、谈话确定申请有事实基础,符合法律规定的,应当听证、谈话,不宜过分简化审查程序。

无论是诉讼保全还是诉前保全,都存在接受申请的法官与实施保全的执行人员之间的案件材料移送。在开发智慧法院系统时,应注意以上环节的对接,免除材料移送的环节和可能耽误的时间。

根据目前的《仲裁法》规定,在仲裁程序中当事人申请财产保全的,保全申请文件由仲裁机构转递法院,再由法院进行审查、裁定和实施。近日,北京仲裁委员会与北京市第一中级人民法院进行了网上保全的对接安排。具体流程如下:

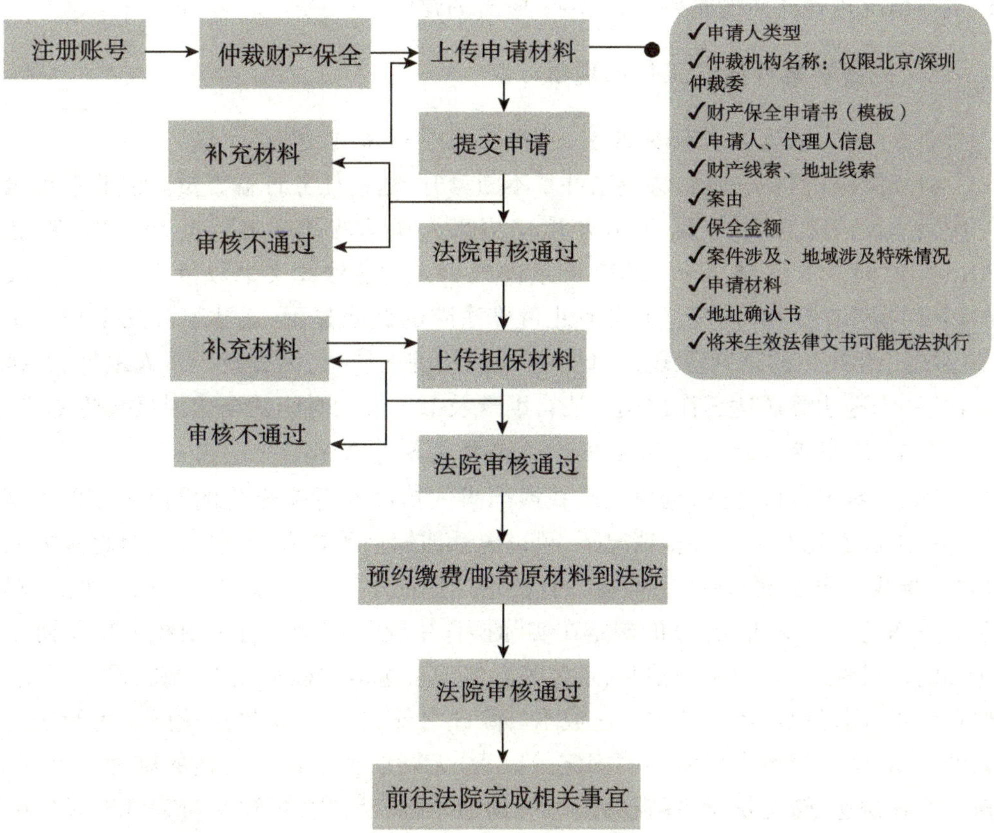

注:以上流程示意图依据北京市第一中级人民法院网上财产保全服务平台:http://bjbq.86court.com/index.html? type=0 制作,2018 年 11 月 30 日。

上述先试先行的安排将给当事人带来极大的便利。我们建议这一经验在全国推广。

第二章 电子送达

一、电子送达概述

送达难是争议解决实务中的常见问题。互联网等信息技术的发展,既为提高送达成效提供了契机,同时也冲击着既有诉讼法规则合法性和有效性的边界。如何充分发展电子送达并实现规则重塑,就成为当前争议解决实务中的重大课题。我们认为,在重塑电子送达时,仍要坚持公正和效率的双重价值取向,既要建立制度机制推广电子送达,同时也要为送达程序中产生的各类异议设置救济程序,有效保障当事人正当的程序利益。基于这样的理念,我们在对当前民商事案件电子送达实务情况进行调研的基础上,提出了应对的建议。

二、民商事案件送达工作的现状

(一)传统送达方式任务繁重,且占用大量司法资源

自立案登记制实施后,法院案件量不断攀升,送达任务日益繁重。以北京市第三中级人民法院为例,该院2016年度向当事人送达法律文书数量56,618件,较2015年度同期增长16.8%。2017年度向当事人送达法律文书数量78,242件,较2016年同期增长38.19%。来自河北黄骅法院的调研显示,送达事务几乎挤占了基层法院约40%的审判资源①。而根据无锡法院的统计,因查找当事人地址、直接送达、公告送达等送达工作占用了法官助理及书记员的时间甚至达到60%左右②。

(二)民事诉讼法规定的传统的送达方式各有限制

第一,对于直接送达,当事人难找或当事人拒收和躲避送达的问题突出,在实际操作中成本耗费大。许多情况下,可以电话或短信等联系上当事人,但直接见面则“人难找”、见了面后则“字难签”,直接送达送而不达的现象并不罕见。第二,对于留置送达,《民事诉讼法》的规定在实际操作中比较困难。有关组织或单位协助送达的积极性不高,而采用拍照、录像等方式记录送达过程则成本太高、操作不便、保存困难,同时也不利于节约司法成本。除此之外,法律将留置送达限定为受送达人的住所,由于当事人住所的不固定等因素,无疑增加了留置送达的难度。第三,对于委托送达、转交送达,存在部门之间沟通不畅,法律文书移交过程耗时长。因此采用这类送达方式的情况较少。第四,对于邮寄送达,往往耗时较长,当按送达地址找不到被送达人,或者被送达人拒绝签收时,送达回执往往不能及时退回法院。且邮件回执上受送达人签名不准确的问题突出,是否本人签名难以核实。而如果是代为签名的,代签人的身份又无法核实。以上种种,会影响案件的正常审理。第五,对于公告送达,实践中适用的前提条件太多,效率低下,成本高昂。

(三)仲裁在送达方面的努力与尝试

仲裁程序的效率性追求,对于送达方式提出了更高标准。在仲裁方面,仲裁同

---

① 黄骅市人民法院:《民事送达难的成因及对策分析》,载 http://www.hhfy.gov.cn/detail/00001860/,最后访问日期:2019年12月1日。

② 《无锡启动司法文书电子送达》,载《无锡日报》2018年1月20日。

样追求公正和效率两大价值目标,但仲裁程序所凸显的效率更优于民事诉讼,这也是仲裁在争议解决体系中能够取得一席之地的重要基础之一。体现在送达上,仲裁的送达方式较民事诉讼的送达方式,更侧重于效率方面的考虑。以北京仲裁委员会仲裁规则为例,该会仲裁规则(2015)第 8 条规定:"……向一方当事人或其仲裁代理人发送的仲裁文件,如经当面递交收件人或发送至收件人的营业地、注册地、住所地、惯常居住地或通讯地址,或经对方当事人合理查询不能找到上述任一地点,仲裁委员会仲裁院以挂号信或特快专递或能提供投递记录的包括公证送达、委托送达和留置送达在内的其他任何手段投递给收件人最后一个为人所知的营业地、注册地、住所地、惯常居住地或通讯地址,即视为有效送达。"前述规定采用"最后一个为人所知"的地址作为送达地址,体现了仲裁界在这方面的积极探索和尝试。但实践中,与法院相同的传统送达方式的掣肘,在仲裁送达工作同样存在。往往因为各种原因,仲裁文书未能被仲裁被申请人签收,极大影响仲裁程序的效率。在此情况下的仲裁,还常被当事人以送达程序不当为由,主张仲裁违反法定程序,申请撤销或不予执行仲裁裁决。

三、国内外争议解决机构的探索

与前述传统送达方式比较,电子送达方式有其不可比拟的优势:第一,即时送达,而且到达即生效,不会再发生拒签拒收现象;第二,大大降低了送达工作的成本,有效节约了司法资源;第三,全程留痕,避免纸质文书材料丢失的风险和人为操作失误;第四,当事人在第一时间知晓事件的进程,程序权利也得到保证。因此,国内外的争议解决机构在电子送达方面进行了大量的探索和尝试。

(一)北京法院系统的先试先行经验

2017 年 8 月,北京市高级人民法院举行集约送达工作专项推进会,借助信息技术成果推广电子送达方式。2018 年 4 月,北京市高级人民法院出台《关于推进集约送达工作的规定(试行)》,将电子送达作为重点适用的送达方式。

北京法院的做法是,工作中注意引导当事人选择电子送达。受送达人同意电子送达的,在填写《送达地址确认书》时,自愿选择微信、电子邮件、北京法院审判信息网、传真等电子送达方式并确认接收诉讼文书的电子送达地址。而在适用电子送达的顺位上,对于特定对象提出了更高标准,如北京市注册律师、国家行政机关、银行、保险以及其他企业等机构,经其同意的,优先适用电子送达。

适用电子送达的具体方式,首先,受送达人需向法院提供有效手机号码,用于接收法院以短信形式发送的诉讼文书送达提醒,法院短信提醒号码为 65612368,以便于识别。其次,根据不同途径,采用不同方法:(1)如受送达人同意通过"北京法院诉讼服务"微信公众号接收诉讼文书,则通过微信关注并按要求注册绑定即可。

(2)如受送达人同意通过电子邮件接收诉讼文书,则需提供接收电子邮件的邮箱。(3)如受送达人同意通过"北京法院审判信息网"接收诉讼文书,要登录网站并按要求注册绑定。(4)如受送达人同意通过传真接收诉讼文书,需提供传真号码。

适用电子送达方式送达的,到达受送达人特定系统的日期为送达日期;同时,送达人员应制作包含发送地址信息、受送达人名称、接收地址信息、发送时间、诉讼文书名称等内容的送达工作记录,并打印送达成功记录存卷备查。此外,北京市高级人民法院规定,判决书、裁定书、调解书不适用电子送达。

(二)无锡法院系统的先试先行经验

无锡法院于2018年年初建成"无锡法院统一电子送达平台",实现了除判决书、裁定书、调解书以外的司法文书电子送达的"零距离、零等待",有效提高了办案效率。从2018年5月开始,无锡法院在民商事案件审理过程中,除符合直接送达条件的案件外,全部优先适用电子送达方式,同时,严控邮寄、公告等传统送达方式的使用。

"无锡法院统一电子送达平台"是基于大数据和互联网的应用,由法院联合公安、电信资源,设置专门端口,通过公安部门的协助,查询到送达对象准确的身份信息,再借助电信短信实现除判决书、裁定书、调解书以外的起诉状、答辩状、上诉状、开庭传票、举证通知书、执行通知书等各类文书送达,建立起对外数据发送对接三大电信运营商、对内业务管理对接法院法综系统的送达平台。具体适用时,法官可通过送达平台,在输入受送达人身份信息后,可向该被送达对象实名制登记下所有手机号码发送文书送达通知短信,且短信明确告知"本通知短信到达生效,视为已送达"。同时,法院送达平台显示发送结果为"成功",并清晰标注每个电信运营商名下的手机接收到该条送达短信的具体时间。电信运营商通过系统向受送达人发送相关电子文书,同时将已收、已读情况反馈到送达平台,生成截图作为送达回执。这既减少了案件文件打印、人员送达、记录签收等工作步骤,也避免了纸质材料丢失的风险和人为失误操作,大大降低了送达工作的各项成本,有效地节约了资源。此外,无锡法院还依托12368诉讼服务平台,将电子送达的发送号码统一显示为051012368热线号码,以防止不法分子利用手机短信实施诸如"法院传票"诈骗行为。

(三)中国广州仲裁委员会的先试先行经验

广仲关于电子送达,主要体现在《广州仲裁委员会网络仲裁规则》(以下简称《广仲网络仲裁规则》)第9条到第11条,该规则是《广州仲裁委员会仲裁规则》(以下简称《广仲仲裁规则》)的组成部分,同时优先于《广仲仲裁规则》而适用。广仲关于电子送达的主要规定总结如下:

第一,前置工作,确定电子送达地址。广仲送达采取两种方式:其一,当事人事先在仲裁协议或者合同中约定电子邮箱及移动通信号码(包括但不限于手机号码、微信账号、QQ 账号),作为其电子送达地址或者号码。其二,当事人在申请仲裁或者答辩时,应当向仲裁委确认自己的电子送达地址。如果当事人未约定也未向仲裁委确认的,则其在网络交易中使用的或者在网站注册时填写的电子邮箱或者移动通信号码,可以作为其电子送达地址或者号码。

第二,电子送达程序。广仲的电子送达可以采用传真、电子邮件、移动通信等即时收悉的特定系统作为送达媒介。相关媒介发送成功的日期为送达日期,但允许当事人通过举证来推翻。

第三,特殊情形的送达。如果广仲或者一方当事人经合理查询仍不能找到受送达人的电子送达地址或者号码的,广仲可以通过网络仲裁平台为受送达人生成电子邮箱,作为其电子送达地址。就此,广仲按照《广仲仲裁规则》第 49 条(邮寄送达)向受送达人邮寄送达仲裁通知,并告知仲裁委为其生成的电子邮箱及密码。如果受送达人确认前述电子邮箱或者提供新电子邮箱的,则可据此对其进行电子送达。如果受送达人未确认电子邮箱的,广仲按照上述邮寄送达的相关规定向受送达人送达有关案件材料。

(四)美国纽约州法院的经验

如第一章所介绍,美国纽约州法院使用网上立案系统 NYSCEF。该系统同样具备网上电子送达的功能。

1. 适用范围

在纽约法院,起诉材料(指原告用于立案所提交的有关材料)在任何情况下均应书面送达相对方,除非相对方已经是 NYSCEF 用户并且同意接受起诉文件的电子送达(非常罕见);后续材料(泛指立案后进一步提交的文件材料)的送达即适用下述强制型案件或合议型案件的规则。

在强制型案件中,适用电子送达是强制的。仅有例外为 Pro Se(自己出庭,无律师代理),在此情况下,无律师代理一方可选择不适用网上案件管理,并要求对方书面送达。

在合议型案件中,适用电子送达须经相对方同意,一般在书面送达起诉文件时,原告会附随一份征求相对方是否同意适用网上案件管理的文件,经相对方签字同意即可电子送达后续文件。

值得注意的是,如果相对方是 Pro se,则其在任何情况下(即便在强制型案件中)可选择不适用网上立案及送达体系,要求对方书面送达。从实际角度来说,原告仍可继续在 NYSCEF 中上传相关案件材料,但是都必须使用书面方式送达并且将送达回证扫描后一并上传 NYSCEF 中。

2. 送达流程

由于电子送达是在文件上传时自动完成的,没有特别的单独流程。在NYSCEF系统中,每当当事人或其律师即将完成一项文件的上传时,就能看到一份列表,显示这份文件即将被电子送达以及受送达的各方名称及信息和无法被电子送达的各方(如有)。当点击确认上传文件后,刚才列明可以电子送达的各方已由系统自动完成送达并收到电子送达确认函。而无法被电子送达的各方则需要发送人完成后续的书面送达,并且将书面送达回证扫描上传至NYSCEF以闭环该文件的上传及送达流程。

3. 电子送达的通知及效力

如上所述,在NYSCEF系统中,若电子送达适用,则相关文件上传NYSCEF后,该文件即自动电子送达相关方,相关方会收到邮件提示有新文件送达,而发送方会收到一份电子送达的确认函。这些通知均为系统自动同时发送,以确保无人介入及透明度。根据纽约法院有关规则,"网上送达电子确认函具有证明相关系统电子邮件已经妥善送达相关电子邮箱的效力,除非文件上传方明知相关通知无法送达相关方"。纽约法院的这种做法表明,其在确认送达效力问题上,采取的是"到达主义",且一切由网络系统自动进行。

4. 电子送达的争议解决

同传统送达可能产生争议一样,电子送达所产生的争议一般将由法官通过一种称作traverse hearing的程序来裁决争议。同时,法官也可能免去听证,直接基于双方正式或非正式的申请决定一项有关送达的争议。

5. 纽约州律师对于网上立案及送达系统的使用反馈

纽约州律师对网上立案和电子送达有着非常积极的反馈。第一,便捷。案件可在任何时间任何地点上传文件。第二,效率。送达及其他通知的发送是通过电脑系统自动实时发送,不存在延迟。同时,后续文件上传后即自动完成电子送达并发送通知。第三,低成本。网上立案及送达一定程度上省去了纸质文件的送达、储存及调取的成本,节省了各方用于往返法院的时间及费用,大大节省了律师、当事人、法官助理以及法院的成本。第四,环保。纸质文件向电子文件的转变,节省了纸质文件的打印量,保护了环境。

电子送达也有着适应与过渡的客观要求。目前,美国法院老一辈的法官们虽然接受网上案件管理的概念,但是仍然非常习惯阅读纸质文件,在纽约,律师经常被要求在网上提交文件之外,再打印一份以作法官书面审阅之用。部分案件的文件量非常大,导致了律师额外的工作量。

(五)英格兰和威尔士法院的经验

在英国,当事人提交立案申请时,其需要就送达方式作出选择,即自己送达或由法院送达。如果是自己送达,那么它可以通过传真或其他电子方式送达,前提是另一方事先同意。如果有合理的理由,法院也会下令允许当事人电子送达,如果法院下令允许当事人自行通过电子送达,则可选择的方式包括邮件、Facebook,如果是法院禁令亦可通过 Twitter 送达。

四、对于目前电子送达的小结

(一)现在国内施行的电子送达方式,缺乏明确统一的制度基础和详细规范的操作流程,在实践中易引发争议

《民事诉讼法》第 87 条规定,经受送达人同意,人民法院可以采用传真、电子邮件等能够确认其收悉的方式送达诉讼文书,但判决书、裁定书、调解书除外。《最高人民法院关于适用〈中华人民共和国民事诉讼法〉的解释》第 135 条规定,电子送达可以采用传真、电子邮件、移动通信等即时收悉的特定系统作为送达媒介。可见,从法律和司法解释的高度,对于电子送达,要求需当事人确认同意,原则上采用电子邮件、移动通信等即时收悉的特定系统,且裁判文书等不能电子送达。

在实践方面,从最高人民法院到地方各地法院,大量开展了电子送达的试点工作。从途径来看,不仅仅包括电子邮箱,还有微信、阿里旺旺、短信、微博乃至各类网络社交平台 APP。从内容来看,涵盖了各类诉讼文书包括"三书"等裁判文书。从程序来看,也有法院在探索,在当事人未确认同意的情况下,也适用电子送达的方式。各种送达方式的尝试尚缺乏制度基础和统一的规范,其合法性、安全性容易引起争议。

(二)互联网环境下,电子送达的有效性问题突出

高效便捷是电子送达的生命力所在,但这与有效性容易产生掣肘。如何在提高效率的同时保证有效性,值得关注。一方面,基于网络的虚拟性、非直接面对性等特点,送达的效力容易受到受送达人的否认;另一方面,电子送达中受送人的程序权益也容易受到侵犯,需要按照价值平衡的理念,确保送达效率同时,也确保有效性,同时给受送达人权益保障和救济途径。

(三)电子送达完成后存在异议大、证明难的问题

从我国现行法律规定来看,送达程序完成与否的证明责任在于法院或仲裁机构,因为前述机构系送达程序的发起方,在送达程序的过程中处于绝对的主动方和优势方。但在实践中,因目前尚缺乏可溯源性电子送达技术的引入,相应的第三方客观判定(如网络公证等)亦没有充分的发展,如果不能形成电子送达的第三方的客观证据,一旦诉讼或仲裁中当事人对于电子送达是否合法有效提出异议,往往使前述机构与受送达人陷入激烈矛盾,机构证明成本过高,且自证正当性的方式亦难

以产生说服力。

五、具体建议

(一)电子送达的基础准备

我们建议,最高人民法院出台针对电子送达的专项司法解释,对电子送达的关键节点问题予以明确和统一,避免目前全国各地自行其是的做法。特别是目前适用于互联网法院电子送达的先试先行经验,在成熟之后,应尽快面向全国其他普通法院普及适用。

此外,2017 年 2 月 28 日,全国法院统一新型电子送达平台(http://songda.court.gov.cn)开始在数家试点法院上线试运行(详见下图)。

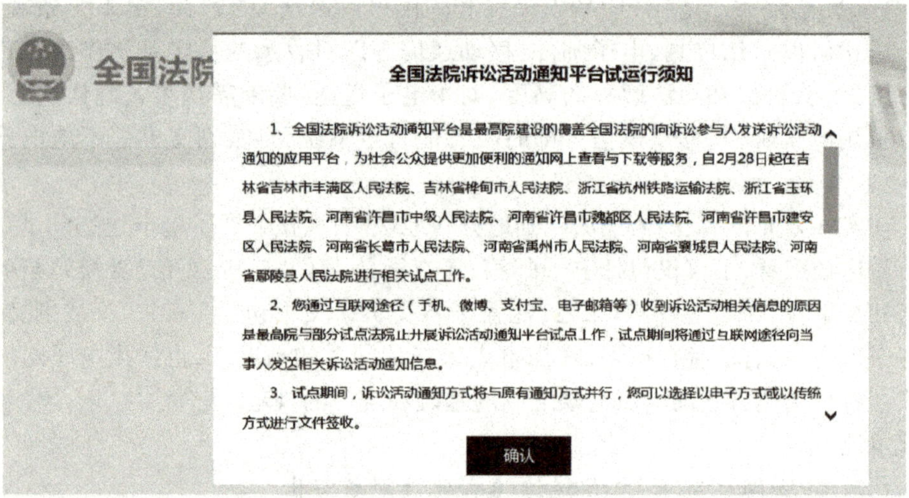

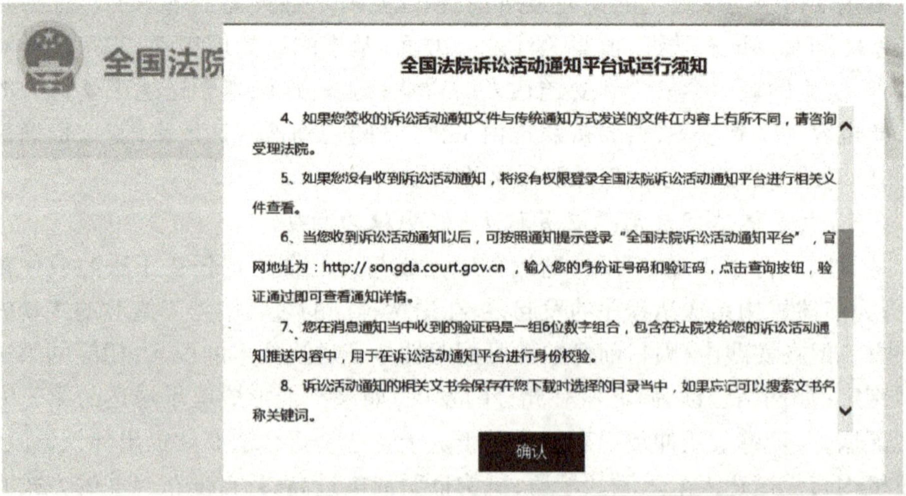

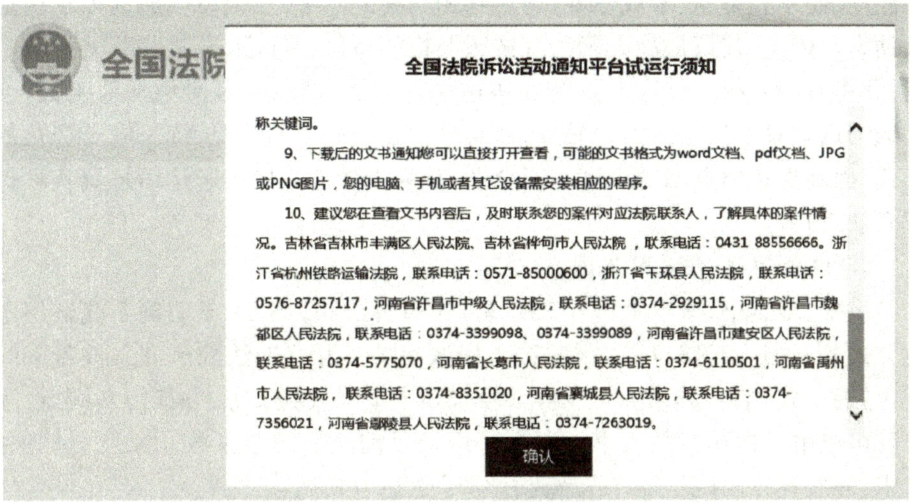

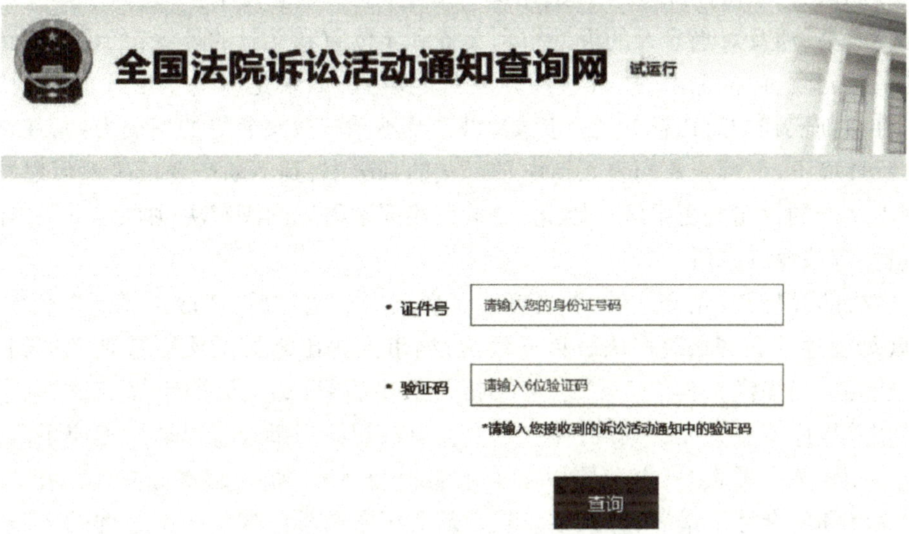

目前，该平台仅在个别试点法院试行，且仅支持受送达人通过新浪微博、新浪邮箱、支付宝等三大平台接收诉讼文书。该平台是否能真正建立和实现全国法院电子送达统一平台的作用，尚待观察。

有观点认为，针对当前电信诈骗高发的情况，应当建设全国法院内部专门的电子送达平台，一切电子送达均通过此类平台进行，一切平台外的送达均不应得到认可。我们认为，上述观点虽有其合理性，但是，对于互联网世界中存在的大量十分活跃、覆盖面广的外部互联网工具，如果不能合理的借助和运用，将是一种巨大的浪费，也会影响到电子送达效用的发挥。比如，腾讯微信用户已经超过9亿，其用户关注度、使用频率、技术成熟度，均达到相当高的水平，完全可以成为电子送达的巨大助力。因此，建议最高人民法院按照严格的条件和标准，选拔和对接外部各类工具，并将其纳入统一并定期更新的送达平台名册，被纳入名册的外部工具，通过其完成的送达具备法定效力。另外，针对电信诈骗高发的情况，统一电子送达的外在形式，提高送达信息的辨识度和安全性，并为受送达人核实送达信息真实性提供权威有效途径。

(二)电子送达的适用范围

判决书、裁定书、调解书等“三书”是《民事诉讼法》第87条明确不能适用电子送达方式的文书。2018年9月《最高人民法院关于互联网法院审理案件若干问题的规定》有一定创新，其第15条规定，经告知当事人权利义务，并征得其同意，互联网法院可以电子送达裁判文书。但上述规定目前只适用于少数几家互联网法院。实践中，一些地方法院已经在试点适用电子送达方式送达三书。

我们认为，立法排除“三书”适用电子送达，主要考虑在于：一是此三类文书的重要程度高，涉及对当事人的诉讼权利义务和实体权利义务的处置；二是与后续程序的衔接问题，包括上诉、执行以及办理其他事宜，如果是以电子形式体现的“三书”，在目前实践中难以被接受。比如，以涉及不动产权属变更的判决为例，在现在的实际环境下，很难想象当事人持电子形式的判决书，到不动产登记机构可以顺利办理不动产的权属变更手续。因此，如果上述问题得以圆满解决，则“三书”适用电子送达，应该没有障碍。

解决的设想：首先，可以给予当事人在受到电子送达后，获取纸质版“三书”的权利(如前述互联网法院司法解释亦规定，当事人提出需要纸质版裁判文书的，互联网法院应当提供)，但“三书”送达的相关法律后果，如上诉期起算等，以电子送达的相关程序节点为准。其次，在技术上亦可设想让当事人可以通过相应手段，下载或打印相关电子版“三书”，附以电子印鉴、电子密码、禁止编辑等方式，确保文书的真实性和安全性。最后，可以参考教育部关于学历学位教育经历查询的经验，开辟电子化的裁判文书核实渠道，以备实践中不同环境下可能产生的需求。

(三)电子送达的前置程序——适用条件

电子送达的核心问题，就是有效性。确保送达的有效性，则需要在送达前后，建设相应的机制，回应实践的质疑。

在送达前置环节应首先解决送达有效性问题。我国现行的法律和司法解释是以“受送达人同意”，作为解决这一问题的办法。实践中，“受送达人同意”是一种理想状态。在此种状态下，大量的问题将不是问题。可是送达难的根源，就在于案件中大量发生受送达人抗拒、规避送达的情况。为此，我们建议：

第一，就我国的法院和仲裁机构而言，在前置环节，对于“受送达人同意”的情况，可以比照现有的《送达地址确认书》制度，由受送达人形成电子版的《送达地址确认书》，并配合相关机构履行相应的身份验证手续。后续程序可当然适用电子送达。

第二，在诉讼程序中，当事人有律师代理的，代理律师的受托权限必须包括接受电子送达（接受电子送达的法定义务）。该授权不得免除或排除。在仲裁程序中，可以在仲裁规则中规定，如果当事人及其代理人不接受电子送达的，应承担额外的送达费用。

第三，对于未能取得"受送达人同意"的情况的送达。互联网时代就是大数据时代，生活或运转在大数据时代每个人、每个团体，都将会在互联网生活中留下越来越多的、代表自己的数据特征，这就可以成为我们探讨和设想在"受送达人不同意"的情况下可否适用电子送达的基础条件。《最高人民法院关于进一步加强民事送达工作的若干意见》第 8 条规定："当事人拒绝确认送达地址或以拒绝应诉、拒接电话、避而不见送达人员、搬离原住所等躲避、规避送达，人民法院不能或无法要求其确认送达地址的，可以分别以下列情形处理：……（四）无以上情形的，以当事人一年内进行民事活动时经常使用的地址为送达地址。"前述规定中的"一年内进行民事活动时经常使用的地址"，实际上也蕴含了可以通过受送达人一定期限内的互联网民事活动大数据特征来确定其身份和地址的做法。

因此，如果通过本部分建议一的方式，建设法院、仲裁机构与外部互联网工具平台对接的方式，则完全可以获取受送达人的互联网身份和实名制的注册信息，并通过一定期限内受送达人互联网活动的大数据，确认和佐证这一互联网身份的真实性。则即便在未取得"受送达人同意"的情况下，向其真实的互联网身份和地址进行送达，也就水到渠成了。前文提及的"无锡法院统一电子送达平台"，就是采用大数据分析的办法，通过对被送达对象在三大电信运营商实名制登记的所有手机号码发送短信进行送达。在其他一些实例中，一些法院针对作为微博大 V 或者开有个人网络公众号的受送达人，在其微博或公众号中发送送达信息，就是一种有益的尝试。

（四）电子送达的后置程序——效力确认

在"受送达人同意"情形下，鉴于此时已经形成了受送达人确认的《送达地址确认书》或类似材料，法院或者仲裁机构完全可以参照现行传统《送达地址确认书》的做法，以相关电子文件到达受送达人特定系统即视为送达，以到达的日期视为送达日期。

对于未能取得"受送达人同意"的情形，则比较复杂。此时的电子送达，完全是借助于大数据的力量，由人民法院或仲裁机构判断受送达人身份地址的真实性并进行送达，实践中也的确有可能存在数据有误、受送达人没有关注等原因，造成送达失效。因此，此时适用"阅读主义"，以送达到达后，受送达人表现出来的反馈信息或数据特征等，判断受送达人是否已经"阅读"受送达的信息并据此确认送达的有效性,较为妥当。此类反馈信息或数据特征,可以是受送达人的直接回复或行动,也可以是其网络活动内容比如在自己微博下的留言等,还可以是借助收信回执等技术手段表现出来的受送达人已实际知悉的证据。只要有迹象表明,受送达人已经阅知信息或者在接收到明知是相关机构送达的电子文书后仍拒不接收,则此时应可确认送达有效。

有鉴于受通知的权利是当事人正当权利中最基本的权利之一,在当事人未知晓诉讼,未经同意电子送达的情况下,法院或仲裁机构对首次电子送达按规则进行后即视为完成的做法,也的确面临着减损当事人权利的风险。为此我们建议,实践中,法院或仲裁机构可分步骤开展首次电子送达,可从具有长期交易关系的合同类案由先行试点,从影响程序利益小的通知开始,稳步推进此项工作。

(五)电子送达的证明

《最高人民法院关于进一步加强民事送达工作的若干意见》第11条规定,采用传真、电子邮件方式送达的,送达人员应记录传真发送和接收号码、电子邮件发送和接收邮箱、发送时间、送达诉讼文书名称,并打印传真发送确认单、电子邮件发送成功网页,存卷备查。第12条规定,采用短信、微信等方式送达的,送达人员应记录收发手机号码、发送时间、送达诉讼文书名称,并将短信、微信等送达内容拍摄照片,存卷备查。

上述规定对于电子送达的证据提出了原则性的操作标准。实践中,围绕电子送达的证据产生问题的主要是针对未能取得"受送达人同意"的情况。如前所述,这时如果采取电子送达,则法院或仲裁机构,是绝对的主导方,送达程序完成与否的举证责任在于法院或仲裁机构。送达程序完成的证据标准有法律明确的规定,但当送达效力产生争议时,法院或仲裁机构自行制作的送达证据恰恰就是争议的焦点,相关机构证明成本过高,且自证正当性的方式亦难以产生说服力。随着此种未能取得"受送达人同意"的案件数量越来越多,此类证据保全问题不容小觑。

为此,我们设想,可以按照第一条建议的思路,构建法院、仲裁机构与外部平台共同合作运转的电子送达系统;各方之间数据共享,并在此基础上开发送达取证系统,将本次送达过程中的相关数据特征、网页截图等,一键点击即可自动抓取、集成并生成最终载体,使得电子送达中"确已送达"有据可见,便于异议审查,也便于后续的案卷的存档备查。如果环境允许,可适时开展电子送达网络公证的探索,为电子送达的证明,提供更加权威的依据。

(六)电子送达的异议救济

电子送达的异议救济程序必不可少。电子送达有别于传统送达,无论是法官、仲裁员、律师还是当事人,在理念上都有一个逐步接受的过程。而在制度设计上,必然也会存在难以填补的瑕疵,从而造成受送达主体的异议。另外,如果不科学的设计和界定这一程序,扩大电子送达异议程序的适用,则可能对电子送达制度造成无法逾越的障碍,乃至最终摧毁这一制度的生命力。

传统送达方式中,公告送达制度适用环境其实类似于电子送达,即均属于法院与受送达人之间"非面对面"的送达方式。因此,可以借鉴实践中对于当事人就公告送达提出异议时的审查方式和审查标准。《民事诉讼法》第 92 条第 2 款规定,公告送达,应当在案卷中记明原因和经过。采用电子送达的,也应该参照《民事诉讼法》和前述《最高人民法院关于进一步加强民事送达工作的若干意见》的要求,做好存卷备查工作。必要时,针对未能取得"受送达人同意"的案件,可以在法官或仲裁员作出可以进行电子送达的结论后,告知其他案件当事人,并载入笔录或形成工作说明,记明原因和经过。

如果在诉讼程序尚未终结时,受送达人提出异议,可以要求其举证并做审查,按相应法律程序审理。如果是裁判文书生效后,受送达人提出异议,但没有证据证实其理由成立的,可以驳回其异议;确有理由证实已经进行的电子送达方式不当的,受送达人可以此为由申请再审、撤裁或类似的救济程序。《最高人民法院关于互联网法院审理案件若干问题的规定》第 17 条第 2 款规定:"……受送达人能够证明存在媒介系统错误、送达地址非本人所有或者使用、非本人阅知等未收悉送达内容的情形除外。"这为受送达人的异议提出了证明标准,殊值借鉴。同时,对提供虚假联系方式、虚假信息数据、虚假证明材料造成法院送达错误的单位和个人,应按《民事诉讼法》的相关规定予以相应处罚和制裁。

(七)引入第三方开展电子送达

在我国法院的工作实践中,将法律文书送达业务外包给法院和当事人之外的专业第三方,由专业第三方完成送达,已经成为一种成熟且行之有效的做法。而在电子送达工作中,也已经开始了引入第三方的尝试。

下图为比较有代表性的北京华宇信息技术有限公司开发的"诉讼无忧"相关系统,可资参考:

从实践情况看,目前第三方在电子送达之中,主要是根据法院的指挥和要求,承担法院的辅助人的角色。我们认为,应当积极引导此类第三方法律送达服务业(后续也可以拓展到案件程序的其他领域)的发展,同时赋予其相对独立于法院(及仲裁委)的角色,成为诉讼仲裁中的"真正第三方",独立公正严谨地完成送达服务,收取一定费用,并对送达过程(不包括送达依据)的合法性负责。随着社会分工日益精细化,司法送达特别是采用电子方式进行的司法送达,已经日益成为一项技术要求高、专业性强的工作,由专业的机构来实施,可以加强工作的规范性和效率,减轻法院的工作压力,提高对于当事人和法院的服务水平,并且在发生送达争议时,从第三方的角度来还原和证明送达的过程,从而利于对送达争议作出判断。

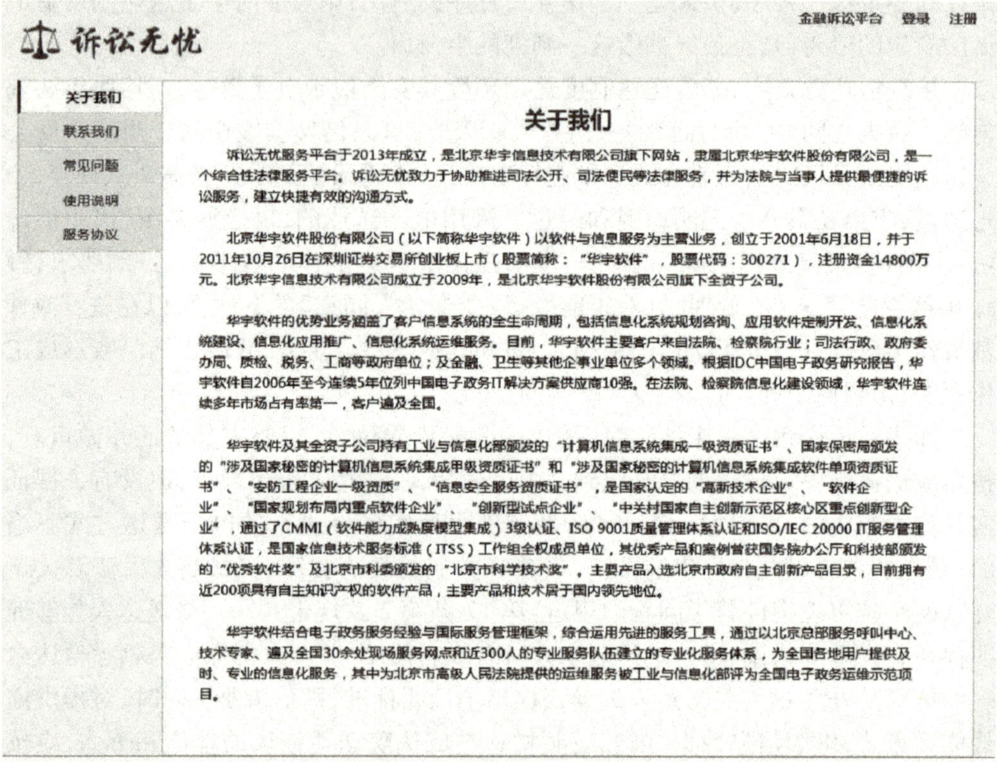

诉讼无忧

金融诉讼平台　登录　注册

关于我们

联系我们

常见问题

使用说明

服务协议

关于我们

诉讼无忧服务平台于2013年成立，是北京华宇信息技术有限公司旗下网站，隶属北京华宇软件股份有限公司，是一个综合性法律服务平台。诉讼无忧致力于协助推进司法公开、司法便民等法律服务，并为法院与当事人提供最便捷的诉讼服务，建立快捷有效的沟通方式。

北京华宇软件股份有限公司（以下简称华宇软件）以软件与信息服务为主营业务，创立于2001年6月18日，并于2011年10月26日在深圳证券交易所创业板上市（股票简称："华宇软件"，股票代码：300271），注册资金14800万元。北京华宇信息技术有限公司成立于2009年，是北京华宇软件股份有限公司旗下全资子公司。

华宇软件的优势业务涵盖了客户信息系统的全生命周期，包括信息化系统规划咨询、应用软件定制开发、信息化系统建设、信息化应用推广、信息化系统运维服务。目前，华宇软件主要客户来自法院、检察院行业；司法行政、政府委办局、质检、税务、工商等政府单位；及金融、卫生等其他企事业单位多个领域。根据IDC中国电子政务研究报告，华宇软件自2006年至今连续5年位列中国电子政务IT解决方案供应商10强。在法院、检察院信息化建设领域，华宇软件连续多年市场占有率第一，客户遍及全国。

华宇软件及其全资子公司持有工业与信息化部颁发的"计算机信息系统集成一级资质证书"、国家保密局颁发的"涉及国家秘密的计算机信息系统集成甲级资质证书"和"涉及国家秘密的计算机信息系统集成软件单项资质证书"、"安防工程企业一级资质"、"信息安全服务资质证书"，是国家认定的"高新技术企业"、"软件企业"、"国家规划布局内重点软件企业"、"创新型试点企业"、"中关村国家自主创新示范区核心区重点创新型企业"，通过了CMMI（软件能力成熟度模型集成）3级认证、ISO 9001质量管理体系认证和ISO/IEC 20000 IT服务管理体系认证，是国家信息技术服务标准（ITSS）工作组全权成员单位，其优秀产品和案例曾获国务院办公厅和科技部颁发的"优秀软件奖"及北京市科委颁发的"北京市科学技术奖"。主要产品入选北京市政府自主创新产品目录，目前拥有近200项具有自主知识产权的软件产品，主要产品和技术居于国内领先地位。

华宇软件结合电子政务服务经验与国际服务管理框架，综合运用先进的服务工具，通过以北京总部服务呼叫中心、技术专家、遍及全国30余处现场服务网点和近300人的专业服务队伍建立的专业化服务体系，为全国各地用户提供及时、专业的信息化服务，其中为北京市高级人民法院提供的运维服务被工业与信息化部评为全国电子政务运维示范项目。

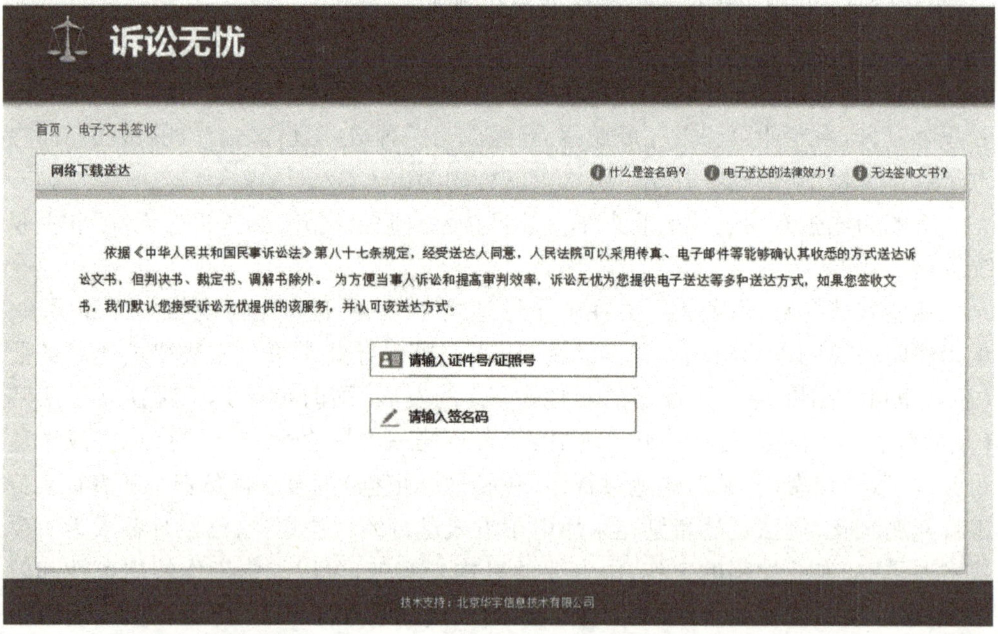

诉讼无忧

首页 > 电子文书签收

网络下载送达　什么是签名码？　电子送达的法律效力？　无法签收文书？

依据《中华人民共和国民事诉讼法》第八十七条规定，经受送达人同意，人民法院可以采用传真、电子邮件等能够确认其收悉的方式送达诉讼文书，但判决书、裁定书、调解书除外。为方便当事人诉讼和提高审判效率，诉讼无忧为您提供电子送达等多种送达方式，如果您签收文书，我们默认您接受诉讼无忧提供的该服务，并认可该送达方式。

请输入证件号/证照号

请输入签名码

技术支持：北京华宇信息技术有限公司

(八)拒绝电子送达的法律后果

在法院或仲裁机构依法完成首次送达后,应当积极倡导受送达人同意电子送达后续第一顺位的送达方式。据此,在当事人同意的前提下,关于电子送达合法性、有效性的质疑,将会不再成立。

但是,新的问题出现了,即如在首次送达时,当事人拒绝后续进行电子送达的,如何处理? 目前没有规定。

依据美国联邦法院民事诉讼规则(Rule 4. Summons),如果一方当事人无正当理由不接受简化的送达程序,法院将责令其承担送达费用和相应的律师费用。这一点可资借鉴。

我们建议,是否同意后续的电子送达的确可以由当事人自主选择和决定。但是,当事人的选择应当与诉讼的成本相挂钩,即当事人如果不同意后续电子送达的,原则上应当要求其为后续采用其他送达方式发生的费用承担责任。在例外情况下,允许当事人自证其存在障碍,无法接受电子送达,则此时可以免责。从适用的渠道而言,鉴于仲裁相对于诉讼而言,更加体现商人意思自治和自己负责的价值取向,所以此类拒绝电子送达应承担额外费用的做法,可以首先在仲裁程序中试行,并在时机合适时引入诉讼程序中来。

第三章　在线庭审

一、概述

将线下庭审移至线上有助于提高庭审效率,也是运用现代信息技术解放“司法生产力”的重要举措。但在线庭审削弱了庭审的直接性、言词性和对抗性,这在一定程度上挑战了我们对司法固有的认知。本章摘要介绍目前在线庭审的先试先行经验和现状,探讨可行的举措,并提出一些完善设想。

二、现状和问题

(一)传统庭审方式无法满足效率需求

在中国法院,人案失衡、法官不堪负重的矛盾由来已久。如果所有的纠纷都通过传统的庭审方式来处理,主审法官和书记员要预定法庭、上传开庭公告、联系并协调双方甚至多方当事人按时出庭,这常常要耗费大量的司法资源,审判质效也不尽如人意,如某个案件的“拖庭”往往会导致法官后续案件的安排被动顺延。随意开庭、重复开庭、低效开庭的问题也引发人民群众对司法的不满,特别是对身处异地的当事人来说更是如此。中国之声 2018 年 9 月报道了上海市某区法院三次临时取消开庭事件。尽管法院临时取消开庭有相关的理由,但却招致当事人外地律师的强烈不满,认为该法院滥用权力刁难当事人、违反程序正义。这类事件的发生可能有法官个人的原因,但更多的原因可能在于传统审判方式的固有局限。这就引发了我们思考:如何在司法领域中引入新的信息技术手段解决人案失衡的问题,同时还要满足当事人和社会公众的效率需求。

(二)互联网信息技术对传统庭审方式的冲击

与传统方式相比,在线庭审的优势是显著的:其一,当事人和其他诉讼参与人可节省出庭的时间和费用,切实提升案件当事人的满意度;其二,争议解决机构可降低工作成本,提高争议解决机构自身办案效率。但其也不可避免地对传统庭审方式带来冲击。总体而言,在线庭审因其非现场性、非同步性而缺乏传统庭审方式的"剧场效应",从而会对传统庭审方式带来以下几个方面的冲击。

一是诉讼程序价值的消减。一方面,当事人身份是否真实、是否具备诉讼行为能力是诉讼程序进行的前提。实践中,身份认证的问题可以通过人脸识别和语音识别技术得到较好的解决。但当事人状态的实时确定并非易事。在一些案件中,出现当事人事后反悔的情况,以本人在参加在线庭审时处于所谓的疾病发作状态为由,要求推翻在线庭审中所作陈述。另一方面,随着司法实践的发展,程序正义的观念逐渐深入人心。在传统庭审方式中,无论是偏重纠问式的庭审还是偏重对抗式的庭审,都有周密的诉讼程序设计,以此来保障诉讼功能和最终实体正义的实现。而在线庭审因缺乏"剧场效应",法庭的威严感、神圣感难以感知,诉讼程序中的亲历性、对抗性、规范性、严密性等也不可避免地受到了削弱。例如,有学者就提到,异步审理实际上是对诉讼法直接言词原则的违反,法庭的对抗和辩护也随之削弱或不复存在。这样的评论有一定的道理。但更为关键的是,根据当事人权益重要性和具体情形,准确适当、分门别类地适用不同的程序(包括同步审理、异步审理)可能是更为重要的问题。

二是证据自身形态的变化。(1)电子证据具有特殊性。电子证据储存于网络空间并以电子化的形式存在。与传统的证据形式不同,电子证据具有易篡改、不稳定和系统性等特点。典型的问题有:如何确保提交的电子证据未被污染或篡改,如何证明电子证据的生成时间,如何认定电子证据和线下真实主体的对应性和一致性等。尽管修改后的三大诉讼法均将其作为新的证据形式,但如何对其进行鉴真、审查、保全和认证仍在探索。多数法官可能仍然沿用公证这一简单粗糙的做法,实际上使电子证据书证化了。从某种意义上说,法院将电子证据审查认证的权力转移给了公证机关。而且,公证机关的公证不一定必要,也不一定有效,如消费者提供的手机截屏、网页打印件完全可以通过查看手机或上网予以核实,又如网络交易平台完全可能在公证之前已经篡改了信息。从实践来看,有关部门试图通过技术手段解决这一问题,如提出电子身份证系统解决线上身份认证的问题、通过可信时间戳解决电子证据生成时间的问题、通过区块链技术解决网络公证的问题。近期,杭州互联网法院司法区块链上线,可以通过时间、地点、人物、事前、事中、事后等六个维度解决数据生成的认证问题,真正实现电子数据的全流程记录,全链路可信,全节点见证。这些有益的探索有助于解决电子证据的举证质证,进一步扩大网络诉讼的成效。(2)如何实现传统证据的电子化。传统的书证、物证等经过电子化处理后,在某种意义上系传来证据而非原始证据。加之在线审理具有"非面对面"的特点,如何有效展示原件、原物以及如何核对其客观真实性成为突出的难题。实践中,广州仲裁委员会、深圳仲裁委在网络仲裁中都规定:对书证、物证、视听资料、鉴定意见及勘验笔录等证据,当事人应当如实转换成能够有形地表现所载内容,并可以随时调阅的电子数据后提交。这就面临尖锐的问题:所有证据都转换为电子证据如何保证证据的真实性。深圳仲裁委员会规定电子数据可以直接提交,或从云档案馆调取后提交。这意味着,经深圳仲裁委员会平台固化的证据可直接视为原件,与公证、认证具有同等效力。在后续申请执行或撤销仲裁时,这是否能为法院认可却不无疑问。

三是举证质证方式的革新。利用互联网信息技术确实能够提高举证质证的便捷性,如海淀法院曾首次运用远程视频技术,突破时空限制,实现法官"足不出户"参与鉴定听证,大大降低了时间成本,使其从繁重的事务性工作中解脱出来,从而更加专注于坐堂问案。但这又不可避免地存在以下问题:(1)技术刚性和办案灵活性之间的冲突。例如,在杭州互联网法院实践中,经过信息技术的改造,诉讼流程基本上是模块化的。这有利于督促当事人和律师按期完成每个节点的任务,但有时会欠缺灵活性。参与过杭州互联网法院在线庭审的某律师称在举证质证环节,当事人通常就是拿证据原件在镜头前出示,对方没有办法直接感知证据是不是原件。在案情简单、争议不大的案件中,这样的举证质证似乎没有大问题。但对于事实争议很大、利益重大,或者证据材料众多的案件,这种举证质证方式就不够稳妥了。(2)证人作证的诉讼规则面临考验。因线上审理具有"非面对面"的特点,这在一定程度上削弱了诉讼法上的直接言词原则。法官和当事人针对证人证言的交叉询问也存在这方面的问题。具体地说,证人要经受当事人的交叉询问和法院的进一步调查。如果以在线的方式呈现,容易给证人以缓冲的时间,从而影响法庭调查的效果。此外,在线审理网络直播的情况下,证人很可能提前了解案情和庭审,从而影响作证效果,故如何避免证人了解庭审信息以及其他证人的作证内容也成了另一新的课题。

三、相关探索

(一)国内探索

1. 杭州互联网法院的先试先行经验

(1)一般审理程序

杭州互联网法院诉讼平台 www. netcourt. gov. cn 是网上审理涉网纠纷的专门

平台，利用互联网技术，实现包括庭前准备、庭审、宣判在内的一系列流程全部通过平台在线上进行。在庭前准备阶段，庭审排期时间由系统自动触发至各方当事人预留至诉讼平台系统的手机号码中。如根据案件需要安排双方当事人在线进行庭前会议，可通过远程视频、语音或图文等在线方式进行，固定双方无争议事实，提前确定争议焦点。在审理阶段，网上庭审原则通过在线视频方式进行。在纪律宣告时，除宣告常规庭审纪律外，特别告知如下事项：网上庭审需保持网络畅通，除了查明确属技术、网络故障等原因导致庭审无法正常进行外，若庭审中原告擅自退出的，按撤诉处理；被告擅自退出的，按缺席继续审理。网上庭审全程录音录像，庭审适用智能语音识别系统，语音识别笔录可作为庭审笔录由当事人点击确认。因此，对于事实比较简单、争议不大的案件，书记员做好庭前准备工作后，可不出席庭审。

（2）异步审理——杭州互联网法院的创新

2018 年 4 月，杭州互联网法院发布《涉网案件异步审理规程（试行）》，对异步审理的概念、试用范围、程序启动和审理流程等内容作了规范。所谓异步审理，是将涉网案件各审判环节分布在杭州互联网法院网上诉讼平台上，法官与原告、被告等诉讼参与人在规定期限内按照各自选择的时间登录平台，以非同步、非面对面、错时方式在限定期限内完成诉讼的审理模式，实现全流程在线的互联网审理模式从“视频面对面、同步式”的庭审向“非面对面、非同步式”的异步庭审的升级。

按照杭州互联网法院的规定，除适用普通程序或当事人不同意的案件外，均可适用异步审理。异步审理流程中的每个环节的启动均通过电子方式有效送达当事人。适用异步审理的案件：第一，在发问环节，发问以交互式发问框的方式进行，相互发问应于 24 小时之内完毕，发问不分先后。对于发问，各方当事人不必立即回答，可在发问结束后的 24 小时回答。法官发问不受时间限制。法官认为无须发问的，可以直接进入辩论环节。第二，在辩论环节，各方当事人在上述调查结束后 48 小时之内不分先后发表辩论意见。第三，在最后陈述环节，各方当事人在辩论结束后 24 小时之内不分先后陈述最后意见，同时勾选是否同意调解。第四，各方未在上述任一环节发表意见的，一般视为放弃自身诉讼权利。原告经有效告知，无正当理由拒不接受法庭询问，经法官释明后，仍未能回答法庭询问且拒绝发表法庭辩论意见的，按原告自动撤回起诉处理。被告在各个环节均未发表意见的，按缺席审理。此外，对于异步审理可能存在的瑕疵因素提供了相应的救济程序：其一，当事人直接或间接授权案外人以当事人名义使用其账户发表意见、上传材料的，视为其本人行为，但账户被盗用的除外。其二，法官可视情形以同步方式要求各方对其平台上发表的意见及上传的材料是否是本人的真实意思表示予以核对确认。

异步审理模式以信息化、标准化手段，对审判环节的主要流程、关键环节进行重设，每个环节均有提示，让庭审过程的核心内容通过空余时间完成，在保证庭审质量的前提下，提升庭审效率。据悉，杭州互联网法院对于网络服务合同纠纷、涉互联网金融如小额贷款等案情清楚、标的较小的案件，采用异步审理的方式，可以随时随地便捷审理，异步庭审率覆盖预计将超过1/3，案件审理周期有望缩短一半。

2. 北京市第四中级人民法院的先试先行经验

2018年1月，北京市第四中级人民法院正式上线“北京四中院掌上智慧法院”平台，这是北京首家掌上智慧法院。北京市第四中级人民法院掌上智慧法院平台包括“微诉平台”和“掌上四中”两个部分，微诉平台即是第四中级人民法院的全流程网上办案平台。该平台实现了网上调解、在线立案、案件缴费、微信庭审、举证质证、电子送达、卷宗借阅等在线诉讼服务和远程审判全流程办案。当事人进入上述平台的微信庭审环节，通过视频和验证码双重验证，便可进入视频庭审中，开庭过程中，法官、原被告三方的语音可以实时转化为文字。鉴于北京市第四中级人民法院系跨区划行政法院，辖区案件当事人处于外区、外地的情形更加常见，因此，此类工作方式十分有利于第四中级人民法院案件当事人参与诉讼。

3. 广州仲裁委员会的先试先行经验

对于在线庭审，《广仲仲裁规则》第52条作了原则规定，开庭审理和书面审理，可以采取线上、线下或者两者相结合的方式。对此，《广仲网络仲裁规则》第24条作了更进一步细化的规定。

(1)原则——书面审理

主要方式是仲裁庭通过仲裁委员会网络仲裁平台向当事人发出问题单，当事人应当自收到该问题单之日起5日内通过仲裁委员会网络仲裁平台作出说明，逾期未说明的，视为放弃说明的权利。

(2)例外——网络视频庭审、网上交流、电话会议等

在仲裁庭认为有必要的，可以通过网络视频庭审、网上交流、电话会议等适当的方式审理案件，但应当确保公平对待各方当事人。仲裁庭网上开庭审理案件的，应当提前5日将开庭时间和庭审方式通知双方当事人。当事人申请延期的，应当在审理前两日提出，是否延期，由仲裁庭决定。

(二)国外经验

1. 美国法院的经验

(1)联邦法庭的实践

美国联邦民事诉讼规则(Federal Rules of Civil Procedure)第43(a)条规定，所有庭审中的证人均应在法庭上公开作证，除非根据联邦法律、该诉讼规则、联邦证据规则或最高法院采纳的其他规则另有规定。法院可在特殊情况且有合适的保障措施的情况下，允许异地进行实时开庭审判程序中的证人陈述。

在刑事案件中，美国联邦最高法院已允许在必要情况下对儿童证人采取视频

的方式作证。自 1997 年起,联邦地区法院也开始对刑事被告的民事诉前审理程序(civil pretrial hearings)采纳视频会议的方式进行。这样做的好处是:节省了在途时间、容易协商安排时间、降低了刑事被告在途的安全风险。对于地理位置偏远的刑事被告而言,他们则有可能尽早地获得庭审的机会,并可通过视频会议获得一个更便于沟通的庭审。

(2)纽约州的实践

在纽约州,视频作证现已非常普遍,但网上庭审尚未有效开展。纽约州仅在个别刑事及家庭法院的案件中,对一方当事人进行网上视频沟通。此外,个别地区法院对庭审过程进行了录像,并发布在网络上供公众查阅。

虽然网上庭审在纽约州法院系统尚未普及应用,它已在行政机构及其他裁判机关中发挥作用。例如,纽约州的劳工赔偿委员会(Worker's Compensation Board)允许受伤的工人、其代表律师或家人、证人及其他参与者在网上参与庭审,而无须赶至该委员会进行当面庭审。该委员会的网上庭审试点项目目前已扩展到了纽约州的大部分地区。

(3)北达科他州的实践

北达科他州对诉讼参与人通过电话、视频及其他电子方式远程出庭的做法的表述是"通过可靠电子方式同步传输"(Contemporaneous transmissionthrough reliable electronic means)。关于远程开庭的规则适用于刑事、民事,以及心理健康类型的案件。北达科他州关于通过可靠电子方式同步传输方式远程出庭的规则包含 4 条适用的前提条件:第一,意图通过同步传输方式出庭的一方当事人必须事先通知其他方当事人,并随后取得法院的许可,方可使用此种方式;第二,各方当事人必须使经许可使用的同步传输方式与法院系统相协调,确保设备相容性及日程安排妥当;第三,使用同步传输方式的地点必须具备方便当事人与代理人秘密沟通的条件;第四,使用同步传输方式的地点必须具备配套的通过电子方式传输文件的条件。

(4)俄勒冈州的实践

俄勒冈州规则关于网上开庭的表述为"同声传输"(Simultaneoustransmission)。存在一定时间滞后性的技术手段无法适用。俄勒冈州的规则规定了 4 条适用前提条件:第一,法院和使用此种方式出庭的当事人能够在庭审过程中实时沟通;第二,被告若有律师作为代理人,则此种方式应允许被告在庭审过程中私下咨询其代理律师;第三,此种方式允许被害人参与庭审的程度应与不使用此种方式时一致;第四,若在使用此种方式出庭的人实际到场的情况下,公众有权旁听、旁观庭审,那么此种方式也应保障公众的上述权利。

2. 英格兰与威尔士的经验

在英格兰与威尔士,诉讼参与人可以申请通过视频会议系统远程出庭。申请人须对此种技术的可靠性负责,并且保证在开庭地及其所处的地点各有一位技术人员处理技术问题。英格兰与威尔士法院要求,希望远程出庭的诉讼参与人事先获得各方的同意,之后法院才能决定是否下达许可远程出庭的指令(direction),各方当事人均有权向法院表达其对是否可以采用远程出庭方式以及采用该种方式的条件的意见。如果证人在国外,申请证人远程出庭作证的一方当事人还应确保证人所在国政府允许其国民或其他在其领地内的人通过视频会议方式在英格兰与威尔士的法院作证。在英格兰与威尔士,申请证人通过视频会议系统作证的一方当事人必须安排法院提供录音设备,以记录证人证言。

四、若干建议

针对上述问题,本文按照审判流程的顺序,围绕以上问题,结合相关探索,提出若干建议。

(一)网上开庭的技术手段

我国法院或仲裁机构网上开庭运用的技术手段分为两种:第一种是通过远程视频的技术,原、被告双方登录法院/仲裁委的庭审/裁决系统,法官、双方当事人同时进行的庭审。此类庭审是现阶段的主流运作方式,其优点是比较接近传统的庭审模式,运作中的障碍较少,且能够保证庭审程序上的规范以及确保庭审的顺利进行。其缺点是对于场所、设备的要求较高,事先仍然要进行大量的准备工作,需要额外投入更多人力、物力。第二种更具有创新性、更具备互联网特点的方式是通过更加简捷的网上沟通工具,以更加灵活、更加高效的方式进行的庭审,最为典型的便是微信庭审。其优点是极其方便和快捷,不需要特定场所,不必进行额外的准备工作,随时随地可以进行,能大大提高工作效率,这尤其适合于司法实践中大量存在的针对各类细微节点性问题的审理。其缺点是弱化了庭审的程序规范性和严密性,会产生程序不够严谨的怀疑,且即时聊天工具如微信等方式目前看来容易受到外界环境的影响,干扰庭审的进程,如庭审中有电话打入会导致微信视频下线等问题。

为此,可考虑通过技术手段,消除这方面的疑虑。以微信为例,可以考虑以微信为载体开发相应的小程序。此类小程序在设计时即自带庭审前身份确认技术(如传输确认短视频)并具备法庭庭审各个步骤的应当具备的程序要求内容。以此设计和自动生成相应的模板,环环相扣,各方参与人按图索骥,有序进行,从而在最大限度地保证传统庭审的各项程序要求的同时,又可发挥微信等即时通信工具的优势。

(二)网上开庭的纠纷适用范围

根据《最高人民法院关于互联网法院审理案件若干问题的规定》,互联网法院管辖范围为：涉网纠纷，包括互联网购物、服务合同纠纷；互联网金融借款、小额借款合同纠纷；互联网著作权权属和侵权纠纷；互联网域名纠纷；互联网侵权责任纠纷；互联网购物产品责任纠纷；检察机关提起的涉互联网公益诉讼案件；因对互联网进行行政管理引发的行政纠纷；上级人民法院指定管辖的其他互联网民事、行政案件。其核心要求是案件的互联网特性突出，证据主要产生和储存于互联网，适宜在线审理，既方便诉讼，又有助于通过审判创制依法治网规则。而在其他法院，适用网上开庭的案件一般是事实清楚、权利义务关系明确的程式化案件，如单纯的金钱请求案件。因此，从我国法院目前的实践来看，适用网上开庭的案件主要是具有互联网特性的案件或对抗性不强的案件以及当事人双方均同意的其他案件。从国内仲裁机构的实践来看，仲裁机构通过网络仲裁处理的案件范围要较法院的范围更宽，如广州仲裁委员会对于仲裁法规定可以受理的范围都可以适用。

我们设想，随着实践的发展，可以提倡民事诉讼和仲裁广泛适用网上开庭的处理方式，原则上网上开庭应作为优先适用的开庭方式。同时，针对案件的具体情况和当事人的意见，可以由法官或仲裁员主导案件在网上和线下开庭之间灵活转换。但对于涉及身份关系的纠纷、当事人本人必须到庭的纠纷，以及部分适用特殊程序的案件（选民资格案件，宣告失踪、宣告死亡案件，认定公民无民事行为能力、限制民事行为能力案件，监护权特别程序案件），一般不宜适用网上开庭的方式。

（三）网上开庭的前置程序

《最高人民法院关于适用〈中华人民共和国民事诉讼法〉的解释》规定，当事人双方就开庭方式向人民法院提出申请，由人民法院决定是否准许。经当事人双方同意，可以采用视听传输技术等方式开庭。从国内外的司法实践来看，网上开庭"非现场性"的特点决定了此类开庭想要顺利进行，则需要当事人双方的配合度较高。因此，网上开庭，建议原则上应当以双方一致同意为前置的适用条件。否则，如果一方当事人的抗拒心理比较强烈，则可能造成庭审的环节中处处存在掣肘。在程序准备时，可以参考《送达地址确认书》的适用方法，在送达时或通知时请当事人双方签署《网上开庭确认书》，确认书应当明确网上开庭的相关环节说明、当事人需要说明的事项（尤其是提供具备法律效力的己方联络方式）、网上开庭的法律后果即当事人签字确认的法律后果等。

（四）网上开庭中当事人的诉讼权利保障

美国州法院允许诉讼参与人远程出庭应遵守的基本原则是保障宪法权利，如正当程序权、被告质问对其不利的证人的权利、当事人私下征询代理律师意见的权利、出席庭审的权利。

我们认为，网上审理与线下审理本质上应无本质区别，传统庭审当中当事人的诉讼权利义务一样在网上庭审中得以保障。同时，在系统中应授权当事人可将自己的权利请求提交到系统中，默认形成需处理的事项，提示法院或仲裁庭根据当事人的申请给予答复。此外，由于网上庭审是全程录像或者保存文字聊天记录，故而其留存证据的客观性更强，在当事人权利无法保障时可通过技术手段提交或查阅相应的录像或聊天记录证据，进行救济。

（五）当事人身份信息和实际状态的核实

非现场的互联网庭审需要判断对方是否为当事人本人或者合法代理人是否为醉酒的人、精神病人或其他精神状态异常的人，以及当事人是否受胁迫，等等。这就涉及当事人身份和精神状态的核实工作。

我们设想，在我国法院及仲裁系统中，可以实行有如下几种核实网上出庭当事人身份和状态的方式：

第一，在远程网上视频庭审的方式下，可以用类似于传统庭审的方法进行核实，即通过类似于现场庭审时的证件展示、对话问答、权利告知、当事人现场陈述等方式，判断其身份和状态是否存在异常。

第二，还可要求当事人下载互联网庭审客户端/登录庭审系统，用手机号注册后登录，通过预约码进入庭审。首先需要通过摄像头先进行人脸识别，在与人脸图像数据库进行对比之后，系统确认了当事人的身份，同时系统向当事人实名认证的手机发送验证码，输入验证码后，屏幕上才能呈现出庭审画面。

第三，使用微信出庭时，可以在相关的“网上庭审群”中，在启动阶段，即要求当事人双方乃至法官各自上传确认身份的短视频等。

第四，对于网上庭审方式中通过欺诈、盗用他人身份信息或通信账号等方法，隐瞒、伪造身份参加诉讼的情形，可以纳入妨碍诉讼的行为进行处罚。此种情形下，应当允许被欺诈、盗用身份的当事人通过举证来救济其权利。

（六）网上开庭中的异步审理

异步审理是一种全新的尝试，杭州互联网法院目前已经在试用，其最大特征是庭审的非同步性，极大限度地灵活利用了零碎的时间，提高了效率；但同时削弱了庭审的对抗性和严谨性。异步审理目前适用于事实清楚、法律关系明确、适合网上审理的民事案件。异步审理目前在部分仲裁委的系统设计之中亦有规划。

我们认为，这种通过其他互联网工具进行非视频异步庭审的方式，是目前最具突破性的网上庭审方式，也充分地发挥了互联网方式的优势。这种方式的推行，可以充分地利用各个诉讼参与方的零碎时间，提高效率，符合民事诉讼法便利法院审理、便利当事人参加诉讼的“两便原则”。因此，我们建议，要对异步审理的流程予以完善设计：

1. 事先的充分告知。在适用异步审理方式前，要将异步审理的基本步骤、时限要求、法律后果等内容充分告知当事人，督促其高度重视异步审理的各项环节。

2. 环节的紧密相扣。由于异步审理当事人双方提问和回答的非同步性、庭审的非正式性,使当事人可能对庭审的重视度不够,更有可能随意性应对和发言,庭审的效率和最终查明事实反而可能没有正常开庭审理的效果好。灵活不等于散漫,在事先充分告知的前提下,法官或仲裁员可以严格把握节奏,引导异步审理有序进行。必要时,可以通过技术手段,将异步审理的各项要求特别是时限要求,设计成系统中客观的技术界限,一旦超越此界限,则系统将会自动进入下一环节或启动其他程序,避免异步审理中可能产生的当事人发言随意拖沓,内容冗余进而导致审理的周期更长的情况。

3. 在异步审理环境下,传统开庭的直接言词原则、集中审理原则、公开审理原则、辩论原则等的确均受到了一定程度的减损,需要仔细评估其适用性。因此,目前情况下,如果是正式开庭,建议原则上接入统一的诉讼或仲裁平台同步审理为好,谨慎推行异步审理。但如果是针对实践中大量存在的办案"谈话"等简易开庭工作,应当大力提倡和推行异步审理的工作方法。

(七)网上开庭的简易适用

法官与仲裁员为了查明案件真相,做好双方当事人调解工作,除正式开庭以外的各类临时性沟通不可或缺,即所谓的"办案谈话"。我们认为,确有必要大力推广除正式开庭以外的沟通程序之中的软件系统的应用。

但实践中办案谈话的形式多种多样,极不统一,既有以庭审方式进行的谈话,也有非庭审甚至在法庭外的走廊中以极其简便方式进行的谈话。形成的载体也各异,既有相对规范的庭审笔录,也有只记载时间、地点、参与人的"谈话笔录"。但是这类"谈话"的内容,往往非常重要,对于案件有实质性的影响,如对某个临时提交的重要证据的举证和质证意见,对某个关键事实的核实、辩论、再核实、再辩论,等等。这是中国法院和仲裁机构长期以来基于现实形成的工作习惯,符合现实需求,但也有弊端,其一,形式不规范,不利于充分保护当事人的诉讼权利;其二,容易导致谈话启动的随意性和由此带来的让当事人双方频频被通知到法院、疲于奔命的状况。此外,非公开的沟通与协调难免形成偏私一方的印象,不利于息诉止争。

如果通过视频系统进行沟通,则既能降低沟通过程中的交通等成本,减少当事人的诉累,又可以通过软件全程记录沟通情况,相关的沟通内容虽然保密,但是一旦发生纠纷升级的情况,可以由法院或仲裁委领导查阅作出判断。具体而言可以尝试通过专门的软件系统或者第三方视频聊天软件的方式进行,其"谈话"内容可以通过录制视频保存。

如前所述,对于此类"办案谈话",可以大力推行异步审理的方式。这些谈话虽然十分重要,但就其内容而言,往往是比较独立,多为事实的核实或意见的表态,非常适合通过异步审理系统，在法官或仲裁员发问或提示后，让各方当事人或代理人利用零碎时间回复和确认相关问题。

（八）网上举证、质证的准备工作

在举证期限内，当事人将证据拍照、扫描或电子证据等上传至诉讼平台。涉及实物证据的，一般要求当事人在庭审前邮寄给审理法官，在庭审时，由审理法官在线展示给各方当事人。

当事人质证，法官引导当事人围绕证据的真实性、关联性、合法性，针对证据证明力有无以及证明力大小，进行辨认与辩驳。法官应将双方无争议的证据予以固定，并引导双方仅围绕有争议的证据发表质证意见。

庭前当事人已在诉讼平台输入质证意见的，询问当事人有无补充或修改。没有补充或修改的，不再一一陈述。

网页等在线证据，应当庭登录进行展示，对于网页内容有异议的，可以由一方提交经公证的网页信息等证据。

（九）网上举证、质证的适用范围

网上举证质证不仅限于书证，对于物证、视听资料、证人证言等其他证据均可以由当事人将证据拍照、扫描或电子证据等上传至诉讼平台。对于双方当事人对于证据有异议或涉及实物证据等不适用网络方式的证据，法官应判断是否需要通过非线上程序解决。在涉及人身损害赔偿或不动产纠纷的，若双方当事人对证据内容与形式均存在重大争议且对网络举证形式或内容不认可的，法官应考虑非线上程序查明，或者可以通过第三方提供的公证或其他证据加以补充。

（十）网上举证的流程

举证期限内，当事人将证据拍照、扫描或电子证据等上传至诉讼平台。在庭审时，在线展示给各方当事人。举证期限截止，平台上传证据功能关闭；庭审时，审判长或审理法官询问当事人提供的证据是否与诉讼平台上提供的一致，有无补充或修改。没有补充或修改的，不再一一陈述。对一方当事人有异议或者法官认为有必要线下核对的，应在线下另行组织证据交换。

（十一）网上举证的证据形式要求

针对不同类型化的证据形式，如书证、视听资料、鉴定结论等建议采用扫描、上传等形式上传至庭审系统，方便存储和调用。

在电子证据的防篡改技术领域，通过国际公认的加密算法公式得出的哈希值重合的概率几乎不可能。因此，目前行业中对的电子证据存储采用加密算法提取哈希值的方案进行电子证据固化，将哈希值作为密码传输到第三方的存证平台，在需要验证电子证据是否被篡改时，仅需相关使用机构通过计算公式求出该信息的哈希值进行比对。如果该哈希值一致，则表示该数据没有被修改。

(十二)网上质证的流程

法官应鼓励双方律师尽量通过律师之间的安排自行核对证据原件,尽量减少网上质证的时间。审判长或审理法官应将双方无争议的证据予以固定,并引导双方仅围绕有争议的证据发表质证意见。庭前当事人已在诉讼平台输入质证意见的,询问当事人有无补充或修改。没有补充或修改的,不再一一陈述。

(十三)关于电子证据的认定方法和若干举措

在举证责任的分配上,原则上应根据当事人接近证据的能力及诚实信用原则来分配,不宜一味苛责举证能力较弱一方(如消费者)对交易的基础事实承担严格的举证责任,而应赋予平台方相对更高的举证责任;同时,对举证能力较弱一方提供的手机实物、截屏或打印件等不宜片面、简单地以书证的标准加以否认,而是要尊重电子证据的特有规律,通过现场上网操作、积极引导当事人鉴定等方式,并结合其他案情来加以综合认定。

其他方面的配套举措有:建议国家大力发展公共云存储平台、网络公证等,杜绝导入诉讼平台前的信息篡改行为。积极运用电子身份证、区块链、哈希值算法等现代信息技术,确保电子证据形成过程的可控可视。可借鉴深圳国际仲裁院(深圳仲裁委员会)的云档案馆固证服务。这是一个在原证据管理系统基础上升级改造的"电子证据事前证据备案系统"。它允许潜在当事人可以在第一时间使用分布式的计算和存储技术对可能涉案的电子证据进行哈希算法技术加密和固化,用时间戳记录证据的时间、产生的载体和地理位置等关联信息并上传到仲裁办案系统的证据管理系。网络交易平台方在导入法院诉讼平台前篡改相关电子证据的,系妨碍民事诉讼的行为,应依法予以处罚。

(十四)关于传统证据网上举证质证的方法和举措

在线审理要求对证据进行信息化处理,传统书证、物证等证据因信息化处理而转化为传来证据,并非原始证据。书证、物证等其他证据经信息化处理上传到诉讼平台的,可先行在线进行初步的举证质证,法官可对双方没有异议的证据、有争议的证据或者不经过线下审理难以认定的证据进行分类处理。经过线上的初步举证质证后,应在合理期限内召集各方当事人进行线下举证质证和相关的审理,以节约开庭时间、提高审判效率。建议人民法院、司法部和其他国家机关大力发展线下认证平台、网络公证平台,对于书证和部分实物证据应尽快实现有效的电子化,确保原始和传来的一致性,这样就无须法官对此进行线下处理。法官线下审理应集中于不当庭审查判断无法对其作出认定的部分实物证据,如盖印或签字的样式。

(十五)证人网上作证的若干考虑

关于证人网上作证应根据不同情况区分处理:对某些程式性的作证适用在线作证,如警察关于出警的说明;对本案有关键影响的证人,法官应慎重考虑是否适合在线作证。原则上,证人在线作证应经各方当事人同意,并经法院最终准许方可。

应当采用多种身份认证和核验方式确保证人身份的真实性。例如,可采用生物识别与密码验证技术相结合的方式,证人在进入庭审系统时需要通过摄像头进行人脸识别,同时将本人身份证原件通过摄像头进行认证。在庭审界面输入实名认证的手机号码,系统会向该手机发送验证码,证人在规定时间内输入验证码进行身份确认。

美国《联邦证据规则》第 615 条也规定,根据当事人的要求,法院应当命令证人退庭,以使他们不能听到其他证人的证言。法院也可以自动作出该命令。按照以上规定,在美国联邦法院,证人通常可以旁听庭审,但法官可以根据各案的特殊情况责令证人退庭;而我国现有的民事诉讼制度不允许证人旁听庭审。对于有证人进行网上作证的案件,应不予网络直播,以免证人提前了解案情和庭审,从而影响作证效果。对这一问题,在程序设计上,应有所考虑和安排:(1)庭审系统中设置证人候审等待区功能;(2)当庭审开始时,证人必须通过身份认证系统进入庭审候审区界面;(3)证人进入候审区界面,候审区界面通过设备摄像头进行监控,证人需要在候审区界面完成一些指示性的任务或者动作来使系统判断证人处在相对独立的状态;(4)需要证人作证时,法庭可将该证人移出候审区系统,进入庭审系统。

鉴定人和准备出庭提出意见的有专门知识的人同样可依据上述涉及进入候审区系统。

(十六)网上举证、质证的固定和保存

网上举证、质证过程中所提交的以电子数据为载体的证据以及双方在举证、质证过程中所产生的视听资料都通过网上庭审系统进行记录和留存,并同步到裁判机构的云端存证平台,并同时留底在该案件的电子档案中,可根据申请随时查阅。

(十七)网上举证、质证的最终确认

为了网络庭审的慎重起见,网络庭审中的举证、质证建议在庭审结束时,设置专门的功能页面由当事人双方进行语音与系统确认双重效力确认程序。

(十八)网上开庭的后置程序

网上开庭的后置程序,即为对网上开庭内容的确认程序以及瑕疵的救济程序。对于前者,可以通过确认或补签笔录的方式进行。

作为庭审的最后一个环节,我国《民事诉讼法》规定了要对庭审笔录“阅读”“签字”等,实际上是通过诉讼参与人“自认”“修订”来弥补庭审记录上的误差和缺陷,从形式上确认和固定法庭笔录的内容,使法庭笔录能够最大限度地体现直接言词和客观真实原则。对于网上庭审,由于视频庭审是主流做法,故目前法院通常借助语音识别技术,将法官、双方当事人的语音实时分角色转录成文字,同步生成庭审笔录。庭审结束后,书记员将生成的笔录展示给双方当事人,双方核对无误后,利用电子签名等技术,提供电子签章盖章确认或者通过电脑屏幕/手机屏幕变成签字屏,可对庭审笔录手写签字确认等。最终,当事人的签名会以手写体形式与笔录共同生成 PDF 格式的庭审笔录。如有异议可以直接告诉书记员,让书记员代为修改。对于网上开庭的内容确认程序,目前实践中的做法已经较为成熟,值得推广。

但对于网上开庭的瑕疵的救济程序,我们认为,应当持谨慎的态度。类似于对于电子送达的瑕疵的救济程序,后置的网上开庭的瑕疵的救济程序,也是一把"双刃剑",如果对其适用的条件过松,范围过宽,则这一机制将会最终摧毁网上开庭程序的生命力。因此,应当比照传统现场开庭的救济方式,以笔录的确认为标志,当事人确认完笔录之后,没有充足的理由或依据,不应允许更改网上开庭的内容。

(十九)网上开庭中的庭审秩序

网上庭审,由于没有法官和法警现场维持庭审秩序,发生违反法庭规则的情形难以避免。当事人违反法庭规则的,法院可予以训诫或者罚款等。此外,由于网上庭审客观上会起到把各方的言行置于互联网大众的视角下的作用,反而会加强对当事人行为的约束力。

(二十)网上开庭中的缺席审判

网上庭审适用缺席审判。《最高人民法院关于互联网法院审理案件若干问题的规定》第 14 条规定:"互联网法院根据在线庭审特点,适用《中华人民共和国人民法院法庭规则》的有关规定。除经查明确属网络故障、设备损坏、电力中断或者不可抗力等原因外,当事人不按时参加在线庭审的,视为'拒不到庭',庭审中擅自退出的,视为'中途退庭',分别按照《中华人民共和国民事诉讼法》《中华人民共和国行政诉讼法》及相关司法解释的规定处理。"可见,对互联网法院而言,在充分告知且当事人确认的情况下,网上开庭应当可以适用缺席审判的方式。上述解释,对于互联网法院以外的其他法院,我们认为也可以参照适用,前提是规范的完成送达和合理的安排庭审程序。

(二十一)网上开庭与司法公开

网上开庭与司法公开并不相悖。实践中,对于传统的庭审,最高人民法院规定可以通过"中国法院庭审公开网"与"新浪法院频道"、"最高人民法院官方微博"等平台实现现场直播,可以在线观看庭审。对于视频方式进行的网上庭审,与上述方式原理并无不同,可以借鉴适用,而对于非视频方式进行的网上庭审,则可参照传统民事审判的公开方法进行。

另外,《最高人民法院关于人民法院庭审录音录像的若干规定》也规定,未经人民法院许可,任何人不得对庭审活动进行录音录像,不得对庭审录音录像进行拍录、复制、删除和迁移。涉及国家秘密、商业秘密、个人隐私等庭审活动的录制,以及对庭审录音录像的存储、查阅、复制、誊录等,应当符合保密管理等相关规定。就此规定而言,网上开庭的司法公开,对于在互联网上公开播放的画面,理论上是很难做到"未经人民法院许可,任何人不得对庭审活动进行录音录像,不得对庭审录音录像进行拍录、复制、删除和迁移"的。传统的开庭模式中,未经法庭允许不得录音、录像有助于维持庭审纪律。在线上公开庭审的案件中,作此要求的实务和法律意义并不大。

第四章　利用互联网提高案件透明度

一、概述

本章所述透明度是指案件程序、处理流程和节点等信息公开透明,以及诉讼案件材料对社会公开。案件程序、处理流程和节点等信息公开透明是对当事人诉讼、仲裁基本权利的保障。诉讼案件材料(除涉及个人隐私、商业秘密或者国家机密等情形外)对社会公开与诉讼案件公开审理一样,都是法院接受社会监督、促进法治的重要举措。

互联网为案件透明度的提高提供了绝佳的平台和技术支持。

二、现状与问题

(一)案件进展信息公开状况不尽如人意

诉讼或执行案件涉及法院内部诸多部门的流转和配合。当事人及其律师常常苦恼于在各部门之间辗转,希望了解案件到底进展到什么程度。最高人民法院通过建设审判流程公开平台,开通中国审判流程信息公开网,通过网站、短信、微信等多种渠道推送案件流程信息,试图变当事人千方百计打听案件进展为法院主动向当事人告知。希望当事人及其诉讼代理人自案件受理之日起,可以凭有效证件号码随时登录查询、下载有关案件流程信息,及时了解案件进展。该网站在推动诉讼环节全透明上也确实取得了很大的成绩,截至 2018 年 4 月,该网站已公开审判信息项目 106 万余个,总访问量达 259 万余次。

但是在实务中,案件进展信息不公开、不透明,电子送达规范不清的问题还是存在的,在某些地方还相当突出。

比如,在仲裁案件中申请法院做财产保全的,当事人需要向仲裁机构提交申请文件。仲裁机构向有管辖权的法院转递申请。法院立案部门先审查,满足立案条件的,受理并作出裁定,然后再转保全部门,由保全部门分配执行员采取保全措施。当事人和律师花了大量的时间和精力在仲裁机构、法院立案庭、保全部门之间了解案件进展,其困难和费时非常人能想象。更令人沮丧的是,很多时候经周折而了解到的消息是相互矛盾的。

再如,诉讼案件中,不管是管辖异议的上诉还是案件一审判决后的上诉,案卷什么时候移送到上一级法院在当事人和律师看来永远是个谜。我们在调研中了解到这样一个比较有代表性的案件:

某省高院审理的一宗案件,被告提出管辖权异议,某省高院于 2017 年 3 月初作出裁定,驳回管辖权异议。被告提起上诉,某省高院开始向最高人民法院巡回法庭移送卷宗。

此后,代理律师开始不断联系某省高院询问移送进展情况。书记员一直表示会尽快移送,但直到 6 月还没有移送。在代理律师不断催促之下,书记员告知于 8 月移送了纸质卷宗。但代理律师在最高人民法院查询不到案件信息,经辗转打听,才知书记员未按巡回法庭的要求上传电子卷宗。又经代理律师的不断催促,书记员才于 10 月上传完毕纸质卷宗,但又称此前移送的纸质卷宗因材料不齐全被退回,需要重新移送。

经过如此反复折腾,一直到 2017 年 12 月,卷宗才被正式移送到巡回法庭,中间整整耗费了 9 个月时间。在此期间,代理律师通过各种方式几十次联系、催促某省高院,也多次联系巡回法庭询问,但对于卷宗的移送进展以及出现的问题,始终不甚清楚,也没有公开查询渠道,只能依赖于法官电话口头告知以及通过其他途径打探到消息,信息非常不透明。

(二)诉讼信息电子化难,信息公开流于表面

信息化是实现人民法院服务便捷化、审判智能化、执行高效化、管理科学化、公开常态化、决策精准化的基石。早期信息系统的建设目标在本质上是为了管控,因此,对很多法官而言,使用信息系统是一项强制的任务,信息系统非但没有为法官审判工作减负,反而成为一种负担和累赘。同时,法官的人工录入在客观上存在审判系统中结构化数据不全、不真的弊端,不足以支撑未来的案卷材料的全面公开和大数据分析的利用。

究其原因,在法院的数据来源中,约 90% 是非结构化数据,即当事人及委托代理人提交的各类材料、文书、音视频等。其中,很多法院是在结案后才把相关材料电子化挂接系统,这是尤为典型的事实。

由于诉讼信息电子化的客观难度和部分地方法院的主观认识不足,各地法院在信息化拓展诉讼服务中普遍存在技术应用不深入、形式化的问题,主要表现在两个方面:其一,重技术轻业务。以诉讼服务网建设为例,部分法院诉讼服务网仅依靠专门技术人员制作和维护,甚至基本的法律常识性错误都不能被及时发现;由于网站制作维护人员不懂业务流程,当事人在平台上寻求诉讼服务时又不能从门户网站顺畅地与法官取得联系,导致信息化无法满足人民群众的司法需求。其二,重业务轻服务。

一些网站的服务窗口在主页边缘角落位置，不易被发现，存在网站不可用、首页栏目更新不及时、网站搜索引擎功能落后、首页链接不可用、附件不能下载、网页出现错别字等问题。这些问题在诉讼服务大厅和12368诉讼服务热线建设中也不同程度地存在，仅依靠法院现有工作人员这些问题无法解决，但过度依赖设计、建设、维护等服务外包又导致信息化系统与审判业务、诉讼服务契合度不足，实用性欠佳，不仅不能为诉讼服务提供技术支持，反而徒增当事人、律师和办案法官的负担。

（三）当事人找不到法官、法官找不到当事人

对当事人及其律师而言，“找不到法官”的问题十分突出。这其中既有客观的原因，也有主观的原因。法院系统曾尝试过一些解决手段，如设立12368“政法民生热线”、由诉讼服务部门统一代替法官接待当事人等，但效果均不尽如人意。

对于法官而言，送达问题也是其面临的非常棘手的问题。送达工作是人民法院审判过程中的重要程序事项。随着司法信息化的推进，当前电子送达实践已十分生动丰富，各级人民法院运用电子诉讼平台、电子邮箱及网络社交平台等媒介开展各类诉讼文书的送达，但同时也面临着诸多“合法性”的困境，电子送达的启动、送达成功标准、当事人约定的送达地址效力等问题亟待进一步研究明确。

此外，受传统思维的限制，法官、律师、当事人仍习惯于传统的纸质文书送达方式，对电子送达的有效性、安全性存有顾虑。文书的送达范围受当事人确认同意的限制，开庭前的司法文书难以应用电子送达，且判决书等不能电子送达，故其适用空间有限；因传真、电子邮件等使用主体具有局限性，多数农村地区当事人不会或无法使用，送达完成难证。电子送达“确已送达”的确认，需赖以特定的电子信息技术予以固定，实践中多数法院尚无此类专门电子技术平台，给案卷的存档备查造成障碍。

（四）裁判文书公开与案件材料公开

充分的司法公开是最高人民法院确定的改革方向。目前，案多人少的问题已经日益突出且将长期存在。在调研中，很多法官和书记员表示，裁判文书上网已经占用了他们很多时间。我们很难想象如果更多的案件材料（如诉状、答辩状、证据、代理词等）公开会给这个案多人少的局面额外增加多少困难；但是社会与经济发展对法治更快进程的需要日益迫切。

根据国内外的经验，实现审判数据信息化，充分实行电子案卷制度是从根本上解决法院在文书公开和材料公开这一问题的主要手段。电子卷宗随案同步生成，对内而言，可以方便法官及相关主体的调卷工作，提高办案效率，保证卷宗安全，节约司法资源，也使法院内部审判监督至个案成为可能，实现审判管理的关口前移；对外而言，电子卷宗系统运行后，当事人及其代理律师可以根据相应的授权直接调阅、打印正在审理和已审结案件的电子诉讼卷宗，极大地节约了查卷、调卷时间，提

高工作效率,最大限度地实现当事人的知情权。但是,据调查,全国仍有不少法院无法实现电子卷宗随案同步生成,特别是电子卷宗的深度应用不足,与《最高人民法院关于全面推进人民法院电子卷宗随案同步生成和深度应用的指导意见》提出的到2017年年底前全国法院全面实现电子卷宗随案同步生成和深度应用的要求还有较大差距。

根据中国社会科学院法学研究所、社会科学文献出版社联合主办的"法治蓝皮书《中国法院信息化发展报告 No.2(2018)》对31家省(自治区、直辖市)、高级人民法院一级的新疆建设兵团分院以及3413家中级和基层人民法院进行调研后发现,虽然全国范围内有2591家法院能够实现电子卷宗随案同步生成,占比为75.21%,但是部分中西部省份法院电子卷宗随案同步生成率不足一半,甚至不到10%。在电子卷宗深度应用方面,支持在不同法院间调阅电子案卷的有2136家,占比62%,支持合议庭及本院审委会调阅的有2611家,占75.79%;支持电子卷宗文字智能识别的法院只有1450家,支持通过电子卷宗提取案件信息并自动回填至办案系统的仅为1255家,分别只占全国法院的42.09%和36.43%,而这两项功能正是电子案卷深度应用的重点,是实现智慧审判、减少法官简单重复劳动、提高审判效率的关键。此外,电子卷宗随案同步生成还面临一系列技术和管理上的问题,如随案同步生成的电子卷宗是按照材料提交给法院的时间或者在法院生成的时间排序的,不符合档案管理要求,案件结案后往往还要按照归档要求重新扫描,容易造成重复劳动;又如,随案同步生成的电子文档的文字识别仍面临困难,导致识别率不高、精准度不够,影响数据应用;再如,不少法院要求业务庭同步扫描卷宗,增加了办案人员的工作量,在一些案件量大的法院尤其如此,很难得到有效推行。

(五)各个信息平台各自为战,信息整合较差,不利于当事人和律师查询案件信息

法院信息化建设初期相对缺乏整体规划和顶层设计,加之一定时期各部门之间缺乏必要的协调,导致诉讼服务平台林立,诉讼服务平台之间不协调、不对接的问题仍然比较严重。这种现象使数据资源无法全面有效打通,"信息孤岛"现象仍然存在。《最高人民法院关于全面推进人民法院诉讼服务中心建设的指导意见》实施后,诉讼服务大厅、诉讼服务网、12368诉讼服务热线"三位一体"的诉讼服务中心初步建立,诉讼服务平台之间不协调、不对接的问题有所缓解,但仍存在平台分工不明确、信息重复、数据不统一的问题,影响了服务的精准性和实效性。

同时,由于诉讼服务与司法公开都属于信息化"服务人民群众"的内容,诉讼服务"三位一体"平台与司法公开"四大平台"(中国审判流程公开网、中国裁判文书公开网、中国执行信息公开网和中国庭审公开网)的关系必须处理好。目前,法院信息化服务人民群众平台仍不统一,"服务当事人"、"服务律师"和"服务社会公

众”被割裂开来,影响了人民法院诉讼服务的整体效果。

三、建议

(一)建设高度智能化的、统一的、富有效率的、与法院内部系统关联的案件信息公开系统

这一系统的目标是能够全面实现透明度要求,即办理流程公开、案件资料公开;案件材料无须在上下级法院之间移转。同时,还应当注意目前案多人少的现状,减轻信息公开这样的事务性工作可能给法官在带来的额外工作压力。最高人民法院其实已经在这方面作出了很多有益、积极的尝试,比如《最高人民法院关于人民法院通过互联网公开审判流程信息的规定》就在一定程度上推动前述透明度要求。

各地法院也作出了很多大胆而富有效率的尝试和探索。

杭州互联网法院在全流程在线的基础上,持续完善司法智能化配置,在有关审理节点中分别置入立案智能化系统、举证质证智能化系统、智慧庭审系统、语音识别智能化系统、电子送达智能化系统、类案智能推送等多个智能化系统:一是起诉人只需提供身份证,并填写结构化的信息,即可进行线上或线下起诉,同时通过智能检索诉讼请求、标注瑕疵等诉讼服务,自动提示当事人及立案人员补正瑕疵;二是引入在线举证质证智能化系统,实现智能判断当事人完成工作量及需要的时间,由系统自动发出录入提示;三是引入智慧庭审系统,实现涉网案件的庭审界面共享和证据材料的交互式审查;四是引入语音智能识别系统,实现庭审语言和文字笔录的实时转化;五是打通多家电子地址运营商,针对实名手机号、支付宝、预留邮箱地址等一键多通道同时送达;六是实现电子卷宗随案生成、自动归档;七是引入智能推送系统,形成以关键词、案由、事实和理由为主的面向法官、当事人的案例智能推送,既强化裁判尺度的管理,又能辅助当事人对案件进行精准预测,合理调整诉讼预期。进一步来讲,该院在诉讼平台中将诉讼请求、赔偿数额、法律依据等诉讼必备事项进行结构化展示,并且实现已进入诉讼的纠纷能够全面对接电商平台交易数据,直接导入诉讼平台作为证据使用,实现了诉讼证据从当事人自行收集向“电商平台一键式引入”的转变,打通了不同平台之间的数据屏障,实现涉网矛盾纠纷化解网上数据一体化处理。

再以重庆市高级人民法院为例,其利用人工智能、大数据技术对电子法院的核心功能进行智能化改造,打造更加智能的电子法院“六 E”,即 E 诉讼、E 送达、E 调解、E 庭审、E 公开、E 执行,实现人民法院司法产品生产、交互、提交、评价的智能化升级。当事人或诉讼代理人无须到法院,登录平台点击“生成起诉书”功能,录入相关信息及材料,即可自动生成标准的起诉状,并在线提交至法院。提供智能批量立

案功能,当事人或者诉讼代理人只需在平台一张表格中填录所需案件信息,即可实现一键批量立案。对于纸质材料等非电子材料,当事人仅需将其拍照或扫描上传至“智慧E审”,系统一键自动智能识别原告、被告等关键信息并自动填录,可以将法院工作人员从烦琐枯燥的人工填录解放出来,实现电子数据自动生成、智能识别和分类。对符合立案条件的案件,智能一键生成案件受理通知书、应诉通知书、答辩通知书、举证通知书和送达回证等文书材料,并自动生成打印邮政专递的填录信息。

一些国外法院的成功经验也可以作为我们提高案件信息公开程度的参考。在纽约州,当事人及其代理律师、社会公众可以通过纽约州统一法院系统(New York State Unified Court System, NYSUCS)了解一宗案件基本信息(如管辖法院、主审法官、代理人、案件类型、案号等)和进程,调取当事人通过NYSCEF系统提交的证据、代理词、判决书等相关文件。(见图1)

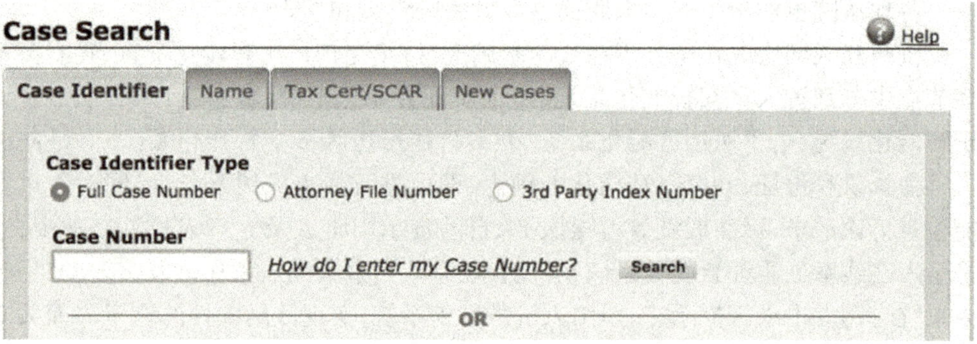

图1 NYSUCS 案件检索页面截图

英格兰与威尔士的上诉法院民事庭设有“案件追踪”系统(case tracker, https://casetracker. justice. gov. uk/)。任何人使用案件号或当事人姓名/名称或日期就可以在线查询到案件的进展情况。(见图2)

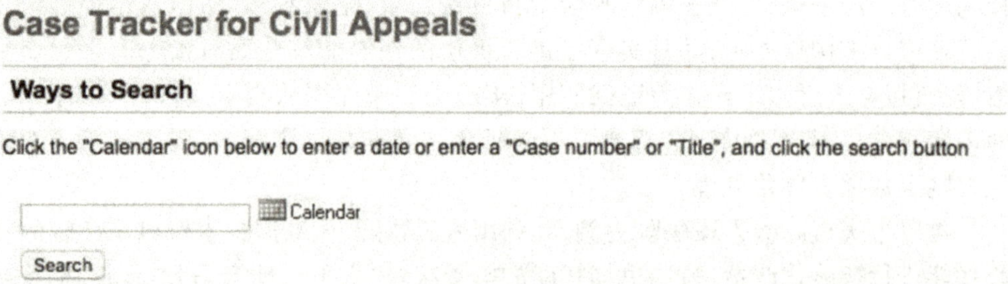

图2 英格兰与威尔士上诉法院民事庭 Case Tracker 系统检索页面截图

（二）多主体多方面汇集案件材料，形成电子案卷

设想中的系统不应当让法院去处理大量的案件材料扫描和上传，这些工作应由提交有关文件的律师或其当事人来完成。一些无法由律师或是当事人提供的材料，比如庭审笔录等也应当利用新技术或是新的管理模式，避免由法官去实现其电子化、信息化。这是有效工作分解的基本要求。同时，当事人及其律师通过网上提交材料，也实现了与法官在系统上的联络与沟通。

从2016年开始，河北省高级人民法院将电子卷宗随案同步自动生成工作作为建设智慧法院3.0版的工作核心。为实现这一目标，经过一年多的开发和测试，河北省高级人民法院成功实现了卷宗自动采集、智能分类与自动排序。在该系统中，司法辅助人员简单输入案号，将纸质卷宗放入扫描仪，一键扫描，自动上传；系统后台自动对扫描图像做优化处理、光学字符识别（Optical Character Recognittion，OCR），通过神经网络学习与训练，实现了对法院文书的智能分类。

据最先试点的桥西法院辅助人员的反馈：由于该系统在操作使用过程中简化了查找案件的步骤，自动剔除空白页，自动上传分类归档，压缩了处理不同卷宗的时间，减少了书记员80%以上的扫描工作量，大大缩减了工作时间和工作内容，提高了工作效率。以结案处理10个案件为例：原来整卷排序打码登录系统扫描上传分类，耗时3～4个小时；使用系统后，整卷打码点击扫描即可，只需30～40分钟。截至2017年12月26日，全省的使用人数从前期的约200人增加到后期累计约3700人，扫描卷宗404,657个案件，扫描页数累计超过20,999,380页。

在美国纽约州，法院要求民商事案件当事人在通常情况下均需要通过网上立案系统提交文件。此举大大提高了办理案件的效率，得到了当事人及律师的认可与支持。当事人及律师也主要通过网上立案系统NYSCEF与法院进行沟通。NYSCEF允许当事人通过网络提交包括答辩状、管辖权异议、各类申请及诉讼动议、意见等在内的各类诉讼文书。一经提交，各类文件均可以在网上公开查询、下载。对于个人隐私信息（如社保账号、身份住址等），法院会要求当事人在网上提交信息前填选“是否涉密”一栏，以方便法院工作人员对提交的文件进行电脑程序加密，必要时会进行人工审阅，确保可公开查询的文本已抹去了个人隐私信息。在文件上传到系统后，系统会自动生成回执，供当事人备案查档。

英格兰与威尔士郡县法院庭审中心（County Court hearing center）管理的“在线金钱索赔”案件允许当事人通过邮件与法院沟通及提交诉讼文件。英国所有法院的邮箱地址都可以在CourtFinder平台（https://courttribunalfinder.service.gov.uk/search/）上找到。但一次通过邮件提交的文件（包括附件）不得超过50页，大小不得超过10M，当事人不得就程序中一个步骤多次发送邮件。如果是由女王法院及法庭服务商业中心（Her Majesty Courts & Tribunals Services Center）处理的案件，在

诉讼程序启动时,该中心会将相关法院的联系邮箱告知当事人。只要案件仍在该中心处理的过程中,当事人就可以使用中心提供的联系方式与法院沟通;除非收到法官的指示或有特殊规定,当事人不得向法官的私人邮箱发送邮件。当事人向法院发送邮件应当抄送该中心。

(三)网络沟通的异常情况处理

当事人对设想中的系统提交或送达有争议的,法院应有特别处理程序。同时,也应防止当事人或其代理人在系统上上传不当、不实文件。比如,可以利用区块链等技术,发展和普及公共的可信时间戳服务中心,解决电子证据的存储和公证问题。实践中,电子证据存在主体身份确认难、容易篡改等问题,借助电子身份证系统和可信时间戳的有机结合,则可以有效关联电子证据形成的主体和电子证据的"时点情况",从而使该电子证据具备了完整性、可验证性和合法性。以区块链技术为例,其不可篡改、去中心化和共同验证的特性可被广泛应用于各类数据存储和公证。如果说普通时间戳由于存在服务器时间的不确定性和事后的可修改性而不能排除该电子证据的合理怀疑,那么,可信时间戳则由权威的时间戳服务中心签发,能有效证明该数据在特定时间点的存在,并具有完整性、可验性和合法性。全球最早将该技术应用于电子存证领域的是公证通"Factom"。我国国家授时中心负责建设的第三方可信时间戳服务机构(TSA)会对申请的电子证据生成数字指纹(hash值),并与权威时间绑定生成tsa格式的时间戳证书,得到了各级法院司法判例的认可。

此外,案件信息化、公开化带来的案卷电子化必然涉及大量电子证据,虽然修改后的《民事诉讼法》将电子证据单独列为一种新的证据种类,但在审判实务中有着将电子证据书证化的倾向,并以公证书的形式体现出来。对此,法院实际上将电子证据审查认证的权力转移给了公证机关,而且,公证机关的公证不一定必要,也不一定有效,如消费者提供的手机截屏、网页打印件完全可以通过查看手机或上网予以核实,又如网络交易平台完全可能在公证之前已经篡改了信息。故在举证责任的分配上,原则上应根据当事人接近证据的能力及诚实信用原则来分配,不宜一味苛责消费者对交易的基础事实承担严格的举证责任,并赋予平台方相对更高的举证责任;同时,对消费者提供的手机实物、截屏或打印件等不宜片面、简单地以书证的标准加以否认,而是要尊重电子证据的特有规律,通过现场上网操作、积极引导当事人鉴定等方式,并结合其他案情来加以综合认定。网络交易平台在导入法院诉讼平台前篡改相关电子证据的,系妨碍民事诉讼的行为,应依法予以处罚。建议国家大力发展公共云存储平台、网络公证等,彻底杜绝导入诉讼平台前的信息篡改行为。

在美国纽约州法院,对于当事人关于涉案事宜的争议,法官一般会以听证会的方式解决。以网上送达争议为例,争议一般将由法官通过一种称作 traversehearing 的程序来裁决争议。(请参见本章附件:一份纽约州法院就 traverse hearing 程序的决定)同时,法官也可能免去听证,直接基于双方正式或非正式的申请决定一项有关送达的争议。

为防止当事人等因不理智而提交不适当文件,干扰法官审判,法院通常会在当事人及其律师提交任何文件时要求提交者对文件内容进行声明及确认,对任何不当提交/不实陈述承担法律后果,严重的依法给予相应的处罚措施。

四、进一步厘清电子送达的相关规则

(一)电子送达的顺位问题

如何确定电子送达与其他送达方式的顺位问题是开展电子送达首先要考虑的问题。当前一些地方法院在司法实践中明确优先使用电子送达,仅在特定情况下排除使用。比如,杭州互联网法院以电子送达为原则,以线下送达为例外。广东省高级人民法院《关于诉讼文书电子送达的规定》明确采用电子送达优先原则,规定凡法人、其他组织及委托代理的自然人均强制适用,仅在当事人为自然人且有正当理由时,可不选择该送达方式。江西法院的"收转发 E 中心"在集约化送达模式下,优先选择电子送达,把电子送达作为其他送达的前置方式。

我们认为,送达不应再固守传统的纸质送达方式,在确保数据传输安全可靠的条件下,电子送达应当从辅助性地位发展成为优先使用的送达方式。在当前诉讼法的框架内,可以明确将电子送达作为一种有别于其他送达的独立送达方式,且基于其传输快、成本低的优势,应当在司法实践中作为首选的送达方式。人民法院应着力构建统一的电子送达平台,提升电子送达的安全性和稳定性,从而有助于在更广的范围开展电子送达。

(二)人民法院首次电子送达的规则设计

根据我国《民事诉讼法》的规定,只有在当事人同意的情况下,法院才能开展电子送达。在司法实践中,多数当事人有明确的电子联系方式,但没有填写书面的电子地址送达确认书,此时法院能否开展、如何开展首次电子送达,是值得研究的问题。杭州互联网法院与电信运营商开展合作,通过资产反查获得当事人名下常用的联系电话,运用短信弹屏点击的技术手段来确认当事人是否收悉,从而使首次送达具备了技术上的可能性。

有专家认为,人民法院在调取受送达人近 3 个月内常用的电子送达地址后,可以当事人阅读作为送达成功的标准,开展首次电子送达。受通知的权利是当事人正当权利中最基本的权利之一,在当事人未知晓诉讼,未经同意电子送达的情况下,法院开展首次送达面临着减损当事人权利的风险,因此需要制定切实可行的首次送达规则。我们建议,司法实践中,人民法院可分步骤开展首次送达,从具有长期交易关系的合同类案由先行试点,从影响程序利益小的通知开始,且由法院承担送达是否成功的证明责任,赋予当事人特定情形下的异议权,从而保护首次电子送达中的当事人权益。

(三)诉讼当事人接受送达的权利义务及救济程序

人民法院在重塑电子送达时,如何处理好、平衡好诉讼效率和公正的问题,涉及电子送达的价值取向和具体制度的设计,需要进一步研讨明确。我们认为,电子送达仍要坚持公正和效率的双重价值取向,既要建立制度机制推广电子送达,同时也要为受送达主体设置救济程序,有效保障其正当的程序利益。受送达人应具有接受法院电子送达的义务,如果故意阻碍,导致电子送达延误或无效,应当承担相应的责任。人民法院在规制当事人诉讼行为时,可以考虑采用支付额外费用的方式加以引导。

附件:一份纽约州法院就 traverse hearing 程序的决定

302 A. D. 2d 353(2003)

754 N. Y. S. 2 d 364

DAVID EARLE et al. , Respondents, v. VINCENT VALENTE, Appellant, et al. , Defendant.

Appellate Division of the Supreme Court of the State of New York, Second Department.

Decided February 3, 2003.

Ordered that the order is reversed insofar as appealed from, on the law and as an exercise of discretion, the motion is granted, the complaint is dismissed in so far as assertedagainst the appellant, the action against the remaining defendant is severed, and the plaintiffs' cross motion for an extension of time within which to serve the appellant is granted; and it is further,

Ordered that the summons and complaint shall be served within 120 days of service upon the plaintiffs of a copy of this decision and order; and it is further,

Ordered that one bill of costs is awarded to the appellant.

The Supreme Court denied the motion of the defendant Vincent Valente to dismiss the complaint insofar as asserted against him based upon improper service of process and denied, in effect, as academic, the plaintiffs' cross motion for an extension of time within which to serve Valente pursuant to CPLR 306 – b. We reverse the denial of Valente's motion and grant the plaintiffs' cross motion.

The plaintiffs failed to establish that the "due diligence" requirement of CPLR 308 (4) was met. The process server made three attempts to serve the defendant Vincent Valente on weekdays during normal business hours or when it could reasonably have been expected that he was in transit to or from work (*see Gurevitch v Goodman*, 269 A. D. 2d 355, 356; *Walker v Manning*, 209 A. D. 2d 691, 692; *Gantman v Cohen*, 209 A. D. 2d 377, 378; *Serrano v Pape*, 188 A. D. 2d 647; *Magalios v Benjamin*, 160 A. D. 2d 773, 774). The process server made no attempt to determine Valente's business address and to effectuate personal service at that location pursuant to CPLR 308 (1) and (2) (*see Gurevitch v Goodman*, *supra* at 356; *Moran v Harting*, 212 A. D. 2d 517, 518). Accordingly, under these circumstances, the attempted service of the summons and complaint pursuant to CPLR 308 (4) was defective as a matter of law (*see Gurevitch v Goodman*, *supra* at 356; *Walker v Manning*, *supra* at 692; *Moran v Harting*, *supra* at 518).

The plaintiffs' cross motion for an extension of time to serve the summons and complaint on Valente should be granted in the interest of justice (*see Leader v Maroney, Ponzini & Spencer*, 276 A. D. 2d 194, *affd* 97 N. Y. 2d 95; *Scarabaggio v Olympia & York Estates Co.*, 278 A. D. 2d 476, *affd sub nom. Leader v Maroney, Ponzini & Spencer*, 97 N. Y. 2d 95). The extension afforded by CPLR 306 – b is applicable where, as here, service is timely made within the 120 – day period but is subsequently found to have been defective (*see Citron v Schlossberg*, 282A. D. 2d 642; *Murphy v Hoppenstein*, 279 A. D. 2d 410; *Gurevitch v Goodman*, *supra* at 356; *Salamon v Charney*, 269 A. D. 2d 256).

The plaintiffs' remaining contention is not properly before this Court.

第五章　互联网促进案件执行

一、概述

无论是经过法院诉讼程序得到的判决结果,还是经过仲裁程序取得的裁决结果,虽然一方得到了生效裁判确定的权利,但在对方不按照生效裁判履行的情况下,都需要通过法院的执行程序,对负有履行生效裁判义务的一方进行强制执行,才能使另一方的合法权利得到保障,法律规则才能得到真正的维护。近几年,虽然最高人民法院加大了执行的力度,但“执行难、难执行”的问题仍然属于司法中的难题。法院的执行过程不同于诉讼过程。在诉讼过程中,案件的审理是在法庭的主持下,双方当事人通过诉辩的方式,明确争议问题,由法庭最终裁决的过程。在执行过程中,从执行立案开始,经过对被执行人财产查询、冻结、划拨、拍卖等程序,直到执行终结,主要工作基本都由法院实施,当事人直接参与的情形不多,但执行程序的结果是当事人权利真正实现保障。本章所述互联网促进案件执行的目的,是希望通过研讨执行中现有问题及解决思路,从而发挥互联网在执行过程的作用,提出意见和建议,以期对“执行难,难执行”的局面改善有所促进。

二、执行案件的网上立案

生效的民事判决及仲裁裁决仅就当事人争议的民事权利义务进行了确定,而是否履行及是否需要强制执行,还需要根据当事人的意思表示来确定。法院的强制执行程序也是被动启动,即由当事人向法院申请执行,法院立案后,才由法院负责执行的部门进行强制执行。

在法院内部的分工方面,执行立案也属于法院立案部门受理。立案部门受理执行立案的程序与起诉立案相似。本章主要针对通过网络执行立案与起诉立案的不同之处予以研讨,其他内容见通过网络起诉立案。

(一)执行案件网上立案的现状与问题

1. 申请执行的立案方式:网上立案方式、向法院提交书面立案材料的方式、通过邮寄书面材料给法院的方式(详见诉讼立案)。

2. 执行案件网上立案与诉讼网上立案未予区分。诉讼立案与执行立案相比,申请人需要提交的材料不同;诉讼立案申请人提交的材料相对较多,而执行立案需要申请人提交的材料较少;申请执行法院的判决、调解,申请仅需要提交申请书和判决书或调解书;申请执行仲裁裁决,申请人需要提交申请书、仲裁裁决、仲裁协议。诉讼立案除需要提交诉状外,还需要提交证据等。现有的规定未将诉讼立案与执行立案明确区分,造成提交材料的规范不明确,也影响到执行案件网上立案的材料提交混乱的现象。

3. 需要申请人提交执行依据,即生效的判决、仲裁裁决等。目前,申请人收到的判决或仲裁裁决都为纸质版,申请人提交生效的判决、仲裁裁决,需要将生效的判决、仲裁裁决转换成电子数据的形式;而法院的案件系统中有生效裁判文书的电子版,仲裁机构的案件管理系统中也有生效仲裁裁决的电子版,让申请人自己再将纸质版转换成电子版向法院提交,增加申请人的负担,且浪费资源。

4. 申请执行立案与诉讼立案程序相近,仍需要注册、核实申请人(或代理人)身份。目前,大部分法院提供的网上立案方式中,执行案件网上立案仍需要申请人注册，还不能调用诉讼立案是时的申请人信息，重复注册，既增加了申请人的负担，也增加了法院工作人员的工作量。

（二）仲裁裁决的网上执行立案现状与问题

仲裁机构不具强制执行功能，仲裁机构的生效裁决的执行仍由法院执行。目前，国内各仲裁机构基本都建立了仲裁案件管理系统，仲裁案件的相关信息在仲裁机构都已经生成电子数据。在仲裁裁决需要法院强制执行时，为法院执行机构通过互联网调取仲裁机构有关案件的信息奠定了基础。现阶段，仲裁机构与法院之间就需要执行的仲裁案件信息共享机制尚未建立，对仲裁案件的执行立案，仍以当事人提交纸质仲裁裁决书和仲裁协议为执行立案的条件，仲裁案件的网上立案受到一定限制。

（三）国外执行案件的相关经验

1. 普通法系国家相关经验

美国的执行程序视联邦法和地方法而有所不同。通常案件的执行依当事人申请而实现，法院处于被动协助的角色。当地判决可直接在当地执行，而无须再立案。而执行别的州判决时，则需进行登记，对于他国的判决，则需要按照条约予以承认执行。

对被执行人财产状况的查明，主要由如下方式：债权人自行查明（或借助第三方）、债务人依法院命令披露、债权人向法院申请披露等。美国法院不存在专门负责执行的“执行庭”，案件的执行与一般的诉讼程序没有严格的区分，执行过程仅是案件的延续，法官的角色是裁判，而非具体执行事务。案件的具体执行通常由专门的执行官来完成，其职责包括维持法庭秩序、安排传唤、主持执行财产拍卖等。

2. 大陆法系国家相关经验

德国法院将案件的执行作为独立的程序，并且对于法院执行案件规定了一定的立案标准。

（四）存在的不足及改进建议

1. 申请执行网上立案缺乏统一要求

对于执行网上立案，没有明确统一要求，各地法院都按照自己的理解和方式在做相关工作。有的法院提供了网上立案方式，有的法院则没有，只能通过窗口或邮寄材料的方式立案。我们建议，最高人民法院可以将网上立案方式分阶段、分地域逐步作为一项强制性的要求，各法院应提供网上立案方式。随着经济的发展和国家对法院建设的投入，各级法院在网络的软硬件建设方面将逐步具备一定的基础。我们设想可以从经济发达区域的法院到欠发达区域的法院，从高级别的法院向基层法院，稳步推进执行的网上立案。

2. 执行网上立案材料的规范性要求

与诉讼立案相比较,执行立案需要申请人提交的材料较少,相对诉讼立案容易规范。我们建议以此为突破口,加快对执行立案申请材料的明确和规范。

3. 建立法院内部及法院与仲裁机构之间生效裁判文书查询系统

执行案件量最大的是法院的生效判决、调解等,其次是仲裁机构的裁决。对于法院的判决,执行立案时判断判决是否生效,一般有两种方式:一是经历二审的案件,当事人提供二审处理结果的裁判文书(如二审判决书、调解书、撤诉裁定书等),由执行立案人员确定是否生效;二是没有经历二审的案件,法院常常要求申请人提供"生效证明",由审判业务庭给申请人出具"生效证明",立案人员依据生效证明来确定案件生效并立案。

北京法院通过法院审判信息系统查询生效裁判方面有一定的进展。如北京法院的执行立案规定:"申请执行人仅提交一审裁判文书的,立案法官应通过法院信息查询系统来确认其所提交裁判文书效力。"北京法院已经明确规定,不再要求申请执行人提交裁判文书的生效证明。

对于仲裁案件,执行立案一般要求申请人提供仲裁裁决书和仲裁协议。法院执行立案时审查仲裁裁决是否真实,是否具有执行内容。仲裁具有不公开性,加之仲裁机构与法院之间没有隶属关系,相互之间信息封闭。这难免有时会让当事人为了执行立案而在机构之间辗转。

基于以上判决与裁决的执行现状,我们建议:

(1)建立法院生效文书查询系统。法院内部的案件管理系统已经很完善,案件信息的基本数据都很清晰,案件结果、是否生效、生效时间等都是案件的基本信息,法院的案件管理系统完全能够提供这些基本的数据。法院的审判管理系统应当给立案系统提供相应接口,使立案系统能够查询相关案件的裁判结果、生效日期等基本信息。在执行立案时,申请人只提供生效裁判文书的案号,不再要求申请人提供"生效证明",减少不必要的环节,节约资源,提高效率。

(2)建立法院查询仲裁机构生效裁决信息系统。仲裁裁决虽然不对社会公开,但申请执行时,法院需要确定仲裁裁决的真实性和是否具有仲裁协议。仲裁机构可以向法院提供生效仲裁裁决的相关基本信息,如裁决当事人情况、裁决结果、仲裁协议等基本信息,这便于申请人通过网络申请立案,也便于法院核实裁决的真实性和效力。

建议最高人民法院与国内各仲裁机构建立网络连接,由最高人民法院建立仲裁案件基本信息库,由仲裁机构将生效的仲裁案件基本信息上传至该信息库,该信息库不对外公开,只对法院立案系统查询公开,以便对仲裁案件立案进行查询。

申请执行仲裁裁决时,法院的立案系统应当查询是否有撤销该裁决的撤销仲裁裁决案已经立案或已经提交申请，便于法院内部的执行和撤销仲裁案件的协调。

4. 申请执行人立案程序的简化

当事人申请执行立案，目前的立案规定仍要求当事人提供一定的材料，如北京法院要求“当事人申请强制执行的，应当提交申请执行书、申请执行人主体资格证明和完整的身份信息、据以执行的生效法律文书等材料”。法院要求提供的材料中，除申请执行书外，当事人在诉讼立案、审理程序中都提供过，执行立案再要求提供，属于要求申请执行人重复提交。

在申请执行立案前，申请执行人已经经过了诉讼程序。其诉讼程序的立案、审理等数据都存储在法院的相关系统中。法院的案件系统存储有执行申请人的基本信息。我们建议在执行立案时，对于执行立案的申请可以简化，对于申请人及代理人的身份的审核可以从简；将申请人提交的申请人或代理人的基本信息与诉讼立案或诉讼中当事人的基本信息进行比对。只要信息一致，可以省去核实申请人及其代理人身份信息的环节，提高法院的工作效率，减少当事人材料的重复提交和准备。

三、法院执行、诉讼共享当事人基本信息

被执行人在诉讼程序中，其作为当事人，通常在诉讼程序中留有联系信息（如地址、电话、邮箱等），可以通过法院执行系统与审判系统数据共享的方式，调取被执行人的基本信息，方便法院及时、高效推进执行案件的进程。

四、申请人通过网络提供被执行人财产线索

在执行过程中，申请人获得的被申请人财产线索，需要及时提供给法院执行人员。如果申请人能够通过网络方式，直接将财产线索提供给负责案件执行的人员，可以提高执行效率。

我们建议执行案件立案后，为申请执行人提供财产线索窗口，申请执行人可以随时通过网络向法院执行人员提供被执行人财产线索。

五、被执行人财产的网络查询

（一）现状

目前，法院的“网络执行查控系统”仅与银行之间开通了通过网络查询、冻结功能。法院可以通过“网络执行查控系统”对被执行的银行存款进行查询和冻结。法院正在与工商管理机构开通企业信息共享，对于被执行人的工商信息进行查询，对被执行人的股权信息进行查询和冻结。

（二）国外经验

美国法院在案件的执行过程中，法院并非案件的强制执行主体，只有在当事人

不自觉履行或履行过程中产生争议时,法院才介入执行过程,对相关争议进行处理。在执行过程中,涉及债务人财产的问题,需要查明债务人财产时,主要有如下几种方式:债务人按照法院命令主动说明、债权人自行查明(或聘请私人侦探查明)、向法院申请要求债务人提供进一步信息(information subpoena)或证据开示(discovery)。

向法院提出的 information subpoena 申请一般由当事人提交书面文件并寄送相关文书与债务人,而非通过网上程序进行。证据开示通常与诉讼中的证据开示程序类似。

(三)建议

1. 建立被执行人资产报告制度和惩罚制度。执行案件立案后,在给被执行人送达执行通知的同时,书面通知被执行人在限定期限内(如 15 日内),填写被执行人财产明细报告,向法院、申请人报告财产状况,报告的财产包括其个人财产和家庭财产。如被执行人不报告或报告不实,法院可以对被执行人进行处罚(处罚种类可以是罚款、拘留、刑事处罚),以督促被执行人自觉履行生效裁判确定的给付义务。

2. 建立与不动产管理部门的网络连接,通过网络查询不动产、冻结不动产。房屋类不动产是重要财产,也是涉及财产类案件能够执行的重要保障,及时冻结房屋类不动产,往往有利于案件的顺利执行。法院通过网络查询、冻结不动产也是解决执行难的突破口。建议尽快建立执行部分网络查询、冻结不动产系统。

六、被执行财产的网络拍卖

被执行财产的网络拍卖,是司法借助互联网的又一良好范例。传统的司法拍卖一般是借助拍卖公司,由拍卖公司通过举办拍卖会的方式对被执行财产进行拍卖。而拍采取卖会的方式受举办次数、场地、拍品的展示方式、参与竞拍的人数等因素的限制,造成传统的司法拍卖参与人数少、成交率低、拍品溢价少等。利用互联网进行司法拍卖,与传统拍卖方式相比较,优势非常明显:

1. 拍品的展示不再受现场、实物展示的限制。将拍品以图片等文件方式放置于网络,全天候展示,不再受时间、地点的限制。

2. 竞买人的范围不再受限制。传统的拍卖方式需要竞卖人登记,并由于场地的限制竞买人数量受限制;而网络拍卖不存在场地的问题,参观拍品的人数也不再受限制,只要能够上网,就能够观看拍品,了解拍品的情况。

3. 进行拍卖的次数不再受限制。由拍卖公司举办拍卖会的方式,拍卖公司筹备拍卖会需要人力、物力、财力、宣传等准备工作,一年能举办拍卖会的次数有限,限制了拍卖的次数。网络拍卖只要对拍品相关信息进行收集整理成电子数据,以后可以多次重复使用。第一次拍卖流拍后，很快可以组织下次拍卖。

司法网络拍卖虽然比传统拍卖会优势明显，但还属于刚刚开始阶段，网络拍卖中出现的问题还需要进一步解决。

(一)引进第三方服务

虽然通过网络图片等电子数据的方式可以展示拍卖物的情况，但有些拍卖物仅通过网络展示还不足以了解拍卖物状况，如房屋质量状况、周围环境等，需要通过看房等实地查看的方式才能了解；如汽车，将汽车发动或驾驶一定距离才可以了解汽车的性能。竞买人实际查看拍卖物时，需要法院工作人员接待，而法院现在案多人少的局面已经难以应付，无法再接待竞买人实地查看拍卖物；而竞卖人不能实地查看拍卖物，房屋、汽车这些价格相对较高的拍卖物，在竞买人对拍卖物没有全面了解的情况下，一般不会参与竞拍，从而降低了房屋、汽车等类拍卖物的成交率和溢价率。

我们建议对于需要通过实地查看才能了解拍卖物情况的，引进第三方服务，由第三方从事事务性的工作，如接待、介绍竞拍物等，让法院执行人员从繁重的事务性工作中解放出来，将精力集中在更重要的执行工作中。

1. 建立第三方服务名单。司法拍卖第三方服务的名单，可以借鉴法院选择鉴定机构的方式，将具备从事相关服务的机构列入服务名单。如房屋的第三方服务，可以选择房地产经纪公司进行第三方服务；汽车的第三方服务，可以选择从事汽车销售的相关机构提供第三方服务。

2. 第三方服务的介入时间点。法院决定将拍卖物进行网络拍卖时，第三方服务介入，法院发布公告时，可以将第三方服务的信息一并公告，告知竞卖人通过第三方实地查看相关拍卖物。

3. 第三方服务费用。引进第三方服务，就需要向第三方支付服务费用，服务费用从拍卖物所得价款中支付。

4. 建立第三方服务激励机制。对于第三方服务的激励，主要是服务费用的多少。对于服务费用，可以按照拍卖物拍卖价格来确定服务费的比例。第三方服务提供得好，竞买人参与竞卖的积极性高，拍卖物成交率和溢价率都会提高，既有利于执行申请人，也有利于被申请人。因此，激励机制可以按照拍卖物评估价与实际拍卖价之间的差价来确定。如拍卖价出现溢价，第三方服务费的比例提高；如拍卖价低于评估价，第三方服务费的比例降低；通过服务费用的变化，来激励第三方提高服务质量，提高拍卖物的成交率和溢价率。

(二)建立评估机构淘汰机制

依据现有的评估机制，网络拍卖中评估机构收取评估费按照评估标的额的比例收取，即对拍卖标的评估价高，评估费较高。这也是造成网络拍卖物评估价高于市场价,经常出现第一次拍卖流拍比例高的原因之一。公允、正常的评估价格有利于竞买人参与竞拍,提高成交率,减少再次拍卖的重复性资源浪费。因此,我们建议:

1. 建立对第一次流拍的评估价进行分析的制度。评估价高,竞买人少或无人参与竞卖,造成流拍。通过对流拍的评估价进行分析,对于将评估价确定的总体都高的评估机构,淘汰出评估名单,以督促评估机构合理确定评估价。

2. 拍卖物的评估价稍低于市场价,更符合司法拍卖的性质,也更容易成交。评估价稍低于市场价,不会对申请人的债务及被申请人的财产造成实质性的影响。司法网络拍卖,是通过竞价的方式,出价高者取得拍卖物,如果评估价稍低,参与竞买的人多,竞价积极性高,拍卖物可能取得更高的拍卖价,并不会因为评估价稍低于市场价而损害申请人或被申请人的利益。

(三)建立限价预警机制

2017 年 9 月 8 日,一部起拍价 100 元的二手 iPhone 7,在南京市某区法院组织的司法拍卖中,最终以 27 万余元的价格成交,成为史上最贵"苹果"。但是,竞买人并未实际付款。后来经法院确认,是两名竞买人的"恶作剧"。在这起拍卖过程中,开拍仅仅 10 多分钟,拍卖价格就从起拍价 100 元迅速飙升,累计加价 708 次,拍卖被延时 377 次,至 9 月 8 日 12 时 31 分才结束,最终成交价高达 270,550 元。其间,共有 2734 人报名,17,835 人设置了提醒,引起 361,120 次围观。另一起出现异常拍卖的是一款评估价为 140 元的橘色挎包,也引发了 2232 次围观,经过 17 次竞价,最后以 900 元成交。以上事件的发生,一是竞买人无视规则,进行"恶作剧";二是网络拍卖没有价格预警机制。

我们建议设立网络拍卖竞价预警机制。拍卖物的评估价与实际成交价,应该差距不会太大。执行法院可以根据拍卖物的实际情况和评估价格,设置两个价格预警线,以判断后续拍卖是否遭遇恶意竞买。在竞买过程中,如果触发预警线,执行法院可以酌定是否终止拍卖。竞价预警可以避免出现类似天价 iPhone 的情况,提高拍卖的成交率。

常设中国建设工程法律论坛第九工作组成果

英国工程法协会延误与干扰准则在中国法下适用指南

2019 年 9 月 26 日

目　　录

前　　言

《英国工程法协会延误与干扰准则在中国法下适用指南》(以下简称《指南》)是常设中国建设工程法律论坛第九工作组历时近一年的工作成果。《英国工程法协会延误与干扰准则》目前在国际仲裁工期争议中得到了广泛的应用,而且预计该规则未来会在与中国当事人相关的工期延误争议解决中得到更加广泛的应用,例如,FIDIC 2017 版工期条款推荐使用《英国工程法协会延误与干扰准则》,中国争议解决实践开始逐渐采取工期延误专家证人制度以及工期鉴定。

但是《英国工程法协会延误与干扰准则》完全是基于英国法,当管辖法不是英国法时,其中一些准则的规定会与管辖法产生冲突。因此,常设中国建设工程法律论坛第九工作组对针对《英国工程法协会延误与干扰准则》在中国法下的应用,编写了本《指南》。

《指南》主要针对一些涉及延期索赔的主要核心条款进行了专门论述,其中包括了时差归属、同期延误、提前竣工、建设性赶工、“一揽子”索赔、干扰索赔、延期索赔、总部管理费及利润损失索赔等。这些内容既与国际工期延误索赔理论高度接轨,同时又考虑了这些工期延误国际惯例如何在中国实际落地应用可行性。

常设中国建设工程法律论坛第九工作组自 2018 年 10 月成立以来,先后在中伦律师事务所和君合律师事务所召开两次工作例会进行深入交流和探讨,不断完善文稿。常设中国建设工程法律论坛第九工作组全体成员为:

召集人:

邱　闯　联合建管(北京)管理咨询有限责任公司董事长

成　员(以姓氏拼音为序):

陈　剑　君合律师事务所
高印立　北京采安律师事务所
胡定成　AECOM
吉润一聃　大成律师事务所
刘　辙　君合律师事务所
刘　磐　联合建管(北京)管理咨询有限责任公司
卢晓平　北京德和衡律师事务所
石　伟　北京采安律师事务所
宿　辉　吉林功承律师事务所
孙　傲　中伦律师事务所
王瑱玥　大成律师事务所
夏雄伟　北京高文律师事务所
谢俊翔　福建省三明市人民检察院
徐　丹　北京国枫(上海)律师事务所
袁华之　大成律师事务所
张　炯　中伦律师事务所
张靖昆　北京高朋(天津)律师事务所
张俊丽　郑州新大方史托克机械设备有限公司
张文靖　中伦律师事务所
周倩颖　苏州金螳螂建筑装饰股份有限公司
周显峰　君合律师事务所

常设中国建设工程法律论坛第九工作组全体成员慷慨无私地付出了大量的精力和时间，在此对他们的努力致以崇高的敬意并表示衷心的感谢！

致　　谢

常设中国建设工程法律论坛的成员、观察员和建设工程法律界的众多同仁对第九工作组的调研工作给予了热情的帮助和真诚的鼓励。

感谢北京市中伦律师事务所、北京市君合律师事务所为常设中国建设工程法律论坛第九工作组的两次工作例会提供了有力的后勤保障和周到的服务！

感谢常设论坛主席会议、秘书长会议、专家咨询委员会、评价委员会、观察员委员会及全体成员和观察员给予的莫大鼓励、信任和支持！

孙　巍

常设中国建设工程法律论坛秘书长

第一章 课题综述

邱 闯 联合建管(北京)管理咨询有限公司

《英国工程法协会延误与干扰准则》(以下简称《SCL 准则》)目前在国际仲裁工期争议中得到了广泛的应用,而且预计该规则未来会在与中国当事人相关的工期延误争议解决中得到更加广泛的应用,例如,FIDIC 2017 版工期条款推荐使用《SCL 准则》,中国争议解决实践开始逐渐采取工期延误专家证人制度以及工期鉴定。

但是《SCL 准则》完全是基于英国法,当管辖法不是英国法时,其中一些准则的规定会与管辖法产生冲突。因此,本课题组也希望能够对针对《SCL 准则》,编写其在中国法下适用指南。目前本课题组主要针对了一些涉及延期索赔的主要核心条款,进行了专门论述。主要成果如下(见表 1-1):

表 1-1 主要成果汇总

序号	题目	《SCL 准则》核心条款	完成人	单位
1	同期延误对延期权益的影响在中国法下的适用	第 10 条	徐丹	北京国枫(上海)律师事务所
2	同期延误对延期赔偿权益的影响	第 10 条	卢晓平	北京德和衡律师事务所
3	关于时差归属的建议及在中国的适用性的探讨	第 8 条	胡定成	AECOM
4	承包商提前竣工的性质及补偿原则	第 13 条	宿辉	吉林功承律师事务所
5	建设性赶工索赔在中国法下的适用分析	第 16 条	张俊丽	郑州新大方史托克机械设备有限公司
6	“一揽子”索赔在中国法下的适用分析	第 17 条	张靖昆	北京高朋(天津)律师事务所
7	干扰索赔在中国法律下的适用研究	第 18 条	周倩颖	苏州金螳螂建筑装饰股份有限公司
8	工程延期损失相关问题在中国法下的适用分析	第 19、20、21 条	张炯等	中伦律师事务所
9	工期延误中的总部管理费及利润损失索赔在中国法下的适用研究	第 20、21 条	高印立等	采安律师事务所

专题一：同期延误对延期权益的影响在中国法下的适用

《SCL 准则》核心原则第 10 条和第 11 条认为：(1) 若承包商自身竣工延误与业主自身竣工延误同期发生，则此情况不应减少承包商索赔的应得工期。(2) 若承包商由于受到业主延误与承包商延误共同影响而招致额外费用，则只有在承包商将业主招致的费用从承包商延误招致费用识别出来的情况下，承包商才有权获得相应的补偿。若任何额外费用是由承包商延误引起的，则承包商无权获得此类额外费用的补偿。

北京国枫（上海）律师事务所徐丹对该原则进行了中国法下的分析。该专题认为中国法律对同期延误未有规定，这一概念也并未被中国的司法准确地识别，与之相关的裁判规则也会因为法官对裁判方法的不同运用而存在差异。该专题的一个重要亮点是提出了实践中很容易混淆的两个概念："同期延误"（concurrent delay）和"共同延误"（joint delay）。

专题二：同期延误对延期赔偿权益的影响

北京德和衡律师事务所卢晓平从另外一个角度分析了同期延误对延期赔偿权益的影响在中国法下的适用。该专题认为中国法以共同过错原则来处理同期延误情况下承包商费用索赔权，同期延误情况下承包商行使费用索赔权须承担相关举证责任；中国法的规则：未区分延误事件是否处于关键线路上，只要出现同期延误且与承包商遭受损失存在因果关系的，则承包商就享有额外费用索赔权。

专题三：关于时差归属的建议及在中国的适用性的探讨

《SCL 准则》核心原则第 8 条认为：时差的值是进度计划中活动的相对"关键性"的显示。因而，一般来说，当时差被耗尽时，完工日期将受到影响。除非在合同中有明确的相反规定，如果在业主风险事件发生时进度计划中存在剩余的总时差，应该根据业主延误将关键路径上的总时差降到零以下的程度来授予工期延长。

AECOM 胡定成对该原则进行了中国法下的分析。该专题认为《SCL 准则》关于时差归属的原则和中国《合同法》及《建设工程施工合同（示范文本）》（GF－2017－0201）没有冲突，但是在适用时对合同管理的要求较高，如要求承包商及时编制及更新显示关键路径和时差进度计划、保存完善的同期记录等。

专题四：承包商提前竣工的性质及补偿原则

《SCL 准则》核心原则第 13 条认为：若业主的延误阻碍了承包商按照其计划的竣工日期（比合同竣工日期早的一个日期）完成工程，承包商原则上有权获得因业主的延误直接导致的费用,尽管并未对合同竣工日期产生影响(因而无法获得工期顺延)。但是,为确保这一结果,业主需在双方在签订合同时已意识到承包商早于合同竣工日期,提前完成工程的意图,并且承包商的这一意图是现实的且可实现的。

吉林功承律师事务所宿辉对该原则进行了中国法下的分析。该专题认为,以合同当事人对于提前竣工是否有明确合同约定为标准,可以区分为依合同约定和依法律规定两种处理原则。发承包人对提前竣工及奖励或干扰的补偿已在订立或履行合同中明确约定,则当承包人提前竣工时,承包人可以依约定主张奖励或补偿。由于发包人原因延误了承包人提前竣工的,承包人可以将提前竣工奖励作为期待利益进行主张。如果双方在合同中没有约定,则应依据我国现行法律规定,即并没有对承包人提前竣工的奖励或补偿的规定。因此,即使承包人提前竣工,也不会必然导致发包人提前接收工程或就承包人提前竣工而发生的费用向承包人进行补偿。

专题五:建设性赶工索赔在中国法下的适用分析

建设性赶工(constructive acceleration)是美国法庭支持的一个准则,英国法并不支持。《SCL 准则》第一版曾不推荐建设性赶工。第二版核心原则第 16 条认为:若合同约定有赶工,赶工款应当按照合同约定支付。合同未约定赶工,但承包人和发包人同意采取赶工措施的,应当在赶工开始前约定付款依据。缔约方应设法商定采用赶工措施时应保存的记录。如果承包商正在考虑实施赶工措施,以避免由于未收到其认为到期的 EOT 而导致的违约金风险,然后寻求建设性的赶工索赔,则承包商应首先采取解决争议或分歧措施,根据合同争议解决条款解决 EOT 的权利。

郑州新大方史托克机械设备有限公司张俊丽对该原则进行了中国法下的分析。该专题认为,中国的建设施工管理模式和合同范本下,发包人极大地参与了施工管理,当发生建设性赶工时,由于拒绝赶工或未能在合理时间内给予延期的行为来源于发包人的指令,因此,在英国法庭建设性赶工索赔不能被支持的障碍不复存在。

专题六:"一揽子"索赔在中国法下的适用分析

《SCL 准则》核心原则第 17 条认为:尽管法院在审议"一揽子"索赔(global claims)时明显倾向于采取较宽松的做法,但《SCL 准则》不鼓励承包商在没有试图证明因果关系的情况下提出综合或"一揽子"索赔的不寻常做法。

北京高朋(天津)律师事务所张靖昆对该原则进行了中国法下的分析。该专题认为,中国建设工程领域中关于"一揽子"索赔的概念和实践不同于《SCL准则》。由于承包商在工期延误方面缺乏证据意识和科学管理资料,司法审判中用来认定延误原因和影响程度的手段有限,对于工期延误索赔原因和影响程度难以进行科学准确的定量分析。虽然承包商在延误索赔时常常数额不菲,并声称工期延误非属己方所致,但事实上常常令人失望;缺乏充足有效的证据难以使法院对延误原因和影响程度作出准确判断。

专题七:干扰索赔在中国法律下的适用研究

《SCL准则》将干扰索赔作为一种独立的索赔形式,与工期延误索赔相区分。《SCL准则》核心原则第18条认为:只有在合同允许的范围内或在法律上有依据的情况下,才可因干扰而获得赔偿。干扰分析的目的是证明由于业主负责的干扰事件导致生产率的损失,以及由此产生的额外损失和费用。

苏州金螳螂建筑装饰股份有限公司周倩颖对该原则进行了中国法下的分析。该专题认为,总体来说,在建设工程索赔领域,我国还没有形成系统的、严谨的操作模式和评判规则,除了某些较为专业的仲裁案件,几乎不会使用到国际上先进的风险、损失分析方法。争议发生时,当事人提供的证据大部分时候都无法达到最基本的证明要求,干扰索赔更是几乎没有独立于工期延误索赔出现过。该论文建议,循序渐进,从引进并推广《SCL准则》开始,首先运用于在国内审判或仲裁的涉外工程项目,逐步深入我国建设工程领域腹地。

专题八:工程延期损失相关问题在中国法下的适用分析

《SCL准则》核心原则第19条认为:在可行的情况下,变更可能产生的总影响应由业主/合同管理人和承包商事先商定。如有可能,应确定变更的价格,不仅包括直接成本(劳动力、厂房和材料),还应包括与时间和干扰有关的费用、商定的工期延期以及对进度计划的必要修改。

《SCL准则》核心原则第20条认为:除合同另有明确规定外,除实际完成的工作、实际占用的时间或实际遭受的损失和/或费用外,不应支付延期赔偿金。换言之,因变更以外的原因造成的延长的赔偿是以承包商实际发生的额外费用为基础的。目标是使承包商处于与雇主风险事件未发生时相同的财务状况。

《SCL准则》核心原则第21条认为:投标书中的管理费与评估因违约或任何其他需要评估额外费用的原因而造成的延误和烦扰的费用的相关性有限。

中伦律师事务所张炯、张文靖和孙傲对该原则进行了中国法下的分析。该专题认为,工程延期损失的范围来看,"停窝工损失"不能涵盖全部的工程延期损失;从工程延期损失的计算方法来看,最高人民法院和《SCL准则》的立场基本一致,即要求承包人举证证明其实际发生的费用,而非采用在工程量清单基础上按比例折算的方式;就变更导致的工程延期费用,其应包括因延期增加的总价措施项目费用(如现场办公室的租金、保函保险的续期费等)和价差费用,而不包括总部管理费、利润损失、融资费用、现场直接费用等已包含在合同单价中的费用。而在确定因延期增加的总价措施项目费用时,基于工程延期损失的性质并非违约损害,其可在一定程度上突破“据实赔偿”的违约赔偿原则,即可以工程量清单中与延期相关的总价措施项目费用为基础,结合工程延期时间进行折算。

专题九:工期延误中的总部管理费及利润损失索赔在中国法下的适用研究

《SCL 准则》关于延期补偿总部管理提供了三个计算公式:Hundson 公式、Emden 公式和 Eichleay 公式。其中前两个公式得到了英国法支持,后一个公式得到了美国法的支持。

采安律师事务所高印立和石伟对该原则进行了中国法下的分析。该专题认为,工期延误中的总部管理费及利润损失索赔在中国法下的适用存在理论和实践的双重困境。基于中国法院判决实证研究可知,总部管理费和利润损失索赔面临着诉讼当事人明确提出总部管理费索赔的比例非常低、鉴定机构在计算总部管理费方面存在极大困难和法院对此认识不足等困境。在理论上,除工程管理界对此有所介绍外,法律界也鲜有深入研究。该论文认为,总部管理费和利润损失索赔在中国法下适用的合理性和可能性,可以根据可预见性理论、机会损失赔偿理论和高度盖然性理论进行解释。英美法院使用的计算总部管理费和利润损失“三大公式”以及中国学者总结的计算方法都存在不足。最后,该专题结合中国的建设工程实践和司法实践对“Emden 公式”进行了改进,引入酌定调整系数(K 值),可以使该公式更具灵活性、估算金额更接近现实情况。

第二章 同期延误对延期权益的影响在中国法下的适用

徐 丹 北京国枫(上海)律师事务所

《SCL 准则》的核心原则第 10 条“同期延误—对延期权益的影响”(Concurrent delay - effect on entitlement to EOT)对同期延误的概念作出了界定,并陈述了同期延误情况下处理承包商延期权益的规则:

同期延误,是指两个或更多的延误事件在同一时间发生,其中一个是业主风险事件,另一个是承包商风险事件,并且其影响在同一时间产生。要构成同期延误,每一个业主风险事件和承包商风险事件都必须是导致竣工延误的有效原因(延误必须都影响了关键线路)。若承包商竣工延误和业主竣工延误同时发生,或其影响同时产生,则承包商的同期延误不得减少其应得的延期。

上述原则中关于延期规则的部分与第一版《SCL 准则》的第 9 条核心原则完全一致,而对同期延误的定义则是第二版《SCL 准则》新增的内容。考虑到同期延误一词被误用的可能,在核心原则正文中增加该定义是非常重要的。本章将从同期延误的概念出发,分析这一个概念在中国司法中被认知的情况,并尝试解读中国法对同期延误情况下的延期权益可能采用的裁判方法与裁判规则。

一、什么是同期延误

正如《SCL 准则》指南第 10.1 节所言,同期延误之所以成为一个有争议的问题,不仅是因为对如何处理同期延误下的延误权益存在不同的观点,而且还因为对于同期延误本身的含义也存在分歧。《SCL 准则》指南试图对此进行调和,并提出其认为是最适宜的解决方案。

《SCL 准则》指南认为,真正的同期延误必须满足延误事件同时发生和延误影响同时产生这两个条件,而这种情况是罕见的(第 10.3 节)。相比较而言,"同期延误"一词更普遍的用法,是指延误事件在不同时间发生但延误影响却在同一时间产生的情况(第 10.4 节)。第一版《SCL 准则》的指南还试图将后一种情况定义为"同期影响"(concurrent effect),以避免和"真正的"同期延误混淆,但第二版《SCL 准则》似乎接受了实践中对同期延误的用法,将后一种情况也作为同期延误。《SCL 准则》指南还认为,无论是较严格的定义还是较宽泛的定义,同期延误的成立,要求每一个业主风险事件和承包商风险事件都必须是造成竣工延误的有效原因(第 10.5 节)。

国际工程造价促进协会 AACE International (Association for the Advancement of Cost Engineering)发布的《造价工程术语》(Cost Engineering Terminology, Recommended Practice 10S-90)①对同期延误的定义与第一版《SCL 准则》略同,并对《SCL 准则》中所谓造成竣工延误的"有效原因"作出了更为直截了当的描述,即对于同期延误而言,任何一个延误事件的单独发生都将会影响最后的竣工日期。也就是说,同期延误的各个延误事件和竣工延误之间的因果关系都是独立的。而在判断延误事件和竣工延误之间的因果关系方面,关键线路法(Critical Path Method, CPM)是常用的分析方法。

在 *Henry Boot Construction (UK) Ltd. v. Malmaison Hotel (Manchester) Ltd.* ②案中,英国高等法院技术与工程法庭(Technology and Construction Court)的 Dylson

---

① 本文采用的版本为 2019 年 4 月 26 日修订版。

② (1999) 70 Con LR 32.

法官在判决中就同期延误举例说明：

如果现场一周不能施工不仅是由于异常恶劣的气候条件(一个关联事件①)，也是由于承包商人工的缺乏(一个非关联事件)，并且该一周不能施工可能导致竣工时间延误一周，那么如果这是公平合理的，则工程师应给予一周的延期。他不能以延误反正会因为人工不足导致为由而拒绝给予延期。

该案的判决对英国法处理同期延误问题产生了重要的影响，在同期延误情况下不因承包商风险事件而扣减延期的做法，因本案而被称为 Malmaison 方法(Malmaison Approach)，而这也是《SCL 准则》的立场。

二、未被中国司法识别的概念

虽然第一版《SCL 准则》已于2012 年在中国翻译出版，并且在更早之前已经有若干论文对同期延误进行了介绍，但在中国法的语境下，同期延误不仅没有被规定在任何规范性法律文件中，并且在司法上也仍然是一个未被司法识别的概念。“同期延误”这一术语作为 Concurrent Delay 准确的中文译名并未出现在我们已知的司法裁判文书中。这一概念还有一个不那么准确的译名：“共同延误”(直接的英语回译是 Joint Delay)。尽管非常罕见，但在司法裁判中的确出现了“共同延误”这个词，如在(2016)苏民终 977 号宿迁市建设工程(集团)有限公司与宿迁市大德房地产开发有限公司建设工程施工合同纠纷二审民事判决书中，当业主向承包商主张逾期违约金时，承包商抗辩“延期交房系消防、绿化等其他配套设施施工共同延误造成”。然而，从语用的角度而言，“共同延误”并不总是严格地作为 Concurrent Delay 的译名使用，其在裁判文书中的含义并非当然地与《SCL 准则》所言的同期延误等同。

如同我们从字面上可以发现的那样，“共同延误”这一表达并没有反映业主风险事件和承包商风险事件的同期性(不论是发生的同期性或是影响的同期性)。另外，“共同延误”中“共同”(joint)一词显然与同期延误所要求的各个延误事件和竣工延误之间因果关系的独立性相违背。事实上，当法官在使用共同延误这个词的时候，其往往是指业主和承包商共同地(jointly)导致了延误，在这里，因果关系是混杂的，延误指的是各种原因导致竣工日期晚于合同工期的整段时间，而非经过量化的业主竣工延误和承包商竣工延误在时间上的重叠。此外，还有部分裁判在累计延误(accumulated delay)的含义上使用“共同延误”一词。

除了语义上的模糊，更为重要的是，业主延误和承包商延误的同期性在司法裁判中缺乏明确的描述，这说明法官并未在诉讼过程中有意识地去识别同期延误。

---

① Relevant Event，指非承包商原因导致的事件。

事实上，专业的工期延误分析在中国司法中的运用是罕见的。一般而言，司法裁判对于当事人违约或者风险事件导致延误的认定，并没有技术专家对关键线路的分析作为依据，而是取决于法官基于常识（common sense）的判断。这种状况影响了法官对于同期延误的认知及对其法律意义的重视。第二版《SCL 准则》指南增加的第 10.11 节强调了常识的作用，承认工期延误分析难以精准，但这指的是定量（quantitative）分析的局限，而对于中国而言，问题在于在司法的常识中缺乏对同期延误的定性（qualitative）认识。以《SCL 准则》所确定的同期延误概念作为标准（无论是在第 10.3 节的严格意义上，或者是在第 10.4 节更宽泛的意义上），我们可以认为这一概念并未被中国的司法所识别。“共同延误”一词在裁判中的使用仅仅可以粗略地指引存在同期延误的可能，而不能据以判断其使用者对同期延误的认知。

三、延期权益的处理方法之一：顺延认定

即使未借助于专业的延误分析方法，法官仍然在处理大量与工期延误相关的案件。而无论法官是否在裁判中有意识地识别同期延误，和其他国家一样，中国的工程建设当然也会存在同期延误的现象。因此，尽管在裁判文书中缺乏对延误同期性的准确描述，我们仍然可以假定同期延误的存在，并且尝试分析与之相关的裁判规则。中国法院对工期延误责任归属的认定通常有两种进路：第一种是法院先查明延误的全部工期，再认定导致延误的非承包商原因并据此确认可以顺延的工期，承包商仅就扣除顺延工期后的延误承担责任；第二种是法院通过综合衡量造成延误的业主原因和承包商原因，按过错比例确定工期责任的承担。我们先对第一种进路中与同期延误相关的裁判规则分别加以分析。

如果法官依据证据能够判断非承包商原因导致工期延误了一个较为确定的期间，则法官将认定该期间为“应当顺延”的工期。法官有时会从技术角度考察非承包商原因和延误之间的因果关系，但一般情况下，工序的延误和工期的延误并未被有效地区分，任何进度的延误被当然地认为导致了竣工时间的延误。对于这种非承包商原因导致的延误，法官会逐一判定，而对最终工期顺延的确定方法是对每项顺延期间的简单累加，如在（2014）民申字第 1844 号天津市东丽区建筑工程有限公司与中国京冶工程技术有限公司建设工程施工合同纠纷再审案中：

原审依据东丽公司（承包商）提交的工程变更、现场签证表等证据，查明了相关事实，并确定了工期应当顺延的天数：其中，因堵路、参观等原因确定的工期顺延天数为 25 天；因停电确定的顺延天数为 3 天；因冬季停止施工确定的顺延工期的天数为 78 天；实际开工日期晚于合同约定日期，确定了 68 天的顺延天数。以上三项（注：应为四项）合计确定的工期顺延天数为 174 天。

如果法官不能从证据中判断一个较为确定的"应当顺延"期间,则他还有可能会根据案情酌定一个"可以顺延"的期间。这种颇具特色的"酌定顺延"属于法官的自由裁量权,也就是说,法官无须就其酌定的内容陈述明确的依据。法官作出酌定的原因,有可能是由于证据的缺乏,有可能是由于对顺延进行定量的困难,还有可能仅仅是出于利益平衡的考虑。在(2018)最高法民申666号江苏广宇建设集团有限公司、昌吉市天盟房地产开发有限责任公司建设工程施工合同纠纷再审案中,原审法院的法官同时判决了"应当顺延"和"酌定顺延"的工期:

天盟公司(业主)于2010年9月3日组织设计单位、施工单位、监理单位进行施工图纸会审,导致开工延误,原审法院据此认定工期应当顺延24天。根据广宇公司(承包商)提交的变更通知单,涉案工程确实存在设计变更、工程量增加的情况,双方当事人均无法提供施工蓝图,增加的工期无法确定,原审法院据此酌情确定顺延工期120天。

承包商不服该原审判决而提起再审申请,被最高人民法院驳回。

无论是确定"应当顺延"的工期,还是"可以酌定顺延"的工期,都是针对业主风险事件的影响,理论上法官仅需考虑非承包商原因导致延误这一单方面的因果关系。在这种裁判方法下,如果存在同期延误,则承包商原因导致延误这一因果关系并未被考量,这实际上也就符合了《SCL准则》第10条推荐的在同期延误情况下处理工期顺延的规则。

虽然在规则内容上与《SCL准则》类似,但显然中国法并没有普通法下的Prevention Principle作为上述规则的来源。法院认定顺延的法律依据除了合同本身的约定以外,主要是《合同法》第十六章"建设工程合同"中关于工期顺延的规定以及该法中一般性的违约责任条款和不可抗力条款。在法官采用"酌定"的时候,往往还会援引民法基本原则之一的公平原则作为依据。

需要特别注意的是,中国法对工程建设实行严格的管制,大量的建设工程合同因为违反管制规定而在法律上被认为无效。在中国的司法实践中,无效合同的文本并不因为合同无效而丧失法律意义,而是在一定程度上被法院参照适用。2019年2月1日实施的《最高人民法院关于审理建设工程施工合同纠纷案件适用法律问题的解释(二)》进一步明确了无效建设工程合同的处理规则,无效合同文本在裁判中的参考价值被肯定并扩大。因此,虽然就目前而言,对于无效合同中的工期条款是否可以参照适用,并未形成统一的裁判规则,但合同的无效显然并不会妨碍法官通过合同文本等证据查明双方当事人关于工期的"真实意思表示",以此为参照来确定是否存在延误并适用顺延认定的方法。至于无效建设工程合同处理的法律依据,尽管有所争议,并且法官也未必会在裁判文书中言明,但一般认为是《合同法》第58条关于无效合同后果的规定以及民法的诚实信用原则。

四、延期权益的处理方法之二:过错衡量

除了上述顺延认定的方法外,中国法院通常还以衡量业主和承包商双方过错的方式分配延误责任。法官可以综合判断造成延误的业主原因和承包商原因,并根据各方原因对整体延误的实际影响划分出一定的责任比例。在这种情况下,延误期间也就被划分成了相应的比例,业主应自行承担与其责任比例对应的延误期间的损失,也就意味着承包商获得了该期间的顺延。如在(2018)最高法民终207号浙江昆仑建设集团股份有限公司、安徽文越投资置业有限公司建设工程施工合同纠纷二审案中,最高人民法院认为:

根据现已查明的案涉工程开工延误、不断变更设计、补充修改、增加工程量、需要明确施工做法、逾期支付进度款,以及双方多次协调,昆仑公司(承包商)数次停工未报文越公司(业主)书面同意等事实来看,文越公司与昆仑公司对于案涉工程工期延误均有过错,双方应当各自承担相应责任……一审酌定昆仑公司承担该费用的50%并无不当。

尽管风险事件与违约在法律性质上并不等同,但一般认为过错衡量方法的法律依据是《合同法》第120条"当事人双方都违反合同的,应当各自承担相应的责任"的规定。问题在于,如上述案件所示,双方各50%这样的粗略过错比例显然忽略了技术上的准确性。事实上,如果不采用定量的分析,是不可能准确认定过错比例的,因此,技术上的困难导致过错衡量方法在裁判结果上往往仍是以"酌定"的形式出现。

对于无效的建设工程合同,《合同法》第120条关于违约责任的规定并不适用,但无论是依据前述《合同法》第58条还是诚实信用原则,法官都可以适用过错衡量方法予以判决。如在(2014)民一终字第310号中国建筑股份有限公司与昆山市超华投资发展有限公司建设工程施工合同纠纷二审案中,一审法院认为:

合同无效,根据《合同法》第58条规定,有过错的一方应当赔偿对方因此所受到的损失,双方都有过错的,应当各自承担相应的责任。915合同约定的工期为370天,经双方确认,实际2006年10月31日开工,2009年7月2日竣工验收,总工期976天,扣除高温顺延16天,在不考虑增加工程量和设计变更的情况下,延误工期590天。超华公司(业主)对工期延误应负主要责任,中建公司(承包商)负次要责任……酌定由超华公司承担60%……

本案二审法院即最高人民法院维持了一审法院过错衡量的裁判方法,但在对案情进行了更加具有技术性的分析后,将业主的责任比例改判为90%。从这个案子的改判,我们可以认识到,过错比例虽然整体上是法官自由裁量的结果,但衡量过错的过程中仍然存在技术分析运用的空间。

无论过错衡量的准确性如何,就同期延误而言,显然至少在理论上,业主原因和承包商原因都将被纳入衡量的范围。也就是说,当法官采用过错衡量方法时,导致同期延误的承包商原因将会被考虑并减少承包商可以获得的工期顺延,这就与《SCL 准则》第 10 条推荐的同期延误情况下工期顺延的处理规则不同。

五、两种裁判方法的综合运用与失效

通过对上述两种裁判方法的分析,我们发现,在运用不同的裁判方法时,同期延误的处理规则不同,这种情况虽然看上去不符合对裁判统一的期待,但是如果考虑到此前所说的同期延误在中国司法中并未被识别的事实以及两种裁判方法在技术上的粗糙,那么这种裁判规则的不一致似乎就可以被容忍了。

一个有趣的问题是,法官在什么情况下会采用顺延认定的方法,什么情况下会采用过错衡量的方法呢?虽然这其实并没有严格的规则可循,但如果法官能从证据中确定"应该顺延"的工期,那么他很可能会先将这部分顺延期间从整体延误中扣除,而随后以"酌定顺延"的方式或过错衡量的方法考量其他不那么确定的因素。

然而,在一些案件中,由于案件事实难以查明、分析技术的困难或者其他的原因,法官对共同延误的处理更加简单,裁判的结果既不是对顺延期间的认定,也不是双方过错的比例,而是判决业主和承包商自行承担延误的损失,也就是说,业主不得向承包商主张逾期竣工的损失,承包商也不得向业主主张工期延误产生的额外费用。如在(2013)民一终字第 168 号沈阳溢利房地产开发有限公司与中国建筑第六工程局有限公司建设工程施工合同纠纷二审案中,最高人民法院认为:

涉案工程工期的确存在延误问题,但涉案工程本身就是"边设计、边施工"工程,加之涉案工程存在大量设计变更的情形,而且从双方的约定看,付款方式为按形象进度付款,溢利公司(业主)又存在拖欠工程款的行为。在此种情况下,一审法院认定涉案工期的延误原因是多方面的,不能归因于本案一方当事人,令双方自行承担工期延误的损失并无不当。

这种特殊的处理在法官的措辞中不仅可以作为粗略而勉强地进行过错衡量的结果,也可以作为延期认定方法和过错衡量方法均失败后不得已的做法。在(2017)最高法民申 3700 号天津海泰创意科技园投资有限公司建设工程施工合同纠纷再审审查与审判监督案中,最高人民法院认为:

中成公司(承包商)存在逾期完工,海泰投资公司(业主)存在逾期支付预付款、进度款,双方均有违约情形,且提供的证据无法精确计算中成公司合理延期的时间,难以准确区分双方过错和责任大小,原判决在综合考虑合同实际履行情况的基础上,对双方主张对方承担违约责任的请求均不予支持,并无不当。

判决各自承担损失,或者驳回双方的主张,意味着就同期延误而言,业主无法向承包商主张逾期的责任,承包商实际上获得了相应的延期,这也与《SCL 准则》第10条的原则相符合。

六、结论

综上所述,中国法律对同期延误未有规定,这一概念也并未被中国的司法准确地识别,与之相关的裁判规则也会因为法官对裁判方法的不同运用而存在差异。其实,这并非中国法特有的现象,而是与世界上大多数国家的情况相同。英美两国的司法对同期延误问题的关注,是基于在建设工程法律领域深厚的积淀以及工期延误分析技术的发达,以比较法的视野看来反而是特例。另外,由于同期延误问题的复杂性,即使是在英国或美国对此也没有形成一致的裁判规则。[①] 当然,这并不意味着中国司法对同期延误以及其他工期问题的忽视是恰当的。工期作为影响当事人权益的重要因素,理应在司法中得到更为细致的处理,而这就要求引入更专业的延误分析方法。在(2014)宜中民四初字第1号中鑫建设集团有限公司与江西省宜春市明月山天工开物园实业有限公司建设工程施工合同纠纷一审民事判决书中,宜春市中级人民法院认为:

> 工期与造价、质量密不可分。当承包人请求支付工程价款时,发包人常以承包人逾期竣工提出抗辩或反诉,而当发包人要求承包人承担逾期竣工责任时,承包人常以工期延误是由发包人的原因导致作为抗辩,并要求顺延工期(工期索赔)、补偿费用(费用索赔)。而工期顺延天数的确定涉及网络图、关键线路、时差等工程管理专业知识,特别是共同延误责任的分摊存在较大争议。

我们并不能认定上述判决书中的共同延误就是同期延误,但显然其认为工期问题的复杂性和争议性使相关争议的解决需要超出常识的专业知识。其实,专业的延误分析完全可以依据中国的程序法被引入诉讼过程中,除了申请进行工期鉴定(尽管工期鉴定存在资质和鉴定方法上的诸多问题),当事人还可以聘请专业咨询机构作为专家辅助人参与诉讼,我们注意到,在若干司法裁判中,专业延误分析的作用已经有所体现。

此外,本文的论述限定于司法裁判中体现出的中国法规则,而不涉及其他争议解决方式。在中国,虽然绝大部分的争议由法院处理,但是在建设工程领域,采用仲裁的方式解决争议也很常见。仲裁程序一般较司法程序更为灵活,仲裁员与法官相比,对于专业的工期延误分析方法也有更高的认知度。即使适用中国法,在仲裁案件中,同期延误的现象及其法律意义可能更容易被仲裁员认知,当事人对

---

① See John Livengood, Concurrency World Tour, *Construction Law International*, Vol. 11, 2016, Jacob C. Jorgensen (ed.), *Delay Clauses in International Construction Contracts*, Wolters Kluwer, 2010.

《SCL 准则》的援引也更有可能被采纳。中国国际经济贸易仲裁委员会(CIETAC)已有案件通过采用专家证人的方式适用《SCL 准则》,北京仲裁委员会(BAC)也有案件采用了《SCL 准则》进行工期鉴定。

尽可能公平地分配和矫正当事人的利益是法律的价值所在,相信随着法院和仲裁庭对工期问题的处理趋于精细化,同期延误的概念及其裁判规则将会在中国的建设工程争议解决实践中进一步清晰。

第三章 同期延误对延期赔偿权益的影响

卢晓平 北京德和衡律师事务所

工程界对共同延误概念有不同定义,为了论述方便,本章将在共同延误限定在最严格意义上的共同延误内涵,即指在同一时间发生了两个以上延误事件,其中一个延误事件是雇主责任事件,另一个延误事件是承包商责任事件,且两个事件发生了同一影响后果的延误 。本章主要聚焦于中国法下,工程施工中发生的同期延误情况对承包商因工期延误招致的额外费用索赔权的影响和对业主主张工期延误损害赔偿金或工期延误违约金索赔权益的影响。

一、国际建设工程法领域中的共同延误规则

按照国际工程界的主流观点,在工程施工中如发生共同延误,在该延误落在施工计划关键线路上,即对竣工日期产生不利影响的情况下,且施工承包合同未作其他约定的,一般认为,承包商有权获得竣工期限延长,但承包商不享有延期费用索赔权。其理论依据是,英国法上的“阻碍原则”,即若业主自身阻碍了某一条件的实现——工程在竣工日期竣工,则业主就不能因该条件未实现而获利——不得要求承包商在竣工日期竣工,即应给以承包商工期延长,并不得要求承包商支付竣工延误损害赔偿金。对于承包商来说,承包商对竣工延误同样负有责任,同样根据阻碍原则,承包商不得要求业主支付因延误导致的额外费用。

根据《SCL 准则》规定,如工程施工中发生同期延误,将对业主和承包商的权利义务产生如下影响:(1)如果该同期延误落在工程施工计划关键线路上,则承包商有权索赔受延误影响的相应工期;(2)如果该同期延误落在工程施工计划关键线路上,则业主不得要求承包商支付工期延误赔偿金(参见《SCL 准则》第 1.4.12 条);(3)承包商有权索赔因延期导致的额外费用,但前提是承包商要将因承包商自身延误导致的额外费用与因业主风险事件招致的费用区分开来(参见《SCL 准则》第 1.10.1 条和第 1.10.4 条)。如因延误导致的费用或开支完全是由承包商风险事件造成的,则承包商无权向业主索赔该费用或开支;(4)同期延误情况下,承包

商的工期索赔权与费用索赔权并无必然联系(《SCL 准则》核心条款第 14 条)。

二、中国法中的“共同过错,责任分担”规则

我国法律中并无明确的法律条文规定适用于工程施工中发生同期延误情况时的损失赔偿责任处理规则,只是在民法通则、合同法及最高人民法院相关的司法解释中规定了共同过错情况下当事人的责任确定规则,即合同当事人都有过错的,应分别承担相应的责任,简称为共同过错,责任分担规则。例如,我国《民法通则》第 113 条规定,当事人双方都违反合同的,应当分别承担各自应负的民事责任。该条规定了侵权行为中,受害人对于损害的发生也有过错的,可以减轻侵害人的民事责任。《合同法》第 120 条也规定,当事人双方都违反合同的,应当各自承担相应的责任。这些规定内容基本一致:在合同法律关系中,合同双方都实施了违反合同义务的行为时,推定各方都存在过错,如因该违约行为导致损失发生时,合同双方应分别承担因各自行为所导致损失的责任。

(一)中国法中的共同过错规则的内涵

中国法中的“共同过错,分担损失”规则内涵如下:

1. 中国法中的共同过错系指合同双方都存在违约行为或违法行为,不包含合同任何一方的合法行为或符合合同约定的行为对另一方的干扰或阻碍状态;

2. 合同双方的行为导致了同一或不同的损害后果;

3. 双方的违约行为都与该损害后果存在因果关系;

4. 合同双方根据其行为对该同一或不同的损害后果的原因力大小分担损失后果的责任;

5. 因根据大陆法系债的理论,在合同法律关系中,只要一方行为不符合合同约定或法律规定,就推定该方主观上存在过错,对此主观过错无须另一方当事人举证证明。

上述共同过错责任分担规则与其他大陆法系国家立法如法国法、德国法和日本法中规定的基于因果关系理论下的责任确定(定性)和损失分担(定量)相一致。

(二)中国法中的共同过错规则的不足

中国法中,共同过错规则未深入探讨如下问题:

1. 对导致损害后果的违约行为未作进一步说明,如合同双方违约行为是否在同一时间发生,违约行为可能是同时发生或部分同时发生,也可能是先后顺序发生但同期感受到的;

2. 共同过错情况下导致的后果,可以是同一损失,也可以是不同的损失;

3. 为区分共同过错下的原因行为的主次关系或类似英国法中的“相关事件”与“非相关事件”;

4. 在合同法律关系中,未区分合同双方各自违约行为对损害后果原因力大小。

三、同期延误对拖期赔偿权益的影响

在我国的建设工程法中不存在类似欧美建设工程法中的同期延误理论,所以,如国内施工中如竣工日期出现延误,并导致了业主和承包商发生了额外费用,原因既有业主应负责的事件,也有承包商应负责的事件的,人们将适用共同过错理论和相关的规则及司法解释来处理双方的权利义务及责任。

(一)同期延误对业主延期竣工损害赔偿金索赔权益的影响

按照《SCL 准则》第 1.4.12 条规定,若承包商自身竣工延误与业主自身竣工延误同期发生时,根据"阻碍原则",业主不得因自身过错获利,应给予承包商工期延长,也就是无权向承包商索赔拖期赔偿费。此时的拖期赔偿费可以是双方在施工合同中约定的固定费率赔偿金,也可以是业主因工程延迟竣工导致工程无法按原计划投入使用而遭受的实际经济损失(经营损失),或者无法按时将房屋交付给实际使用权人或所有权人实际从而向其支付的交房违约金或承担的租金。

我国《民法通则》第 113 条、《合同法》第 120 条规定,如果工程施工中发生同期延误的,导致竣工日期延长,并造成了包括业主实际经济损失和承包商发生了额外费用的,业主和承包商应按照各自过错承担相应的责任。在诉讼中,如法院认定业主和承包商对工程竣工延误都负有一定责任的,则业主有权向承包商索赔应由承包商承担责任的那部分拖期损害赔偿费或实际经济损失。如果业主主张拖期损害赔偿费,则其无须承担更多的举证责任,直接依据合同违约责任条款主张即可。但如果业主实际发生的损失超过双方约定的延期竣工违约金的,根据证明责任分配规则,对超出部分的实际损失,业主应承担举证责任,证明该部分损失已实际发生及损失金额,否则法院将不予支持,比如《最高人民法院关于审理建设工程施工合同纠纷案件适用法律问题的解释(二)》第 3 条就规定,一方当事人请求对方赔偿损失的,应当就对方过错、损失大小、过错与损失之间的因果关系承担举证责任。

比如,在中建三局建发公司诉陕西西岳山庄有限公司施工合同纠纷案中,陕西西岳山庄有限公司报建手续、施工许可证和提供施工图纸迟延并未按进度足额支付工程款等情况,而建发公司现场人员设备不足和施工管理不善存在返工等,法院认定存在共同延误,且陕西西岳山庄有限公司严重违约,对陕西西岳山庄有限公司要求建发公司支付拖延工期罚金不予支持。

(二)同期延误对承包商费用索赔权益的影响

1. 准则关于同期延误对承包商费用索赔权益影响的规定

工程施工中发生同期延误,导致承包商发生额外费用。承包商是否有权索赔该费用?首先,根据《SCL 准则》第 1.8.4 条规定,承包商需证明因同期延误事件其实际遭受了额外损失，但允许业主与承包商通过合同约定发生同期延误时业主或承包商承担赔偿责任的金额；其次，根据《SCL 准则》第 1.10.1 条规定，承包商要想索赔该额外费用，则其必须承担证明该额外费用是由于业主承担风险的事件造成的，也就是说，要证明二者之间存在因果关系。《SCL 准则》第 1.10.4 条规定，“除非承包商能将由于业主风险事件导致的费用与承包商风险事件导致的费用区分开来，否则，承包商可能无法获得费用补偿”。《SCL 准则》要求承包商将业主风险事件导致的损失与承包商风险事件导致的损失进行区分，实际是对前述《SCL 准则》第 1.8.4 条和第 1.10.1 条规定的细化，是实际损失规则、因果关系规则和英国法“阻碍原则”的体现。同时《SCL 准则》第 1.10.4 条还规定，若由于承包商的风险导致了额外费用，则任何情况下，承包商都无权获得这些额外费用。这是因果关系原则的重要体现。

2. 中国法关于同期延误对承包商费用索赔权益影响的规定

(1) 中国法以共同过错原则来处理同期延误情况下承包商费用索赔权

我国法律对同期延误下承包商索赔权益的影响未作明确规定。《民法通则》第 106 条规定，公民、法人违反合同或者不履行其他义务的，应当承担民事责任。公民、法人由于过错侵害国家的、集体的财产，侵害他人财产、人身的应当承担民事责任。《民法通则》第 113 条、《合同法》第 120 条更是规定，在同期延误情况下，业主和承包商对损害后果都应承担责任。也就是说，在同期延误下，承包商对自己因业主过错导致的损失依法享有索赔权。如果该发生同期延误且造成了额外费用，但该损失是因承包商自己行为导致的，则该承包商不得享有拖期费用索赔权。

(2) 同期延误情况下承包商行使费用索赔权须承担相关举证责任

根据《最高人民法院关于民事诉讼证据的若干规定》，当事人对自己提出的诉讼请求所依据的事实或者反驳对方诉讼请求所依据的事实有责任提供证据加以证明，没有证据或者证据不足以证明当事人的事实主张的，由负有举证责任的当事人承担不利后果。同时参照《最高人民法院关于审理建设工程施工合同纠纷案件适用法律问题的解释（二）》第 3 条的规定，承包商要索赔拖期费用，应当就业主过错、损失大小、过错与损失之间的因果关系承担举证责任。如果施工合同约定了发生同期延误时业主应承担的违约金外，如果承包商没有发生实际损失，或者虽然有损失但该损失与业主的违约行为无因果关系，承包商将不享有索赔权。在工程施工中，承包商因共同延误遭受的损失一定是客观存在的，范围明确的。如果承包商遭受了损失，但无法区分承包商自身导致的损失部分和因业主责任事件导致的损失部分，也就是说，无法确定业主与承包商各自行为与损害后果之间的因果关系，这说明承包商未完成其举证责任，根据证据规定，承包商将无法索赔其费用损失。这与《SCL 准则》第 1.8.4 条规定的承包商无法区分自身风险事件导致的损失与业主风险事件导致的损失时无权索赔费用的规定相吻合。

(三)同期延误情况下工期顺延与承包商拖期损害索赔权之间的关系

1. 准则建议的规则:承包商有权获得延期并不意味自动获得费用补偿,反之亦然

《SCL 准则》第 1.8.1 条规定,工程延期时段是否能够获得费用补偿要取决于合同条款的规定以及引起延期的原因。这说明,在同期延误情况下,承包商是否享有因延误导致的额外费用索赔权不确定,如果施工合同未作特别约定的,要根据造成延误的具体原因来辨别承包商是否享有费用索赔权。如果业主风险事件与承包商风险事件同时发生,业主风险事件处于非关键线路上,也就是说,该事件影响了施工进度,但并没有导致竣工日期延长,此时,如果施工合同未作特别约定的话,则在承包商完成举证责任的情况下,对业主应享有费用索赔权。

2. 中国法的规则:未区分延误事件是否处于关键线路上,只要出现同期延误且与承包商遭受损失存在因果关系的,则承包商就享有额外费用索赔权

根据我国《民法通则》第 113 条、《合同法》第 120 条的规定,业主、承包商对竣工延误都有责任的,应按照各自违约行为与延误天数间的因果关系来确定各方应承担的责任的天数,也就是确定承包商有权索赔的工期天数,同时对业主风险事件造成的承包商损失,也有权索赔。比如,《合同法》第 283 条规定 ,发包人未按照约定的时间和要求提供原材料、设备、场地、资金、技术资料的,承包人可以顺延工程日期,并有权要求赔偿停工、窝工等损失。《第八次全国法院民事商事审判工作会议(民事部分)纪要》第 32 条也作了类似规定。但中国法律一般未区分同期发生的业主风险事件和承包商风险事件是否处于工程进度计划的关键线路上,凡是出现延误或干扰且业主对此承担责任的,承包商有权索赔停窝工损失及费用。

第四章 关于时差归属的建议及在中国的适用性的探讨

胡定成 AECOM

一、时差及其属性

(一)时差的概念

建设工程项目合同中要求承包商履行的核心的义务之一是,在合同规定的完工工期之前完工,否则承包商将承担合同规定的违约责任。

一些典型的合同范本规定,在签订施工合同后一定的时间段内,承包商应编制并向业主/工程师提交符合要求的施工进度计划。工程师/业主应及时批准/确认该进度计划。

在 FIDIC 合同中,施工进度计划通常不是合同文件的一部分,但是承包商提

交、业主/工程师批准的施工进度计划将作为合同管理和工期索赔的基础。

《FIDIC 红皮书》(2017 年版)规定:

The Contractor shall submit an initial programme for the execution of the Works to the Engineer within 28 days after receiving the Notice under Sub – Clause 8.1 [Commencement of Works]. ...The Contractor shall also submit a revised programme which accurately reflects the actual progress of the Works, whenever any programme ceases to reflect actual progress or is otherwise inconsistent with the Contractor's obligations. 承包商应该在收到合同第 8.1 条【开工】规定的通知后 28 天内向工程师提交实施工程的初始进度计划……如果进度计划不反映实际进展,或与承包商的义务不一致,承包商应该提交准确反映工程实际进展的修订的进度计划。

同时规定,初始进度计划和修订的进度计划应该包括所有活动及其相互之间的逻辑关联,每一项活动的最早、最迟开始和结束时间,以及关键路径。

中国《建设工程施工合同(示范文本)》(GF – 2017 – 0201)中规定的合同文件中不包括《施工组织设计》或《施工进度计划》,但其在第 7.2 条中规定,"承包人应按照第 7.1 款〔施工组织设计〕约定提交详细的施工进度计划,施工进度计划的编制应当符合国家法律规定和一般工程实践惯例,施工进度计划经发包人批准后实施。施工进度计划是控制工程进度的依据,发包人和监理人有权按照施工进度计划检查工程进度情况"。

施工进度计划通常采用关键线路法(critical path method, CPM)编制,即通过分析各工序的持续时间和其相互之间的逻辑顺序,得出决定项目总工期的关键工序和关键线路。对于非关键线路上的工序,将存在时差(Float)。

时差包括自由时差和总时差两种。当一项工序在其最早开始时间或最早结束时间可以延迟一段时间,而不延迟其紧后工序的最早开始或最早结束时间,则这一段时间称为自由时差;当一项工序在其最早开始时间或最早结束时间可以延迟一段时间,而不延迟项目的合同竣工时间,则这一段时间称为总时差。

(二)时差的归属

时差的产生和存在依赖于施工进度计划,而由于施工进度计划通常不是合同的一部分,大部分的建设工程项目合同范本没有关于时差及其归属的规定,而时差的归属也成为工程合同管理中的"棘手问题"(one of the thorny issues)。

时差的归属一般是指在履行合同的过程中,谁有权独占性地使用项目的总时差。

承包商在实施工程施工时一般需要设计人、工程师协同工作,同时需要获得必要的前提条件或外部条件(一般由业主方或业主委托的其他方提供)。因而,虽然施工进度计划是由承包商编制,在实施施工进度计划时承包商自身的原因和业主方的原因均可能对进度计划产生影响。合理确定时差的归属,合理使用时差,对于高效率地实施项目、实现项目价值的最大化具有重要意义。

二、关于时差的归属的不同观点

(一)时差归承包商所有

这种观点认为,承包商有义务在合同规定的工期内完成工程,并且最了解如何安排工序以履行合同义务。因而,承包商有权安排并控制施工工序,在符合合同的前提下,业主/工程师应该予以支持。

施工进度计划是承包商进行施工计划和控制,履行合同义务的工具。承包商在对于工程进度计划的安排,决定了在整个进度计划中是否存在时差、存在多少项时差、每一项时差有多长。承包商可以从谨慎的原则出发,在进度计划里预留一些缓冲时间或不可预见工作的时间。这些预留可能减少或消除若干项时差,必要时承包商可以重新安排施工计划。因此,可以说,承包商主导了对施工进度计划的编制,最了解时差的产生,以及如何合理使用这些时差。在项目实施过程中,承包商按照其编制的施工进度计划的要求,自主安排工序以及决定如何利用时差,业主不应对此类具体事务进行干涉。因此,承包商应该拥有时差。

这种观点进而认为,对于业主风险事件对任何工序的延误,承包商都有权获得工期延长。

这种观点的优点是,承包商拥有使用时差的灵活性;缺点是,即使有的业主事件实际上不会影响项目的合同工期,承包商也会获得工期延长,这不利于资源的最有效使用。

《工程与建造合同》(The Engineering and Construction Contract,NEC)要求承包商在其进度计划中显示“合同完工日期”和“计划完工日期”以及时差。在评估工程索赔时,依据补偿事件对批准的进度计划中显示的“计划完工日期”的延迟时间来确定完工日期的延误时间。NEC 指南的“注释”指出,承包商的进度计划中“计划完工日期”早于“合同完工日期”导致的“最终时差”将被承包商保留。这似乎意味着承包商有权保留时差。

时差归承包商所有的观点受到美国判例的支持。

(二)时差归业主所有

这种观点认为,业主支付了合同价款,因而有权要求承包商完全按照进度计划显示的最早开始时间和最早完成时间实施项目,除非获得业主的明确批准。也就是说,业主拥有时差。

这种观点的优点是,业主获得了时差的使用权,可能使工程更早完工。这种观点的缺点是,承包商失去了使用时差的灵活性,承包商可能在准备进度计划时,将时差“埋入”项目活动的持续时间中去,从而“间接地”保留时差的使用权。

(三)时差归项目所有

这种观点认为,时差既不归承包商所有,也不归业主所有,而是归项目所有,即“谁先用,谁先得”。

FIDIC 红皮书第 8.5 条规定,在业主原因对或将来完工引起延误的情形下,承包商才有权获得延期。(The Contractor shall be entitled to Extension of Time to the extent that for the Completion is or will be delayed by a cause of delay caused by or attributable to Employer.)因为只有在总时差用完之后,业主风险事件才会对完工日期产生影响,FIDIC 红皮书的这一规定似乎隐含“时差归项目所有”的假设。

在 Royal Brompton Hospital v. Hammond (2002)案中,Lloyd 法官似乎赞成项目拥有时差,他认为合同管理人应该将未使用的时差考虑在内,这是因为只有当完工日期将被延迟至目前完工日期之后时,才会被授予工期延长。他同时也意识到,如果业主事件和承包商事件均产生延误,而业主事件发生在承包商事件之前,这种做法可能对承包商不公平。

这种观点的优点是考虑风险事件的实质影响,同时尽可能地缩短完工工期。缺点是需要及时更新进度计划,并及时更新各活动的时差。

三、《SCL 准则》对于时差归属的建议

《SCL 准则》第 8 条“时差与时间的关系”指出,时差的值是进度计划中活动的相对“关键性”的显示。因而,一般来说,当时差被耗尽时,完工日期将受到影响。除非在合同中有明确的相反规定,如果在业主风险事件发生时进度计划中存在剩余的总时差,应该根据业主延误将关键路径上的总时差降到零以下的程度来授予工期延长。也就是说,业主有关使用在业主风险事件发生时剩余的总时差。或者说,遵循“先到先得”的原则。这一原则相当于“时差归项目所有”。

《SCL 准则》的建议受到英国判例的支持。

四、《SCL 准则》的时差归属建议在中国的适用性

中国《合同法》规定,当事人一方不履行合同义务或者履行合同义务不符合约定的,应当承担继续履行、采取补救措施或者赔偿损失等违约责任。

《建设工程施工合同(示范文本)》(GF-2017-0201)第 7.5 条规定,在合同履行过程中,因(业主原因)导致工期延误和(或)费用增加的,由发包人承担由此延误的工期和(或)增加的费用,且发包人应支付承包人合理的利润。

可以理解为,当业主风险事件耗尽剩余时差,对完工期造成实质影响时,业主应当给予延期。这和《SCL 准则》的建议的原则是一致的。

五、总结

对于时差的归属目前还没有快捷明了的规则。一方面,承包商会将进度计划中的时差用来容纳其难以预见和控制的风险事件和差错,其应该拥有时差的使用权;另一方面,《SCL 准则》建议的原则认为当业主风险事件发生时受影响的活动如果还有剩余的时差,则业主对该剩余的时差也拥有使用权,即适用"先到先得"的原则,或者说,时差归项目所有。

《SCL 准则》关于时差归属的原则和中国《合同法》及《建设工程施工合同(示范文本)》(GF-2017-0201)没有冲突,但是在适用时对合同管理的要求较高,如要求承包商及时编制及更新显示关键路径和时差进度计划、保存完善的同期记录等。

建议在中国尝试采用《SCL 准则》中关于时差归属的原则。

参 考 文 献

1.《工期延误与干扰索赔分析准则》,张水波等译,北京交通大学出版社 2012 年版。
2. 本书编委会编:《建设工程施工合同(示范文本)(GF-2013-0201)使用指南》,中国城市出版社 2014 年版。
3. Roger Gibson:《工期索赔》,崔军译,机械工业出版社 2010 年版。

第五章 承包商提前竣工的性质及补偿原则

宿 辉 吉林功承律师事务所

一、引言

工期管理是我国项目管理知识体系重要且又薄弱的环节,其理论研究和实践经验都明显不足。英国工程法学会于 2002 年编写了《SCL 准则》,并于 2017 年修订发布了《SCL 准则》的第二版。该准则共规定了 22 条核心原则,其中第 13 条为"时差与费用赔偿的关系"。

本章对该项核心原则中"承包人提前竣工"条款,从法学和项目管理两个学科及其交叉进行路径分析,基于比较法视角,研究在中国法框架下承包人提前竣工的性质和补偿原则,以期为发承包双方合理配置合同权利、分担风险提供合乎法律规定和技术标准的规范手段。

二、提前竣工的法律性质

《SCL 准则》第 13 条"时差与费用赔偿的关系"规定:"若业主的延误阻碍了承包商按照其计划的竣工日期(比合同竣工日期早的一个日期)完成工程,承包商原则上有权获得因业主的延误直接导致的费用,尽管并未对合同竣工日期产生影响(因而无法获得工期顺延)。但是,为确保这一结果,业主需在双方在签订合同时已意识到承包商早于合同竣工日期,提前完成工程的意图,并且承包商的这一意图是现实的且可实现的。”

分析该项原则可知,如果承包商因受到业主的延误导致未能提前竣工,其能够获得费用补偿的条件包括以下三项:一是承包人的工作受到了发包人的延误或干扰;二是承包人客观上能够早于合同约定竣工日期完工;三是发包人在签订合同时已经意识到承包人提前完工的意图。

合同工期,就其法律属性而言,是承包人通过合理的施工组织设计,就项目竣工时限与发包人达成的合意。此项合意应该在满足工期定额等技术规范的基础上,符合发包人关于项目竣工时间的要求。其中,工期“合理性”需求是第一位的,业主方“合约性”需求是第二位的。这意味着,承包人在响应发包人关于工期的采购要求时,只要发包人工期的确定满足技术标准,承包人即应予接受,但是发包人在确定采购需求时,除了工期科学性及合理性判断以外,尚有关于需要接收使用项目的期限、各子项目交付顺序、搭接关系等方面的利益考量。

由是观之,虽然通常情况下提前竣工意味着项目管理效率提高,发包人可以尽早接收工程组织生产,承包人可以有更多资源承揽其他项目,但是显然提前竣工并不总是对业主有利的,有些时候提前交付并不会使得发包人获得价值工程,不但增加了项目照管责任和风险,甚至由于竣工顺序的调整而增加了费用支出。因此,有必要从合同约定和法律规定两个维度,对承包人提前竣工所产生的权利义务关系进行合理安排。

三、“约定情形”下提前竣工的处理原则

比较国内外主流标准工程合同条件,一般均要求投标人在项目采购阶段对于发包人所提出的计划工期做出响应,中标人在工程合同订立后,需提交详尽的进度计划至发包人或工程师,经其审查后作为控制工程进度的依据。工程实际进度和经工程师审核的计划进度不符时,就要对进度计划进行修订以符合实际进度和合同工期要求,实现对工程进度的动态控制。除非另有约定,即使承包人提交进度计划的竣工时间提前于施工合同中约定的竣工时间,亦不能认定双方变更了合同工期。

(一)国内合同范本或技术标准关于提前竣工的约定

1.《建设工程施工合同(示范文本)》的相关条款。我国现行2017版施工合同范本在通用条款部分第7.9条约定了提前竣工:“发包人要求承包人提前竣工的,发包人应通过监理人向承包人下达提前竣工指示,承包人应向发包人和监理人提

交提前竣工建议书,提前竣工建议书应包括实施的方案、缩短的时间、增加的合同价格等内容。发包人接受该提前竣工建议书的,监理人应与发包人和承包人协商采取加快工程进度的措施,并修订施工进度计划,由此增加的费用由发包人承担。承包人认为提前竣工指示无法执行的,应向监理人和发包人提出书面异议,发包人和监理人应在收到异议后 7 天内予以答复。在任何情况下,发包人都不得压缩合理工期。发包人要求承包人提前竣工,或承包人提出提前竣工的建议能够给发包人带来效益的,合同当事人可以在专用合同条款中约定提前竣工的奖励。”根据该条,发包人要求承包人提前竣工,或承包人提出提前竣工的建议能给发包人带来效益的,双方可以在专用条款中约定提前竣工的奖励。所以,在符合合同约定的情形下,双方在约定了提前竣工的奖励时,发生提前竣工的,承包人可以按照合同约定向发包人主张提前竣工的补偿。

2.《建设工程工程量清单计价规范》的相关条款。其第 9.12 条规定了“提前竣工(赶工补偿)”:“发包人要求承包人提前竣工,应征得承包人同意后与承包人商定采取加快工程进度的措施,并修订合同工程进度计划。合同工程提前竣工,发包人应承担承包人由此增加的费用,并按照合同约定向承包人支付提前竣工(赶工补偿)费。发承包双方应在合同中约定提前竣工每日历天应补偿额度。除合同另有约定外,提前竣工补偿的最高限额为合同价款的 5%。此项费用列入竣工结算文件中,与结算款一并支付。”

因此,在施工合同采用工程量清单计价方式时,发包人要求承包人提前竣工的,双方在协商一致并修改进度计划后,按照修改后的日期提前竣工。而对于提前竣工的补偿,根据《清单计价规范》的规定,仍需以发承包双方当事人事先在合同中的约定为前提,包括发生提前竣工情况下发包人应当向承包人支付补偿金,以及补偿金数额或计算方式。

(二)国际标准合同文本关于提前竣工的约定

1. 国际咨询工程师联合会(FIDIC)的相关条款。FIDIC 在其 1999 年第 1 版《施工合同条件》通用条件第 13.2 款“价值工程”中规定,承包商可以随时向雇主提交书面合理化建议,合理化建议的效果可以加快竣工,则承包人可以获得相应的补偿。对于提前竣工的奖励,《施工合同条件专用条款编写指南》第 8 条指出,虽然在“通用条件”第 13.2 款中提到了加快竣工,但雇主在招标文件中可包括对提前竣工的奖励。承包商与雇主通过约定确定提前竣工的奖励及奖金数额。

FIDIC 在 2017 版系列合同条件编写指南中建议,为了加快竣工,可以考虑在第 13.2 款中增加激励条款。例如,当工程或区段早于合同约定的竣工时间完成时,承包商可获得奖励,奖励额度需在业主要求中约定。

2. 英国土木工程师学会(ICE)的相关条款。第 4 版《新工程合同条件》

(NEC4)规定,如果承包商计划在竣工日期之前完成工程项目,并且在接收的进度计划中表明了提前完工的意愿,则计划竣工时间和合同规定的竣工日期之间的时差就是归属于承包商的时差或风险分配。这实际上保护了承包商在进度计划中保留的时差期限。

可见,国际惯例及现行中国法框架下适用的标准合同文本中涉及的提前竣工及补偿的“约定情形”包括以下三种:

第一,发承包双方在签订合同后,承包人应提交“详细”的工程进度计划,根据进度计划较约定的竣工日期可提前竣工。如发包人同意,则发承包双方可在合同中约定提前竣工的奖励以及奖金额度,当承包人提前竣工时,按照约定取得奖励。

第二,在合同履行过程中,承包人向发包人提出合理化建议,发包人接受该建议提前竣工,且竣工给发包人带来价值的,发包人将所获得的“价值工程”利益与承包人分享。

第三,在合同履行过程中,发包人要求承包人提前竣工的,应当相应约定激励机制及奖金计算方式,承包人按照要求提前竣工的,发包人根据约定给予奖励或补偿。

但是,如发承包双方对提前竣工及奖励没有约定,则即使在第一种情况下,承包人向发包人递交了较约定的竣工日提前的进度计划,也不能视为构成对工期的变更,即使承包人提前竣工,也不能取得补偿或奖励。但是,如果发包人延误或干扰了承包人的施工进度,则在 FIDIC 合同体系下承包人只能获得费用补偿,而在 ICE 的合同体系下,承包人既可以获得费用补偿,又可以获得工期延展。

四、“法定情形”下提前竣工的处理原则

我国《合同法》在第十六章对建设工程合同法律关系进行了相关规定。同时根据《合同法》第 287 条,在建设工程合同专章没有规定的,适用承揽合同的有关规定。

从债法的一般关系出发,建设工程合同是承包人进行工程建设,发包人支付价款的合同,故承包人提前竣工行为属于债的提前履行。《合同法》第 71 条规定:“债权人可以拒绝债务人提前履行债务,但提前履行不损害债权人利益的除外。债务人提前履行债务给债权人增加的费用,由债务人负担。”可见,如果没有明确的合同“约定情形”为基础,承包人先于工期完成工程,并不会得到奖励;如果承包人提前竣工损害了发包人的利益,发包人有权拒绝接收工程;如果由于承包人提前竣工给发包人增加了额外费用的,该笔费用由承包人承担。

如此,反顾《SCL 准则》关于承包人提前竣工的规定在我国建设法框架下的适用性问题,如果发承包双方对于承包人提前竣工及奖励标准有明确约定的,依约定

处理;没有约定的,承包人无权获得费用补偿,当无异议。需要进一步研究的是以下两个问题。

其一,承包人提交的进度计划先于合同约定的竣工日期,且已经发包人审核同意,如果承包人受到了发包人的延误或干扰,其是否可以主张工期延展。此问题涉及承包人提交的计划竣工时间与合同约定的竣工时间之间的"时差所有权"归属,从《SCL准则》的观点来看,其倾向于认为时差应归于"项目所有",即"除非被业主延误的工序路径上的总时差被降低到零以下",否则发包人只可能补偿干扰费用,但是不会给予工期延展。

其二,在承包人有权获得费用补偿的情境下,其是否仍可以主张由于发包人的干扰导致其丧失获得提前竣工奖励的损失。发包人的延误或干扰行为使承包人招致停窝工损失或额外费用的,发包人应予补偿,此部分系对承包人直接损失的承担。但是,提前竣工奖是一种具有增值性质的期待利益,依据我国《合同法》相关规定,承包人应该可以同时主张该部分可得利益,使守约方的状况"如同合同被正常履行了一样"。但应意识到,由于工程项目建设周期长的特性,造成工期变化的因素往往具有复杂性,项目参与各方行为都可能对工期产生影响,甚至同期延误,因此承包人需对工期延长与发包人过错之间的因果关系承担举证责任。

五、结论

以合同当事人对于提前竣工是否有明确合同约定为标准,可以区分为依合同约定和依法律规定两种处理原则。发承包人对提前竣工及奖励或干扰的补偿已在订立或履行合同中明确约定,则当承包人提前竣工时,承包人可以依约定主张奖励或补偿。由于发包人原因延误了承包人提前竣工的,承包人可以将提前竣工奖励作为期待利益进行主张。如果双方在合同中没有约定,则应依据我国现行法律规定,即并没有对承包人提前竣工的奖励或补偿的规定。因此,即使承包人提前竣工,也不会必然导致发包人提前接收工程或就承包人提前竣工而发生的费用向承包人进行补偿。

参考文献

1. 张永波、吕文学:《工期延误及干扰分析准则》,北京交通大学出版社2012年版。
2. [英]Roger Gibson:《工期索赔》,崔军译,机械工业出版社2010年版。
3. 宿辉、何佰洲:《2017版建设工程施工合同(示范文本)条文注释与应用指南》,中国建筑工业出版社2018年版。
4. 规范编制组编:《2013建设工程计价计量规范辅导》,中国计划出版社2013年版。
5. 朱建国、徐伟、沈杰、成虎:《多事件干扰下工期拖延责任分摊计算》,载《东南大学学报》(自然科学版)2012年第42卷第1期。

6. 柯洪、张熙:《计提奖励方式下提前竣工奖励标准制定问题研究》,载《建筑经济》第37卷第10期。
7. 刘承韪:《违约可得利益损失的确定规则》,载《法学研究》2013年第2期。

第六章　建设性赶工索赔在中国法下的适用分析

张俊丽　郑州新大方史托克机械设备有限公司

一、介绍

在建设工程中,当进度出现延误时,就可能需要采取赶工。造成延误的原因不同,采取赶工措施的责任主体不同:由于承包商原因造成的延误,承包商为避免延期赔偿,可能采取赶工措施,费用由承包商承担;由于非承包商原因造成的延误,发包人可能要求承包商赶工,费用由发包人负责。建设性赶工则是赶工中的一种特殊情况。从美国的工程文献翻译而来,由于非承包商原因造成的延误也称"可原谅的延误",建设性赶工也翻译为"可推断的赶工"。

本章将使用上述术语。

二、建设性赶工的起源与概念

建设性赶工用于支持在项目发生不可归责于承包商的延误而合同管理员拒绝给予工程延期或未能在合理时间内给予工程延期时,承包商为避免工程延误赔偿而采取赶工措施的索赔。这一概念在19世纪60年代起源于美国。当时美国的合同上诉委员会(Board of Contract Appeals,BCA)没有直接解决合同违约的司法权力,在处理政府合同下的争议时,提出了建设性赶工的法律概念,以便能在合同框架下处理这类索赔,因此这一概念不是法律的框架和原则下发展出来的。这一法律概念的提出,使承包商能在发生"可原谅"的延误而政府又要求赶工时获得费用补偿。1978年《合同争议法案》给予BCA更广泛的司法权,这一辩护理由已不再适用,但是美国法庭仍然继续接受这一法律概念判定赶工费用。

正因为建设性赶工索赔不是在法律的框架和原则下发展而来,这一概念在世界上许多国家都找不到法律基础和出处。例如,同是普通法的英国,法庭就很难支持建设性赶工索赔。而在新加坡和马来西亚,虽然也没有建设性赶工的出处,但近几年发生了EPC承包商用建设性赶工作为索赔的基础被法庭接受的案例。

《SCL准则》第16条对建设性赶工索赔的描述如下:当承包商没有得到其认为应得到的工期顺延时,承包商考虑实施赶工措施以避免误期赔偿,然后寻求建设性赶工索赔。

美国BCA规定构成建设性赶工的要素检查:(1)存在可原谅的延误。(2)承包人通知政府这一可原谅的延误。(3)请求工期顺延,并附足够的信息允许政府作出合理的决定。(4)政府拒绝了工期顺延或在合理时间内未能给予工期顺延。(5)政府命令,无论是明确的还是暗指的,要求承包商①采取措施克服可原谅的延误,或②在可能的最早的日期完工,或③在早于承包人如获得工期顺延的完工日期前完工。(6)承包人采取了合理的努力赶工,导致了额外的费用。

三、建设性赶工索赔的关键要素

在美国,建设性赶工赔偿的逻辑是,发生了不归责于承包商的延误时,承包商本可以得到工期顺延,然而,雇主或其合同管理员拒绝或在规定时间内没有给予承包商工期顺延,且明确要求/暗示承包商必须在原合同工期内完工,可视为承包商在这一指示下采取了赶工措施,赶工费用应得到补偿。那么成功地构成建设性赶工索赔就有如下关键要素:

(一)承包商通知符合合同规定的程序性和时间要求

大部分合同范本都规定了承包商索赔工期以及/或费用的程序和相应的时间要求。这既是承包商索赔的前提条件,也是建设性赶工索赔的前提条件。发生“可原谅”延误时,承包商应在合同规定的时间内通知雇主或合同管理员该延误事件,并附详细的支撑性资料请求工期顺延。

BCA 同时说明如果政府指示承包商遵守给定的计划,而这一计划明显没有考虑现有的可原谅的延误,那么请求工期顺延不是必要的;如果政府已合理地获得信息,那么支持性的信息也是不必要的。

(二)承包商证明其赶工不是自愿的

建设性赶工的情况中,发生了“可原谅”的赶工,而合同管理员未能合理地给予工期顺延且要求按原合同工期完成,承包商需要证明其赶工并非出于自愿,而是受到雇主的指示,该指示可以是明确的或暗指的。

BCA 说明以违约或工期延误赔偿进行威胁,或对未达到给定的赶工计划进行工期延误赔偿评估,均可视为承包商的赶工受业主指示。

例如,在 ENGBCA No. 3468, 76 -2 BCA 11,950 (1976)案中,发生了可原谅延误——暴风雪,但业主拒绝给予工期顺延,并拒绝回应承包人关于延误和额外费用如何处理的请求。BCA 认为政府的下列行为足够清晰地指示了承包人赶工:(1)使用合同语言说明合同日期要严格遵守;(2)如果完工延误将处以误期赔偿;(3)在与承包人人员的日常沟通中,一直清晰地表示不允许工期顺延。

(三)承包商证明其因赶工发生的费用

建设性赶工索赔一般意味着费用的索赔。承包商应举证其因赶工发生的费用。施工过程干扰因素多,发生建设性赶工时,往往双方对延误的责任归属是有争议的,有可能还发生了同期延误,此时,承包商对赶工措施的详细记录、各种费用的记录和证据保持十分重要。

在 GSBCA No. 2429, 68 - 2 BCA 7377 (1968)案中,合同管理员直到3年多后合同基本完成时才给予承包人工期顺延。BCA 判定由于政府指示其赶工,承包人有权得到价格调整。然而,在此期间,承包人对其因赶工增加的费用采取了前后不同的、不一致的立场,结果,BCA 拒绝了承包人的费用索赔。

《SCL 准则》指出,"只是因为承包商实施措施弥补业主延误,并不必然意味着这些措施的所有费用都由业主延误引起",并且《SCL 准则》对赶工措施的合理性还提出了要求,"任何此类增加的费用应与若不采取措施产生的工程延误导致的额外费用进行比较,从而确定赶工增加的费用是否合理"。

以上是在美国法庭提起建设性赶工索赔成功的要素。《SCL 准则》对于建设性赶工索赔强调的要素则是:首先,承包商要解决的是,根据合同争端解决程序争取其工期顺延的正当性。其次,承包商应详细记录其赶工措施、更新计划,以及使合同管理员对赶工的详细情况保持同步信息。最后,强调了赶工费用的合理性,并非赶工的所有费用都可归因于雇主,并且赶工措施还应具有经济效益。

《SCL 准则》的后两条建议使承包商更容易达成其举证义务,也能使合同管理员及争端解决机构更容易理解承包商的处境与所采取的赶工措施,接受其应有的费用补偿诉求。

四、建设性赶工在中国法下的适用分析

如前所述,建设性赶工本身不是基于法律原则发展而来,以此为基础的索赔在法律上是有争议的。而且,建设性赶工在法律上的争议往往还与工程管理模式及合同条款有关。

有学者为建设性赶工寻求法律基础,认为建设性赶工索赔可基于雇主暗指的赶工指令。当雇主或合同管理员拒绝了承包商应得的工期顺延,同时要求承包商按期完工时,就可从这一要求中推断出雇主或合同管理员指示承包商赶工(有时"建设性"赶工因此也称为"可推断"赶工)。反对者则认为,暗指的获得赶工费用的权力根本不存在于英国法中(Davidson,2008;Hoar,2011)。

由于大部分标准合同并未给予合同管理员明确的指示赶工的权力,合同管理员只有在发生归责于承包商的延误时可指示承包商进行赶工。当发生可原谅延误时,合同管理员的不作为或错误不能等同于赶工指令,因而建设性赶工的索赔基础是把雇主置于为合同管理员的错误承担责任的不平等地位。"合同管理员错误地将延误规则于另一方,并要求一方改进进度,从此情况中推断费用补偿的权力,这是不合理的(Wallace,1986)"。因此,以建设性赶工的概念提起的索赔在英国法庭

是很难被支持的。

(一)中国的工程管理模式与合同范本规定

西方建设工程采用的是咨询工程师的项目管理制度,中国建设工程采用的是监理制度。中国的监理制度建立借鉴了西方的咨询工程师项目管理制,监理工程师类似于咨询工程师,但两者的权力、角色和管理的建设项目过程均有不同。

我国世界银行贷款项目使用了国际通用的 FIDIC 合同,中国现行的施工合同范本在一定程度上参考了 FIDIC 合同范本,但因我国对监理工程师作用的定位不同,合同范本条款的一些细节则是神离。

本章前述合同管理员属于咨询工程师团体,为叙述方便,后面以“咨询工程师”这一名词代替“合同管理员”,以“监理人”代替“监理工程师”。

1. 监理人是否有权指示赶工

FIDIC 合同范本并不赞成赶工行为。合同范围对发生延误的处理是,因承包人原因造成工期延误的,处以逾期竣工赔偿;因发包人原因造成工程延误的,顺延工期,且实际工期不低于合同约定的总日历天数。

但合同通过“提前竣工”条款规定了赶工的实际情况。FIDIC 合同范本 7.9.1 发包人要求承包人提前竣工的,发包人应通过监理人向承包人下达提前竣工指示。

当施工实际进度与合同要求不符时,承包人修订的施工计划应由监理人报送发包人,并由发包人和监理人完成审核或提出修改意见。

由此可见,监理人没有独自向承包人下达赶工指令的权力,而发包人要求承包商赶工时应通过监理人下达指令。承包人关于施工进度计划的修正报送监理后,监理必须报送发包人,只要承包人报送监理关于延误、赶工措施、费用等文件,发包人对这些情况都是了解的。

2. 竣工日期顺延的决定权

当因业主原因发生延误时,FIDIC 合同范本 19.1 承包人的索赔,规定承包人认为有权得到追加付款和(或)延长工期的,承包人应该在规定时间内向监理人递交索赔意向书。FIDIC 合同范本 19.2 对承包人索赔的处理规定,监理人应在收到索赔报告后 14 天内完成审查并报送发包人。发包人应在监理人收到索赔报告或有关索赔的进一步证明材料后的 28 天内,由监理人向承包人出具经发包人签认的索赔处理结果。承包人是否能得到工期顺延的决定虽然是由监理人发出,但该决定是由发包人签认的。当发生不利物质条件、异常恶劣的气候条件时,监理人的指示也必须经发包人同意。

由此可见,如果监理人拒绝了承包人工期顺延的请求,等同于发包人拒绝了承包人的请求。事实上,FIDIC 合同范本 4.1 条监理人的指示,明确规定:监理人应按照发包人的授权发出监理指示。意即监理人的指示都是经由发包人的授权发出的。

我国合同范本规定的监理人的权力以及发包人对施工过程的控制程度不同于英美合同范本中咨询工程师及雇主的权力和角色。我国合同范本与英美合同范本一样,并未给予监理人指示赶工的权力,但其他合同条款表明,一旦监理人指示赶工就等同于发包人指示赶工。英美合同范本给予了咨询工程师独立决定是否顺延工期的权力,而我国施合同范本中监理人关于工期顺延的决定是经过发包人签认或者同意的,监理人的指令与决定完全代表了发包人的指令与决定。这些差异消除了建设性赶工索赔在法律上的障碍。

如前所述,英国法庭不接受建设性赶工索赔的原因——咨询工程师没有指示赶工的权力且咨询工程师的错误不应由雇主承担,在中国施工合同范本下并不存在。

3. 争端解决前后的规定

中国施工合同范本条件下不只没有建设性赶工索赔的法律基础障碍,而且本身就有解决该争议的条款。

FIDIC 合同范本 4.4 商定或确定条款,规定了当发包人与承包人有争议时,暂由总监理人作出公正的确定,争议解决前,双方应按总监理人的确定执行;争议解决后,按争议解决的结果执行,造成的损失有责任方承担。如因发包人的错误决定,经监理人指示,承包人进行了赶工,发包人为责任方,其损失应由责任方即发包人承担。

(二)中国法律视角对建设性赶工的分析

倘若在中国的某个建设工程项目采用了英美的合同范本,或国际通用的FIDIC合同范本,其中咨询工程师/合同管理员没有指示赶工的权利,且能独立判断和拒绝承包商的延期申请。当发生了建设性赶工时,中国法律是否支持建设性赶工。这个问题可从合同法的违约责任来探讨。

合同履行辅助人根据合同约定产生,债务人应为其履行辅助人履行债务的行为负责。履行辅助人根据债务人的意思履行债务,其过错即为债务人的过错。中国的施工合同范本中关于监理人的规定即符合上述原则。监理人根据合同成为发包人的对承包商的合同履行辅助人,监理人按发包人的意思对承包商发出指示,当监理人延误或错误发出指令时,其过错由发包人承担责任。

若履行辅助人并非根据债务人的意思履行债务,也就是说,履行辅助人未经债务人同意而介入债的履行,这种行为是干预他人事务的行为,履行辅助人应对自己的过错独立地承担责任。

咨询工程师通过其与雇主的合同,成为雇主与承包商合同的履行辅助人。但雇主、承包人及雇主均清楚地知道履行辅助人没有指示赶工的权利,指示赶工与赶工费的授予将构成合同变更。因中国的法律不会主张辅助人未经债务人同意而介入债的履行,因此,从咨询工程师独立地拒绝工期顺延来推断承包人应获得赶工索赔是很难被支持的。

(三)中国建设工程环境下的建设性赶工探讨

中国建设工程环境与文化跟英美有很大差异,这是双方工程管理体系的历史、社会文化差异形成的。中国的建设方自行管理和控制工程的历史由来已久,也有自行管理的组织机构和专业能力。监理人的地位是对工程质量的监督以及在发包人和承包人之间力求公正,因此有 FIDIC 合同范本 4.1 所述的差异。

无论过去还是现在,无论政府项目还是企业项目,赶工在中国的建设工程中都发生得十分普遍,也同样会发生类似于建设性赶工的事件。

由于长久政企不分的历史,行政命令和领导指示大于成本考虑,即使现在政企已然分开,一般而言,承包人仍旧会遵从发包人的赶工指示,无论是明确的还是如前文所述的暗指的。承包人的赶工费用补偿一般通过双方协商达成。

五、结论

建设性赶工在 19 世纪 60 年代因司法便利性在美国产生,虽然司法进步已不需要这一便利和概念,但基于此概念的索赔仍然被美国法庭接受。而同在普通法的英国,建设性赶工索赔则被认为缺乏法律基础而难以被接受。

建设性赶工是否能获得法律支持,还取决于工程管理模式和合同文本。中国的建设施工管理模式和合同范本下,发包人极大地参与了施工管理,当发生建设性赶工时,由于拒绝赶工或未能在合理时间内给予延期的行为来源于发包人的指令,因此,在英国法庭建设性赶工索赔不能被支持的障碍不复存在。若使用英美的工程管理模式和合同范本,在中国法律条件下,建设性赶工也是很难被支持的。

参考文献

1. Alan Whaley, The Acceleration Dilemma: Can English Law Accommodate Construction Acceleration?
2. Derek Nelson, What is Constructive about Acceleration?

第七章 "一揽子"索赔在中国法下的适用分析

张靖昆 北京高朋(天津)律师事务所

《SCL 准则》认为,承包商在没有证明原因和影响的情况下提出"一揽子"索赔是常见现象,但明确提出并不鼓励这种做法。主要原因在于:若承包商保持了完整准确的记录，就能确定业主延误事件与该事件导致承包商遭受的损失和开支之间的因果关系，也就没必要提出“一揽子”索赔。若承包商没有保持此类记录，则其提出的“一揽子”索赔就得不到恰当证明。

值得注意的是，2017 年第二版《SCL 准则》删除了“法院也很少接受这种做法”，承认法院在考虑“一揽子”索赔时正在明显呈现出更为宽松和容忍的趋势；并指出，合同管理员、裁决员、法官或仲裁员，在评估以“一揽子”作为基础的索赔时，不应因为“一揽子”索赔而必然拒绝受理。事实上，英国法院早在 J. Crosby & Son Ltd. v. Portland Urban District Council(1967)5 BLR 121 案就有提及“一揽子”索赔，实践中已从是否应予立案，发展到对其基本原则，限制条件、损失的因果关系、共同延误和干扰及分摊原则等的探讨。①

在中国，“一揽子”索赔通常是指承包商在工程竣工前后，将施工过程中已经提出但未解决的各项索赔汇总，向业主提出总索赔或综合索赔。在建设工程施工过程中，承包商的单项索赔不能立即解决，有的是业主拖延答复，还有的是双方协商实行“一揽子”索赔方式，并通过条款约定具体的索赔程序。② 因此，“一揽子”索赔是针对单项索赔而言的综合索赔方式，并不具有实质或特定含义，在概念和实践上不同于《SCL 准则》。

中国建设工程第一部法律《建筑法》制定于 1997 年，法律体系框架形成较晚，当地政策繁杂，建筑监管环境复杂多变。在政府主导的发展模式下，承包商缺乏更多的市场竞争，管理水平有待提升。建设工程纠纷案件即是一个真实写照。举例而言，在应对发包人追究逾期完工违约金时，承包商由于证据不足而承担逾期竣工的违约责任。例如，法院在威海市望海房地产开发有限责任公司诉浙江广扬建设集团有限公司建设工程施工合同纠纷案中③提到：广扬公司作为承包人，应当对逾期竣工承担首要责任，其主张自己不应支付逾期竣工违约金，应当举证证明逾期竣工不是自己原因导致。但从其一审、二审举证的情况来看，其所提交证据不足以证明工程逾期竣工完全是望海公司的导致。

即便承包商主动起诉工期延误损失，也不乏铩羽而归的案例。在万通建设集团有限公司诉曲阜圣地置业集团有限公司建设工程施工合同纠纷案中，④法院不仅

---

① 有代表性的案例包括但不限于：J. Crosby & Son Ltd. v. Portland Urban District Council (1967)5 BLR 121, London Borough of Merton v. Stanley Hugh Leach (1985)32BLR 51, Wharf Properties v. Eric Cumine Associates (1991) 52 BLR 1, British Airways Pension Trustees v Sir Robert McAlpine and Sons (1994)72 BLR 31, John Doyle Construction Ltd. v. Laing Management (Scotland) (2004) BLR 295。

② 山东省高级人民法院(2017)鲁民终 1760 号判决书：威海雨润文化旅游发展有限公司与威海建设集团股份有限公司建设工程施工合同纠纷。

③ (2018)最高法民再 115 号判决。

④ (2017)最高法民终 716 号判决。

驳回了承包商有关停工、窝工损失的诉求,还判决其支付发包人逾期竣工违约金。法院认为:本案不存在因为圣地公司的原因导致停工、窝工和工期顺延的情形,亦不存在因为圣地公司迟延支付工程款而导致工期延误的情形,故涉案工程逾期竣工事实清楚。

在武汉建工第一建筑有限公司与武汉征原电气有限公司建设工程施工合同纠纷案中,[①]发承包双方长期纠纷不断升级,建工公司起诉要求赔偿损失,但招致而来的,不仅是对方反诉逾期违约金,还要求赔偿不能按期投入使用的经济损失。庭审中,双方各执一词,列举了大量证据试图证明延误责任在于对方。上诉审法院支持了发包人违约金及经济损失的诉请,认为:建工公司主张,征原公司未依约提供合法、合规可供施工的图纸;频繁变更、修改工程设计方案;不断作出新的施工指示;自行分包项目未按时完工;分包单位损坏建工公司已完工程;建筑材料未按时进场等事宜,导致工程窝工、停工、工期延误。但建工公司并未提交征原公司提供图纸情况、设计变更情况、迟延支付工程进度款、分包影响其完工、甲方供材迟延进场影响其工期等,应当顺延工期的证据,因建工公司并无相应证据支持其主张,该主张并不能成立。

面临赔付巨额损失,承包商申请再审。最高人民法院在该案中考虑:(1)发包人同时请求赔偿损失和违约金有无法律依据和事实依据;(2)承包人承担的违约责任是否超出了承包人的预期;以及(3)发包人是否采取了适当措施防止损失扩大。法院认为:本案证据未显示发包人有违约行为。但其在诉请赔偿1421.28万元的同时诉请支付600万元违约金,但其主张赔偿损失的依据主要是其单方委托房地产估价咨询机构作出的鉴定意见,在质证中并未得到建工公司的认可,不应作为认定案件事实的依据。按照《合同法》的规定,[②]只有在违约金低于造成损失的情况下,当事人方可请求人民法院予以增加,但该增加亦限于损失范围内。因建工公司违约,征原公司可以依据《相关事宜协议》中关于支付补偿金的约定要求建工公司承担违约责任,其不能证明合同约定的补偿金低于造成的损失,一并主张违约金及赔偿损失,与合同法规定不符,本院不予支持。原告建工公司申辩其承担的违约责任超出预期,法院考虑到该案工程造价2050万元,如承包商承担累计10年的违约金数额(1300万元),将会导致双方之间的利益关系失衡,最终判决降低违约金。

以上案例说明承包商诉讼准备不足的窘境。充足的诉讼准备工作取决于项目

---

① (2018)最高法民再95号判决。

② 《合同法》第114条规定,当事人可以约定一方违约时应当根据违约情况向对方支付一定数额的违约金,也可以约定因违约产生的损失赔偿额的计算方法。约定的违约金低于造成的损失的,当事人可以请求人民法院或者仲裁机构予以增加;约定的违约金过分高于造成的损失的,当事人可以请求人民法院或者仲裁机构予以适当减少。

管理水平。如同《SCL准则》要求承包商保持完整准确的记录。对于“一揽子”索赔,对承包商保持完整记录的要求更高,因为承包人不但要证明其遭受的损失完全归咎于对方,更要剔除属于自己违约的事件。中国司法审判尚未发展到对“一揽子”索赔进行理论和实践的探索。承包商起诉工期延误索赔的案件近年来才有所增加。以下本文探讨目前中国在工期延误索赔诉讼案件的审判实践。

在2016年6月30日至2019年6月30日最高人民法院审结的以工期延误作为焦点的案件中,承包商在工期延误方面的诉请主要以违约金、停工、窝工损失、经济损失、工管理费、机械费等主张损失;发包商反诉主张逾期违约金以及逾期交付产生的营业损失或投入损失。在工期延误案件中,多于80%的案件都有对方反诉;[①]超过一半的案件经法院审理后认定工期延误责任归咎于双方。

根据《民事诉讼法》及《最高人民法院关于民事诉讼证据的若干规定》[②]确立的“谁主张,谁举证”的规则,承包人请求发包人赔偿工期延误损失,应证明:(1)工期延误非因承包人原因所致;(2)延误事件处在关键线路上以及对总工期的影响天数;(3)工期延误产生的各项损失及相关的合同依据和法律依据。若发包人诉请承包人赔偿逾期违约金或损失,需要证明:(1)延误事实存在;(2)违约金及其计算的合同依据和法律依据。相应地,法院审理工期延误责任纠纷案件的审判思路:(1)首先确认工期延误的事实;(2)审查工期索赔或损失的合同依据、法律依据和计算方式;(3)查明延误原因和延误天数;(4)在查明原因的基础上划分责任比例。

一、举证责任

在民事诉讼中,当事人对自己提出的诉讼请求所依据的事实或者反驳对方诉讼请求所依据的事实有责任提供证据加以证明,否则承担举证不能的不利后果。[③]“谁主张,谁举证”是个动态过程,举证责任随着一方完成自己的举证责任后应转移到另一方继续举证。法官对案件的全部证据,从各证据与案件事实的关联程度、各证据之间的联系等方面进行综合审查判断。[④] 法官应当依照法定程序,全面、客观地审核证据,依据法律的规定,遵循法官职业道德,运用逻辑推理和日常生活经验,

---

① 笔者统计自2016年6月30日至2019年6月30日最高人民法院审结的工期延误案件,以工期延误作为审理焦点的案件约有42件,来源于威科先行法律数据库。

② 本文《最高人民法院关于民事诉讼证据的若干规定》为2019年修正前的规定,其中的第2条规定,当事人对自己提出的诉讼请求所依据的事实或者反驳对方诉讼请求所依据的事实有责任提供证据加以证明。没有证据或者证据不足以证明当事人的事实主张的,由负有举证责任的当事人承担不利后果。

③ 《最高人民法院关于民事诉讼证据的若干规定》第2条规定,当事人对自己提出的诉讼请求所依据的事实或者反驳对方诉讼请求所依据的事实有责任提供证据加以证明。没有证据或者证据不足以证明当事人的事实主张的,由负有举证责任的当事人承担不利后果。

④ 《最高人民法院关于民事诉讼证据的若干规定》第66条。

对证据有无证明力和证明力大小独立进行判断,并公开判断的理由和结果。[①] 前述威海市望海房地产开发有限责任公司诉浙江广扬建设集团有限公司建设工程施工合同纠纷案中[②]法官提到:广扬公司作为承包人……应当举证证明逾期竣工不是自己原因导致。在中国建筑(东南亚)有限公司诉中国上海外经(集团)有限公司、上海电力建设有限责任公司建设工程施工合同纠纷案中,法院更进一步:即使存在发包人设计变更、图纸交付迟延等事实,是否必然导致工期延误仍需举证证明。

二、延误事实

在工期延误纠纷案件中,法院首先确认是否存在延误工期的事实。认定事实的方法一般是通过查明实际开工日期、竣工日期,认定是否存在延误事实。在东建建设集团有限公司诉青海景洲房地产开发有限公司建设工程施工合同纠纷案[③]中,东建公司起诉工程欠款,青海景洲公司反诉延期交工的经济损失。双方对是否存在工期延误的事实各持己见。最高人民法院在二审判决中查明事实:双方合同对于工期约定,本案工程一期工期日历天数为 745 天,二期工期日历天数为 740 天,冬季停工属可以扣除的期间。本案工程在扣除冬季施工停工天数 378 天后,一期实际完工时间为 704 天,二期实际完工时间为 697 天。亦即,案涉工程实际施工总日历天数不超过合同约定的总日历天数,不存在工期延误的事实。故,青海景洲公司主张工期延误违约金的诉讼请求无事实依据。在美建建筑系统(中国)有限公司诉青海明瑞房地产开发有限公司、西宁城通交通建设投资有限公司、西宁城市投资管理有限公司建设工程施工合同纠纷案[④]中涉及了顺延天数的计算,一审判决承包商支付逾期交工违约金损失,被二审法院推翻,法官认为:因欠付工程进度款导致的工期顺延天数,应结合欠款时间和工程竣工时间等客观事实予以认定。案涉工程的实际竣工日期早于顺延后的竣工日期,美建公司不存在工期逾期违约的行为。一审法院认定美建公司违约,并判决美建公司承担逾期交工的违约赔偿责任有误,应予纠正。

三、延误原因和责任划分

工期延误的原因需要法律和专业技术相结合,也正因如此,审判中用来判断工期延误的原因和影响程度的手段往往有限,这导致难以对延误工期案件的原因和责任作出定量化分析。在缺乏证据的情况下,法官主要审查各方是否存在违约行

---

① 《最高人民法院关于民事诉讼证据的若干规定》第 64 条。

② (2018)最高法民再 115 号判决。

③ (2018)最高法民终 915 号判决。

④ (2018)最高法民终 59 号判决。

为，然后在此基础上划分责任。例如，发包人是否延迟或拒付工程款、现场是否达到开工条件、图纸和变更设计、承包人是否逾期完工，等等，审理难以深入分析延迟付款是否确实延误了工期及其影响程度和天数。最高人民法院在歌山建设集团有限公司诉合肥创景物业发展有限公司建设工程合同纠纷案中认为：工期延误由多种原因造成，双方对此均有责任。现有证据中，除2#楼停工111天有双方签字确认的复工报告可以确定责任归属外，其余工期延误的责任均无法明确划定。一审判决据此判令因工期延误造成的损失由双方自行承担并无不当，本院予以维持。

相当一部分案例秉承了以上思路，即按照《民法通则》《合同法》之规定，合同各方均有违约行为的，各自承担相应的责任。[①] 例如，湖南建工集团有限公司诉葫芦岛圣奥置业有限公司建设工程施工合同纠纷案[②]中，法官认定：工程没有按期完工的事实确实存在，但工期延误的责任不完全是湖南建工一方造成的，圣奥置业虽然没有违约，但也存在没有按会议纪要的约定及时给付后期工程款的情况。因此，工程没有按期完工，是双方都存在违约行为造成的，无法认定是湖南建工单方原因所致。在此基础上，法院对于承包人主张的工期延误损失和发包人主张的延期竣工违约金均予驳回。

少数案件[③]对双方的延误责任划分了比例。中国建筑股份有限公司诉昆山市超华投资发展有限公司建设工程施工合同纠纷案[④]中，承包人为发包人承建某大型购物中心，合同约定了承包人延误工期的罚金。工程约定的工期为370日历天。2006年10月31日开工，2009年7月2日竣工验收合格。承包人申请鉴定工期延误损失。鉴定意见认为：……所有资料中，工期延误未有明确的时间界限，不能准确判定工期延误时工程所处状态；中建公司未按合同约定履行工期索赔的程序；设计变更及工程量的增加（补充协议）未明确施工工期。主体结构的赶工措施费，因资料不完整，无法确定该费用。承包人诉请工期延误损失，发包人反诉请求工期延误产生的合同违约金。

两审法院都将工期延误责任的划分作为案件焦点之一。一审法院根据双方列举的会议纪要、工作联系单、备忘录及验收意见书等证据，认定发包人造成土方工程和消防工程延误，应承担主要责任（60%），但承包人存在施工人员不足及自行分包，应承担次要责任（40%）。法院按照责任比例支持了承包人的损失，包括承包商

---

① 《合同法》第120条规定，当事人都违反合同的，应当各自承担相应的责任。

② （2018）最高法民终231号判决。

③ 在2016年6月30日至2019年6月30日最高人民法院审结的工期延误案例中，有两例案件：北川宏昌生物科技有限公司诉四川欣祥瑞建设工程有限公司建设工程施工纠纷案[（2016）最高法民再78号]及浙江昆仑建设集团有限公司诉安徽文越投资置业有限公司建设工程施工合同纠纷案[（2018）最高法民终207号]。

④ （2014）民一终字第310号判决书。

支付给分包商的赶工费、窝工费、人工费等实际费用支出,但对于承包人主张的工期延误损失不予支持,理由为:施工过程中各阶段的实际施工人数和材料设备的使用情况与施工组织计划中确认的不一致,加之设计变更等原因,承包人以施工组织计划为依据主张延期损失证据不足。但是,二审法院审理认为,关键线路延误的主要原因在于发包人;截至结构封顶,承包人施工中并无导致工期延后。发包人提交的工地例会纪要和工作联系函仅仅表明,承包人延误工期只有21天。二审法院判决发包人承担延误工期责任的90%,承包人承担10%。

分析以上案例①可知,在划分工期延误责任比例时,在证据认定的基础上,法院可行使自由裁量权。案件经审理后,责任分配的可能性包括:(1)明确划分责任比例,双方按照比例承担责任;(2)证据难以支持划分责任比例的,依过错性质仅仅判断主次责任;②(3)证据不足的,法院适用高度盖然性的标准③认定责任。也就是说,在工期延误的证据和证明力不足的情况下,法院以违约事件认定责任,难以对延误原因及程度作出定量化分析。

当引起工期延误的事件不止一个且发生同期延误事件的,工期责任的认定更为复杂。但是,目前尚无法院公开案例探讨同期延误的审查标准,即使案例中使用"共同延误"的字样,也并非《SCL准则》中的概念。如前所述,由于难以将违约事件与延误原因和程度进行准确分析,因此,当案件中出现多个导致延误的事件时,无论该等事件是否同期发生或相互关联,法院一般情况下会按照《民法通则》与《合同法》中的共同违约认定,④判决各自承担相应的责任,与前述案例并无区分。在中国核工业第二建设有限公司诉酒泉市成林房地产开发有限公司建设工程施工合同纠纷案中,⑤成林公司和中核公司均认可工程工期存在延误,关于工期延误的

---

① 包括北川宏昌生物科技有限公司诉四川欣祥瑞建设工程有限公司建设工程施工纠纷案[(2016)最高法民再78号]及浙江昆仑建设集团有限公司诉安徽文越投资置业有限公司建设工程施工合同纠纷案[(2018)最高法民终207号]。

② 成都大鼎置业有限公司诉成都市第四建筑工程公司建设工程施工合同纠纷案[(2016)最高院民终476号判决书]。

③ 《最高人民法院关于民事诉讼证据的若干规定》第73条规定,双方当事人对同一事实分别举出相反的证据,但都没有足够的依据否定对方证据的,人民法院应当结合案件情况,判断一方提供证据的证明力是否明显大于另一方提供证据的证明力,并对证明力较大的证据予以确认。因证据的证明力无法判断导致争议事实难以认定的,人民法院应当依据举证责任分配的规则作出裁判。《最高人民法院关于适用〈中华人民共和国民事诉讼法〉的解释》第108条规定,对负有举证证明责任的当事人提供的证据,人民法院经审查并结合相关事实,确信待证事实的存在具有高度可能性的,应当认定该事实存在。对一方当事人为反驳负有举证证明责任的当事人所主张事实而提供的证据,人民法院经审查并结合相关事实,认为待证事实真伪不明的,应当认定该事实不存在。

④ 《民法通则》第113条规定,当事人双方都违反合同的,应当分别承担各自应负的民事责任。《合同法》第120条规定,当事人都违反合同的,应当各自承担相应的责任。

⑤ (2017)最高法民终899号判决。

原因,法院认为:成林公司存在提供的施工条件不符合合同要求、未按时支付进度款、工程设计变更未及时提供施工图纸、违约分包工程、协调不力等问题,而中核公司也有部分施工质量存在问题、复工不及时、中途停工拒绝复工等问题。因工期延误双方均有责任,一审据此判决双方各负其责并无不当,中核公司和成林公司的上诉请求,本院均不予支持。

四、工期延误影响分析与鉴定

如果双方不能就延误天数达成一致意见,负有举证义务的一方可以申请工期鉴定。在民事诉讼中,经过质证后的鉴定意见可以作为证据。但实践中使用工期鉴定的案例很少,多是由于证据的局限性与鉴定机构的专业水平。在 2016 年 6 月 30 日至 2019 年 6 月 30 日工期延误案件中,仅有三例当事人申请了工期延误损失鉴定。如上述中国建筑股份有限公司诉昆山市超华投资发展有限公司建设工程施工合同纠纷案中,承包人申请鉴定公司对涉案工程因工期延误给承包人造成的实际损失进行鉴定。鉴定意见中提到:超华公司由于存在对分包单位(土方)施工现场移交迟延、结构赶工、业态情况不明,以及外墙装饰施工中方案和施工单位未及时确定等行为,必然导致工程的停滞及窝工,所以,超华公司应对工期延误、现场的窝工承担主要责任。更多情况下,法院采用直接将延误事件的持续天数作为延误时间;还有的法院使用类推计算的方法推定延误天数,如在青岛百仕置业有限公司诉青岛一建集团有限公司建设工程施工合同纠纷案中,①一审法院将合同暂定价款除以合同工期计算出每天应完成的标准额,再将增加的合同造价除以每天应完成的标准额,从而推算出合理的顺延天数。

五、索赔的合同依据和法律依据

在中国建筑股份有限公司诉昆山市超华投资发展有限公司建设工程施工合同纠纷案中,最高人民法院讨论了合同是否赋予承包人索赔权。该案发包人提出:根据合同约定,只有承包人延误工期才需承担相应损失,因发包人原因导致工期延误可按实际延误时间签证顺延,而不是赔偿;同时,承包人亦未按约提出工期索赔请求,故其索赔请求不应予以支持。最高人民法院的观点是:双方所订建设工程施工合同"协议书"第 6 条虽只约定对承包人延误工期进行处罚,对发包人延误工期可顺延工期,但对是否赔偿并不明确;该施工合同"通用条款"第 12 条约定,因发包人原因造成停工的,不仅需顺延工期,而且还需赔偿承包人由此造成的损失。据此,发包人承担延误工期损失,具有合同根据。同时,根据建设工程合同"通用条款"第

---

① (2014)鲁民一终字第 158 号判决。

13 条及第 36 条,双方虽对工期顺延及索赔程序进行了约定,但并未明确承包人未提出工期顺延或未按约定程序索赔或不及时索赔的法律后果。事实上,承包人在施工期间就工期延误及损失问题多次向发包人提交报告。根据《合同法》第 283 条、第 284 条之规定,①承包人有权请求赔偿损失和实际费用。

六、结论

中国建设工程领域中关于“一揽子”索赔的概念和实践不同于《SCL 准则》。由于承包商在工期延误方面缺乏证据意识和科学管理资料,司法审判中用来认定延误原因和影响程度的手段有限,对于工期延误索赔原因和影响程度难以进行科学准确的定量分析。虽然承包商在延误索赔时常常数额不菲,并声称工期延误非属己方所致,但事实上常常令人失望;缺乏充足有效的证据难以使法院对延误原因和影响程度作出准确判断。除此之外,承包商如果按照《SCL 准则》提起“一揽子”索赔,还要对投标价格的合理性和损失数额作出解释说明。

判例虽不属于正式的法律渊源,但对于司法理论和实践具有重要的指导意义。对工期延误索赔,无论是按照传统方式起诉,还是提起《SCL 准则》意义上的“一揽子”索赔,中国承包商必然要对证据进行详细评估并筹划合适的诉讼思路,以应对法官查明事实及对方的有效抗辩,大量案例表明,若承包商难以洗脱自身存在违约事件,则可能面临诉请不被支持的风险。

第八章　干扰索赔在中国法律下的适用研究

周倩颖　苏州金螳螂建筑装饰股份有限公司

干扰,常常与工期延误同时出现,通常情况下二者都会被合并提出或处理,在中国法律中更是没有独立的“干扰”概念。英国建筑法学会于 2002 年及 2017 年颁布的《SCL 准则》第一版②和第二版③中,将干扰索赔作为一种独立的索赔形式,与工期延误索赔相区分。它们有相似的特性,也在诸多方面存在差异。美国也出现了越来越多涉及干扰索赔的案例,足见其在国际工程领域的重要性。在如今越来越高风险、多变化的建筑工程行业,对干扰的深入研究及运用对平衡发、承包人双

---

① 《合同法》第 283 条规定,发包人未按照约定的时间和要求提供原材料、设备、场地、资金、技术资料的,承包人可以顺延工程日期,并有权要求赔偿停工、窝工等损失。第 284 条规定,因发包人的原因致使工程中途停建、缓建的,发包人应当采取措施弥补或者减少损失,赔偿承包人因此造成的停工、窝工、倒运、机械设备调迁、材料和构件积压等损失和实际费用。

② The Society of Construction Law. “Delay and Disruption protocol 1st edition”, 2002.

③ The Society of Construction Law. “Delay and Disruption protocol 1st edition”, 2017.

方的风险分担与利益共享越来越重要。本文旨在抛砖引玉,对中国在干扰方面的研究和探索提供一些浅薄的思考。

一、干扰的概念及其与工期延误的异同

《SCL 准则》(第二版)第 18 条①核心准则给出了干扰的概念。干扰,是对承包人正常工作方法的扰乱、阻碍或中断,它导致了生产效率的降低。

干扰与工期延误不同。早在 1982 年,美国已经在 U. S. Industries, Inc. v. Blake Const. Co. , Inc. 案②中明确工期延误与干扰索赔存在区别。工期延误关注的是时间的延长,是工程的实际完成时间长于工程的计划完成时间。工期延误的证明依赖于对时间的分析,其影响因素出现在关键线路上,如果出现工期延误,承包人可以提出延长工期的请求。而干扰关注的是生产效率或工作效率的降低,如果承包人因干扰因素的影响而无法按照签约时制订的合理计划进行施工,其资源在全部或部分工程施工中的生产效率可能因此而降低,承包人需要花费更多的成本和资源来完成工程,预期可得利益也会因此减损。干扰的证明依赖于对工程活动生产效率降低的证明,而不论这些干扰因素是否出现在关键线路上。Bell BCI Co. v. U. S. 案中,法官这样描述了二者的差异:虽然这两种索赔类型经常同时出现在同一个项目中,但是工期延误索赔是针对无法施工导致的时间延长和费用增加,而干扰索赔是针对与计划相比低效率施工造成的费用增加。③

干扰与工期延误也紧密相连。干扰可能导致工期延误的出现,此时,对干扰的分析也可以为证明工期延误提供支撑。工期延误同样可能导致干扰,如果出现工期延误,完成工程的时间变少,承包人可能会采取赶工措施,赶工措施的采取又可能造成生产效率的降低,从而使承包人花费更多的费用及资源来完成工程。

我们可以将干扰理解为工期延误的初级状态,如果干扰因素的出现只造成了生产效率的降低而未引起完工时间的延长,则其仅停留在干扰阶段,如果干扰因素处于工程的关键线路造成了完工时间的延长,则形成工期延误,此时就适用工期延误分析。

二、干扰的合同基础

干扰必须处于合同允许或法律规定的范围和程度之内,承包人才能够获得赔偿。在干扰索赔中,首先面临的问题正是明确对特定的干扰进行索赔是否具有合同或法律依据。在目前国际上通行的合同范本中,很少有为干扰设置专门性的条

---

① The Society of Construction Law. “Delay and Disruption protocol 1st edition”, 2017, p. 44.

② U. S. Industries, Inc. v. Blake Const. Co. , Inc. , 671 F. 2d 539 (D. C. Cir. 1982).

③ Bell BCI Co. v. United States, 72 Fed. Cl. 164, 168 (2006).

款,它通常隐含在工期延误或索赔的相关条款中,也很少有合同范本明确提出干扰可以进行索赔。

(一)FIDIC 2017 合同范本

FIDIC 2017 范本中,干扰的概念并未明确出现,但在其条款设置中隐含了在工程受到干扰因素影响导致生产效率降低的情况下,承包人就额外支出的费用进行索赔的可能性。

以以下两个条款为例。第 1.9 条“延误的图纸或指示”条款中明确出现了“干扰”(disruption)一词,这一条款要求承包人在工程可能会因必要的图纸或指示未能在合理的特定时间内发送而延迟或受到干扰时,通知工程师,并要求在此份通知中明确必要的图纸或指示的细节,为何、何时前必须发出的理由,以及如果晚发可能遭受的延误或干扰的性质和程度。“如果工程师未能在合理的、并在承包人附有证明细节的通知规定的时间内发出图纸或指示,使承包人遭受延误和/或增加费用,承包人应有权根据第 20.2 条(对费用及工期延长的索赔)的约定人获得工期延长和/或追加额外费用及利润。”①另一条款第 2.1 条“现场进入权”②中,虽未明确出现“干扰”(disruption)一词,但条款中明确,如果承包人因为雇主未在规定的时间内给予承包人进入或占用现场的权利而遭受了延误和/或导致费用增加,承包人应有权根据第 20.2 条“对费用及工期延长的索赔”的约定人获得工期延长和/或追加额外费用及利润。这两个条款约定的情形达到“使承包人遭受延误和/或增加费用”的程度,承包人就可以进行索赔,前者“使承包人遭受延误”直接指向工期延误,后者“增加费用”则通过概括性的描述将可能导致费用增加的情况均涵盖在内,同样也包括干扰导致的生产效率下降,从而造成承包人费用的增加的情况,前后二者可兼而存之也可独立存在。可获得救济的范围则需要根据具体条款的描述具体分析,在上述两个条款中,承包人可以获得工期延长、追加的额外费用及利润补偿。

第 20.1 条“索赔”③及第 20.2 条“对费用及工期延长的索赔”④更为直观。第 20.1 条列出了索赔可能产生的三种情况:(1)业主要求追加额外费用(或扣减合同价款)和/或延长缺陷通知期;(2)承包人要求追加额外费用和/或延长工期;(3)一方向另一方主张其他任何种类的权利或救济。其中第 2 点明确了承包人要求追加额外费用的情形。第 20.2 条约定了根据本条件条款或其他相关合同文件,如果合同任一方认为他有权得到另一方的追加额外费用和或完工时间延长或缺陷通知期限延长时,应采取的具体索赔流程。

① FIDIC, Conditions of Contract for Construction, 2017, p. 11.
② FIDIC, Conditions of Contract for Construction, 2017, p. 14.
③ FIDIC, Conditions of Contract for Construction, 2017, p. 96.
④ FIDIC, Conditions of Contract for Construction, 2017, p. 96.

因此，根据 FIDIC 2017 范本中的某一条款，如果干扰因素符合条款约定的承包人有权获得追加额外费用的情形，且承包人能够作出详细证明并按照相关流程进行索赔，FIDIC 2017 合同范本可以在具体条款约定的救济范围内为干扰索赔提供支撑。此处的干扰并未被作为一种独立的索赔形式出现，仅仅是有权获得追加额外费用的各种情形中的一种。

（二）JCT 205 中级建筑合同范本

JCT 205 中级建筑合同范本在【损失和费用】条款下设置了第 4.17 条“正常进展的阻碍（Disturbance of Regular progress）”①条款，约定如果承包人在合同履行过程中受到或可能受到直接损失和/或无法通过合同其他条款的追加付款获得补偿的费用，且该损失和费用是由于迟延移交场地或工程的正常进展受到相关因素的实质性影响而造成的，那么承包人在合理时间内向工程师或合同管理人提出申请，工程师或合同管理人可以指示估算师计算此部分损失和费用并将其加入合同总价。相关影响因素也在第 4.18 条中明确，主要有变更、指令剥开重新检查或测试工程、材料或货物以及雇主人员通过作为或不作为的方式对工程造成的妨碍、阻碍或违约等。

这一条款涵盖了可就干扰造成的损失和费用进行索赔的情形以及可获得补偿的费用范围，条款中对正常工作进展阻碍的描述接近于干扰的概念。在合同范本第 2.19 条、第 2.20 条已经单独设置了“延期”②条款及可延期情形的情况下，第 4.17条的设置体现了 JCT 合同范本的编订者在工期延误之外对干扰等其他可能导致损失或额外费用情形的特殊考虑，它是带有兜底性质的条款，在无法通过合同其他条款获得足额补偿时，为受损害者提供索赔支撑。

（三）工期延误及干扰分析准则

《SCL 准则》为处理延误和干扰提供了方法，特别是在第 18 条核心原则③中对干扰索赔进行了详细的论述。它指出干扰对工程的巨大影响，除直接影响降低生产效率外，还会产生很多附随影响，如窝工、材料积压、碎片化工作带来的监督强度的降低、过多的加班导致工人疲劳、学习周期的重复以及工人士气的低落等。这会进一步导致生产效率的降低，从而导致资金损失的扩大。准则同样对干扰的分析要点提出了指引，并提供了干扰分析方法（见表 8－1）④：

---

① The JCT 205, Intermediate Building Contract.

② The JCT 205, Intermediate Building Contract.

③ The Society of Construction Law. “Delay and Disruption protocol 1st edition”, 2017.

④ The Society of Construction Law. “Delay and Disruption protocol 1st edition”, 2017.

表8-1 基于生产效率与基于费用的分析方法

基于生产效率的分析方法	基于费用的分析方法
1.特定项目研究法	预计与实际使用劳动力比较分析法
(1)实测里程分析法	预计与实际花费比较分析法
(2)挣值分析法	
(3)计划分析法	
(4)工程或行业样本分析法	
(5)系统动力学建模分析法	
2.项目比较分析法	
3.行业研究	

在准则的引文中已经明确表明,制定准则的目的并不在于使它成为合同文件,也并不是为了追求效力上优先于法律条款,它只是为处理延误与干扰问题提供一种相对公平和可行的思路和方法。目前,准则在国际上的认可度和接受度越来越高,FIDIC 2017 版中已经推荐了使用准则①,但如果当事人希望在争议发生时选择或依据准则的指引解决问题,仍然需要在签约时选择将其作为合同文件的一部分,或在合同履行和争议发生时共同选择其中的某种方法来解决争议,否则准则并不必然优先于当事人之间的合同约定。

三、干扰索赔

想要针对干扰及其引起的额外费用进行索赔难度是非常大的,对这一问题的证明在很大程度上需要依赖于施工过程中的记录和数据,但这些记录和数据通常都在干扰因素发生时与其同期进行,在争议及索赔发生后,再回溯性地去收集和整理这些资料数据难度极大。另外,由于干扰与生产效率紧密相连,而生产效率损失又难以计算和定量,从而导致因此增加的额外费用也难以准确计算,特别是劳动力生产效率因有人为因素的加入而变化更加频繁,更难衡量。但其重要性丝毫没有因此而减少,因为它可能导致非常巨大的损失。美国和加拿大的研究显示②,每次一个工人中断工作,他的效率都会降低9%到50%,这意味着通常情况两次中断就能消除承包人工程的全部利润。

① FIDIC, Conditions of Contract for Construction,2017.

② Disruption on construction projects,Neville Gurry,Civil Engineering January/February 2016,p. 34.

（一）证明要点

在 Servidone Constr. Corp. v. United States 案的判决中，法庭提出干扰索赔需要承包人证明以下三个要点[①]：

1. 责任。需要证明干扰是由于雇主责任范围的因素造成的，应当由雇主来承担干扰因素出现的风险而非承包人承担，如不可预见的场地条件或合同管理人的逾期批准或指令。当然，这需要取决于合同是否有明示或隐含的约定，或者法律是否有相关规定。

2. 损失。证明干扰导致的损失指的是证明因干扰因素导致的生产效率的损失，从而证明因此造成的额外损失和费用。Ginsburg and Dickson 在《效率损失》一书中解析道，从最广泛的意义上说，生产效率指的是单位投入的产出值。在建筑业中，投入通常包括劳动力、资本设备和消耗品，而产出可以通过挖掘出的土方的体积、制作模板的尺寸或混凝土的数量等形式来表现。材料或资本设备的节省通常伴随着劳动力的节省，同样，随着完成这项工作所需的设备和材料的数量增加，通常也会带来劳动力的增加。[②] 正如上文所述，损失部分是非常难以准确量化的部分，因为在量化时承包人不仅需要考虑干扰因素不断扩展、累积给工程带来的变化所产生的影响，还需要考虑雇主和承包人在采取了一定措施后干扰因素的变化带来的影响。对这一部分进行证明，要求承包人在工程实施过程中保留翔实的记录和数据，这对承包人的专业性要求极高。

3. 因果关系。承包人必须要证明干扰因素与承包人遭受的损失之间存在直接的因果关系。在证明这一要点时，承包人需要排除其他无关因素影响造成的额外费用。

在对干扰进行分析和证明的过程中，最重要的是证明生产效率因干扰因素受到了损失，承包人需要对生产效率进行实时监控，来判断生产效率的降低是什么时候发生的以及哪些工程受到了影响。随后，承包人需要进一步分析实施了什么工程，什么时候实施的以及使用了什么资源，最后分析因此带来的损失。在发生多个干扰因素的情况下，承包人可能还必须分析多个因素共同作用于工程而造成的结果，以及排除其他可能影响工程但不能作为干扰索赔因素的并发事件带来的结果，如管理不善或罢工等事件的影响。

TCC 的 AMEC Process and Energy Ltd. v. Stork Engineers & Contractors BV 案[③]在诉讼索赔中干扰的证明等问题上提出了一些重要的观察。判决中提到：

---

① "The contractor must prove for either claim the elements of liability, causation, and resultant injury." Servidone Constr. Corp. v. United States, 931 F. 2d 860, 861 (Fed. Cir. 1991).

② Ginsburg and Dickson, Loss of Efficiency/Edition Ⅱ, Construction Briefings No. 99－11 (Oct. 1999).

③ AMEC Process and Energy Ltd. v. Stork Engineers & Contractors BV (No. 3) [2002] EWHC B1 (TCC) (15 March 2002).

1. 干扰,特别是当它由诸多不同原因造成的时候,想要在损失与单独的原因之间建立因果关系是很难的,并且几乎不可能呈现出来。

2. “一揽子”索赔,在总体干扰损失和总体因素之间建立因果关系,在原则上是可行的,但通常很难被法院接受和认可,除非每一个支撑事实都可以被完全证明。

3. 目前并不存在一个统一的、明确的方法来确定和定量干扰。目前采用的很多方法都无法在经验、合同和证据要求上达到证明标准的要求。

4. 无论采用何种分析方法,诉状都必须提供造成损失的原因事件、因果关系、损失及分析方法的证据,这些证据必须足够清楚,能让对方知道自己面临的问题是什么。

5. 为证明以上问题,将会涉及大量证据的整理归集工作。提出索赔的主要证据、收集和分析证据的分析方法和干扰结果及原因的专家调查证据等都非常重要。对于一个庞大的有上千份资料的工程,数据的收集和分析在一定程度上还需要依赖于合适的软件工具。

即便是难度非常巨大,但在巨额的干扰损失面前,还是不断有承包人提起干扰索赔或诉讼,并且在不少案件中,法官也采取了较为宽容的态度判定给予承包人相应赔偿。

(二)分析方法——实测里程分析法(Measured Mile Analysis)

为了能够更加准确清晰地计算出因干扰导致的生产效率损失,准则推荐了不同类型的分析方法。目前最被广泛接受的分析方法便是实测里程分析法,美国许多案件中通过专家证人使用实测里程分析法来计算生产效率的损失获得了认可①,因为它可以在影响和实际损失之间建立强有力的因果关系连接。在这种方法下,承包人需要建立一个未受影响期间的基准生产率,并将其与受影响期间的生产率进行比较。在采用这一方法时,应注意以下几点来使分析结果更加可信:(1)被比较的工程应当与被干扰的工程在类型、性质和复杂程度上都相同或相似;(2)二者劳动力的技术水平及监管程度应当相似;(3)被影响工程的实际生产效率与正常生产效率之间的差异只来自目标干扰因素,而排除了其他干扰因素;(4)采用这一方法时需要考虑由于承包人承担的风险和其自身原因造成的低效;(5)这一方法需要足够大的样本量来使其结果更加准确。

这一方法困难的部分在于找到一个合适的没有受到影响的时段作为基准时段与实际受到影响的工程与进行比较,在相同类型的工作中要找到一个完全未受影响的基准生产率是非常困难的。如果未受影响的基准时段处于工程的开始阶段,那么在分析时还需要把最初的学习曲线影响排除,以免影响分析结果。

---

① 如 P. W. CONSTRUCTION, INC., Plaintiff-Appellee, v. UNITED STATES, Defendant-Appellant. App. Fed. Cir. Rule 32.1 以及 Lee Masonry v. City of Franklin, 2010 Tenn. App. LEXIS 301 (2010) 都采用了实测里程分析法来计算生产效率损失。

事实上，多种分析方法并非互相排斥，每一种方法都会存在缺陷，也都有其优势，承包人在证明自身生产力效率损失时可以同时使用多种分析方法，如果损失可以通过多种方法从各种角度来证明，将会更加可信，也将更加容易被法官或仲裁员采纳。

（三）其他相关核心准则

1. 计划和记录。合同双方应当就保存记录达成明确的合意，并分配必要的资源来满足其实现。承包人应当编制一份适当的进度计划并提交给合同管理人，来说明承包人计划实施工程的方法和顺序。在施工过程中，进度计划应当被及时更新，所有的进展、变更、逻辑关系、工序及方法变更、赶工和减少延误的措施以及获得的工期延长都应当被及时如实记录。施工过程中保存详实的资料可以更好地降低工期延误与干扰争议的发生，也可以在争议发生时作为分析和计算损失的依据。在上文中提及的干扰的证明要点及分析方法都离不开准确详细的施工计划和记录，虽然这可能需要花费大量的精力和资源来维持和保存。

2. 减少延误和损失。《SCL 准则》称，承包人有尽量减少业主风险事件对其工程影响的一般义务。承包人履行这类义务时，并不需要投入额外的资源，或使用超出其计划的时间。在干扰因素发生时，承包人应该采取适当的措施来降低损失或防止损失扩大，如果双方就减损措施的采取及费用支付达成了一致并通过合同条款、指令等加以明确，那么，减损措施造成的生产效率的降低及因此导致的额外费用，也可以成为干扰索赔的一部分。

3. 赶工。赶工索赔也区别于干扰索赔，干扰的产生并不依赖于赶工，但赶工措施确实常常引起干扰的发生。在 Bat Masonry Co. , Inc. v. Pike – Paschen Joint Venture Ⅲ 案中[①]，承包人为了弥补自己的工期延误，选择通过对计划进行彻底的重新排序的方式来加速工程完成，并因此指令分包人按此调整来进行赶工，分包商因此增加了工人、设备数量，延长了工人的工作时间。在赶工过程中，承包人的工作调整又进一步使分包人的工程收到干扰，现场通道、材料积压、在寒冷天气中施工等因素进一步降低承包人的生产效率。最终法官不仅在判决中认可了赶工本身带来的加班和额外费用，也同时认可了因赶工导致的分包人生产效率降低造成的额外费用。

四、干扰规则在中国的适用

（一）现状

干扰的概念和规则在中国属于一片空白的地带，从法律法规到案件，甚至是学术研究，涉及的内容都少之又少。

---

① Bat Masonry Co. , Inc. v. Pike – Paschen Joint Venture Ⅲ, 842 F. Supp. 174 (D. Md. 1993).

1. 法律及合同依据

在我国并没有法律规定明确提出“干扰”及“生产效率”的概念和联系,《合同法》第283条及第284条规定了法定条件下承包人可以工期顺延及获得赔偿的情形及范围。

第283条规定,发包人未按照约定的时间和要求提供原材料、设备、场地、资金、技术资料的,承包人可以顺延工程日期,并有权要求赔偿停工、窝工等损失。

第284条规定,因发包人的原因致使工程中途停建、缓建的,发包人应当采取措施弥补或者减少损失,赔偿承包人因此造成的停工、窝工、倒运、机械设备调迁、材料和构件积压等损失和实际费用。

第283条规定,在工期延误情况下,承包人可以获得的工期顺延及获得损失赔偿的权利,并未明确提及干扰的情形。而第284条规定得更为宽泛,未提及工期延误还是干扰,仅仅规定了在“停建、缓建”情况下承包人有权获得的相应索赔。从字面意思上来看,“停建、缓建”可以理解为一种干扰,在引起时间延长的情况下也可以被理解为工期延误,条款中提到的“停工、窝工、倒运、机械设备调迁、材料和构件积压”也是干扰导致生产效率下降的各种表现形式。从这两个条款的设置上来说,已经为法定情况下干扰导致的损失索赔留下了缺口。

2017示范文本[①]的7.5.1及16.1.2均针对发包人责任范围的工期顺延事由及发包人违约情况下导致的费用增加问题进行了约定:

“7.5.1 【因发包人原因导致工期延误】在合同履行过程中,因下列情况导致工期延误和(或)费用增加的,由发包人承担由此延误的工期和(或)增加的费用,且发包人应支付承包人合理的利润。

16.1.2 【发包人违约的责任】发包人应承担因其违约给承包人增加的费用和(或)延误的工期,并支付承包人合理的利润。此外,合同当事人可在专用合同条款中另行约定发包人违约责任的承担方式和计算方法。”

7.5.1条不仅明确了因特定情况导致工期延误时可以获得相应赔偿,也明确了因特定情况导致费用增加,同样可以就此部分费用及合理利润获得赔偿,包含了干扰导致费用增加的情形。16.1.2条的规定也类似,因合同条款中明确的发包人违约情形导致承包人增加的费用,承包人有权获得赔偿及合理的利润。因此,在中国建设工程领域通行的合同范本中,同样为干扰的损失索赔保留了可能性。

2. 司法案例

青海海宏公司与浙江横店公司纠纷案的判决书[②]中涉及窝工损失的索赔及误

---

① 《建设工程施工合同(示范文本)》(GF-2017-0201)。

② 青海海宏房地产有限责任公司、浙江横店建筑工程有限公司建设工程施工合同纠纷二审民事判决书[(2017)最高法民终671号]。

期违约金的反诉问题。横店公司向一审法院提起诉讼要求被告海宏公司向其支付工程款、违约金、窝工损失合计约1.3亿元。海宏公司也提出反诉，要求横店公司支付延期竣工的违约金1200万元，并移交涉案工程的全部竣工技术资料、图纸等备案资料。与工期索赔相关的问题，一是横店公司提出的窝工损失；二是海宏公司反诉的误期违约金。判决分别对这两个问题作出了分析：

(1)针对窝工损失问题，法院认为横店公司的主张事实和法律依据不足。首先，根据双方施工合同的约定，承包人应当以书面形式于索赔事件发生之日起28天内提交索赔意向，再根据合同约定的流程和时间提交索赔报告以及相关证据。而横店公司并没有依据相关程序提出窝工索赔，法院认为“窝工索赔的时间限制和相关要求是窝工索赔事实能够被准确确认的前提，也是判断合同当事人处理实际施工问题真实意思表示的依据，对控制施工成本和进行施工管理具有重要意义，具有一定的时效性和程序性限制”。其次，横店公司提交的证据不足以证明其主张的窝工的事实，法院的观点是虽然横店公司证明了其部分施工活动因为海宏公司的开工时间、材料认价等原因造成了拖延，但这些问题可以通过施工配合、调整来得到解决，法院认为横店公司仅仅证明了拖延的事实但并不会必然导致窝工损失的发生，除非其可以提供更加翔实的证据来证明窝工损失确实发生。

(2)针对误期违约金问题，法院认为海宏公司就其主张同样未能提供足够的理据。首先，海宏公司自身的很多因素同样导致了工程进度的滞后，如施工许可证未及时办理、未按照合同约定的时间认价签证等均符合合同约定的工期顺延事由，即便横店公司未提供工期顺延申请，但相关事实依然存在。其次，法院认为再合同履行和结算时，双方均明知工期已经发生了变更，但横店公司未申请工期顺延，海宏公司也未提出工期延误损失，应视为双方对工期延误已经达成一致意见或均放弃相关损失主张。

这个案件中，法院在裁判时考虑这样几个证明要点：(1)程序问题。当事人是否按照合同约定的流程和时限完成了索赔程序。(2)实体问题。虽然判决中并未明确叙述，但隐含了承包人的证明要求。承包人不仅需要证明存在发包人责任范围的相关事实导致了窝工，还需要证明相关事实导致承包人受到了损失，以及损失的金额。

在本案中，当事人双方提交的证据均未能达到对其主张的证明要求。一方面，在国内对干扰没有明确证明标准的情况下，当事人在无法证明工期延误时，并不会有意识地转而证明干扰因素导致了生产效率降低；另一方面，发承包人在施工过程中也不会主动搜集干扰的相应证据来证明生产效率降低导致的损失，更不要说采用国际上较为通行的方法来进行分析实证。本案中，横店公司提交的证据虽然证明了其部分施工活动因为海宏公司的开工时间、材料认价等原因造成了拖延，但这些问题可以通过施工配合、调整来得到解决，而横店公司也并无证据进一步证明施工配合、调整增加的费用,使其陷入不利境地。

(二)问题及思考

总体来说,在建设工程索赔领域,我国还没有形成系统、严谨的操作模式和评判规则,除了某些较为专业的仲裁案件,几乎不会使用到国际上先进的风险、损失分析方法。争议发生时,当事人提供的证据大部分时候都无法达到最基本的证明要求,干扰索赔更是几乎没有独立于工期延误索赔出现过。究其原因:

1. 对索赔存在误解。在我国,大部分项目的模式都摆脱不了"人情"的束缚,发包人处于优势地位,承包人处于劣势地位,发包人在施工过程中可以对签证、签价、结算等重要事宜起到决定性的作用。在很多情况下,即便发生了合同约定的可以进行索赔的情形,承包人也会因为顾及与发包人之间的友好合作而放弃,因此贻误时限或错过证据的搜集。

2. 施工管理过于粗放。我国建筑工程领域中,纯粹的国内项目很少愿意耗费精力和成本来搜集施工过程中的数据和资料,更不习惯使用合适的软件工具来帮助过程进度、质量、资料等的管理。国内的工期顺延更多依靠所谓的"关键证据"或双方的退让,如一张共同同意工期顺延的联系单或工期免责文件,而很少依赖于对施工过程的精细化管理。这也直接导致了国际上先进的风险分析方法在国内可能无法适用,因为缺少基本的比对样本和数据。

3. 学术领域还未深入干扰研究。目前,国内学术领域几乎没有对干扰索赔的深入研究,对工期问题的研究还更多地停留在对工期延误的索赔。没有学术上的支持和推进,我国的立法司法对相关问题的规定和论述必定会出现空白。

对于干扰规则的引进,由于国内暂时处于空白状态,且相关条款及合同范本中都对干扰索赔采取了开口式的描述,并未禁止或排除其存在,在制度和规定上不会存在过多冲突,但在接受程度及可操作性上必定会受到挑战。笔者建议,应该循序渐进,从引进并推广准则开始,首先运用于在国内审判或仲裁的涉外工程项目,然后逐步深入我国建设工程领域腹地。

第九章　工程延期损失相关问题在中国法下的适用分析

张　炯　张文靖　孙　傲　中伦律师事务所

当工程因可归责于发包人的事件而延误时,承包人通常会主张工程延期损失。但是,关于哪些延期损失可以得到支持、延期损失的计算方法为何、工程变更与延期损失的关系等问题,虽然实践中争议较大,但国内的研究成果却较为匮乏。就前述问题,本章将结合《SCL 准则》(第二版)以及我国台湾地区和大陆的实际情况,尝试在中国法的框架下作初步分析。①

一、工程延期损失的范围[《SCL 准则》(第二版)PART C]

(一)英美法系中延期索赔的范围

在英美法系中,承包人可提出的、与时间有关的费用索赔包括两类:(1)延期索赔(delay claim);(2)干扰索赔(disruption claim)。两类索赔的区别在于:前者适用于雇主风险事件(Employer Risk Events)导致工期延误的情形;而后者虽然工期未发生延误,但承包人的工作因雇主风险事件受到干扰,如施工效率下降等。

关于延期索赔包括的费用范围,英美工程法领域的经典著作 *Keating on Construction Contracts* (8th Ed.)(以下简称 *Keating*)②,*Construction Delays: Extensions of Time and Prolongation Claims*(以下简称 *Delays*)③和《SCL 准则》(第二版)均有所分析,现就主要类型列表如下:

<table>
<tr><th>序号</th><th>Keating</th><th>《SCL 准则》(第二版)</th><th>Delays</th></tr>
<tr><td>1</td><td>增加的开办项目费
increased preliminaries</td><td>现场管理费
Site overheads</td><td>现场管理费和设施费用
Site overheads and establishment</td></tr>
<tr><td>2</td><td>总部管理费 overheads</td><td rowspan="2">总部管理费和利润损失
Head office overheads and profit</td><td rowspan="2">总部管理费和利润损失
Head office overheads and profit</td></tr>
<tr><td>3</td><td>利润损失 loss of profit</td></tr>
<tr><td>4</td><td>未付款利息
interest for non - payment of money</td><td>利息
Interest</td><td rowspan="2">其他成本和费用
(主要指融资费用)
Other cost and charges
(financing cost)</td></tr>
<tr><td>5</td><td>因市场价格波动而增加的费用
increased costs resulting from inflation</td><td></td></tr>
</table>

---

① 受篇幅所限,本章不对承包人因工程受到干扰而有权获得的降效费进行分析,也不涉及赶工费。同时,本章不讨论因承包人原因或因双方当事人以外原因(如因法律变化、不可抗力等)导致工程延期而引发的工程延期损失。

② Stephen Furst, Vivian Ramsey, Keating on Construction Contracts (8th Ed.), London, Sweet & Maxwell, 2006.

③ Roger Gibson, Construction Delays: Extensions of Time and Prolongation Claims, Taylor & Francis, 2008.

由上可知,英美法系中的延期索赔主要包括四类:

1. 现场管理费

本处所指现场管理费并不限于延期期间增加的人员费用,还包括与临时设施、设备、机械等相关的开办项目费用,包括:

(1)人员费用

即工程驻场人员或虽未驻场但与项目相关的人员在延期期间内发生的费用,如承包人的项目经理、总工头、副工头、工料测量师、区域经理、采购人员等发生的费用。

(2)现场设施费用

即在延期期间,工程现场发生的办公室租赁费、水电费、脚手架、设备、机械、小型机具、安保费等。

现场管理费是最容易得到法院支持的费用。在《SCL 准则》(第二版)中,其第 20.1 款即提到,"对于业主风险事件导致的延期赔偿,主要包括承包人延长与时间相关的资源的使用期间的费用,尤其是现场管理费"。

2. 总部管理费和利润损失

总部管理费是指在延期期间,承包人总部投入在雇主延误事件上但无法在工程款或其他费用中进行分摊的费用。"总部"是相对于"现场"而言,指承包人的公司总部,而非指承包人所在企业集团的总部。

从费用性质上看,根据《SCL 准则》(第二版)PART C 第 2.3 款,总部管理费可以分为"专用管理费"(dedicated overheads)和"未分摊管理费"(unabsorbed overheads)。前者指通过详细的记录,可以证明专用于延误工程的费用,如通过计时记录可证明的、总部管理人员在停窝工期间为该工程所投入时间对应的费用,或者总部在停窝工期间为该工程花费的打印费、差旅费、通信费等;后者则是难以证明专用于某工程的总部管理费(如总部办公室的租金等)。

总部管理费和利润损失通常一并索赔。承包人的利润损失,是指因为在延期期间,承包人与时间有关的资源被占用,从而导致其无法获得其本应能获得的利润而受到的损失。

在英美法系中,对于"专用管理费",如果承包人能证明其用于延误的工程,则可能会得到支持。对于"未分摊管理费"和"利润",承包人必须证明,如果不是因为工程停窝工,承包人本可承揽其他工程,而"未分摊管理费"和"利润"可在这些工程中分摊和取得。而就"未分摊管理费"和"利润"的具体金额,可通过 Hudson 公式、Emden 公式或 Eichleay 公式计算而得。

3. 融资费用

Delays 提出,因工程延期而增加的融资费用应属于延期损失的范围。而在确

定具体金额时，须注意：(1)融资费用应当是承包人实际支付的利息(除非不合理)；(2)融资费用应当根据承包人贷款银行的同期费率和复利计算；(3)如果承包人是自我融资或通过其企业集团内部拆借时，融资费用应以承包人或其企业集团能够获得的存款利息为基础计算。①

4. 因市场价格波动而增加的费用

Keating 提出，工程延期期间人工和材料价格设备上涨的费用属于延期损失的范围。并且，即使当合同中已有价格调整的条款时，如果承包人能够证明实际上涨的费用大于其根据合同可获得的费用，承包人仍有权主张差额部分。②

(二)我国台湾地区工期展延费用的范围

就大陆法系而言，鉴于能找到的德国、法国及日本关于建设工程法律方面的文献非常有限，本文暂不论述。考虑到我国台湾地区也属于大陆法系，其亦可作为参考。在我国台湾地区，通常使用的概念为“工期展延费用”，主要包括以下类型③：

序号	费用性质	费用内容
1	直接工程费	机具摊提折旧及闲置费用
		机具维修、保养费用
		人力/材料及机具延长工作时间费用
		人工待命/限制之费用
		各项保险费用
		直接工程费中“一式计价”之项目费用
		物价涨跌
2	间接工程费(工程管理费)	总公司管理费、人事费用(行政/间接人力)、工地工务所之租金、办公事务费、家具租费或折旧费、电费、邮电费、印刷费、摄影费、制图费、证照费、鉴定费(直接工程计价项目中未编列者)、检验费(直接工程计价项目中未编列者)、工程车辆之费用、工程协调费、法律顾问费、工程所需各项担保之手续费及利息等
3	其他衍生费用(损失赔偿)	财务损失(估验计价迟延之利息损失)
		分包的索赔

---

① See *Delays*, p. 231.

② See *Keating*, p. 298.

③ 王伯俭：《工程契约法律实务》，台北，元照出版有限公司 2018 年版，第 216 ~ 223 页；蓝秉强：《有关工期展延费用补偿的重要议题》(中)，载《营建知讯》2017 年第 414 期。

与英美法系中的延期索赔相比,我国台湾地区工期展延费用涵盖的类型有如下异同:

1."直接工程费"加上"间接管理费"中除"总公司管理费"之外的费用,大体相当于英美法系中的"现场管理费"加上"因市场价格波动而增加的费用",但范围更广(如包括增加的担保手续费等),列举的项目更细致。

2."总公司管理费"基本对应英美法系中的"总部管理费"。

3."财务损失"对应英美法系中的"融资费用"。但是,从我国台湾地区的仲裁实践来看,虽然有仲裁庭认为,因为工期展延影响工程进度,进而导致进度款支付延迟,承包人应可主张因此产生的额外利息;但是,大多数仲裁庭仍认为,虽然承包人延迟取得进度款,但有关的施工成本也延迟支出,因而不支持承包人索赔该部分利息。①

但是,英美法系中的"利润损失"和"索赔准备费用"并不属于我国台湾地区工期展延费用通常可支持的类型。

(三)我国大陆停窝工损失的范围

1.关于停窝工损失的性质

就与工程延期相关的损失,我国大陆使用的概念为"停窝工损失"。根据《合同法》和最高人民法院《第八次全国法院民事商事审判工作会议(民事部分)纪要》(法〔2016〕399号,以下简称《八民会纪要》),承包人可在以下两种情形下向发包人主张停窝工损失:

序号	适用情形	条款编号
1	发包人未按照约定提供原材料、设备、场地、资金、技术资料的,隐蔽工程在隐蔽之前,承包人已通知发包人检查,发包人未及时检查等原因致使工程中途停、缓建	《八民会纪要》第32条②;《合同法》第278条③、第283条④和第284条⑤

① 黄泰锋、陈丽嘉:《工期展延补偿争议争点试析》,载《工程仲裁》第79期。

② 《八民会纪要》第32条规定:"因发包人未按照约定提供原材料、设备、场地、资金、技术资料的,隐蔽工程在隐蔽之前,承包人已通知发包人检查,发包人未及时检查等原因致使工程中途停、缓建,发包人应当赔偿因此给承包人造成的停(窝)工损失,包括停(窝)工人员人工费、机械设备窝工费和因窝工造成设备租赁费用等停(窝)工损失。"

③ 《合同法》第278条规定:"隐蔽工程在隐蔽以前,承包人应当通知发包人检查。发包人没有及时检查的,承包人可以顺延工程日期,并有权要求赔偿停工、窝工等损失。"

④ 《合同法》第283条规定:"发包人未按照约定的时间和要求提供原材料、设备、场地、资金、技术资料的,承包人可以顺延工程日期,并有权要求赔偿停工、窝工等损失。"

⑤ 《合同法》第284条规定:"因发包人的原因致使工程中途停建、缓建的,发包人应当采取措施弥补或者减少损失,赔偿承包人因此造成的停工、窝工、倒运、机械设备调迁、材料和构件积压等损失和实际费用。"

续表

序号	适用情形	条款编号
2	发包人不履行告知变更后的施工方案、施工技术交底、完善施工条件等协作义务，致使承包人停(窝)工，以至难以完成工程项目建设的，承包人催告在合理期限内履行，发包人逾期仍不履行的	《八民会纪要》第33条①

无论是根据《合同法》还是《八民会纪要》，凡提及承包人可以主张停窝工损失的情形，均是发包人出现违约行为时(如未按约定付款、未履行协作义务等)。由此可知，停窝工损失在法律性质上应属于承包人因发包人违约导致工程停窝工而遭受的损失，应适用《合同法》中与违约损害赔偿相关的规定。

2. 关于停窝工期间的现场费用

关于停窝工损失的范围，我国大陆主要关注的是停窝工期间承包人发生的现场费用。就停窝工期间的现场费用，既包括承包人在施工现场发生的人工、材料设备和机械等直接费用，也包括现场管理费，其范围大致对应英美法系中的现场管理费、我国台湾地区的直接工程费和间接工程费(总部管理费除外)。

根据《八民会纪要》第32条，停窝工损失包括“停(窝)工人员人工费、机械设备窝工费和因窝工造成设备租赁费用等停(窝)工损失”。又根据《建设工程造价鉴定规范》(GB/T 51262－2017)第5.8.3项，停工损失包括“对已完工程进行保护的费用、运至现场的材料和设备的保管费、施工机具租赁费、现场生产工人与管理工人工资、承包人为复工所需的准备费用等”。②

在司法实践层面，关于停窝工期间承包人在施工现场发生的直接费用，较容易得到最高人民法院的支持。如“人工费损失”[(2014)民一终字第310号、(2017)最高法民终402号、(2018)最高法民终373号]、“材料设备机械的租赁费或停滞补偿”[(2014)民一终字第310号、(2015)民申字第3649号、(2017)最高法民终402号、(2018)最高法民终373号、(2018)最高法民终475号]、“未完工程的安全防护、文明施工费”[(2015)民申字第3649号]等。

就停窝工期间的现场管理费用(包括管理人员的工资、办公费、电费等)，如果

① 《八民会纪要》第33条规定：“发包人不履行告知变更后的施工方案、施工技术交底、完善施工条件等协作义务，致使承包人停(窝)工，以至难以完成工程项目建设的，承包人催告在合理期限内履行，发包人逾期仍不履行的，人民法院视违约情节，可以依据合同法第二百五十九条、第二百八十三条规定裁判顺延工期，并有权要求赔偿停(窝)工损失。”

② 与之相关的细致规定还可见《江苏省高级人民法院民一庭建设工程施工合同纠纷案件司法鉴定操作规程》、河南省建设厅《建设工程中途停工损失补偿办法(试行)》(豫建设标〔2003〕89号)、《陕西省建设工程工程量清单计价费率》(2009)等文件。

承包人能够提供相关证明资料,亦有相当可能得到法院的支持,最高人民法院已支持的费用包括:“现场管理人员的工资”[(2017)最高法民终19号、(2018)最高法民终74号、(2018)最高法民终373号]、“活动房租赁费”[(2014)民一终字第310号]、“办公车辆租赁费”[(2018)最高法民终373号]、“施工现场的电费”[(2018)最高法民终96号]等。

3. 关于停窝工期间的价差损失

除现场费用外,当停窝工责任在于发包人时,承包人亦可主张停窝工期间人工材料设备机械价格上涨的费用。《北京市高级人民法院关于审理建设工程施工合同纠纷案件若干疑难问题的解答》(京高法发〔2012〕245号)第12条第3款规定:“因一方当事人原因导致工期延误或建筑材料供应时间延误的,在此期间的建材差价部分工程款,由过错方予以承担。”《四川省高级人民法院审理建设工程施工合同纠纷案件若干疑难问题的解答》(川高法民一〔2015〕3号)第24条也有类似规定。

在司法实践层面,价差损失也较容易得到法院的支持。在“上海电气临港重型机械装备有限公司等诉龙元建设集团股份有限公司建设工程施工合同纠纷案[(2015)民申字第695号]”中,最高人民法院即认为“按照工程惯例,即使是约定了综合单价闭口包干,因为工期超过合同约定期限,导致材料、人工价格上涨时,施工方仍可以要求按照新的价格主张材料和人工上涨的费用”。在“中铁二十二局集团第四工程有限公司与安徽瑞讯交通开发有限公司、安徽省高速公路控股集团有限公司建设工程施工合同纠纷案[(2014)民一终字第56号]”中,最高人民法院也支持“瑞讯公司赔偿2004年至2005年3月停工所产生的原材料及油料价差损失”。

并且,根据《合同法》中据实赔偿的原则①,并类比违约金上调的规则②,即使当合同中已有价格调整的条款时,如果承包人能够证明实际上涨的费用大于其根据合同可获得的费用,承包人也应有权主张差额部分。

4. 关于停窝工期间的总部管理费、利润损失和融资费用

在《SCL准则》(第二版)中,除停窝工期间的现场费用和价差损失外,承包人还可主张总部管理费、利润损失和融资费用。

(1)总部管理费

在我国大陆的工程中,较少见到承包人因工程停窝工而主张总部管理费的情

---

① 《合同法》第113条第1款规定:“当事人一方不履行合同义务或者履行合同义务不符合约定,给对方造成损失的,损失赔偿额应当相当于因违约所造成的损失,包括合同履行后可以获得的利益,但不得超过违反合同一方订立合同时预见到或者应当预见到的因违反合同可能造成的损失。”

② 《合同法》第114条规定:“……约定的违约金低于造成的损失的,当事人可以请求人民法院或者仲裁机构予以增加……”

形。但从法理上看，如果因为停窝工导致承包人公司总部的管理费用增加，则增加的费用应属于停窝工损失的范围。因此，对于前述提及的英美法系中的“专用管理费”，如果承包人能够举证证明其公司总部在工程停窝工期间就该工程投入的费用，则应得到支持。但是，该类费用的证明难度较大，需要承包人内部有比较完善的工作计时制度、档案资料管理制度等。

根据《合同法》中的违约损害赔偿原则，损害赔偿与违约行为之间应具有因果关系。对于承包人未能证明的“专用管理费”和从性质上难以证明的“未分摊管理费”，因为承包人未能证明该部分费用与工程停窝工之间的因果关系，且考虑到法官对“总部管理费”的概念及计算公式较为陌生，很难得到法院的支持。

（2）利润损失

就利润损失，我们尚未检索到最高人民法院有相关支持的案例，而在（2015）民申字第3649号中，最高人民法院以“无事实和法律依据”为由，驳回了承包人关于利润的诉讼请求。

在英美法系中，承包人主张利润损失的逻辑是，因为公司的相关资源在停窝工期间被占用，导致其无法获得本应能获得的利润。

关于利润损失在国内法下能否得到支持，关键看其能否被认定为《合同法》第113条中的“可得利益”。根据全国人大法工委对该条的释义①，可得利益主要有两个特征：①可能性，即可得利益是非违约方在合同履行后可能获得的利益；②确定性，即如果没有违约方的违约行为，非违约方在通常情形下能够获得该利益。

停窝工期间的利润损失无疑符合可能性的要求，但在其是否具有确定性的问题上，法院可能会持较为保守的态度。即使是当因发包人违约导致施工合同解除时，法院也可能会因工程施工利润不具有确定性为由，不支持承包人按照定额或企业平均利润率主张的利润损失②。但实际上，前述情形下“利润”的“确定性”已经远高于停窝工情形：因发包人违约解除合同时，施工合同已经签订并履行，仅是利润不确定；在停窝工情形下，承包人能否在停窝工期间内签订合同尚不确

---

① 在全国人大法工委对《合同法》第113条的官方释义中，提到“可得利益的求偿需坚持客观确定性，即预期取得的利益不仅主观上是可能的，客观上还需要确定的。因违约行为的发生，使此利益丧失，若无违约行为，这种利益按通常情形是必得的”。

② 在（2017）苏05民终756号中，二审法院（苏州中院）即认为：……首先，华冶薄板公司没有按照合同的约定支付预付款，的确构成违约。但即使工程全部完工，可得利益是否能产生预期的利润，还要受企业的生产状况、原材料、时间、工艺、管理人员等因素的影响和制约，而建设工程施工过程中会存在诸多市场不确定因素影响工程利润，工程施工利润并不是当事人在订立合同时预见到或者应当预见到的，即使企业的生产状况、原材料、时间、工艺、管理人员等因素相同，也不能得出企业必然获得同等利润。企业的实际利润除受企业自身因素影响外，更受到宏观经济环境、市场销售状况、原材料价格等多重外部因素影响，实际上，可得利益是否能产生预期的收益实际上属于不确定的状态。（2016）最高法民申945号、（2014）民申字第927号、（2018）皖民终66号、（2017）黔民申633号、（2015）辽民一终字第00033号等案件中法官也持类似观点。

定,利润就更不确定了。举重以明轻,便可推知法院对停窝工情形下利润损失的态度。

(3)融资费用

融资费用,是指因工程停窝工导致合同原定的付款时间推迟,进而导致承包人增加的资金成本。就融资费用,我们尚未检索到最高人民法院有相关支持的案例,在(2018)最高法民终 96 号和(2018)最高法民终 1164 号中,最高人民法院均以承包人未能证明相关损失为由,驳回承包人的起诉。

但是,从法理上看,当工程出现停窝工时,如果已付工程款未完全覆盖已完产值,则承包人主张融资费用确有一定的合理性。

如果工程为按产值付款,且工程款未按已完产值的 100% 支付(如按 90% 的比例),则就尚未支付的产值部分,在经济实质上可被认为是承包人垫付的资金。因为工程停窝工,导致该部分垫付资金收回的时间推后,进而可能增加了承包人的资金成本。

如果工程为按节点付款,且合同约定的付款节点、付款比例与已完产值比例并不匹配,也可能存在类似情形。

如果承包人希望主张停窝工损失在停窝工期间的利息,则实际是主张违约责任的利息,也很难得到法院的支持。在(2018)最高法民终 121 号中,最高人民法院即认为"腾虎公司、腾虎平潭公司主张 31,615,610 元停工损失亦应计算逾期付款违约金,缺乏法律依据,该院均不予支持"。

5. 承包人对停窝工损失的减损义务

在确定停窝工损失的范围时,需要关注承包人有没有尽到减损义务。就因承包人未尽到减损义务而扩大的损失,不应属于停窝工损失的范围。根据《合同法》第 119 条,即使停窝工是因为发包人原因造成的,承包人也"应当采取适当措施防止损失的扩大;没有采取适当措施致使损失扩大的,不得就扩大的损失要求赔偿"。①

在"芜湖新马投资有限公司、中国葛洲坝集团第六工程有限公司建设工程施工合同纠纷二审民事判决书[(2018)皖民终 369 号]"中,安徽省高级人民法院即认为:"鉴于涉案工程自通知暂缓施工到正式通知停建,期间有三年之久,对此停窝工期间发生的施工机械停滞费、现场工人工资以及周转性材料的维护和摊销费等损失,新马投资公司作为发包方,应负主要责任,然葛洲坝工程公司亦有采取措施防止损失扩大的止损义务。本案中,葛洲坝工程公司未能举证证明其采取了适当措

---

① 《合同法》第 119 条规定:"当事人一方违约后,对方应当采取适当措施防止损失的扩大;没有采取适当措施致使损失扩大的,不得就扩大的损失要求赔偿。当事人因防止损失扩大而支出的合理费用,由违约方承担。"

施防止了诸如机械停滞、企业管理等损失的扩大,故对上述违约损失亦应承担部分责任。”

二、工程延期损失的计算方法[《SCL 准则》(第二版)PART B 20、21]

(一)英美法系中延期索赔的计算方法

就工程延期损失,承包人通常会采用两种方式主张:(1)实际费用法,即举证证明费用的发生,如提供相关的合同、付款凭证等。(2)清单折算法,即以工程量清单中的措施项目费用为基础,乘以延误期间占合同工期的比例,计算延期损失。

但是,无论 *Keating* 还是《SCL 准则》(第二版),均倾向于第一种方式。在 *Keating* 中,即指出,“对于损害的计算,应当限于实际增加的费用。就开办项目费清单所列金额,最多只能算合同签订前的预估,且该预估在实践中经常或多或少具有任意性……承包人实际增加的费用应当是被知晓的、记录的,且应能被证明”。[①]

《SCL 准则》(第二版)第 20 条的原则即为:“除非合同另有明确约定,延期费用赔偿仅限于承包人实际完成的工作、实际消耗的时间、实际遭受的损失和/或开支……”第 21 条原则规定:“当评估因违约所造成的干扰和延期费用,或其他需要评估额外费用的情形时,投标报价与该评估仅有有限的相关性。”第 21.1 款更明确地指出:“对于根据实际费用、损失和/或开支而确定的工程延期或干扰赔偿,投标报价没有相关性,因为承包人仅有权就其因工程延期或干扰而遭受的实际损失而获偿。”

但是,上述原则对承包人也并非一概不利。根据《SCL 准则》(第二版)第 21.3 款,如果承包人在投标报价中没有就现场管理费进行报价或报价并不充分,雇主并不能将该报价用于限制或剥夺承包人主张工期延期或干扰费用的权利,承包人可以主张的费用仍以其证明的实际损失为准。

即使对于总部管理费和利润损失,《SCL 准则》(第二版)也要求承包人尽一切合理的努力,通过相关的资料证明其主张的费用。只有当承包人能够证明总部管理费和利润损失确实存在,但仅是无法证明“未分摊管理费”和利润损失的具体金额时,才可以采用公式的方式进行计算。在司法实践中,如果承包人可以举证具体的损失而使用公式不进行举证,公式计算的方式可能不被认可。[②] 如果在自由心证的过程中法官认为损失确实存在,且承包人已尽力量化损失,则公式计算的方式很可能会被接受。[③]

---

① See *Keating*, p. 295.

② *Tute & Lyle v. GLC* (1982) 1 WLR 149.

③ See *Keating*, p. 297.

(二)我国台湾地区工期展延费用的计算方法

关于工期展延费用的计算方法,我国台湾地区也有"比例法"和"实际费用法"两种。但是,不同于 *Keating* 和《SCL 准则》(第二版)反对按比例折算的方式,我国台湾地区的司法实务界倾向于"比例法"(尤其是针对"管理费"部分)。有学者即提出,"实际费用法"的弊端在于:

其一,若采用实际费用法,费用发生期间很难有公平的认定。不同施工阶段的管理费有高峰和低谷之别,如果计取高峰阶段的管理费,对雇主不利,如果计取低谷阶段的管理费,对承包人不公平。

其二,实际费用法不利于承包人提高管理效率。若采用比例法,如果承包人高效管理,则相比合同比例节省的管理费则成为其利润;如果承包人低效管理,则超出合同比例的管理费应由其承担。但如果采用实际费用法,则无论管理费多少都由雇主承担,且难以判断承包人花费的管理费的合理性。

其三,实际费用法单据的审查较为烦琐。①

在我国台湾地区的部分政府采购合同范本中,也预置了采用"比例法"的条款。《"内政部营建署"暨所属各机关工程采购契约范本》第 13 条第 5 项即约定:"除契约变更增减数量或新增项目所致之展延履约期限不得再请求外,因甲方因素所造成之迟延,经甲方同意展延工期,乙方得向甲方请求按原契约总价 2.5% 除以原契约工期所得金额,再乘以展延日数之工程管理费,但以不超过契约总价 5% 为限。本项工程管理费已包含营业税,且工期展延所延伸之契约工项外之直接间接费用不得请求甲方再予以补偿。如因不可归责于双方之事由者,乙方得申请之工程管理费用应予减半。"②

但是,如果合同明确约定"按实补偿或调整"时,我国台湾地区的司法机关也会尊重合同的约定,要求承包人提出详细的单据资料以作为求偿金额的佐证。③

(三)我国大陆工程延期损失的计算方法

关于停窝工损失的计算,从近几年的最高人民法院的案例来看,和《SCL 准则》(第二版)的原则基本一致,法院通常支持方式一(实际费用法),即要求承包人举证实际损失④,如果举证不足,即便通过造价鉴定确定了损失,法院可能也不

---

① 黄泰锋、陈丽嘉:《工期展延补偿争议争点试析》,载《工程仲裁》第 79 期。

② 刘嘉怡:《浅谈常见工期展延费用计算公式》,载《营建知讯》2017 年第 411 期。

③ 王伯俭:《工程契约法律实务》,台北,元照出版有限公司 2018 年版,第 223 页。

④ 在"宏胜建设有限公司、兴义市威鲁公路投资建设有限责任公司建设工程施工合同纠纷二审民事判决书[(2018)最高法民终 373 号]"中,贵州省高级人民法院即依据《租赁材料入库单》、《租赁材料对账单》和《架料租赁合同》,支持了承包人主张的材料租赁费用,最高人民法院对此也予认可。

会支持。[①]

方式二（清单折算法）的问题在于，工程量清单中的措施项目费用仅是承包人在报价时的预估，其并不能代表承包人在停窝工期间实际发生的费用，不符合合同法中据实赔偿的原则。

虽然承包人提供的证据不充分，但如果法院认为相关损失确实发生，也可能会酌定支持部分费用，例如，在（2018）最高法民终74号中，最高人民法院即认为，“对于万嘉公司主张的管理人员工资2,934,750元，万嘉公司不能有效证明其发放的工资和工程延期之间具有完全对应性，即不能有效证明上述工资都是因为工程延期而额外增加的费用，但工程施工延期确会增加万嘉公司管理人员工资方面的支出，考量施工延期时间等因素，本院对万嘉公司主张的上述人员工资损失酌定支持50万元”。

如果在合同或此前文件中有关于停窝工损失的计算标准或期限有所限制，也可能会成为法院的重要参考依据。例如，在“江苏省第一建筑安装集团股份有限公司与唐山市昌隆房地产开发有限公司建设工程施工合同纠纷案[（2017）最高法民终175号]”中，河北省高级人民法院即认为，“鉴于此前双方在施工过程中也曾发生过8天停窝工，双方协商的补偿数额为7万元，基本可以反映出停窝工给江苏一建造成的损失程度，在此基础之上，可以酌定该81天停窝工损失为70万元”。最高人民法院对此也予以认可。在“宁中天建设（集团）有限公司、阜新中地信房地产开发有限公司建设工程施工合同纠纷二审民事判决书[（2018）最高法民终392号]”中，因为合同中约定“如因甲方原因造成停工10天以内，工期相应顺延，甲方不承担责任”，所以虽然工程停工12天，但辽宁省高级人民法院仅支持了2天的停工损失。最高人民法院也对此认可。

三、工程变更与工程延期损失[《SCL准则》（第二版）PART B 19]

（一）英美法系中的工程变更和延期索赔

在英美法系中，相比因其他雇主风险事件导致的延期，因工程变更导致的延期存在特殊性：

其一，关于总部管理费和利润，根据《SCL准则》（第二版）Part C第2.1款，如果变更估价依据的工程量清单或计价表中已包含了总部管理费和利润，则承包人不应再另行主张。

其二，关于现场管理费等费用，虽然《SCL准则》（第二版）、*Keating* 和 *Delays*

---

① 在“西安市临潼区建筑工程公司与陕西恒升房地产开发有限公司建设工程施工合同纠纷案[（2007）民一终字第74号]”中，最高人民法院即认为，“由于二审中临潼公司也没有提供相关证据支持其主张，故对临潼公司上诉要求恒升公司按鉴定报告计算的346,421.84元支付停、窝工损失，本院亦不予支持”。

明确反对以报价清单折算的方式,但对于因变更导致的延期索赔,从《SCL 准则》(第二版)第 21.3 款来看,报价单中的价格和费率可以作为评估该类损失的依据。《SCL 准则》(第二版)第 19 条"变更估价"亦规定:"若切实可行,雇主(合同管理人)应与承包人提前商定变更可能造成的总体影响,最好能确定一个固定的变更价格。该价格不仅包括直接费用(人工、设备和材料),也包括与时间相关的费用和干扰费用,并考虑双方商定的工期顺延以及对进度计划的必要修改。"

(二)我国台湾地区变更价款与因变更导致的工期展延费用的关系

在我国台湾地区,关于变更价款与工期展延费用的关系,有学者提出,承包人在投标报价时,关于管理费等间接费用的估算,考量的因素有两个:(1)工程规模(即工作量多寡);(2)工期长短。在确定变更价款时,双方仅就工程实体变更设计部分,确定工程直接费的增减额,然后再以该直接费为基础,按比例计取一式计价项目和管理费,因此仅考虑了工程规模因素,但未将工期展延所可能增加的费用考虑在内。故在变更价款之外,承包人应可另行主张变更导致工期展延而增加的费用。①

也有学者提出,承包人在确定变更价款时,应当注明该价款中仅包含直接工、料费,而不包括延长工期所造成之间接费用,以免在嗣后主张工期展延费用时雇主主张该变更价款中已考虑了变更对工期的影响。②

(三)我国大陆变更价款与因变更导致的工程延期损失的关系

如前所述,我国大陆通常使用的概念为"停窝工损失"。但是,"停窝工损失"不能涵盖全部的工程延期损失。当工程因变更而延期且未发生停窝工时,并不存在停窝工损失,但发包人仍需要向承包人支付工程延期费用。

1. 因变更本身而增加的费用和因变更导致的工程延期费用

当工程延期但未发生停窝工时,承包人因为变更而增加的费用包括两部分:(1)因变更本身而增加的费用,如因变更新增的分部分项工程和措施项目对应的人工费、机械费、材料费、管理费和利润等;(2)因变更导致工程延期而增加的费用,即变更导致的工程延期费用。

不同于停窝工损失,工程延期费用并非承包人因发包人违约而遭受的损害。其一,就建设工程合同而言,发包人享有变更的权利,当发包人发出变更指示时,其仅是在行使其合同权利,而非违约。其二,合同中通常也会约定变更估价原则。承包人对工程可能发生变更是有预期的,合同中约定的变更估价原则,即是双方就变更工作预先谈定的价格。因此,从本质上看,无论是因变更本身而增加的费用,还是因变更导致工程延期而增加的费用,均是变更导致承包人增加的费用,其并不属

① 黄泰锋、陈丽嘉:《工期展延补偿争议争点试析》,载《工程仲裁》第 79 期。

② 王伯俭:《工程契约法律实务》,台北,元照出版有限公司 2018 年版,第 215 页。

于承包人遭受的违约损害。

合同中约定的变更估价原则,往往仅针对因变更本身而增加的费用。如根据《建设工程工程量清单计价规范》(GB 50500 - 2013)(以下简称《清单计价规范》)第9.3.1款和住建部《建设工程施工合同(示范文本)》(GF - 2017 - 0201)第10.4款,当因工程变更引起工程量清单项目或工程数量发生变化时,如果工程量清单中有相同或类似项目的,应按照或参照清单中相应项目的单价确定变更价款;无相同或类似项目的,由双方协商确定。

2. 因变更导致的工程延期费用的范围

关于变更导致的工程延期费用,合同中通常缺少相应的变更估价原则。那么,变更导致的工程延期费用与停窝工损失的范围有哪些异同?

如前所述,停窝工损失的范围包括:现场费用、总部管理费、利润损失、融资费用和价差损失。但是,就总部管理费和利润损失,因为我国大陆的工程大多适用《清单计价规范》,而根据《清单计价规范》,总部管理费和利润已经包含在合同单价中,所以该部分费用已被因变更本身而增加的费用所涵盖,承包人不得重复主张。而因为工程并未停窝工,工程产值仍在不断增加,所以通常也不存在因付款时间推迟而产生的融资费用。因此,因变更导致的工程延期费用主要是工程延期期间的价差损失和现场费用。

就延期期间人工材料设备机械价格上涨而给承包人造成的价差损失,无疑属于工程延期费用的范围。但是,就延期期间发生的现场费用,并非全在工程延期费用的范围之内。其中,就延期期间在施工现场发生的人工、材料设备和机械等包含在合同单价中的直接费用,已被因变更本身而增加的费用所涵盖,承包人不得在工程延期费用中主张。承包人可以主张的,仅为未包含在合同单价中的、不能被因变更本身而增加的费用所涵盖的现场费用,即因延期增加的总价措施项目费用(如现场办公室的租金、保函保险的续期费等)。

在确定该部分费用的金额时,基于工程延期损失的性质并非违约损害,其可在一定程度上突破"据实赔偿"的违约赔偿原则,即可以工程量清单中与延期相关的总价措施项目费用为基础,结合工程延期时间进行折算。

四、小结

(一)工程延期损失的范围

就工程延期损失,英美法系国家、我国台湾地区和我国大陆经常使用的概念分别为"延期索赔"、"工期展延费用"和"停窝工损失"。但是,"停窝工损失"不能涵盖全部的工程延期损失。当工程因变更而延期且未发生停窝工时,并不存在停窝工损失,但发包人仍需要向承包人支付工程延期费用。

在我国大陆,停窝工费用的性质应为违约损害赔偿。就停窝工期间发生的现场直接费用、现场管理费和价差损失,通常属于停窝工损失的范围。关于《SCL准则》(第二版)中提到的总部管理费,从法理上看,如果承包人能证明有专用于停窝工工程的总部管理费,则也应得到支持。就融资费用,当工程停窝工时,如果已付工程款未完全覆盖产值,则承包人主张融资费用也有一定的合理性。但是,就停窝工期间的利润损失,得到法院支持的可能性很小。

同时,在确定停窝工损失的范围时,还需要关注承包人有没有尽到减损义务。就因承包人未尽到减损义务而扩大的损失,不应属于停窝工损失的范围。

(二)工程延期损失的计算方法

关于停窝工损失的计算方法,最高人民法院和《SCL准则》(第二版)的立场基本一致,即要求承包人举证证明其实际发生的费用,而非采用在工程量清单基础上按比例折算的方式。

虽然承包人提供的证据不充分,但如果法院认为相关损失确实发生,可能会酌定支持部分费用。同时,如果在合同或此前文件中有关于停窝工损失的计算标准或期限有所限制,也可能会成为法院的重要参考依据。

(三)工程变更与工程延期损失

当工程延期但未发生停窝工时,承包人因为变更而增加的费用包括两部分:(1)因变更本身而增加的费用,如因变更新增的分部分项工程和措施项目对应的人工费、机械费、材料费、管理费和利润等;(2)因变更导致工程延期而增加的费用。合同中约定的变更估价原则,往往仅针对因变更本身而增加的费用。

就变更导致的工程延期费用,其应包括因延期增加的总价措施项目费用(如现场办公室的租金、保函保险的续期费等)和价差费用,不包括总部管理费、利润损失、融资费用、现场直接费用等已包含在合同单价中的费用。在确定因延期增加的总价措施项目费用时,基于工程延期损失的性质并非违约损害,其可在一定程度上突破"据实赔偿"的违约赔偿原则,即可以工程量清单中与延期相关的总价措施项目费用为基础,结合工程延期时间进行折算。

第十章　工期延误中的总部管理费及利润损失索赔在中国法下的适用研究

高印立　石　伟　采安律师事务所高级顾问

一、问题的提出

对于工期延误期间的总部管理费及利润损失,发包人和承包人可以在施工合同中明确约定损失的计算方法和赔偿方法,或者在合同没有约定的情况下,通过协商一致的方式达成赔偿方案(比如以工程签证的方式确认总部管理费和利润损失)。如果发包人和承包人无法通过上述方式解决总部管理费和利润损失的争议,双方可能会诉诸诉讼或仲裁。

在国际工程领域,如果因发包人(业主)原因导致工期延误,承包人有权就总部管理费和利润损失向发包人进行索赔。英、美等国的行业惯例和司法判决已对总部管理费和利润损失的可索赔性和可赔偿性进行了确认,已经形成了行业实践、司法判决和理论研究协调发展的"三位一体"局面。

但是,在中国法下,总部管理费和利润损失索赔面临着理论和实践的双重困境:一方面,从法律的视角,总部管理费和利润损失的内涵和外延该如何界定?另一方面,从司法实践的角度,总部管理费和利润在中国法下是否具有可索赔性和可赔偿性,即总部管理费和利润损失索赔应当满足哪些条件方能获得支持?如果具有可索赔性和可赔偿性,应如何确定总部管理费和利润损失的金额?

本章拟从法律理论和实践的双重视角对上述问题进行回应,在对中国司法实践进行实证研究的基础上,剖析总部管理费和利润索赔在中国法下适用的难题(比如可索赔性和可计算性),在此基础上对我国总部管理费和利润索赔法律制度构建和完善提出建议。

二、研究主题的界定:总部管理费和利润的概念

(一)总部管理费的概念

英国工程法学会于2017年发布的《SCL准则》(第二版)将总部管理费(head office overheads)定义为:"运营承包人的全部业务所产生的附带费用,包括不能直接分配给生产的间接费用(相对于作为生产成本的直接费用)。"[①]该准则还进一步列举了总部管理费的具体项目,如租金、费率、董事工资、养老基金缴款和审计费用等。[②]

有美国学者指出,总部管理费是指"企业为向产生利润的项目提供支持而支出的一般费用和管理费用"。[③]总部管理费通常包括租金、折旧费、总部管理人员的薪金、财产税、设备和电话费用、技术特许使用费、汽车维护和油费、保险费、安保费用、薪酬发放服务费、债券溢价(bond premiums)、法律和会计服务费、办公辅助费

---

① See Society of Construction Law (UK): Delay and Disruption Protocol, 2rd Edition, 2017, p. 64.

② See Society of Construction Law (UK): Delay and Disruption Protocol, 2rd Edition, 2017, p. 64. 英国工程法学会在《工期延误与干扰索赔分析准则(第二版)》中指出,在会计术语中,总部管理费通常称为行政费用,而生产的直接费用则称为销售费用。

③ Patrick A. McGeehin, Carleton O. Strouss: "Learning from Eichleay: Unabsorbed Overhead Claims in State and Local Jurisdictions", *Public Contract Law Journal*, Winter, 1996 (25 Pub. Cont. L. J. 351), p. 351.

用、公司行政管理支出的其他费用。①

根据上述定义可知,总部管理费是为服务施工单位正常运转而产生的管理费用和成本。总部管理费的类型众多,共同构成了一个"总部管理费池"(overhead pool)。②

由于施工企业的主要利润来源于工程项目,因此,总部管理费最终要分摊到各个工程项目当中。也就是说,它必须从承包人的各工程收入中得到补偿。而在因发包人原因导致的工程延误期间内,承包人的总部管理费可能因工程延期而增加,也可能会因此失去从其他工程项目获得补偿的机会,由此便产生了总部管理费损失。

总部管理费损失包括两部分:第一部分为因工程延期而实际增加的费用损失;第二部分为因可能失去从其他工程项目获得补偿的机会,从而产生的费用损失。从性质上看,第一部分费用属于实际发生的直接损失,而第二部分费用则属于可能发生的机会损失。

(二)利润损失的概念

工期索赔中的利润损失,是指因发包人原因导致工程工期延误的情况下,承包人的工作资产和合同组织被原合同所占用而丧失了承揽新的工程项目,赚取新合同利润的机会,由此所遭受的利润损失。③ 利润损失属于可能发生的机会损失。

三、总部管理费索赔的实证研究:基于中国法院判决的分析

(一)调研方法

本部分利用实证研究的方法,通过系统搜集和分析我国法院作出的关于总部管理费的判决书,对我国法院对总部管理费索赔的实践进行分析,旨在从司法判决书中发现我国总部管理费索赔的基本状况。

本部分所利用的法院判决来源于"北大法宝"数据库中的"司法案例库"。本文以"全文"搜索的方式锁定含有特定"关键词"(工期延误、总部管理费)的判决书,最后查询日期为2019年6月11日。

(二)实证调研数据

在"北大法宝"数据库中以"工期延误"为关键词在"司法案例库"进行全文检索,总共检索到53,522份判决书;以"总部管理费"为关键词在"司法案例库"进行

---

① See Adrian L. Bastianelli, Ⅲ and Lori Ann Lange: Recovering Delay Damages for Home Office Overhead (Edition Ⅲ), Construction Briefings No. 2001 - 5 (CONBRIEF No. 2001 - 5).

② Patrick A. McGeehin, Carleton O. Strouss: "Learning from Eichleay: Unabsorbed Overhead Claims in State and Local Jurisdictions", *Public Contract Law Journal*, Winter, 1996 (25 Pub. Cont. L. J. 351), p. 351.

③ 孙娜、杜亚灵、李杨:《发包人拖延支付进度款引起的利润索赔研究——基于2013清单规范》,载《建筑经济》2016年第3期。

全文检索，总共检索到87份判决书。

对于含有“总部管理费”的87份判决书，经进一步筛检，排除非建设工程领域的判决（如信托领域[①]、物业管理[②]等），以及建筑工程领域的劳务纠纷[③]、内部承包经营纠纷[④]等无关判决，剩余14份判决书，具体信息如表10－1（以判决书作出的时间升序排序）：

表10－1　14份判决书信息

序号	判决名称	法院/审级	案号	时间
1	上海欧港置业有限公司与浙江舜杰建筑集团股份有限公司建设工程施工合同纠纷上诉案	上海市高级人民法院	（2008）沪高民一（民）终字第106号	2009年3月13日
2	深圳市某管理处诉深圳市某消防工程有限公司工程施工合同纠纷案	深圳市南山区人民法院/一审	2008）深南法民二初字第68号	2009年12月21日
3	白银市住房和城乡建设局诉浙江广厦市政工程有限责任公司建设工程合同纠纷案	白银市中级人民法院/一审	（2012）白中民二初字第14号	2012年11月1日

---

① 比如，北京市第二中级人民法院于2018年4月27日作出的“中国银河证券股份有限公司与温军婴劳动争议上诉案”判决书，案号为（2018）京02民终1291号。

② 比如，北京市海淀区人民法院于2017年6月20日作出的“海淀区清上园小区业主委员会诉北京天恒房地产股份有限公司等所有权纠纷案”判决书，案号为（2015）海民初字第43895号。

③ 一类典型的劳务纠纷是，施工总承包单位将工程分包给个人或其他单位（合称分包人），分包人向施工总承包单位缴纳“总部管理费”；分包人聘用的工人（农民工）起诉施工总承包单位，要求施工总承包单位向其支付工资。比如，重庆市第四中级人民法院于2017年12月13日作出的四份判决书：“蒲宏伟与湖南对外建设集团有限公司劳动争议纠纷上诉案”［案号为（2017）渝04民终1127号］，“罗曦与湖南对外建设集团有限公司劳动合同纠纷上诉案”［案号为（2017）渝04民终1128号］，“张景虎与湖南对外建设集团有限公司劳动合同纠纷上诉案”［案号为（2017）渝04民终1129号］，“徐忠勇与湖南对外建设集团有限公司劳动合同纠纷上诉案”［案号为（2017）渝04民终1130号］。另一类典型的劳务纠纷是，劳务分包单位向总承包单位上缴“总部管理费”。比如，广东省深圳市龙岗区人民法院于2018年4月18日作出的“赵育创与深圳市天恒泰建筑工程有限公司建设工程合同纠纷案”判决书，案号为（2017）粤0307民初21794号。在该案中，原告（乙方）与被告（甲方）签订《万科城实验学校扩建工程内部承包合同》，约定：甲方将万科城实验学校扩建工程的全部项目内部承包给乙方，任命乙方为该项目的劳务负责人，对本工程劳务项目施工负全面经营和管理的责任，包质量、进度及安全责任……以甲方与业主的工程结算价（罚金除外）为基数，乙方向甲方上缴2%的总部管理费……

④ 比如，深圳市中级人民法院于2018年6月15日作出的“陈宏峰、高红霞与深圳市建工集团股份有限公司企业承包经营合同纠纷案”判决书，案号为（2017）粤03民终18601号。上诉人（陈宏峰、高红霞）和被上诉人（深圳市建工集团股份有限公司）之间是企业内部承包经营关系，上诉人向被上诉人交纳总部管理费。

续表

序号	判决名称	法院/审级	案号	时间
4	江苏青甫建设工程有限公司诉江苏创世纪置业有限公司建设工程施工合同纠纷案	盐城市中级人民法院/一审	（2011）盐民初字第0073号	2014年11月10日
5	中石化胜利建设工程有限公司等与潍坊三陆置业有限公司等建设工程施工合同纠纷案	山东省高级人民法院	（2014）鲁民一终字第550号	2015年2月3日
6	陕西瑞龙建筑工程有限公司与榆林瑞丰置业有限公司建设工程施工合同纠纷案	横山县人民法院/一审	（2015）横民初字第01882号	2016年6月14日
7	宁波科宁爆炸技术工程有限公司诉浙江省围海建设集团股份有限公司海洋开发利用纠纷案	宁波海事法院/一审	（2015）甬海法商初字第956号	2016年9月29日
8	某建筑工程有限公司诉某村民委员会建设工程施工合同纠纷案	榆林市榆阳区人民法院/一审	（2016）陕0802民初4468号	2016年6月19日
9	中铁二十四局集团有限公司与新疆甘泉堡神信物流有限责任公司建设工程施工合同纠纷案	最高人民法院/二审	（2016）最高法民终813号	2017年3月17日
10	陕西瑞龙建筑工程有限公司诉榆林市针灸按摩专科医院建设工程施工合同纠纷案	榆林市中级人民法院/一审	（2014）榆中民三初字第00193号	2017年3月21日
11	浙江省围海建设集团股份有限公司与宁波科宁爆炸技术工程有限公司海洋开发利用纠纷案	浙江省高级人民法院/二审	（2016）浙民终787号	2017年5月31日
12	广州市机电安装有限公司与中国烟草总公司广东省公司建设工程施工合同纠纷案	广州市天河区人民法院/一审	（2014）穗天法民四初字第1464号	2018年2月7日
13	四川裕泰建筑工程有限公司与德阳市呈邦置业有限公司建设工程施工合同纠纷案	德阳市中级人民法院/一审	（2017）川06民初42号	2018年4月23日
14	武汉凯迪电力工程有限公司、成都环境工程建设有限公司建设工程施工合同纠纷案	安顺市中级人民法院/二审	（2018）黔04民终731号	2018年9月17日

（三）实证调研的结论

通过对实证调研数据和信息的分析，关于我国司法领域的总部管理费索赔实践，可以形成如下结论：

1. 诉讼当事人明确提出总部管理费索赔的案件比例非常低

“北大法宝”数据库中录入了 53,522 份含有“工期延误”的判决书。与之相比，上述涉及总部管理费索赔的 14 份判决书在数量上几乎可以忽略不计。也就是说，在涉及工期延误的案件中，几乎没有诉讼当事人就总部管理费进行索赔。

上述 14 份判决书中，仅有 2 个案件的“诉讼请求”明确载明了“总部管理费”或“管理费”字样，即“陕西瑞龙建筑工程有限公司诉榆林市针灸按摩专科医院建设工程施工合同纠纷案”和“中铁二十四局集团有限公司与新疆甘泉堡神信物流有限责任公司建设工程施工合同纠纷案”。当然，不排除有部分案件将“总部管理费”作为工期延误损失的组成部分，但并没有在“诉讼请求”部分单独列出。

就笔者的了解，实践中，某些施工单位在与业主在诉讼之前的索赔谈判中会主张总部管理费损失，但在法院诉讼程序中，其往往并不主张总部管理费损失。

上述事实可以在一定程度上证明我国理论界和实务界对总部管理费的认识是薄弱的：一方面，诉讼当事人即使有索赔总部管理费损失的意识，但可能基于对诉讼风险和诉讼成本的考量不提出该项请求；另一方面，在诉讼当事人未明确提出总部管理费索赔的情况下，法院自然不会主动就此进行审理，更不会在判决书中予以支持。如此循环的结果就是导致法官对总部管理费的认识极其不足，这也可以解释我国法律界对总部管理费的研究为何几乎是空白。①

2. 鉴定机构在认可总部管理费方面存在极大困难

在实践中，对于工期延误损失金额的确认，法院裁判往往依赖于专业造价鉴定机构出具的鉴定意见。如果鉴定意见不认可总部管理费，法官一般也不会认可，换言之，鉴定意见成为决定法院是否支持总部管理费的关键。

在“上海欧港置业有限公司与浙江舜杰建筑集团股份有限公司建设工程施工合同纠纷上诉案”中，上海市高级人民法院指出，“一测量公司（即鉴定人）作为专业审价单位，以结算审价技术指标为依据，结合系争工程延误工期的实际情况，审定舜杰公司因工期延误造成的各项停工损失，本院予以确认”。但在该案中，鉴定机构仅认可“现场管理费”，并不认可“总部管理费”。该案的鉴定机构指出，“综合间接费含总部管理费与现场管理费二大部分，定额未明确其比例系数，鉴定人根据本工程实际情况并结合审价工作经验按 40% 的综合间接费计算本工程现场管理

① 经查询“CNKI 同方知网数据库”、“万方数据知识平台”和“维普中文期刊服务平台”三个主流中文期刊数据库，论文“关键词”中包括“总部管理费”的期刊文献不超过 15 篇，目前的研究成果主要由建设工程行业的管理人员或者研究人员发表。

费”。该案中,法院最终对施工单位的总部管理费索赔未予支持。

3. 法院可能不支持鉴定机构关于总部管理费的鉴定意见

即使鉴定机构给出了总部管理费损失的金额,但法院并不必然会支持总部管理费索赔的主张。

在“深圳市某管理处诉深圳市某消防工程有限公司工程施工合同纠纷案”中,一份签证单记载的工程费用为包括“项目总部管理费、施工现场管理费、工人窝工费”。但是,原告和被告(施工方)对该签证单的真实性有争议。尽管被告已经委托鉴定机构对签证单所涉项目进行了鉴定,但法院认为,鉴定报告是在假设签证单记载内容属实的情况下做出的,在双方对签证单真实性存在争议的情况下,仅依据签证单不足以认定施工方实际完成了相关施工项目,进而驳回了施工单位的主张。

4. 法院以其他理由驳回总部管理费损失索赔

在“某建筑工程有限公司诉某村民委员会建设工程施工合同纠纷案”和“白银市住房和城乡建设局诉浙江广厦市政工程有限责任公司建设工程合同纠纷案”中,法院以施工单位违约为由,整体驳回施工单位的包括总部管理费损失在内的各项损失索赔,并没有具体分析总部管理费,更没有对总部管理费进行鉴定。

在“中石化胜利建设工程有限公司等与潍坊三陆置业有限公司等建设工程施工合同纠纷案”和“陕西瑞龙建筑工程有限公司诉榆林市针灸按摩专科医院建设工程施工合同纠纷案”中,法院以施工合同无效为由,驳回施工单位的包括总部管理费在内的停工损失主张。

此外,在“广州市机电安装有限公司与中国烟草总公司广东省公司建设工程施工合同纠纷案”中,尽管诉讼当事人提出了包括总部管理费损失在内的工期延误索赔主张,法院判决书也支持了当事人的工期延误损失主张,但判决书中并没有明确说明其支持的工期延误损失金额中是否包括了总部管理费。

在本章检索的上述 14 份判决书中,只有 1 份判决对总部管理费索赔明确予以了支持,即“陕西瑞龙建筑工程有限公司与榆林瑞丰置业有限公司建设工程施工合同纠纷案”的判决书。经分析,在这该份判决中,法院支持总部管理费的原因在于,鉴定机构在鉴定报告中支持了总部管理费损失(需要注意的是,鉴定机构所认可的总部管理费的金额仅为 4886.94 元)。因此,这并不能表明法院对总部管理费损失索赔有了自主的认识。

四、总部管理费和利润损失索赔在中国法下适用的理论解释

(一)机会损失赔偿理论:基于机会损失的解释

由于总部管理费和利润损失索赔涉及机会损失的认定,因此,有必要对机会损失的可索赔性进行讨论。

机会损失理论认为,如果被告的侵权行为破坏或减少了原告获得更有利结果的机会,则原告可以就丧失的机会请求被告予以赔偿。该理论的核心观点包括三个方面:第一,损害赔偿的客体是指“机会丧失”本身,而非受害人遭受的最终损害;第二,受害人无须证明加害行为与最终损害之间的因果关系,而只需证明加害行为与机会丧失之间的因果关系;第三,赔偿金的计算需权衡受害人所丧失机会的价值。①

长期以来,传统理论以损害的确定性和因果关系的盖然性、相当性等要求为基础,对机会损失赔偿抱以谨慎或排斥的态度。② 但也有学者提出以比例因果关系理论部分替代传统学说,主张将“有利条件减损”作为判断标准,以期为机会损失的受害人提供必要的救济。③

从实践来看,在学者以“医疗损害责任纠纷”为案由收集的 10 个案例中发现,其中 8 例赔偿了机会损失,赔偿比例从 10% 到 65% 不等。④ 在“深圳市标榜投资发展有限公司与鞍山市财政局股权转让纠纷案”中,最高人民法院认为:“所谓机会损失,是当事人获取特定利益或避免特定损害的可能性降低或者丧失。一般而言,在交易磋商阶段,合同是否能够订立以及合同订立所带来的交易机会能否最终实现均属未知,故此时交易机会尚不具有可能性。但如果双方已经达成合意并签订合同,在合同生效要件具备前,双方的相互信赖的程度已经达到更高程度,因信赖对方诚实守信的履行相关义务从而获取特定利益的机会也具有相当的可能性。此时,如一方当事人不诚实守信履行报批义务,其应当预见对方因此而遭受损失。”该案中,法院最终认定深圳市标榜投资发展有限公司因鞍山市财政局的不诚信行为存在客观现实的交易机会损失。

此外,前述我国有关法院关于总部管理费判决的案例虽不具有代表性⑤,但其毕竟以司法判决的形式承认了总部管理费损失(涉及机会损失)的可索赔性。

(二)可预见性理论:基于实际损失的解释

1. 总部管理费和利润损失应满足可预见性要求

我国《合同法》对于损失赔偿的范围作了规定。《合同法》第 113 条确定了完

---

① See Joseph H. King. Jr, *Causation, Valuation and Chance in Personal Injury Torts Involving Preexisting Conditions and Future Consequences*, Yale Law Journal, Vol. 90, 1981. 转引自蒋佳妮:《机会丧失之损害赔偿研究》,华东政法大学 2014 年硕士学位论文。

② 王利明:《侵权责任法研究》,中国人民大学出版社 2010 年版,第 319 页;王利明:《合同法新问题研究》,中国社会科学出版社 2003 年版,第 680 页。

③ See John Makdisi, *Proportional Liability: A Comprehensive Rule to Apportion Tort Damages Bases on Probability*, N. C. L. Rev. , Vol. 67, 1989. 参见李显冬、王稳:《机会损失赔偿理论的反思与突破》,载《河南社会科学》2019 年第 3 期。

④ 马秋艳:《机会损失赔偿诉讼的问题研究》,西南政法大学 2017 年硕士学位论文。

⑤ 本章“三、总部管理费索赔的实证研究:基于中国法院判决的分析”。

全赔偿原则和可预见性原则:当事人一方不履行合同义务或者履行合同义务不符合约定,给对方造成损失的,损失赔偿额应当相当于因违约所造成的损失,包括合同履行后可以获得的利益,但不得超过违反合同一方订立合同时预见到或者应当预见到的因违反合同可能造成的损失。

如前所述,因工程延期所产生的总部管理费损失可以划分为两个部分:一部分为承包人总部在工程延期期间因工程项目发生的管理费损失,如因总部对延期项目的监督管理、采购、谈判、资源调整和部署、项目人员考核、工会活动、文件审核等发生的费用,以及因延期项目导致项目部无法抽身,总部在新项目中须重新招聘、培训、组织项目管理力量而增加的管理费用损失;另一部分为因工程延期导致承包人丧失承接新项目的机会,从而使得总部的管理费无法摊销而产生的损失,如总部员工薪酬、总部办公场所租金或固定资产折旧、办公设备费用等。

可见,第一部分总部管理费是实际增加的费用,该部分费用因工程延期而额外发生,按照完全赔偿原则应当纳入赔偿范围,当然,其也应当满足可预见性原则。而第二部分费用是否一定发生则具有不确定性,该部分损失尽管为机会损失,但系在合同履行过程中产生,可以纳入可得利益损失范畴,从而适用可预见性原则。我国实务界也持类似观点:相较于其他利益损害,机会损失具有隐蔽性特征,因此,以维护基本行为自由为考虑,对其予以救济和赔偿,尤须以满足可预见性为前提。①

2. 关于可预见的范围:损失类型与金额之争

关于可预见性的范围存在不同观点。争议之处主要在于,可预见的范围是预见到损失的类型即可,还是要求预见到具体的损失金额。英国判例对该问题的观点相对清楚:当事人可以预见损失的类型即可,没有判例要求损失的额度可以预见;美国的判例和理论对该问题的态度分歧很大:有的要求只要预见损失类型即可,有的要求预见损失的金额,有的要求预见损失类型和金额;大陆法系的观点也存在与美国法类似的分歧。②

从我国《合同法》规定的条文文义来看,其要求可预见的内容是“损失金额”。有观点认为,当预见到某个损失时,必然会涉及其具体的额度,一般情况下不存在没有额度的、抽象的损失;但是,对于损失金额的预见,只能要求违约方在订立合同时预见到“大概”的金额,要求预见“准确”的损失金额是不现实的。③

本章认为,损失的发生是否可预见,是一个对损失赔偿是否支持的定性问题,而对损失发生的额度是否可预见,则主要是一个损失赔偿额度的自由裁量的定量问题。一般来说,对于一个已经发生的损失,未经专业人员的评估或鉴定,一般人

---

① 朱晓平、雷震文:《机会损失赔偿问题研究》,载《人民司法》2014 年第 3 期。

② 郝丽燕:《违约可得利益损失赔偿的确定标准》,载《环球法律评论》2016 年第 2 期。

③ 郝丽燕:《违约可得利益损失赔偿的确定标准》,载《环球法律评论》2016 年第 2 期。

也无法估计其具体金额，甚至难以将金额估算到"大概"的金额范围内，遑论对一个尚未发生的损失。因此，对于损失发生的可预见性，宜主要强调损失的类型可预见，将"大概"金额的可预见作为辅助或自由裁量因素考量较为妥当。

3. 总部管理费和利润损失的可预见范围：损失类型

以承揽建设工程为主业的承包人是一个营利性商业实体，其总部日常管理运营的费用完全或主要来源于其获得的工程项目，也就是说，承包人的日常经营活动主要是围绕获取项目开展的。那么，在工程项目延误的期间内，由于承包人的资源有限，在其具有较好市场背景和良好盈利能力的情况下，其可能会因施工力量的无法脱离而失去承接新项目的机会，从而导致该期间内的总部管理费无法分摊到新项目中而造成损失。或者，即使承包人重新"招兵买马"承接新项目，其也会增加相应的总部管理费用。为便于分析，本章将可归责于发包人的工期延误划分为以下几种类型（见表10－2）：

表10－2　可归责于发包人的工期延误类型

类型	类型界定
Ⅰ	因施工效率降低导致的工期延误，如发包人未按约付款、施工条件变化等
Ⅱ	因施工工序停工、返工导致的工期延误，如发包人未按约提供施工条件、设备或材料等
Ⅲ	因工程全面停工导致的工期延误，如发包人未取得行政许可、未按约付款等
Ⅳ	因工程变更导致的工期延误，如发包人提出或经其同意的设计变更等

对于类型Ⅰ和类型Ⅱ，由于承包人的施工力量（管理人员、劳务人员、机械设备等）无法投入其他项目中，如果合同工程延误的时间较长（如超过3个月甚至半年），承包人在此期间获得项目的可能性是相当大的，因为我们很难想象一个建筑承包商在这么长的期间内没有承接到新项目。当然，如果延误的时间较短（如仅为几天或十几天），承包人在该较短期间内承接到新项目的可能性就小些。因此，在上述类型下，若工期延误时间较长，很难说发包人在订立合同时不能合理预见到总部管理费损失的发生。

对于类型Ⅲ，承包人的施工力量未脱离合同工程的情形与类型Ⅰ和类型Ⅱ相同。如果停工时间较长，承包人为了降低损失开始撤离施工力量，则在施工力量完全撤离后，就不应再产生总部管理费损失。而在施工力量撤离过程中，随着施工力量在合同工程上的减少，总部管理费的损失数额也应随之减少。

对于类型Ⅳ，在工程变更使得工程量或分项工程增加的情况下，由于增加的分项工程或工程量已经分摊了总部管理费，因此，承包人不得索赔该类型下的总部管理费。

同样,关于利润损失的分析与上述总部管理费的分析基本一致,但需要注意以下两点:

第一,总部管理费损失的产生有两种来源:一种是因工程延期而额外实际发生的总部管理费;另一种是因无法承接新项目导致延误期间的总部管理费无法分摊而造成的损失。而利润损失的来源只有一种,即因无法承接新项目而导致的利润损失。因此,从发生概率的角度看,利润损失发生的可能性要低于总部管理费损失。

第二,《建设工程施工合同(示范文本)》(GF-2017-0201)对工期延误情况下的利润索赔作出了规定。[①] 如果当事人在合同中就工期延误下的利润索赔进行了约定,可以认为违约方在订立合同时对该利润损失是能够预见到的。

4. 总部管理费和利润损失的可预见范围:损失金额

在违约方可预见到总部管理费和利润损失类型的情况下,是否要求其预见到损失金额?

如前所述,本章认为,对于损失发生的可预见性,宜主要强调损失的类型可预见,将"大概"金额的可预见作为辅助或自由裁量因素考量较为妥当。具体来说,站在违约方的视角看,即使其在订立合同时预见到了可归责于发包人的工期延误所导致的总部管理费损失和利润损失,但由于工期延误尚未发生,而总部管理费和利润损失的金额均与延误工期时长有关,此时要求发包人在订立合同时可以预见到上述损失的具体金额甚至"大概"金额都是违背常识的。

同时,尽管建设工程的管理费用、利润等因工程项目性质不同而有所差异,但相同行业的管理费率和利润率具有一定的普遍性和稳定性,且在行业内几成常识。因此,对总部管理费和利润损失金额的可预见应当包括对总部管理费率、利润率及有关计算方法的可预见。从裁判的角度看,在认定发包人在订约时可以预见到损失的发生的基础上,只要结合双方当事人的合作经历、承包人的业绩资料、财务状况及其所在行业状况的数据、惯例进行分析,能够判断发包人作为客观的、理性的商事主体应当预见到总部管理费率、利润率的"大概"数额即可。

(三)证明标准和举证责任:高度盖然性理论

确定性是违约损失能否获得裁判机构支持的关键。违约损害赔偿中的确定性标准要求必须有清楚并符合要求的证据来证明损害是实际发生的,而非偶然的、推

---

① 具体参见如下条款:1.6 图纸和承包人文件,2.1 许可和批准,5.3.3 重新检查,5.4.2 因业主原因造成工程不合格的,7.3.2 开工通知,7.5.1 因业主原因导致工期延误,7.8.1 业主原因引起的暂停施工,8.5.3 业主提供了材料和设备不合格,13.4.2 业主要求在工程竣工前交付单位工程。

测的、猜想的或微小可能性的，并且损害需要被证明到确定的程度。[①] 但如果损失本身就具有天然的不确定性，则严格要求确定性标准无疑会严重损害非违约方的利益。因此，有学者提出借鉴和吸收国外判例确立的“合理确定性”和“较大可能性”标准，以降低非违约方的证明责任。[②]

我国法律并未对损失的确定性证明标准作出明确规定，也就是说，“确定性”并非赔偿机会损失的构成要件。相反，《最高人民法院关于适用〈中华人民共和国民事诉讼法〉的解释》第108条第1款规定，对负有举证证明责任的当事人提供的证据，人民法院经审查并结合相关事实，确信待证事实的存在具有高度可能性的，应当认定该事实存在。该条明确了高度盖然性的证明标准，这为总部管理费和利润损失索赔提供了适用空间。

同时，《最高人民法院关于当前形势下审理民商事合同纠纷案件若干问题的指导意见》（法发〔2009〕40号）第9条规定，非违约方应当承担其遭受的可得利益损失总额、必要的交易成本的举证责任。对于可以预见的损失，既可以由非违约方举证，也可以由人民法院根据具体情况予以裁量。可见，该指导意见旨在发挥法官的主观能动性，鼓励其根据经验法则、逻辑规则和自己的理性良心来自由判断证据和认定事实，并最终形成内心确信。实际上，在损害赔偿计算领域广泛运用经验法则和自由心证，已经成为各国所认同的基本准则。[③]

此外，还可以借鉴美国的举证责任转移的规则。美国法院确立如下证明责任转移的规则，在满足下述条件的情况下，施工单位（承包商）就满足了“表面证据”的要求：第一，存在业主导致的延误；第二，工期推迟的时间不能确定，在此期间内，承包商不得不随时保持完成工作的待命状态。[④] 由于工期延误处于一种不确定的状态，承包商不需要证明，在延误期间，承包商无法承接其他工作；也不需要证明其无法降低总部管理费。当承包商能够证明，承包商被要求在政府导致的不确定的延误期间内保持待命状态，那么，证明责任就转移到政府方，即政府需要证明承包商本可以降低其总部管理费，或者可承包商本可以承接其他项目。

---

① E. Allan Farnsworth, *Contracts*, Aspen Law Business, 3rd ed., 1999, p. 829.

② 《美国第二次合同法重述》第352条规定：“当损失的数额超过了证据所能证明的具有合理确定性的范围时，超出这一范围的损失不能得到赔偿。”美国法院对于违约可得利益损失证明标准的确立，经历了从“确定性”到“合理确定性”再到“合理可能性”的历程。参见刘承韪：《违约可得利益损失的确定规则》，载《法学研究》2013年第2期。关于可得利益损失的可能性程度，美国法院裁判中经常使用的词语是“probable”“reasonably”“likely”等；英国法院在 Hadley v. Baxendale 案中认为：“损失必须作为违约的‘可能的后果’（probable result）具有预见性”。参见郝丽燕：《违约可得利益损失赔偿的确定标准》，载《环球法律评论》2016年第2期。

③ 刘承韪：《违约可得利益损失的确定规则》，载《法学研究》2013年第2期。

④ Mech - Con Corp. v. West, 61 F. 3d 883 (Fed. Cir. 1995).

五、计算总部管理费和利润损失的计算方法及其改进

(一)英美法院使用的三大公式及评析

在实践中,总部管理费的计算是一个难题。英美法院(争议解决机构)在长期的实践中,确认了计算总部管理费的方法和公式。

1. "艾其利公式"(Eichleay Formula)

1960 年,美国武装部队合同上诉委员会(Armed Services Board of Contract Appeals)在"艾其利公司上诉裁定"(Appeal of Eichleay Corporation)中进一步确认了承包人有权索赔总部管理费,并指出,"并不存在一个准确的方法,以确定可以归属于给某一特定合同或部分合同的总部管理费金额。美国法院已经多次判决,对于政府(发包人)导致的延期,为实现对承包人进行补偿之目的,没有必要证实一个具体的金额,仅需确定一个公平的分配方法即可"①。

"艾其利公司上诉裁定"确认了艾其利公司提出的计算方法,即此后被广泛引用和讨论的"艾其利公式"(Eichleay Formula)。在不同的案件中,"艾其利公式"的个别参数可能会根据案件的实际情况有所调整。该公式的常用形式如下②:

$$\frac{\text{合同结算金额(不含总部管理费索赔)}}{\text{承包人同期总合同额}} \times \text{合同同期内总部管理费总额} \times \frac{\text{延误时段}}{\text{实际工期}}$$

对于该公式,首先要求承包人对合同实际履行期内所有的总部管理费进行举证,然后再根据本合同最终结算额(不含总部管理费索赔)占承包人同期所有合同额的比例,计算工程项目的总部管理费和利润额。在此基础上,再根据延误时段占合同实际工期的比例,计算延误时段内的总部管理费损失和机会利润损失。

2. "哈德逊公式"(Hudson Formula)

在理论界,早在 1970 年,在国际工程领域具有影响力的《哈德逊建筑和工程合同(第 10 版)》(Hudson's Building and Engineering Contracts, 10th Edition)对总部管理费索赔进行论述,并给出了计算公式,即此后被广泛引用的"哈德逊公式"(Hudson Formula):③

---

① See Appeal of Eichleay Corporation, 60-2 BCA P 2688 (A. S. B. C. A.), ASBCA No. 5183, 1960 WL 538. 英文原文如下:"There is no exact method to determine the amount of such expenses to be allocated to any particular contract or part of a contract. It has been held a number of times that it is not necessary to prove a specific amount, but only to determine a fair allocation for the purpose of compensating a contractor for delay by the Government."

② See Society of Construction Law (UK): Delay and Disruption Protocol, 2rd Edition, 2017, p. 65.

③ Alfred Hudson, Duncan Wallace: Hudson's Building and Engineering Contracts, Sweet & Maxwell (London), 1970, pp. 598-599.

$$\frac{\text{投标报价中总部管理费、利润占投标价格的百分比}}{100} \times \frac{\text{合同额}}{\text{合同工期}} \times \text{延误时段}$$

该公式是以合同额和投标价格中总部管理费、利润占投标价格的比例来计算工程项目的总部管理费、机会利润，再按照延误天数占合同工期的比例，计算延误期间的总部管理费及利润损失。

英国高等法院后座法庭于 1988 年在“芬尼根诉谢菲尔德市委员会案”(J. F. Finnegan Ltd. v. Sheffield City Council)[①]的判决书中正式确认“哈德逊公式”作为计算总部管理费损失的方法。

3. “埃姆登公式”(Emden Formula)

英国高等法院后座法庭于 1990 年在“财产和土地承包商公司诉艾尔弗雷德·麦卡尔派恩北方房屋有限公司案”(Property and Land Contractors Ltd. v. Alfred McAlpine Homes North Ltd.)[②]的判决书中援引了“埃姆登公式”:

$$\frac{\text{实际发生的总部管理费、利润占其总营业额的百分比}}{100} \times \frac{\text{合同额}}{\text{合同工期}} \times \text{延误时段}$$

该公式是对哈德逊公式的改进。其以承包人实际发生的总部管理费和利润占总营业额的比例，即总部管理费率和利润率代替哈德逊公式中投标报价中的总部管理费率和利润率。

4. 评析

关于总部管理费和机会利润的计算，尚无公认的合理方法。英美法院普遍适用的“艾其利公式”、“哈德逊公式”和“埃姆登公式”均有其优缺点。

在“艾其利公式”中，承包人同期总合同金额与可赔偿的总部管理费和机会利润成反比，且由承包人单方提供。也就是说，承包人完全可以以人为减少同期合同额的方式来达到索赔高额总部管理费和机会利润的目的，裁判者对此往往难以采纳。

“哈德逊公式”采用投标价格中的总部管理费，而国内建设工程投标价格中一般只有管理费，包含了总部管理费和现场管理费，总部管理费不会单列。而且，投标报价中的总部管理费与实际的总部管理费也不一定一致。国际上该公式的使用量也大量减少，甚至有被拒绝推荐使用的情况。比如，英国工程法学会制定的《SCL 准则》(第二版)规定，“不支持使用哈德逊公式。因为哈德逊公式的使用，取决于所涉投标的充分性或其他方面，并且该计算结果是从一个本身包含总部管理

① See J. F. Finnegan Ltd. v. Sheffield City Council, (1988) 43 BLR 124.

② See Property and Land Contractors Ltd. v. Alfred McAlpine Homes North Ltd., (1995) 47 Con LR 74.

费和利润因素的数字中得出的,所以存在重复计算"。①

"埃姆登公式"的计算原理与"哈德逊公式"相同,但其采用承包人财务报表中的总部管理费率和利润率,能够较为准确地反映企业的管理费和利润水平。更为重要的是,承包人可以采用其经审计的三年财务报表中的数据,而非其单方作出。这在裁判者看来更为客观,容易被采纳。

(二)其他计算方法及评析

除了上述三种方法外,中国学者还提出了计算总部管理费的"费用分离法"和"作业成本法":

所谓"费用分离法",是指记录各个工程项目的管理费用,并及时分离出进行工期索赔的工程项目的总部管理费。②

作业成本法采用"产品消耗作业,作业消耗资源"的两阶段分配逻辑。资源通过资源动因将其成本分配到作业中心,从而得到作业成本(第一阶段分配);然后再按各项作业成本与成本对象之间的因果关系,通过作业动因分配到成本对象,形成工程成本(第二阶段分配)。③ 如果发生项目延期索赔,需要根据延期内确认的各作业中心的作业动因数,乘以相应的作业成本动因分配率,就可以计算出延期工程项目应分摊的总部管理费。④

对于费用分离法和作业成本法而言,虽然从理论上看,其更为准确,但其对承包人的内部管理和财务管理要求很高,计算过程复杂,且同样存在单方证据难以被采纳的问题。

(三)损失计算公式的改进版

本章认为,在国内工程项目中,采用"埃姆登公式"计算总部管理费和机会利润较为合适。同时,考虑到损失的不确定性和发包人在订立合同时的可预见性,建议对"埃姆登公式"进行改进,引入酌定调整系数 $K(0 \leqslant K \leqslant 1)$。改进后的"埃姆登公式"如下:

$$K \times \frac{\text{经第三方审计的总部管理费、利润占其总营业额的百分比}}{100} \times \frac{\text{合同额}}{\text{合同工期}} \times \text{延误时段}(0 \leqslant K \leqslant 1)$$

其中,K 值应参考延误时段的长短、停工和人员撤离情况以及承包人历年的经

① See Society of Construction Law (UK): Delay and Disruption Protocol, 2nd Edition, 2017, p. 56.

② 叶仁荪、王亚平、蒋根谋:《国际工程延期总部管理费索赔的定量方法研究》,载《建筑经济》1998 年第 3 期。

③ 郭春晖、高平、张天熹、王珺:《作业成本法在工程总部管理费索赔中的应用研究》,载《建筑经济》2013 年第 8 期。

④ 牛彦秀、巩彦忠、张天熹:《工程项目延期总部管理费用索赔核算问题研究》,载《工程管理学报》2015 年第 4 期。

营情况等因素综合确定。一般来说,工期延误的时间越长,K 越大。对于停工的情况,若施工人员已经撤离现场,且根据工程实际情况和撤离时间可以判断其被安排至其他工程项目的,该段时间的总部管理费损失和机会利润损失应予扣除。

关于 K 值的大小,还要考虑相关影响因素。K 值与延期类型、延期期间长短、施工力量减少与否、承包人历年的经营状况(良好的经营状况,则承接新项目的可能性高,资源充分利用的可能性高,从而可预见的可能性就高)、承发包合作经历有关。比如,若承包人经营状况良好、了解程度高,则可预见的可能性高,K 值大;若承包人经营状况较差、了解程度高,则可预见的可能性低,则 K 值小。

六、结语

总部管理费及利润损失索赔在理论和实践中都具有相当的复杂性。通过实证研究的方法,本章系统梳理和总结中国法院关于总部管理费判决,并总结了总部管理费及利润损失索赔在中国法下适用的问题和难点。

本章基于可预见性理论、机会损失赔偿理论、高度盖然性理论,解释了总部管理费和利润损失索赔在中国法下适用的合理性和可能性,为总部管理费和利润索赔构建了一个初步的理论框架。

中外司法实践面临的另外一个难点是,如何确认并计算总部管理费和利润损失的金额。英美法院使用的三大公式以及中国学者总结的计算方法,各有其长处和不足之处。结合中国的建设工程实践和司法实践,本章对"埃姆登公式"进行了改进,引入酌定调整系数(K 值),使该公式更具灵活性、计算金额更接近现实情况。这是本文的创新之一。

对于主张总部管理费和利润损失的当事人的证明责任、改进版"埃姆登公式"酌定调整系数(K 值)的确定因素、英美法院的审判经验等主题,笔者将另行撰文,深入分析。

图书在版编目(CIP)数据

中国建设工程法律评论. 第十一辑 / 于健龙等主编
. -- 北京 : 法律出版社, 2020
ISBN 978-7-5197-4281-2

Ⅰ. ①中… Ⅱ. ①于… Ⅲ. ①建筑法-研究-中国
Ⅳ. ①D922.297.4

中国版本图书馆 CIP 数据核字(2020)第 031509 号

中国建设工程法律评论(第十一辑)
ZHONGGUO JIANSHE GONGCHENG
FALÜ PINGLUN(DI SHIYI JI)

于健龙 等 主编

责任编辑 慕雪丹 章 雯
装帧设计 李 瞻

出版 法律出版社
总发行 中国法律图书有限公司
经销 新华书店
印刷 北京虎彩文化传播有限公司
责任印制 胡晓雅

编辑统筹 法商出版分社
开本 710 毫米×1000 毫米 1/16
印张 19.5
字数 366 千
版本 2020 年 4 月第 1 版
印次 2020 年 4 月第 1 次印刷

法律出版社/北京市丰台区莲花池西里 7 号(100073)
网址/www.lawpress.com.cn
投稿邮箱/info@lawpress.com.cn
举报维权邮箱/jbwq@lawpress.com.cn
销售热线/400-660-8393
咨询电话/010-63939796

中国法律图书有限公司/北京市丰台区莲花池西里 7 号(100073)
全国各地中法图分、子公司销售电话:
统一销售客服/400-660-8393/6393
第一法律书店/010-83938432/8433
西安分公司/029-85330678
重庆分公司/023-67453036
上海分公司/021-62071010/1636
深圳分公司/0755-83072995

书号:ISBN 978-7-5197-4281-2
定价:68.00 元
(如有缺页或倒装,中国法律图书有限公司负责退换)